罗家坝遗址航拍影像图

▲ 中共宣汉县委书记唐廷教讲话

▼ 会议开幕式现场

与会专家参观展览

铜罍（M33：201）

铜鼎（M33：197）

铜敦（M2：1）

铜豆（M33：18）

腹部的水陆攻战图

◀ 铜缶（M33：200）

▼ 铜簠（M33：19）

铜壶（M2：2）

腹部纹饰

铺首衔环

▲铜戈（M33：158）

◀铜戈（M33：100）

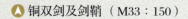

▲ 铜双剑及剑鞘（M33：150）

▶ 铜矛（M33：92）

铜印章（ M25：11 ）

铜印章（ M24：7 ）

M33 出土陶器组合

M30 出土陶器组合

玉玦（M37：3）

玉鱼（M44：53）

M33 出土玛瑙珠

巴山大峡谷景观（一）

巴山大峡谷景观（二）

▲巴人舞服饰（一）

▼巴人舞服饰（二）

宣汉罗家坝遗址与巴文化研究

中国社会科学院考古研究所
四 川 省 文 物 考 古 研 究 院　编
宣汉县文化广电新闻出版局

科 学 出 版 社
北 京

内 容 简 介

本书为2017年11月在四川省宣汉县召开的“罗家坝遗址与巴文化学术研讨会”的论文集。主要是部分与会专家学者在大会上提交的论文。其内容包括罗家坝遗址最新的考古发现、墓葬形制、出土器物、文化内涵、环境考古、学术史等方面的研究；也包括关于巴文化起源、族属、巴蜀地区出土器物及文化传承与交流等方面的研究；还包括四川其他地区、重庆、贵州等地与巴文化相关的其他考古新发现和相关比较研究成果。

本书对文物、考古、历史、民族学等领域的专家学者及大专院校师生具有较高的参考价值。

图书在版编目（CIP）数据

宣汉罗家坝遗址与巴文化研究 / 中国社会科学院考古研究所，四川省文物考古研究院，宣汉县文化广电新闻出版局编. —北京：科学出版社，2018. 9

ISBN 978-7-03-058429-8

Ⅰ. ①宣… Ⅱ. ①中… ②四… ③宣… Ⅲ. ①文化遗址—研究—宣汉县②地方文化—研究—巴南区 Ⅳ. ①K878.04 ②G127.719.3

中国版本图书馆CIP数据核字（2018）第175132号

责任编辑：柴丽丽 / 责任校对：邹慧卿
责任印制：肖 兴 / 封面设计：北京美光设计制版有限公司

科学出版社出版
北京东黄城根北街16号
邮政编码：100717
http://www.sciencep.com
中国科学院印刷厂 印刷
科学出版社发行 各地新华书店经销
*
2018年9月第 一 版 开本：889×1194 1/16
2018年9月第一次印刷 印张：20 1/2 插页：8
字数：590 000

定价：298.00元

编辑委员会

前　言

2017年11月25～26日，“罗家坝遗址与巴文化学术研讨会”在四川省宣汉县召开，来自中国社会科学院考古研究所、北京大学考古文博学院、中国人民大学历史学院、西北大学文化遗产学院、四川大学历史文化学院、四川省文物考古研究院、重庆市文化遗产研究院等全国20多家学术单位的近70位专家学者参加了本次会议。与会学者分别就罗家坝遗址及出土文物、巴蜀符号、周边区域的考古发现与研究、巴文化的历史内涵以及文化遗产保护等方面问题进行了深入的交流和研讨，并最终形成了《宣汉共识》。鉴于本次会议的成功召开，故特选取其中具有代表性的文章集结成本文集。

本文集所收录的32篇文章可以大体分为三个方面：

第一，关于罗家坝遗址本体的相关研究有14篇文章。这其中不仅报道了2015年该遗址最新的发掘成果，而且还有3篇文章分别探讨了这批遗存所反映的文化内涵、分期、年代、与周边文化的关系、文化源流、该遗址在整个川渝地区文化格局中的地位以及新石器时期该遗址的古地貌与古环境。另外，有几篇文章更关注罗家坝遗址所出土的青铜器，不仅对所有出土青铜器进行了量化分析，还着重讨论了狩猎纹铜壶、水陆攻战纹铜豆和青铜钺。还有几篇文章，分别就罗家坝M33的墓葬形制及文化属性、罗家坝墓葬与成都平原相关墓葬的关系、罗家坝遗存与巴文化起源等相关问题进行了讨论。

第二，关于巴文化相关研究共有13篇文章。其中有分别从文献与考古角度回顾近一个世纪以来我国对于巴文化研究的状况；也有从历时性角度阐释自夏商经西周至春秋战国时期巴文化的形成与演变；还有结合历史文献、神话传说和考古材料综合论述巴文化起源与巴人族源和迁徙路线。另外，还有3篇涉及了巴国，学者们根据文献资料和考古材料分别讨论了巴文化与巴国的关系、巴国的起源及迁徙、巴国的分布范围与国家形态以及晚期巴国与賨人的关系等问题。而与巴文化关系最为密切的蜀文化是本次会议讨论的重点内容之一，其中就有2篇文章对巴蜀印章和巴蜀青铜器进行了专题研究。除了考古学和历史学研究外，还有2篇结合当今社会发展进行了讨论，在现代经济发展中如何发掘和弘扬巴文化的精神内涵并将其传承下去，如何发掘巴文化精神的文化价值并将其打造成具有广泛影响力的地域文化品牌等。

第三，关于其他地区的相关考古发现与研究的有4篇。其中四川阆中灵山遗址的考古发现被认为可能是一种新的考古学文化或类型，填补了四川嘉陵江干流中游考古学文化遗存的空白；沱江上游中部晚期巴蜀文化遗存和战国时期蜀地船棺葬的发掘则为学术界提供了研究巴蜀文化的新材料；重庆地区的涪陵小田溪墓群是目前发现的墓葬规模最大、随葬品最丰富的巴文化墓葬之一，对于其M12的研究备受学界关注；而在贵州地区近年来进行的赤水河流域新石器时代遗存的考古发掘也取得了丰硕的成果。

除了上述专题性研究外，在本文集首篇还刊发了中共宣汉县委书记唐廷教署名的文章，为广大读者介绍了宣汉县所拥有的巴文化、土家文化、红色文化资源，表达了宣汉县保护传承文化资源及助推县域经济发展的决心和信心。

Introduction

On November 25th and 26th, 2017, the Conference of Luojiaba Site and Ba Culture was held in Xuanhan County, Sichuan Province. Nearly seventy experts and scholars from more than twenty academic institutions attended the conference, including the Institute of Archaeology of CASS, School of Archaeology and Museology of Peking University, School of History of Renmin University of China, School of Cultural Heritage of Northwest University, School of History and Culture of Sichuan University, Sichuan Provincial Institute of Cultural Relics and Archaeology, Chongqing Cultural Heritage Research Institute. The participants conducted in-depth communication and discussion on the Luojiaba site, the unearthed artifacts, Ba-Shu symbols, other discoveries and researches in the surrounding areas, the history of the Ba culture and the proservation of cultural heritage, and finally announced the "Xuanhan consensus". This book collected 32 papers in the conference on three themes.

There are 14 articles on the researches on the Luojiaba Site, including the latest excavation in 2015, cultural connotation, chronological sequence, date, relationship with the surrounding cultures, cultural origin, its role in the Chuan-Yu area and landscape and environment in Neolithic Age. Some of the papers focused more on the bronze artifacts of Luojiaba on quantitative analysis, especially bronze pots with hunting patterns, bronze *dou*-stemmed bowl with river battle pattern and bronze *yue*-battle-ax. Several other articles discussed the relationship between the tombs of Luojiaba and tombs in the Chengdu Plain area, the burial style and cultural attribution of M33, the origin of the Ba Culture and other related issues.

There are 13 articles about Ba culture. Some reviewed the researches on the Ba Culture in last century, the formation and development of the Ba culture from the Xia and Shang Dynasties to the Spring and Autumn and the Warring States periods, the origin of true Ba Culture and migration route of Ba people with historical documents, archaeological data, myths and legends. Three papers discussed the origin, territory and pattern of the Ba state, and its relationship with the Cong people. Tow papers researched on seals and bronze artifacts of the Ba-Shu, since the Shu Culture has great relevance to the Ba Culture. Other two articles discussed how to explore and develop the spiritual connotation of the Ba Culture value, and make it a successful regional cultural brand.

There are four papers about archaeological discoveries and studies in other regions. The discovery of the Lingshan site in Langzhong, Sichuan, has been considered as a new archaeological culture or type, filling the blank of archaeological cultural remains in the middle of the Jialingjiang Valley in Sichuan. The remains of the Ba-shu Culture and ship-coffin tombs of the Warring States period in the upstream of the Tuojiang River, provided new materials for the research of the Ba-shu Culture. The Xiaotianxi Tomb in Fuling, Chongqing, is one of the largest with most abundant grave goods in the Ba Cultural tombs, especially M12 which has attracted much attention of academia. The excavations of Neolithic remains in the Chishui River Basin in Guizhou have also yielded plentiful achievements in recent years.

In addition to thematic studies above, an article written by Mr. Tang Tingjiao, who is the Secretary of the Party Committee of Xuanhan County, introduces Ba, Tujia and Red cultural resources of Xuanhan, and expresses determination and confidence to protect and inherit cultural resources and promote development of local economy.

目　录

中国社会科学院考古研究所所长陈星灿研究员在“罗家坝遗址与巴文化学术研讨会”开幕式上的讲话

各位专家、学者、朋友们：

大家上午好！

今天，我们相聚于历史悠久、风光秀美的宣汉，召开“罗家坝遗址与巴文化学术研讨会”，这是巴文化研究史上的盛会，也是我国考古文博界的一件大事。首先，我代表中国社会科学院考古研究所向研讨会的隆重召开表示热烈祝贺，向与会的专家学者及来宾朋友们致以诚挚的问候！

罗家坝遗址位于今四川省宣汉县普光镇进化村，距宣汉县城约30千米，总保护面积103万平方米。罗家坝遗址地处秦、楚、巴、蜀交界地，据初步推断，距今5300～2000年，是20世纪末发现的面积最大、保存最完整、内涵最丰富的巴文化遗址，是我国研究巴文化的重要基地，被誉为“继三星堆、金沙之后，古巴蜀文化的第三颗璀璨明珠”。

1999年、2003年、2007年和2016年，四川省文物考古研究院、达州市文物管理所和宣汉县文物管理所先后对罗家坝遗址实施了四次联合考古发掘，发掘面积总计1300平方米，发现了包括当时人的生活居址和墓地等大量的巴文化遗存，出土各类文物1400余件。尤其是33号大墓是目前所发现的巴文化规格最高的墓葬，共出土青铜礼器、兵器、彩绘陶器和印章等珍贵文物200余件，引起了国内外学术界的广泛关注。

罗家坝遗址的发掘具有重要意义。该遗址与云阳李家坝、涪陵小田溪、渠县城坝等遗址共同构成了该地区巴文化自战国早期至战国晚期的文化发展序列。从出土器物中可以看出罗家坝遗址受到周边的秦国、楚国以及蜀地和中原地区的影响。尤其值得注意的是遗址出土的众多印章以及其中的符号，有部分学者认为这些符号可能是巴人的文字，然而，虽然经过一些学者的分类总结研究，但至今尚未破解。通过对该遗址的居址、墓地的发掘以及出土器物、纹饰、符号的研究，可以充分了解当时人的生产生活状况和丧葬习俗。

目前罗家坝遗址的考古发掘与研究已经取得了一系列重要阶段性成果，但还有很多研究工作有待深入。首先，罗家坝遗址作为目前巴文化战国时期年代最早、面积最大、内涵最丰富的核心性遗址，对遗址本体的保护迫在眉睫；其次，之前对罗家坝遗址的发掘多集中在墓葬区，今后需要进行更系统的考古钻探和发掘，从聚落考古的理念出发，进一步了解遗址的居住区、手工业作坊区等，不断丰富遗址的内涵；再者，需要加强研究力度，细化罗家坝遗址及其所属文化的发展序列、与周边文化的关系、文化的族属、印章符号的整理和破译以及多学科合作综合研究。

战国时期是我国历史上的一个大变革时期，而巴文化亦是战国诸多地域文化的一个重要组成部分，其丰富的文化内涵和在我国历史上所起到的作用应值得充分重视。巴文化的研究是一项长期的系统工程，随着罗家坝遗址的发掘，国内外对巴文化的研究必然进入一个新的阶段。

最后，预祝“罗家坝遗址和巴文化学术研讨会”取得圆满成功！

2017年11月25日

四川省文化厅副厅长王琼
在“罗家坝遗址与巴文化学术研讨会”开幕式上的讲话

尊敬的各位专家学者、来宾和记者朋友们：

大家上午好!

感谢大家来到四川省宣汉县，共同研讨罗家坝遗址与巴文化。

中华文明光辉灿烂、博大精深，“巴蜀文化”是其中最具特色者之一。四川在距今20000年左右出现了以细小石器为特征的旧石器文化；距今7000～4000年，四川新石器时代文化遍地开花，奠定了古蜀文明的基础；商周时期，成都平原形成了以三星堆遗址和金沙遗址为代表的高度发达的古蜀文明，并以古蜀族为中心创建了蜀国。因此，四川地区古称“蜀”。而巴族人在四川盆地东缘建立了巴国，因此，四川被称为“巴蜀”。

20世纪末，在宣汉县发现了面积最大、保存最完整、内涵最丰富的先秦文化遗址——罗家坝遗址。它是巴蜀文化的一颗璀璨明珠，被誉为“继三星堆、金沙之后，古巴蜀文化的第三颗璀璨明珠”，是研究巴文化的重要基地。2000年，该遗址考古发掘被评为“1999年四川省十大文物工作成果”。

到目前为止，罗家坝遗址共进行了四次发掘，出土了青铜器、玉器等大量文物。在中国浩如烟海、蔚为壮观的文物群体中，罗家坝遗址出土的文物属最具历史科学文化价值和最富观赏性的文物群体之一。它们承载着丰富的巴人历史信息和文化内涵，是古代巴文化灿烂文明的物质载体。众多考古学家通过考古材料，做了许多研究，这些成果为研究古代巴国历史打下了坚实的基础。

罗家坝遗址考古的重大发现，犹如一石激起千层浪、拨开迷雾见太阳，澄清了许多关于长江上游人类发展的重大历史研究的问题，起到了证史、补史和创史的作用。与此同时，也给人们留下了一串串与巴国、巴人有关的难解的千古之谜。

研究巴人历史主要早期文献著作有《山海经》《左传》《世本》《华阳国志·巴志》《水经注》和《后汉书·南蛮西南夷列传》等。《山海经·海内经》说：“西南有巴国，太皞生咸鸟，咸鸟生乘厘，乘厘生后照，后照始为巴人”，《山海经·大荒北经》记载：“西南有巴国，有黑蛇，青首，食象”等。

根据对文献的不同理解和解释，学术界在巴名字的来源、巴字的含义、巴族的起源、巴国的出现、巴人早期的活动区域等问题上提出了多种不同的观点。这些不同的学术争鸣无疑对深入探索巴人的渊源流变史具有重要的裨益。

巴文化、蜀文化，相生相融，浑然一体，共同孕育了四川辉煌灿烂的历史。巴文化与蜀文化是一对姊妹花，我们必须同等重视，同等保护，同等开发利用，形成我们独有的两大文化品牌。我们对巴文化要像对蜀文化一样重视，加大对巴文化的考古和研究力度；同时，增强保护意识，促进保护利用，以形成独特的巴文化品牌。目前，作为巴文化重要发源地的达州市宣汉县，举全县之力，主动作为，加大力量推动罗家坝考古遗址公园和博物馆建设，精心打造以巴文化为元素的大型情景史诗剧《梦回巴国》，广泛开展“穿巴人服、唱巴山歌、跳巴人舞”活动，积极承办“罗家坝遗址与巴文化学术研讨会”，致力于实现建成“全国巴文化高地”的目标，这正是贯彻落实党的十九大精神的生动实践，值得全省推广和借鉴，我们将全力支持。

我相信，在各级领导和有关部门的大力支持下，在各位专家学者的潜心研究下，罗家坝遗址和巴文化的地位和重要性必然会越来越引人关注和重视。因而，让我们把这个课题研究好，进一步了解巴国、了解巴人、了解宣汉、了解四川，共同为推动社会进步，实现文化繁荣与民族复兴贡献自己的力量。

最后，我代表省文化厅感谢国家文物局对四川文化事业给予的关心和重视！感谢中国社会科学院考古研究所对四川巴文化研究的关注和支持！祝各位领导、专家学者工作顺利，身体健康！祝本次学术研讨会取得圆满成功！

谢谢！

2017年11月25日

达州市人大常委会主任胥健
在“罗家坝遗址与巴文化学术研讨会”开幕式
上的讲话

尊敬的各位领导、各位来宾：

大家上午好！

今天，各位专家学者欢聚四川省达州市宣汉县，隆重举行“罗家坝遗址与巴文化学术研讨会”。首先我代表达州市委、市人大、市政府和市政协，对各位领导和嘉宾的到来表示诚挚的欢迎！

达州是著名的革命老区，素有“中国气都、巴人故里”之称，是国家“川气东送”工程的起点。在这片土地上，诞生了以“忠勇信义”为独特品质的巴文化，孕育了先秦思想家鹖冠子，东汉名将冯焕、冯绲父子，三国时期蜀国将军王平，成汉皇帝李雄，唐朝通州司马元稹，明末启蒙思想家唐甄等灿若星辰的历史文化名人，留下了一大批优秀文化遗产。

巴文化以开放进取、兼容并蓄的特质成为中华文明的重要组成部分。作为巴文化重要发祥地的达州市，高度重视巴文化研究、开发与创新。近年来，达州大力实施文化建设，巴山大剧院、市图书馆等一批文化基础设施建成投入使用，连续成功举办了五届全国新农村文化艺术展演，各县、乡镇、村公共文化服务体系不断完善，文化一体化建设进一步深化。特别是宣汉县主动作为，大手笔规划建设罗家坝考古遗址公园与博物馆，大手笔制作巴文化大型情景史诗剧《梦回巴国》，广泛开展“穿巴人服、唱巴山歌、跳巴人舞”群众文化活动，形成了一系列独特的巴文化载体，成为达州贯彻党的十九大精神，增强文化自信的一个缩影。

这次由中国社会科学院考古研究所、四川省文物考古研究院主办的“罗家坝遗址与巴文化学术研讨会”，站在一个新的起点与高度进行传统文化高端研讨，必将对推动巴文化研究、弘扬传统文化起到积极作用。希望各位领导和专家学者就达州经济社会发展，特别是文化建设等各个方面，多提宝贵意见与建议。

最后，祝“罗家坝遗址与巴文化学术研讨会”圆满成功！

2017年11月25日

保护传承文化资源　助推县域经济发展

唐廷教

（中共宣汉县委书记）

摘　要：文化决定一个地方的品位，更决定一个地方的未来。发展文化不仅能够满足人民群众的精神文化需求，也是经济发展、脱贫攻坚的重要抓手。宣汉县坚持把文化作为县域经济发展的新引擎，把文化发展放在与经济发展同等重要的战略高度，以经济发展助推文化建设，以文化繁荣带动经济腾飞。

关键词：文化　县域经济

宣汉，位于四川省最东边，面积4271平方千米，人口132万人（土家族人口近7万人），是国家扶贫开发工作重点县、全国革命老区县、四川省扩权强县试点县和少数民族地区待遇县；置县于东汉和帝永元二年（90年），距今1928年历史，有着悠久的历史文化和丰富的自然资源。

一、得天独厚的资源优势

宣汉文化遗址、文化名人、民俗文化等资源潜力巨大，历史上有很多著名人物，其中，西汉大将樊哙，曾在这里储粮屯兵，宣汉的千年古镇——樊哙镇也因此而得名；明朝，帝师（明成祖朱棣的老师）唐瑜游宦入蜀，营居室于前河兰木沟（今宣汉县鲲池官池坝），其十一世孙唐甄是明末清初“四大启蒙思想家”之一。宣汉也是荔枝古道的必经之地，至今还保留有许多荔枝古道的痕迹。宣汉的文化主要有三个方面：巴文化、土家文化和红色文化。

（一）巴　文　化

宣汉拥有全国目前所知面积最大、保存最好、文化内涵最丰富的巴文化遗址之一——罗家坝遗址，是巴文化的发源地，巴风土韵源远流长。罗家坝遗址地处秦、楚、巴、蜀交界地，距今5300～2000年，是全国重点文物保护单位；从1999年开始，先后经四次联合考古发掘，罗家坝遗址揭土面积达1300平方米，出土各类文物1400余件，发掘出了巴文化的大型墓地与高规格墓葬，表明罗家坝是巴文化的中心遗址之一，也是探索巴文化起源的重要地点。

（二）土家文化

宣汉土家民俗风情独具，是四川省唯一的土家族聚居地；薅草锣鼓入选第二批国家级非物质文化遗产名录，是一种独特的民歌艺术表现形式，老百姓沿用至今。同时，马渡山歌正在申报四川省第五批非物质文化遗产名片，当地老百姓世代传唱，马渡关镇被文化部命名为“川东民歌之乡”，是“世界十大民歌”《康定情歌》作者李依若的故乡、中国四大民歌《苏二姐》的发源地。

（三）红色文化

宣汉是一块红色的土地，革命战争年代仅45万人的宣汉就约有10万人参加红军，3.4万人血洒疆场，孕育了很多个第一：宣汉是川东第一个革命武装——川东游击军的诞生地，创办了第一所红色学校——清溪镇的宏文校，创造了“一县成军”的历史，孕育了中华人民共和国10位将军。

同时，宣汉还拥有丰富的自然资源。①矿产资源富集。天然气预计储量达1.5万亿立方米，普光气田是全国最大的海相整装气田，其中有中石化中原油田普光分公司天然气净化厂（亚洲第一、世界第二）、中石油宣汉天然气净化厂的两个脱硫厂，硫黄产量占到全国硫黄产量一半左右；煤炭储量1.6亿吨，富锂钾卤水储量4.46亿立方米。②农副产品资源多样。宣汉有“两头牛”，宣汉黄牛为国家地方优质牛种，载入《中国牛品种志》；蜀宣花牛是历经33年成功培育的中国南方第一牛。特产“桃花米”自唐代就被作为“贡米”，载入了《全国农作物优良品种（目录）》。③旅游资源丰富。宣汉有3个国家AAAA级景区和5个国家AAA级景区，巴山大峡谷正在打造国家AAAAA级景区，是文化旅游的首选地。

宣汉有着得天独厚的文化资源和丰富的自然资源，这些都为县域经济发展提供了绿色动力。宣汉县依托资源优势，大力发展全域旅游，充分利用乡村旅游景点、特色文化等，使文化旅游成为县域经济新的增长点，更为群众打通了“脱贫致富路”。

二、资源助推经济发展

宣汉县坚持做足资源和文化这两篇文章，以资源的利用转化来助推县域转型发展，以文化的影响力来增强县域发展的凝聚力，把巨大的精神动力转化为强大的物质力量，以大开发促进大发展，推动县域经济社会加快发展。

（一）开发矿产资源，实现工业强县

宣汉县充分发挥天然气产量大、价格低、品质好的独特优势，坚持把引进发展以天然气为燃料的产业作为主攻方向，加快微玻纤新材料产业发展，推动形成全国最大的微玻纤产业集群，做大微玻纤新材料产业园规模；充分发挥富锂钾卤水储量丰富的资源优势，启动建设锂钾综合开发产业园，加快发展锂钾产业，带动形成以微玻纤新材料、锂钾产业为龙头，天然气能源化工、合金建材、农产品加工竞相发展的“大产业”格局。同时，依托主要交通干线和现有产业基础，突出布局合理、主业突出、特色鲜明、优势互补，通过统一提档升级中国（普光）微玻纤新材料产业园区、

中国（普光）锂钾综合开发产业园区、柳池工业园区、南坝工业园发展规划，推动“四大园区”规划与普光经济开发区规划互相契合、互为依托，形成“一区四园”的发展大格局。

（二）依托旅游资源，推动脱贫攻坚

宣汉县坚持“绿水青山就是金山银山”的发展理念，把旅游和扶贫紧密结合，大力实施“全域旅游、开发扶贫”战略，成功走出了一条“以开发促产业助增收”的旅游扶贫新路子。通过旅游这一通道经济真正让宣汉的绿水青山变成金山银山，既留住宣汉的生态美，更实现宣汉的百姓富。依托丰富的文化资源和旅游资源，坚持文旅融合，按照“高起点规划、高标准建设、高水平管理、高质量服务”的要求，着力打造精品旅游景区。其中，巴山大峡谷景区总投入将超过200亿元，第一期投入130亿元，2018年8月底将开门迎客。同时，邀请著名导演哈文及其团队编排大型情景史诗剧《梦回巴国》，也将于2019年3月底正式演出。届时，巴文化将转化为巴山大峡谷景区巨大的文化影响力，巴山大峡谷景区也会因巴文化而有魂，因文化元素的融入而厚重，使景区既有美丽的自然风光，又有独特的巴文化展示，景区竞争力得到进一步增强，文化与旅游实现有机融合。景区建成后，将直接带动片区102个贫困村、9万余名贫困人口脱贫，辐射带动周边21个乡镇、46万余人增收致富。

（三）挖掘文化资源，增强县域实力

宣汉县通过进一步挖掘、研究、提炼文化元素，让文化资源与宣汉的生态有机结合起来，提高旅游品位，助推全域旅游，增强县域实力。利用好遗址，依托罗家坝遗址这块文化瑰宝，高标准规划建设罗家坝遗址公园和博物馆，努力将遗址公园和博物馆打造成展示巴文化的窗口舞台、展示宣汉文化软实力的响亮名牌。打造好品牌，高标准编排《梦回巴国》，通过舞台表演效果和艺术手段，重现4700多年前远古巴人的灿烂历史文明，让其成为展示巴文化的一张靓丽名片。开展好活动，在全县广泛开展“穿巴人服、唱巴山歌、跳巴人舞”活动，以文化的繁荣复兴凝聚起推动县域加快发展的强大合力；分层分类开展“诚信·守法·感恩”公民思想道德教育活动，让全县群众的文明意识强起来，精神面貌好起来。

三、结　　语

党中央从保证人民文化权益、满足人民精神文化需求出发，把扎实推进社会主义文化强国建设摆到了空前重要的位置，对推进中国特色社会主义事业做出了经济建设、政治建设、文化建设、社会建设、生态文明建设的“五位一体”总体布局。不难看出，各个环节、各个方面，文化都是不可或缺的重要组成部分，在社会存在和发展中具有不可替代的重要作用。宣汉县将充分彰显巴文化的独特魅力，坚持创造性转化、创新性发展思路，走文化提升之路、固文化自信之本，为实现“两个一百年”的奋斗目标和中华民族伟大复兴的中国梦贡献宣汉力量。

“罗家坝遗址与巴文化学术研讨会”纪要

陈卫东　赵宠亮

（四川省文物考古研究院）

摘　要：2017年11月25、26日，“罗家坝遗址与巴文化学术研讨会”在四川省宣汉县召开，与会代表以罗家坝遗址及出土文物、巴蜀文字、周边区域的考古发现与研究、巴的历史与文化研究等为主题展开了交流和讨论。与会代表在广泛的交流与讨论的基础之上，形成了《宣汉共识》。这是首次以巴文化为主题的共识，对于推动巴文化的深入研究具有重要意义。

关键词：罗家坝遗址　巴文化　巴蜀文字

罗家坝遗址位于四川省宣汉县普光镇进化村，地处秦、楚、巴、蜀交界，距今5300～2000年，是四川省20世纪末所发现的面积最大、保存最完整、内涵最丰富的先秦时期巴文化遗址。该遗址是我国研究巴文化的重要基地，被誉为“继三星堆、金沙之后，古巴蜀文化的第三颗璀璨明珠”。近年来，四川省文物考古研究院等单位以罗家坝遗址为核心，相继开展了渠江流域和嘉陵江流域的考古调查和发掘工作，取得了一系列重要的考古发现和研究新成果，为巴文化的深入研究提供了大量的实物资料。

为及时向学术界公布这些新的考古发现，构建巴文化领域考古学体系，进一步推动四川地区考古研究和区域历史文化研究，扩大巴文化在全国的学术影响力，2017年11月25、26日，中国社会科学院考古研究所、四川省文物考古研究院联合主办的“罗家坝遗址与巴文化学术研讨会”在四川宣汉召开，来自中国社会科学院考古研究所、北京大学、中国人民大学、北京联合大学、四川大学、西北大学、重庆师范大学、西南民族大学、湖南大学、四川文理学院、故宫博物院、河南省文物局、秦始皇帝陵博物院、甘肃省文物考古研究所、重庆市文化遗产研究院、贵州省文物考古研究所、成都文物考古研究院、四川省巴文化研究会、达州市文化体育广播新闻出版局、达州市博物馆、四川省文物考古研究院等20多家单位近70位专家学者参加了本次会议。

会议开幕式由四川省文物考古研究院院长、研究员高大伦主持。达州市人大常委会党组书记、主任胥健，中国社会科学院考古研究所所长、研究员陈星灿先后致辞。四川省文化厅副厅长、文物局副局长王琼；达州市委常委、宣传部长邓瑜华，达州市副市长胡杰，达州市政协副主席郝德恒；宣汉县委书记唐廷教，县委副书记、县长冯永刚，县人大常委会主任李逢友，县政协主席徐代琼出席开幕式。

其后，31位专家学者进行了大会发言，中国社会科学院考古研究所王仁湘、赵志军、徐良高、施劲松，河南省文物局原副局长孙英民，重庆市文化遗产研究院院长邹后曦，甘肃省文物考古研究所所长王辉，四川省文物考古研究院副院长周科华等主持了分时段的大会学术研讨。按照发言内容大致可分为罗家坝遗址及出土文物、巴蜀文字、周边区域的考古发现与研究、巴的历史与文化研究四个方面，现分类介绍如下。

一、罗家坝遗址及出土文物研究

涉及这方面的研究主要集中在罗家坝遗址新石器时代遗存、罗家坝遗址M33、罗家坝遗址出土器物、罗家坝遗址考古发现的历史回顾以及罗家坝遗址的保护、展示和利用等方面。

（一）罗家坝遗址新石器时代遗存

2016年，四川省文物考古研究院对罗家坝遗址进行了第四次考古发掘，揭露了一批新石器时代遗存。四川省文物考古研究院郑万泉馆员以《罗家坝遗址考古新发现》为题介绍了此次考古发掘的新成果，此次发掘共清理东周墓葬3座、新石器时代灰坑70余座，出土了大量的陶器和石器，尤其是新石器时代遗存的发现，是目前川东北地区发现的堆积最厚、延续时间最长的新石器时代文化遗存，对于构建川东北地区新石器时代文化格局具有重要意义。达州市博物馆袁磊助理馆员在《罗家坝遗址出土陶器的考古学观察》的发言中，就此次考古发掘的新石器时代遗存出土的陶器从陶质、陶色、纹饰、器形等方面进行了详细整理，并与周边区域的典型遗址进行了对比研究，初步构筑起了罗家坝遗址距今5300～4500年的陶器演变序列，为进一步探讨嘉陵江流域和渝东峡江地区新石器时代文化提供了新的资料。罗家坝新石器时代遗存除了大量的陶器外，还包含有大量石器，特别是大量磨石和细石器的出土，对于了解该区域居民的生产生活状态具有重要意义。四川省文物考古研究院郑喆轩助理馆员《罗家坝遗址出土石制品初步研究》的报告，对此次考古发掘出土的石器从分布、原料、技术等方面进行了详细的观察和整理，并推断出渔猎经济在该遗址中占有重要地位。罗家坝遗址的古地貌和古环境是罗家坝遗址新石器时代居民生存的根本，北京联合大学应用文理学院张俊娜副教授在《罗家坝遗址古地貌和古环境初探》的发言里，对罗家坝遗址的古环境样品进行了土壤微结构、孢粉、粒度、磁化率、色度、化学元素等分析，总结出罗家坝人生活的古地貌和古环境特点。

（二）罗家坝遗址M33的研究

罗家坝遗址M33是目前发现的巴文化中年代最早、规模最大的墓葬，与会的专家学者就该墓葬进行了充分的研讨。四川省文物考古研究院院长高大伦研究员在其《读〈宣汉罗家坝〉札记》的发言中，对M33的形制、铜浴缶和巴蜀分野进行了探讨。他依据M33人骨和随葬品的分布状况，并与成都平原、广元等地的船棺葬进行对比研究，推测该墓葬可能为7个船棺葬。湖南大学岳麓书院考古系向明文助理教授演讲的题目为《宣汉罗家坝M33的年代、地位、学术意义》，对M33的年代、地位及其学术意义作了探讨。他认为 M33 的年代为战国中期早段，同时通过与新都马家大墓、成都青羊宫战国墓等墓葬的对比，认为罗家坝 M33 为高级贵族墓。四川省文物考古研究院冉宏林馆员演讲的主题为《试论“巴蜀青铜器”的族属》，他基于蜀墓与巴墓的区别，进而对比了蜀族和巴族出土青铜器。

（三）罗家坝遗址出土器物的研究

罗家坝遗址东周墓地出土青铜器较多，专家学者主要围绕出土的图像纹青铜器进行讨论。四川大学文学与新闻学院江玉祥教授在《罗家坝出土狩猎纹铜壶和水陆攻战纹铜豆图像考》发言中，对罗家坝遗址出土的狩猎纹铜壶、水陆攻战纹铜豆上的图像进行了深入考证。宣汉县文物管理所钮珊珊助理馆员《罗家坝遗址出土水陆攻战纹铜豆的初步认识》收集各地出土或征集的水陆攻战纹青铜器，将其与罗家坝遗址出土的水陆攻战纹铜豆进行对比研究，指出了后者时代为春秋晚期至战国早期，纹饰制法为嵌错工艺，而通过对纹饰细部的观察，可看出男女服饰、社会分工、作战方式等存在重大差异。中国社会科学院考古研究所施劲松研究员《罗家坝墓葬与成都平原东周时期的文化》的报告，对罗家坝东周墓葬出土的青铜器进行了宏观讨论。罗家坝东周墓葬出土的青铜器包含了巴蜀文化、楚文化和中原文化三类文化因素，文化因素的不同反映了文化交流与人群的移动，而罗家坝作为连接成都平原和长江中游地区及中原地区的重要节点，突显了罗家坝遗址在中国西南乃至南方地区青铜时代文明图景中的重要地位。

（四）罗家坝遗址考古发现的历史回顾

罗家坝遗址之所以能够成为巴文化研究的重要遗址之一，离不开老一辈考古工作者的不断努力。这其中王鲁茂和马幸辛无疑是亲历者和见证者。四川省文物考古研究院王鲁茂研究员在《罗家坝遗址第一次考古发掘小记》发言中，详细介绍了 1999 年第一次考古发掘的缘起、队伍组成、考古发掘以及申报“国保单位”的过程。达州市文物管理所原所长、四川省巴文化研究会秘书长马幸辛研究员，长期从事川东北地区的考古调查、发掘和研究工作，对川东北地区的巴文化研究做出了杰出贡献。他以《仰望那片天空——纪念川东北巴文化遗址群调查发现三十周年》为题，详细介绍了近 30 年来川东北地区以罗家坝遗址、城坝遗址为代表的巴文化遗址调查发现所取得的重要成果。

（五）罗家坝遗址的保护、展示和利用

罗家坝遗址在 2013 年和 2016 年分别被国家文物局列入“十二五”和“十三五”时期国家大遗址。2017 年 11 月，国家文物局正式批复罗家坝遗址博物馆建设，表明罗家坝遗址公园建设迈出重要一步，因此，罗家坝遗址的保护、展示和利用也成为本次会议研讨的一个重要内容。四川省文物考古研究院副院长姚军研究员作了《基于价值评估的考古遗址公园规划策划——以宣汉罗家坝考古遗址公园规划为例》的发言，对罗家坝遗址的价值、展示、宣传等进行了详细的说明。其中展示将以罗家坝遗址为主体，并借用水景、园景、街景等烘托遗址主体。将罗家坝遗址建成国家巴文化主体考古遗址公园，建成后的遗址公园将集科研、教育、游憩为一体。四川文理学院巴文化研究院刘

长江教授的报告题目为《巴文化开发与打造现状及对策研究》，他基于巴文化在达州文化中的地位和价值，分析了达州市巴文化开发的现状和存在的问题，并提出了巴文化发掘和打造的对策建议。

二、巴蜀文字研究

巴蜀文字研究历来是巴蜀考古的重要内容，长期以来，巴蜀文字的释读未能取得突破性进展。此次会议有3位学者就该问题进行了深入研讨，取得了重要成果。中国社会科学院考古研究所严志斌研究员在《罗家坝墓地巴蜀符号探索》的发言中，对罗家坝遗址出土青铜器上的巴蜀符号进行了汇总和类型的划分，并与周边区域出土的巴蜀符号进行了对比研究，首次从类型学的角度科学地研究了巴蜀符号问题。中国社会科学院考古研究所王仁湘研究员的发言题目为《巴蜀探秘：一条驶出小栅栏的大战船》，他对巴蜀符号中的栅栏纹、鱼纹和战船纹进行了细致的对比研究，从而得出栅栏纹到战船纹演变的结论。四川省文物考古研究院郭明副研究员则跳出了巴蜀符号含义的研究范畴，主要探讨巴蜀符号出现的宏观背景，在名为《考古学视角下的巴蜀印章研究》的发言中，通过对什邡城关墓地、罗家坝墓地及其他典型巴蜀墓地的分析，对巴蜀印章与墓葬之间的关系、使用者的等级和身份以及巴蜀印章所代表的人群进行了详细分析。

三、周边区域的考古发现与研究

罗家坝遗址的考古发现与研究和周边地区的同时期遗存的考古发现与研究息息相关，或可以认为，没有周边区域的考古发现与研究，我们就无法正确地认识罗家坝遗址及其文化内涵。此次会议上有6位学者报告了这一方面的新成果，按照时间框架可分为新石器时代、商、西周和东周时期。

与罗家坝遗址同属于嘉陵江流域的阆中灵山遗址的考古发掘，为全面构筑嘉陵江流域新石器时代文化序列提供了新的资料。四川省文物考古研究院孙智彬研究员的《四川阆中灵山遗址的考古发现和初步研究》报告，详细介绍了2016～2017年阆中灵山遗址的考古发掘成果，此次发掘新石器时代灰坑14个、柱洞3个、灶1个、燎祭遗迹1处，出土陶器和石器标本780余件。他将这批遗存分为三期，年代主要集中在距今5000～4500年。该遗址的发掘对于了解嘉陵江中游地区的新石器时代文化具有重要意义。甘青地区的史前文化与岷江上游、嘉陵江流域有着千丝万缕的联系，成都文物考古研究院陈剑研究员以“史前时期人祭现象”为切入口，在其报告的《四川地区史前时期人祭现象的考古发现与初步研究》一文中，全面搜集了四川地区史前时期考古中发现的人祭现象，特别是岷江上游营盘山遗址的人祭现象，并对这些现象进行了初步分析。

商周时期，特别是西周时期，成都平原以十二桥文化为代表，而峡江地区则以瓦渣地文化为代表，两者共存着大量相似的器物（如尖底器），表明两者之间存在广泛的联系。陕西省考古研究院的张改课副研究员《贵州赤水河流域商周时期遗存的探索》的发言，介绍了赤水河流域商周时期的主要遗址，并对这些遗址进行了分期和对比研究，基于赤水河流域发现的十二桥文化陶器，他推断十二桥文化曾一度深入赤水河流域。

东周时期，川东与川西地区的巴与蜀从考古学文化上来看，已很难区分，因此只能按照所处地域进行分析和研究。重庆市文化遗产研究院副院长方刚研究员做了《涪陵小田溪M12及晚期巴文化研究相关问题》的发言，他详细介绍了涪陵小田溪M12的发掘情况，并就小田溪墓葬的时代、性质及相关问题进行了讨论。他认为M12的墓主人为秦至西汉时期的巴人首领，而小田溪墓地应是巴人的贵族墓地。四川省文物考古研究院雷雨副研究员以《沱江上游中部晚期巴蜀文化遗存的新发现——以广汉为例》为题，详细介绍了广汉三星堆遗址的青关山土台上的6座战国时期的狭长方形竖穴土坑墓，时代为战国中期，该墓葬的发现为沱江上游晚期巴蜀文化的研究提供了重要资料。四川省文物考古研究院郑禄红馆员在题目为《最后的巴国——渠县城坝遗址考古发现与研究》的报告中，介绍了城坝遗址历年的考古发掘情况，并理清了城坝遗址的基本布局（即由城址区、窑址区、水井区、墓葬区、一般聚落区等部分构成）。他结合历史文献、出土文献和考古材料，认为城坝遗址为秦灭巴后设立的"宕渠道"，在西汉初年改"道"为"县"，东汉时期冯绲曾增修该城，故又称车骑城，六朝时期该城被废弃。

四、巴的历史与文化研究

对巴的历史文化的梳理和理论研究，有利于我们从整体上认识巴文化，在这方面，此次会议有8位学者从各自的角度进行了详细的阐述。

在巴文化研究过程中因相关概念的不清晰，制约了对巴文化的深入研究。四川大学历史文化学院罗二虎教授以《巴文化研究回顾与再思考》为题，介绍了巴文化研究中的史学贡献和考古学贡献，并指出了目前巴文化研究中可能存在的问题和不足之处，特别是巴、巴文化、巴人、巴地等相关概念尚需进一步梳理。

巴文化的形成与演变一直是学术界关注的重要课题之一，中国社会科学院考古研究所徐良高研究员的发言题目为《周之南土：巴国与巴文化刍议》，他重新梳理了巴国、巴文化和巴地文化的概念，对巴国的起源及位置进行了推测，并对巴国南迁与战国秦汉巴地复杂社会的形成进行了深入讨论，特别指出在巴国研究中亦应注意庸国的考古学研究，很具有启发意义。而河南大学历史文化学院赵炳清教授在《先秦时期巴文化的形成与演变研究》的发言中，详细梳理了商至东周时期的巴，并推断商时期的巴方应以陕南地区的宝山遗址为代表；西周时期，巴人流徙于秦巴山地和峡江地区；东周时期，巴文化主要分布在川东地区。

巴的国家形态历来说法不一，而近年来的川东北地区的考古新发现为解释这一问题提供了新的线索。四川省文物考古研究院陈卫东副研究员演讲的题目为《战与国——略论川东地区的古代巴国》，他结合历史文献、出土文献和考古材料认为春秋战国时期巴人主要活动于长江干流、嘉陵江游域和汉水中上游地区。同时利用文献材料和考古材料推测春秋战国时期巴国的国家形态为部落联盟。四川大学历史文化学院彭邦本教授《罗家坝遗址与巴地侯王初探》的报告则以历史文献为主，结合考古发掘材料，探讨了巴地设置侯王的问题。

达州本地部分学者则主要关注巴人的精神研究和罗家坝属性研究。四川文理学院成良臣教授《巴文化的精神内涵及传承价值》一文，概括了巴人的三个主要精神内涵，即忠勇爱国，秉持信义；勤劳智慧，自强不息；开放包容，向往统一。同时对巴文化的传承价值和巴文化的当代型转化进行了讨论。宣汉县文化馆廖娟助理馆员在《賨人与賨文化》的发言中，梳理了賨人在历史各个时期的名称变化，并总结出賨人和賨文化中的尚武精神、信奉道教、能歌善舞、初具美学观特征。达州市博物馆馆长王平副研究员以《巴文化新探》为题，分析了罗家坝遗址新石器时代和东周时期的遗存，认为在新石器时代晚期川东北地区就有一支土著的文化势力进入达州，东周时期鄂西地区的巴文化深入川东地区，形成了晚期巴文化。

五、学术座谈会

除了上述大会发言的学术报告外，会议还举行了一场学术座谈会，由北京大学考古文博学院李水城教授、中国人民大学历史学院魏坚教授主持。宣汉县委书记唐廷教首先介绍了宣汉县传承和弘扬巴文化的相关情况。中国人民大学国学院王子今教授作《巴賨民族文化格局的交通史考察——以秦汉賨史为标本》的主题演讲。他重新梳理了巴人、賨人和南蛮的空间关系，并分析了廪君故事、盐神崇拜、山虎传说和古代交通史的关系，着重介绍了米仓道的复杂情况。北京大学考古文博学院李水城教授《罗家坝遗址史前考古学文化源流蠡测》则结合2016年度罗家坝遗址新石器时代遗存的考古新发现，指出在距今4500年以罗家坝遗址出土的陶折沿深腹罐为代表的遗存，广泛流行于整个嘉陵江流域，并在陕南、三峡、鄂西地区均有发现，这支文化的来源可能与陕南地区仰韶文化晚期的考古学文化有关。

随后，与会学者就罗家坝遗址现场考察和听取的会议报告进行了广泛研讨。西北大学文化遗产学院赵丛苍教授认为罗家坝遗址价值重大，罗家坝遗址公园的建设将对罗家坝遗址和巴文化的研究具有重要意义。四川大学文学与新闻学院江玉祥教授建议应依托罗家坝遗址，加大非物质文化遗产的保护和利用。中国社会科学院考古研究所赵志军研究员建议在考古发掘的过程中应加大科技考古的投入，并将科技考古的成果积极有效地利用起来。中国社会科学院考古研究所所长陈星灿研究员认为罗家坝遗址不仅为巴文化的研究打开了局面，而且对嘉陵江流域史前文化的研究提供了重要资料。河南省文物局原副局长孙英民认为研究巴文化的关键在于寻找核心遗址，唯有对核心遗址进行科学的发掘和深入的研究，才能正确地认识巴文化，今后应加强罗家坝遗址周边区域的考古调查、勘探和发掘。中国人民大学历史学院魏坚教授认为罗家坝遗址是战国早期该区域的一处核心遗址，同时罗家坝遗址新石器时代遗存正处于距今5000～4000年我国文明起源的关键时期，因此应做好罗家坝乃至嘉陵江流域史前文化遗存调查发掘与研究。西北大学历史学院田旭东教授关注到罗家坝遗址出土的铜钺、铜剑和铜矛，其是否有实战意义值得进一步思考。西南民族大学西南民族研究院杨明教授提出了通过梳理历史文献，看賨人是否与道教有关，并建议将巴渝舞进行重点研究并宣传推广。四川大学历史文化学院彭邦本教授建议，从建设巴文化高地的角度看，本次会议应该定期举办下去，并作为地方文化的组成部分，同时应注重巴文化融入华夏文化的研究，不仅是考古发掘出土的器物层面，更应该关注制度与文化层面。中国社会科学院考古研究所叶茂林研究员认为东巴西蜀的文化格局可能要在早期文化中寻找，并希望尽快立法。甘肃省文物考古研究所王辉研究员认为巴文化的来源具有多样性，这也是其自身的特点，罗家坝遗址一些器物上的纹饰可能与西亚两河流域有关。重庆市文化遗产研究院院长邹后曦研究员指出，四川省文物考古研究院近年来围绕嘉陵江流域做了很多工作，建议以后两家单位密切合作、资源共享，共同解决巴文化研究中的诸多问题。中国社会科学院考古研究所刘国祥研究员进一步强调了罗家坝遗址M33的重要性，并认为其应该是贵族或高等级墓葬。中国社会科学院考古研究所徐良高研究员建议建立一个巴文化研究平台，并聘请巴文化研究专家，形成巴文化研究的持续机制。中国社会科学院考古研究所王仁湘研究员认为巴文化研究中应关注巴人的饮食文化，考古遗址公园也可以开发巴文化特色的饮食。秦始皇帝陵博物院副院长田静研究员从遗址博物馆的展陈设计和遗址公园的建设方面提出了建议。重庆师范大学历史与社会学院孔令远教授建议将遗址博物馆与互联网技术联系起来，建设数字博物馆，使更多的人参与到巴文化的研究之中。基于上述的研讨会和学术座谈会的成果，专家学者一致达成了《宣汉共识》（见文后）。

最后在中国社会科学院考古研究所刘国祥研究员的主持下，四川省文物考古研究院院长高大伦研究员从参会论文、参会人员、会议目的三方面对会议做了简要总结，并对未来的巴文化研究提出了巴蜀并重、川渝携手、邻里互动、全国关注、跨界联合的富有建设性的建议。

六、结　　语

会议期间，还举办了罗家坝遗址公园和博物馆建设启动大会，与会专家学者参观了罗家坝遗址和观摩了罗家坝遗址出土文物。此次会议体现了三个新的特点“新材料、新视野、新方法”，四川省文物考古研究院公布了罗家坝遗址2016年度考古新发现，大大扩充了罗家坝遗址的文化内涵。罗家坝遗址周边区域考古新材料，为全面解读巴蜀文化提供了新的线索。与会专家不仅从罗家坝遗址及其出土文物进行研究，而且从巴的历史与文化、罗家坝遗址的展示利用、巴蜀文字等角度进行了全方位的阐述。与此同时，多学科的参与为全面解读罗家坝遗址与巴文化研究提供了新的方法。

此次研讨会虽然成果丰硕，但是巴文化的研究依旧困难重重。主要体现在：首先，相关概念尚需进一步理顺，特别是巴人、巴族、巴地、巴文化、巴国以及不同时期的巴，在不同的地域、不同的时间框架内如何研究，尚需进一步明确。其次，族群或族属的判断尚需进一步加强，特别是晚期巴蜀文化，我们一般按照地域进行划分，但这种划分明显存在较大的风险，而人类学或社会学在这方面做出杰出贡献，应积极予以借鉴。再次，国家形态和社会形态的研究尚未深入，并且往往将这两个概念相互混淆，只有深入地理清这两个形态，才能有助于巴国的深入研究。最后，理论研究上的缺乏，使得我们很难将历史文献、出土文献、考古材料等统一在一个大体系或框架内。当然，上述问题的解决并非一朝一夕可得，尚需大量的考古材料，因此应加大对巴所在地域的考古调查、发掘与研究，打破固有的地域藩篱，加强沟通，共享成果，一起推动巴文化的深入研究。

附：

宣 汉 共 识

2017年11月25、26日，来自北京、重庆、湖北、贵州、湖南、陕西、甘肃和四川的专家相聚于历史悠久、风光秀美的宣汉，共同研讨罗家坝遗址与巴文化，与会专家一致认为：

巴文化由古代巴地各族人民共同创造。巴文化源远流长，是多元一体的中国古代文明的重要组成部分。关于巴人及其文化，文献虽有记载，但对巴人的起源与族群、文化面貌、社会形态等，需由考古学并联合其他学科来共同探索。

宣汉罗家坝遗址是我国目前所知面积最大、保存最好、文化内涵最丰富的巴文化遗址之一。1999 年以来的考古工作，发掘出巴文化的大型墓地与高规格墓葬，表明罗家坝是巴文化的中心遗址之一，也是探索巴文化起源的重要地点。这一考古发现有助于揭示巴的文化与社会，反映长江中上游各区域及其与中原之间的文化交流与族群迁移，由此突显了罗家坝遗址在中国西南乃至南方地区青铜时代文明图景中的重要地位。

与会专家高度评价宣汉县委、县人民政府以高度的责任心和使命感，在推进考古遗址公园与遗址博物馆建设等方面所做出的努力。宣汉地处巴文化的中心区域，今后应依托罗家坝遗址的考古发掘，深化巴文化的综合研究，加强遗址的保护与利用，应努力将其建设成为研究、展示和传承巴文化的高地，以推动宣汉地区文化、经济和社会的全面发展。与会专家愿为此给予学术支持，献计献策，共同努力！

“罗家坝遗址与巴文化学术研讨会”全体专家学者

2017 年 11 月 26 日

（原载《四川文物》2018年第1期）

宣汉罗家坝遗址2015年度考古发掘简报

四川省文物考古研究院
达州市博物馆
宣汉县文物管理所

摘　要：2015～2016年，四川省文物考古研究院对宣汉罗家坝遗址进行大规模的考古勘探，并对罗家坝遗址外坝中部进行了考古发掘，首次发现了连续堆积的新石器时代文化遗存，出土了大量的陶器和石器，该遗址的发掘完善了嘉陵江流域新石器时代文化内涵，对构建长江上游地区新石器时代晚期的考古学文化格局、探讨长江上游地区文明化进程与演进模式具有重要的意义。

关键词：罗家坝遗址　新石器时代中晚期　细石叶　嘉陵江

罗家坝遗址位于四川省达州市宣汉县普光镇进化村罗家坝，地处渠江二级支流后河左岸的一级阶地上。四川省文物考古研究院等单位于1999年、2003年、2007年先后三次对其进行了考古发掘，累计发掘面积1000平方米[①]。发掘表明罗家坝遗址不仅是我国目前所知面积最大、保存最好、文化内涵最丰富的巴文化中心遗址之一，还是一处十分重要的新石器时代遗址（图一）。

为进一步了解罗家坝遗址巴文化墓葬的范围、探寻东周时期遗址区的位置、认识新石器时期遗存的文化内涵，2015年12月～2016年6月经国家文物局批准，四川省文物考古研究院会同达州市博物馆、宣汉县文物管理所对罗家坝遗址进行第四次考古发掘工作，共布5米×5米的探方12个，发掘面积300平方米。发掘表明罗家坝遗址外坝的文化层堆积厚1.5～3米，涵盖新石器、商周、汉代三个时期，共清理了不同时期的墓葬、灰坑、沟等各类遗迹近百处，出土了陶器、石器、铜器、铁器等各类小件近千件。尤其是新石器时代遗存的发现，是此次发掘的最大收获，现将本次新石器时代遗存的发掘收获简报如下。

---

① 四川省文物考古研究院、达州市文物管理所、宣汉县文物管理所：《宣汉罗家坝》，文物出版社，2015年。

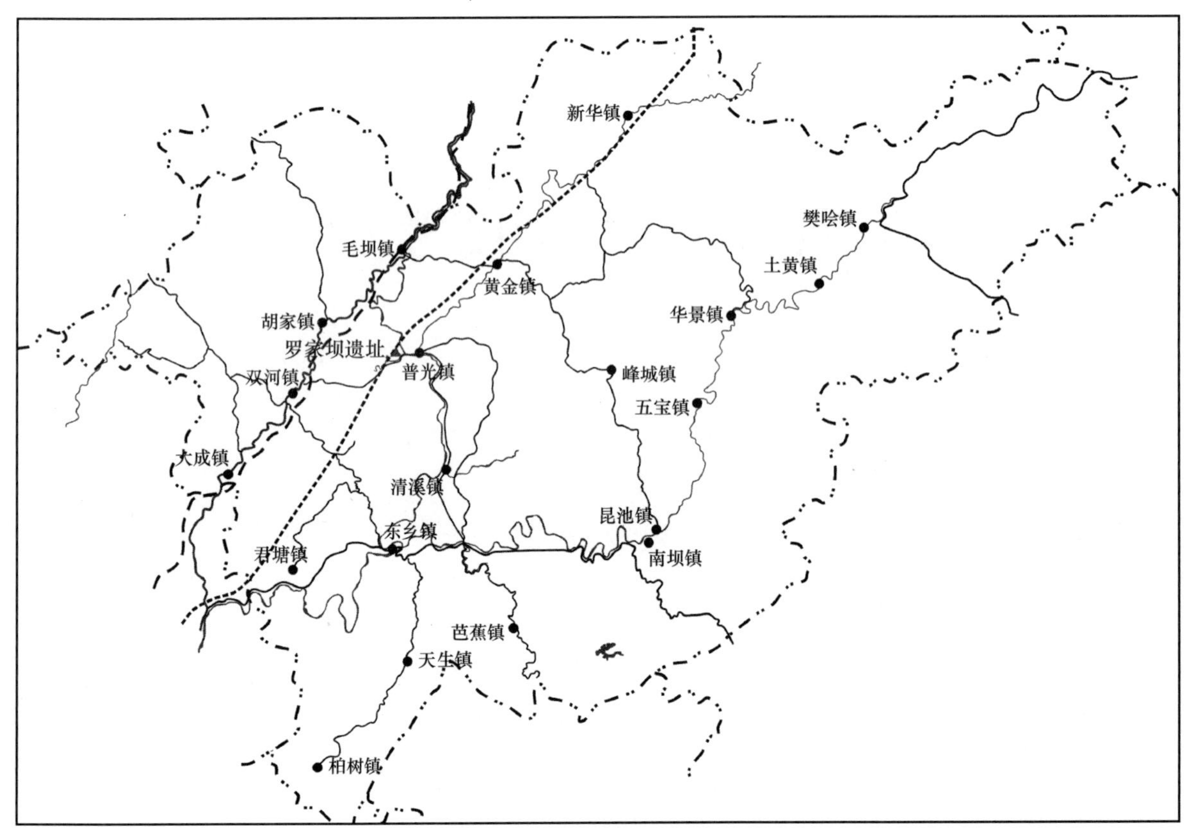

图一 罗家坝遗址位置图

一、地层堆积

罗家坝遗址外坝的地层堆积可分为12层，现以TS09W22、TS09W23、TS09W24、TS09W25的北壁为例介绍如下（图二）。

第1层：灰黑色耕土层，土质疏松。厚25～30厘米。包含有少量的瓦片、瓷片、石块等。本层之下叠压有D1。

第2层：黄灰色沙土，土质较硬。深25～30、厚0～20厘米。包含有少量的陶片、石块、铜器残片等。分布于发掘区的中部。

第3层：黄色沙土，土质较硬。深25～55、厚14～40厘米。包含有少量的陶片、炭屑、红烧土颗粒、石块等。

第4层：黄褐色沙土，土质较硬。深50～75、厚0～32厘米。包含有陶片、炭屑、红烧土颗粒、石块等。分布于发掘区的西部。

第5层：黄色沙土，土质较硬。深63～90、厚20～25厘米。包含有少量陶片、炭屑、红烧土颗粒、石块等。

第6层：黄灰色沙土，土质较硬。深95～115、厚10～20厘米。包含有少量的陶片、炭屑、石块等。本层之下叠压有H116。

第7层：灰色沙土，土质较硬。深110～135、厚10～20厘米。包含有少量的石块、炭屑、陶片

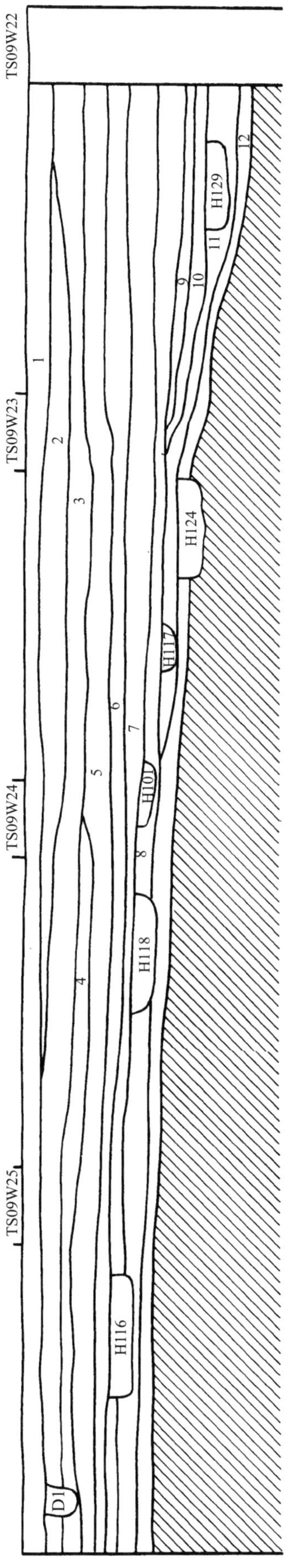

图二 TS09W22、TS09W23、TS09W24、TS09W25北壁剖面图

等。本层之下叠压有 H101、H118。

第 8 层：黄灰色土，土质较疏松。深 125～175、厚 15～35 厘米。包含有少量的炭屑、红烧土颗粒和陶片。本层之下叠压有 H117。

第 9 层：浅黄色沙土，土质疏松。深 184～210、厚 0～20 厘米。包含有少量的石块、炭屑、红烧土颗粒、陶片等物。仅分布发掘区的东部。

第 10 层：黄色沙土，土质疏松。深 185～220、厚 0～29 厘米。包含有少量的石块、炭屑、红烧土颗粒、陶片等物。仅分布发掘区的东部。本层之下叠压有 H129。

第 11 层：灰色沙土，土质疏松。深 177～234、厚 0～40 厘米。包含有少量的石块、炭屑、红烧土颗粒、陶片等物。仅分布发掘区的东部。本层之下叠压有 H124。

第 12 层：红色沙土，土质疏松。深 150～274、厚 10～25 厘米。较纯净。包含少量的炭屑。

第 12 层之下为生土。从出土器物和叠压关系推断，除第 1 层为耕土层、第 2 层为明清堆积外，其余均为早期堆积，其中第 3、4 层为两周时期堆积，第 5 层及以下均为新石器时代堆积。

二、遗　　迹

罗家坝遗址新石器时代的遗迹主要为灰坑，共清理这一时期的灰坑 69 个。现选择部分灰坑介绍如下。

H82　位于 TS10W25 的北部，部分叠压于该探方的北隔梁下，开口于第 7 层下，被 H81 打破，打破第 8 层。坑口平面呈不规则椭圆形，直壁，弧底。坑口长 200、宽 166、坑深 28～47 厘米。坑内填土可分为两层，上层为灰黑色土，厚 18～23 厘米，土质较硬，包含有大量的石块、炭屑、红烧土颗粒、骨块、陶片、细石器、磨石等；下层为灰褐色土，厚 12～24 厘米，土质疏松，包含有少量的石块、炭屑、红烧土颗粒、陶片、细石器、磨石等（图三）。

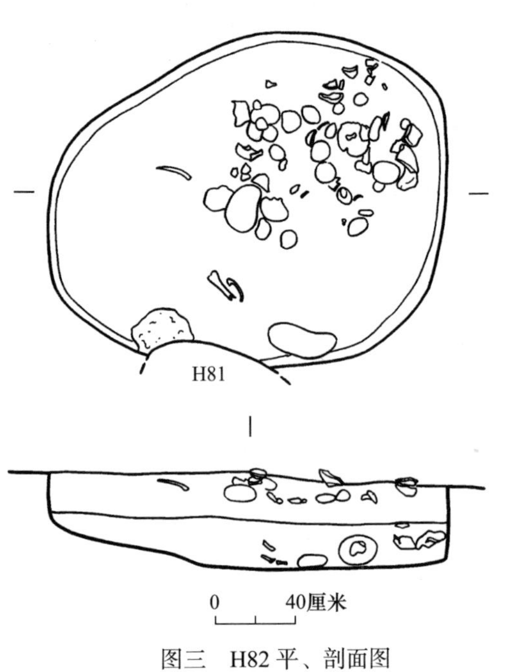

图三　H82 平、剖面图

H85　位于 TS10W24 的南部，开口于第 7 层下，被 H70、H84 打破，打破第 8 层。平面呈不规则半圆形，直壁，底近平。坑口长 290、宽 230、坑深 17～33 厘米。坑内填土为黄褐色，土质疏松，含有大量的石块、炭屑、红烧土颗粒、骨块、陶片、磨石、细石器等（图四）。

H89　位于 TS10W22 的中部，开口于第 10 层下，被 H83 打破，打破第 11 层。平面呈不规则椭圆形，斜壁，底略平。坑口长 396、宽 125～159、坑深 46～54 厘米。坑内填土为黑色土，土质疏松，包含有大量的红烧土颗粒、炭屑、石块、骨块、陶片、磨石、细石器等物（图五）。

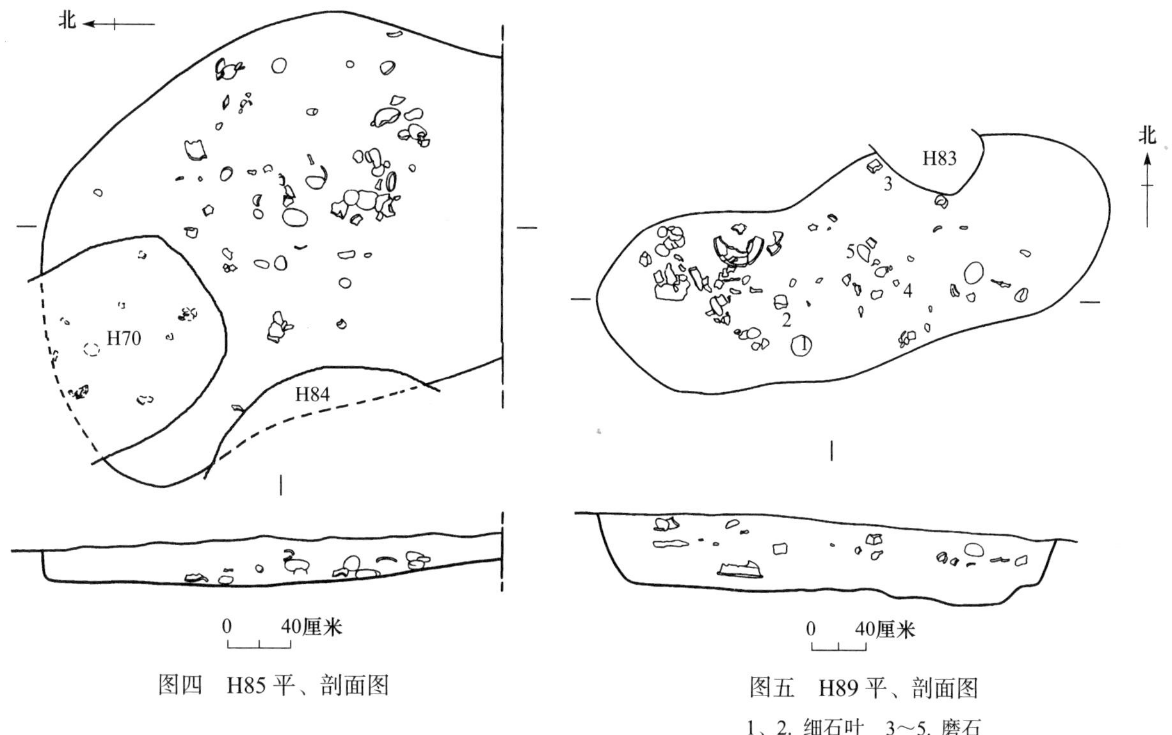

图四 H85平、剖面图

图五 H89平、剖面图
1、2. 细石叶 3～5. 磨石

H90 位于TS10W22的中部，开口于第11层下，被H89打破，打破第12层。平面呈不规则长方形，斜壁，圜底。坑口长187、宽144、坑深23厘米。坑内填土为灰色土，土质疏松，包含有少量的陶片、石块、炭屑、红烧土颗粒等（图六）。

H91 位于TS10W25的中部，开口于第8层下，被H79、H82打破，打破第12层。平面呈不规则圆形，直壁，凹圜底。坑口长211、宽128、坑深26～51厘米。坑内填土为灰黑土，土质较硬，包含有少量的炭、石块、红烧土颗粒、陶器、骨块、细石器、磨石等（图七）。

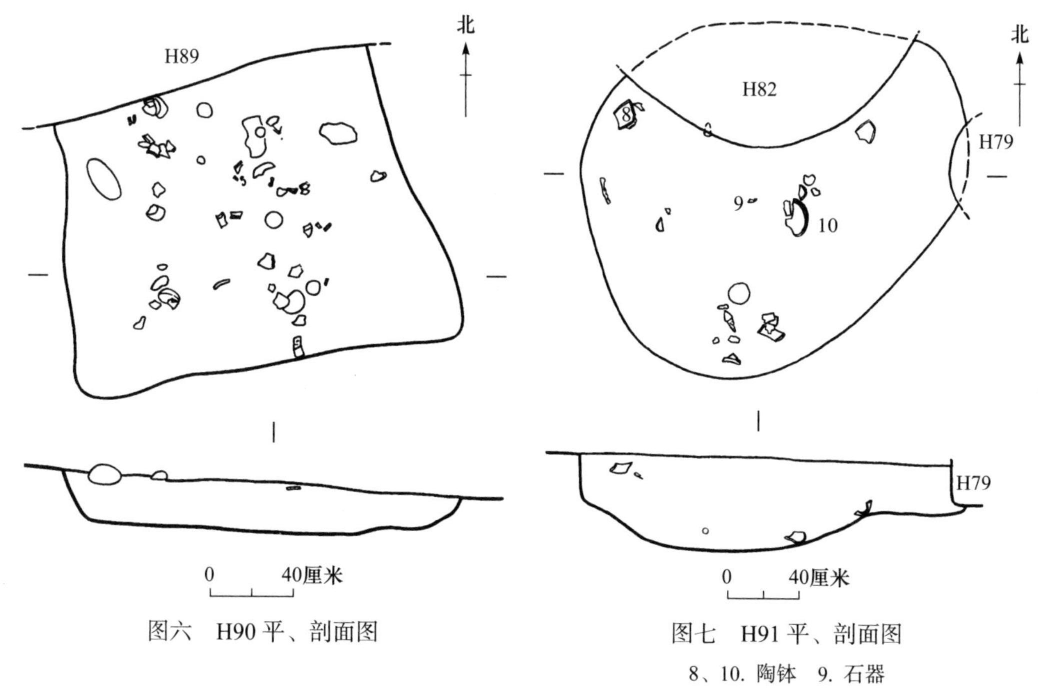

图六 H90平、剖面图

图七 H91平、剖面图
8、10. 陶钵 9. 石器

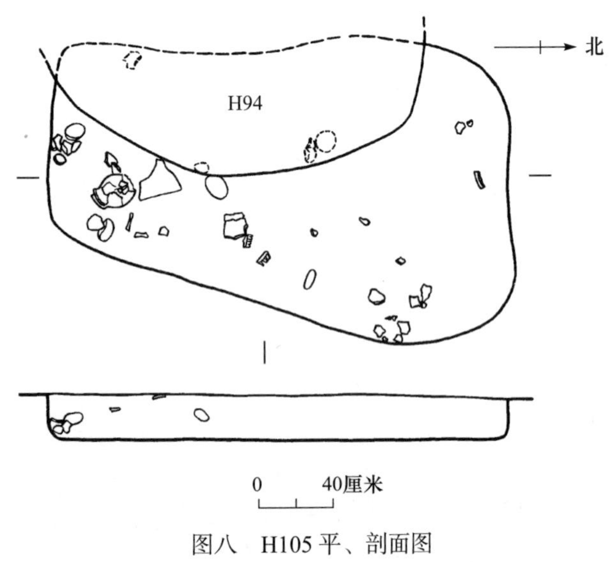

图八 H105平、剖面图

H105 位于TS09W25的南部，开口于第6层下，被H94打破，打破第7层。平面呈不规则长方形，直壁，平底。坑口长250、宽97～162、坑深21～24厘米。坑内填土为灰色土，土质疏松，包含有较多的炭屑、骨块、石块、陶片、磨石、细石叶等（图八）。

H133 位于TS09W22的西部和TS09W23的东隔梁下，开口于第9层下，被H130打破，打破第10层。平面呈不规则圆形，直壁，底近平。坑口径216～220、坑深6～34厘米。坑内填土为深灰色土，土质疏松，包含有少量的炭屑、陶片、磨石、细石叶等（图九）。

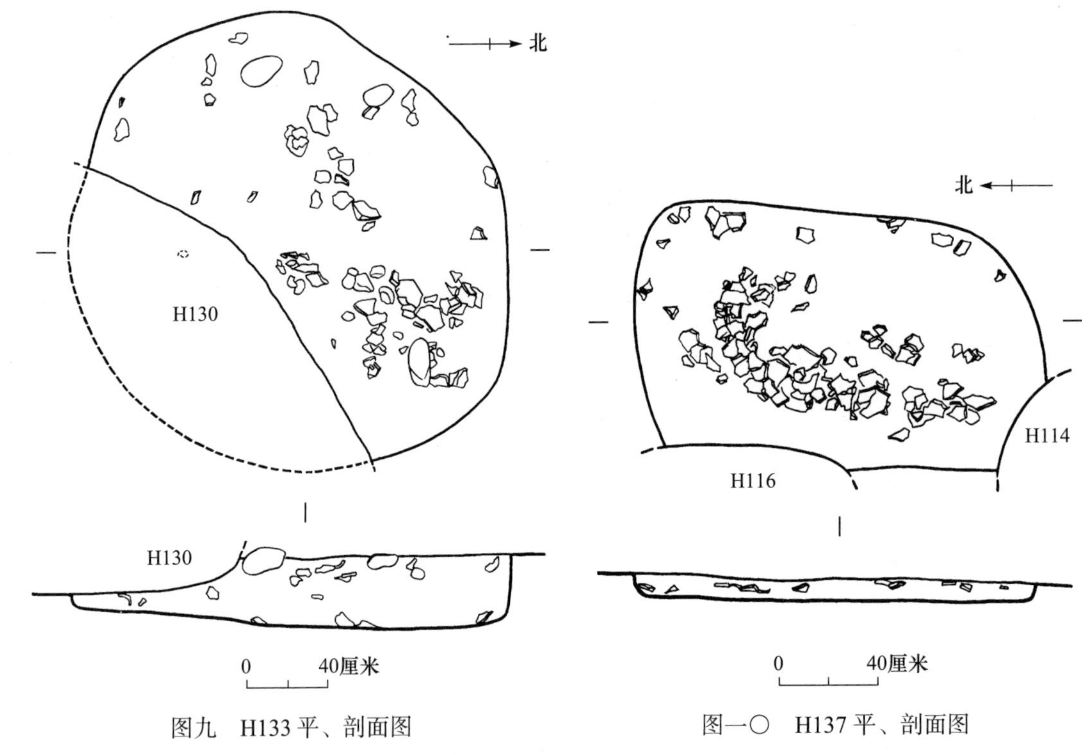

图九 H133平、剖面图

图一〇 H137平、剖面图

H137 位于TS09W25的东北部，开口于第7层下，被H114、H116打破，打破第12层。平面呈椭圆形，弧壁，平底。坑口长100～164、坑深10厘米。坑内填土为灰褐色土，土质较硬，包含有大量炭屑、骨块、陶片、磨石等（图一〇）。

H139 位于TS09W24的东部，开口于第7层下，被H96、H101、H118打破，打破第8层。平面呈不规则长方形，壁近直，底近平，坑口长186、宽124～136、坑深16～32厘米。坑内填土为深灰色土，土质疏松，包含有炭屑、骨块、烧土颗粒、陶片、磨石、细石叶等（图一一）。

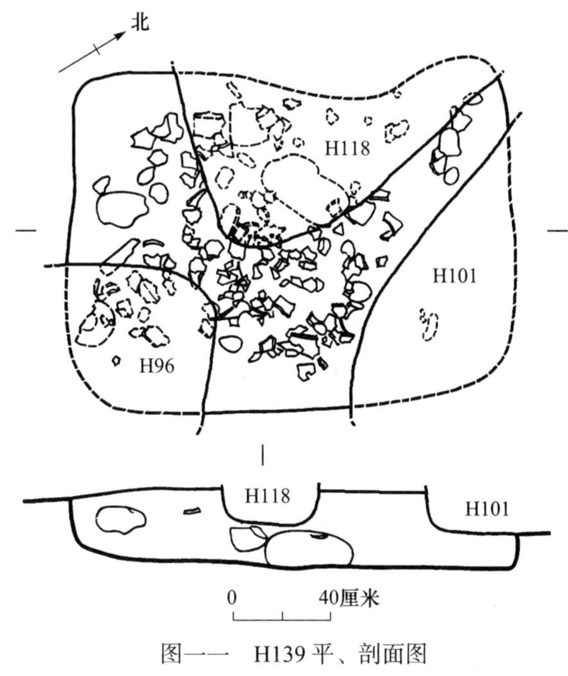

图一一 H139 平、剖面图

三、出 土 遗 物

罗家坝遗址新石器时代的遗物主要有陶器、石器两大类，现分别介绍如下。

（一）陶 器

从陶质来看，主要包括夹砂和泥质两类。其中夹砂陶又可依据胎中所夹杂的石英、燧石、长石等颗粒的大小，进一步区分为夹粗砂陶和夹细砂陶两种。夹粗砂陶是指所含颗粒直径大于 0.3 厘米的，有些陶器表面因颗粒的脱落，致使陶器表面出现较多的坑点；夹细砂陶是指所含颗粒直径小于 0.3 厘米的，器表较为细腻光滑。泥质陶为陶土经过细致的筛选，陶质细腻，部分陶器器表磨光，极少量的泥质陶器表饰彩。从地层出土陶片的统计数据来看，夹砂陶占大多数，多为夹粗砂陶，夹细砂陶较少。灰褐陶数量最多，红褐陶和灰黑陶次之，另有少量的黑陶、黄褐陶、红陶、褐陶等。泥质陶数量较少，其中以灰褐陶和灰陶较为多见，黄褐、红褐陶次之，另有少量的黑陶、红陶、红褐陶等。

从纹饰来看，陶器中素面陶的数量最多，绳纹的数量次之，弦纹的数量较少，另外，还有少量的戳刺纹、刻划纹、戳印纹、附加堆纹、太阳纹、弦纹、镂空等。纹饰以斜向滚印的交错绳纹较为多见，多数器物上交错绳纹、戳印纹和附加堆纹构成复合纹饰，粗绳纹多施于陶罐上。

从制作方法来看，陶器多为泥条盘筑，并经慢轮修整。部分陶器为口、身、底分段成形后再拼接为一体，然后进行慢轮修整，有的在各部分接口处内侧或外侧加贴加固泥条后再拍实。在器表施菱格纹或绳纹后，再在一些部位加施戳印纹或附加堆纹，花边口则是于口唇内缘用缠细绳之细棍侧面垂直于唇面压印而成。

从器形来看，主要为平底器，可辨器形主要包括陶罐、陶盆、陶钵、陶高领壶等。现分别介绍如下。

罐　41件。根据口部是否饰花边，可分二型。

A型　25件。口部饰花边。侈口，平底。器身多饰交错绳纹。依据口沿、腹部的不同，可分为五式。

Ⅰ式：4件。H137：1，夹粗砂红褐陶，内黑外红。侈口，方唇，颈微束，溜肩，上腹微鼓，平底。唇部饰滚压的绳纹花边，口部以下均饰滚压的交错粗绳纹，腹中部饰一道附加堆纹。口径37.6、腹径43.4、底径20.6、通高49厘米（图一二，13）。

Ⅱ式：10件。卷沿，方唇，束颈，中腹微鼓，器身略矮，器身通体饰交错细绳纹。H90：4，

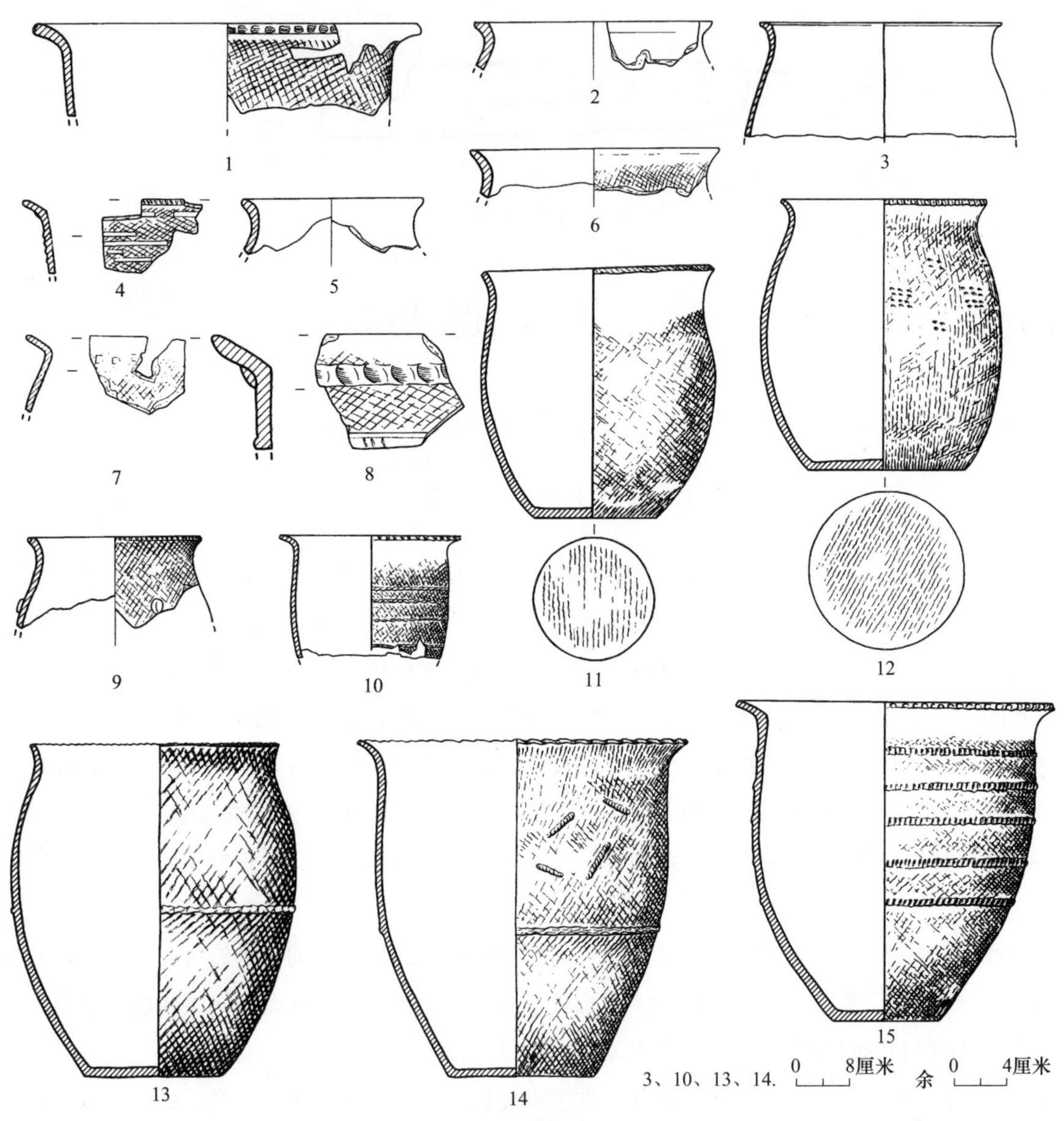

图一二　罗家坝遗址出土陶罐

1、14. A型Ⅲ式（H141：7、H133：11）2、5、6. B型Ⅰ式（H89：18、TS10W22⑪：13、TS10W22⑪：15）
3. B型Ⅱ式（H133：13）4. A型Ⅴ式（TS10W25⑦：3）7、8. B型Ⅲ式（TS09W24⑦：3、TS09W25⑦：2）
9、11、12. A型Ⅱ式（H91：11、H105：7、H90：4）10、15. A型Ⅳ式（H85：5、H85：3）
13. A型Ⅰ式（H137：1）

夹细砂红褐陶，内黑外红。唇部饰有用尖锐器按压的花边，腹上部饰戳刺纹，底部饰绳纹。口径15.6、腹径18.2、底径11.8、通高20厘米（图一二，12）。H105：7，夹细砂红褐陶。唇部饰绳纹滚压的花边。口径17.6、腹径17.8、底径9.2、残高18.8厘米（图一二，11）。H91：11，夹砂红褐陶。唇部饰花边，腹上部饰乳钉。口径13.2、残高6.7厘米（图一二，9）。

Ⅲ式：4件。卷沿微折，方唇，上腹略直，通体饰交错绳纹。H133：11，夹粗砂红褐陶，内黑外红。下腹斜收。唇部饰有按压的大花边，腹上部饰有两组四道排列不规整的附加堆纹，腹部横向饰一道宽附加堆纹。口径52.4、腹径44.4、底径22.4、通高49.6厘米（图一二，14）。H141：7，夹粗砂红褐陶。口径29.6、残高6.8厘米（图一二，1）。

Ⅳ式：6件。宽斜折沿，方唇，腹部施多道平行附加堆纹。H85：3，夹细砂灰褐陶。上腹略直，下腹弧收。唇部饰戳刺的花边，器身通饰交错细绳纹，腹部饰5道附加堆纹，附加堆纹上饰戳刺纹。口径24.2、腹径21.2、底径8、残高23.6厘米（图一二，15）。H85：5，夹细砂黄褐陶。上腹近直。唇部饰按压的花边，器身通饰交错细绳纹，腹部饰数道附加堆纹。口径28、腹径24、残高18.2厘米（图一二，10）。

Ⅴ式：1件。折沿，斜直腹，折沿处及腹部饰附加堆纹。TS10W25⑦：3，夹细砂灰褐陶。圆唇。唇部饰绳纹状的花边，折沿处及腹部饰细泥条附加堆纹。残宽7.6、残高5.4厘米（图一二，4）。

B型 16件。口部未饰花边。侈口。根据口沿形态的不同，可分三式。

Ⅰ式：5件。卷沿，圆唇，均为口沿残片。TS10W22⑪：13，夹细砂灰褐陶。素面。口径14、残高4厘米（图一二，5）。TS10W22⑪：15，夹细砂黑褐陶。颈部以下饰交错绳纹。口径19、残高3.6厘米（图一二，6）。H89：18，夹细砂灰褐陶。沿面略宽。素面。口径18、残高3.5厘米（图一二，2）。

Ⅱ式：6件。H133：13，泥质灰陶。卷沿近直，方唇，束颈，腹以下残。素面。口径36.4、腹径40.8、残高17厘米（图一二，3）。

Ⅲ式：5件。折沿，圆唇，口沿以下饰交错绳纹。TS09W24⑦：3，夹细砂黑陶。颈部饰方形戳印纹。残宽7.2、残高5.8厘米（图一二，7）。TS09W25⑦：2，夹细砂黄褐陶。折沿处饰一周附加堆纹，腹部饰泥条附加堆纹。残宽5.7、残高4.2厘米（图一二，8）。

盆 14件。根据腹部形态不同，可分二型。

A型 3件。折腹。侈口，圆唇，腹下部残。根据颈部形态的不同，可分二式。

Ⅰ式：1件。H89：15，泥质灰陶，表面磨光。窄平沿，颈微束。素面。口径33.6、腹径30.8、残高12.4厘米（图一三，15）。

Ⅱ式：2件。束颈较甚。素面。H141：8，泥质灰陶。口径22、腹径21.5、残高6.4厘米（图一三，16）。TS10W22⑧：1，泥质灰褐陶。口径28.8、腹径28、残高10.6厘米（图一三，19）。

B型 11件。直腹。根据口腹形态的不同，可分三式。

Ⅰ式：2件。TS10W22⑩：6，泥质灰褐陶。直口，折沿，沿面较平，方唇。素面。残宽4、残高2.4厘米（图一三，6）。

Ⅱ式：5件。H91：12，泥质灰褐陶。直口微侈，折沿，尖圆唇下垂。素面。残宽8、残高3.6厘米（图一三，7）。

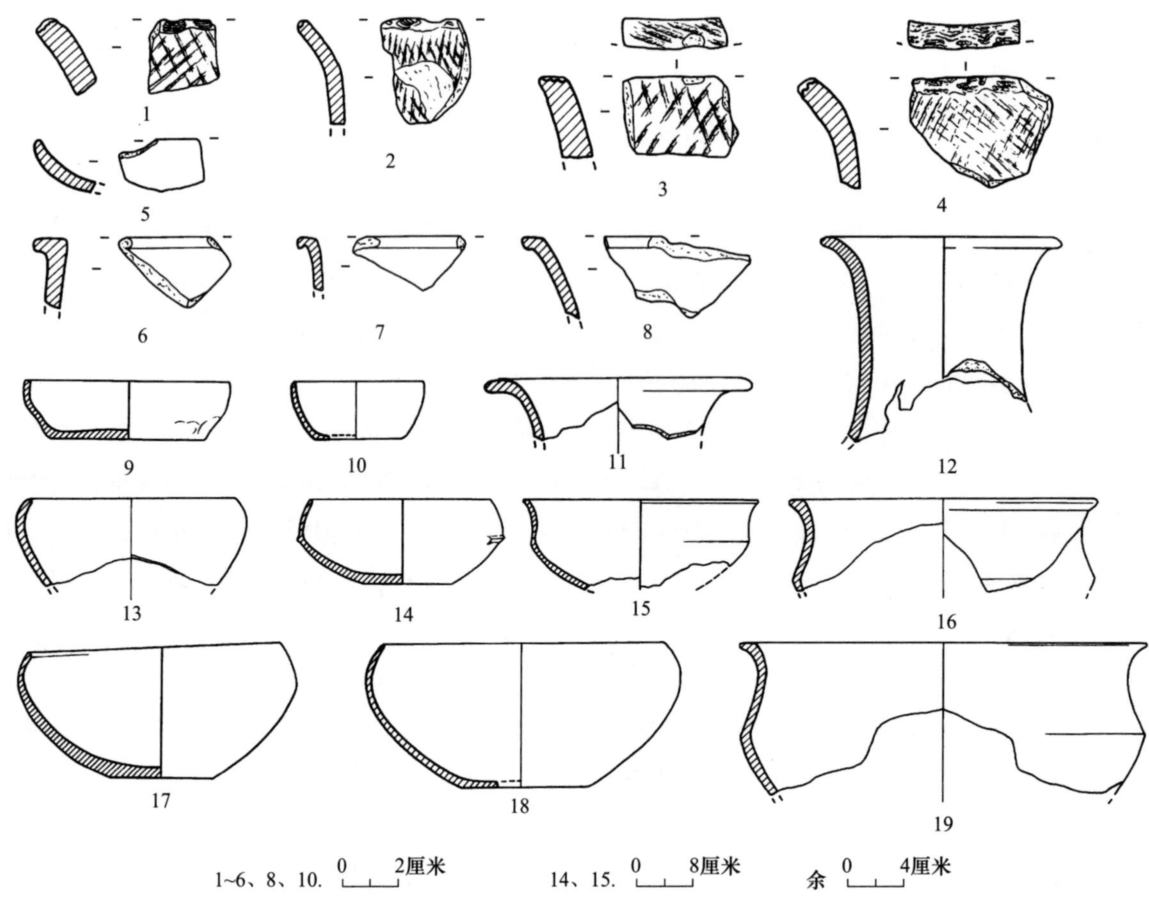

图一三 罗家坝遗址出土陶器

1. Ⅱ式缸（TS10W25⑧：2） 2、4. Ⅲ式缸（TS09W22⑦：3、TS09W24⑦：5） 3. Ⅰ式缸（TS09W22⑩：5） 5. B型Ⅲ式盆（TS09W24⑦：7） 6. B型Ⅰ式盆（TS10W22⑩：6） 7. B型Ⅱ式盆（H91：12） 8. B型Ⅲ式盆（TS09W25⑦：6） 9. B型Ⅰ式钵（TS09W23⑨：1） 10. B型Ⅱ式钵（H139：8） 11. Ⅱ式高领壶（TS10W25⑤：1） 12. Ⅰ式高领壶（H82②：5） 13、17、18. A型Ⅰ式钵（TS10W22⑪：12、H139：4、H98：10） 14. A型Ⅱ式钵（H91：8） 15. A型Ⅰ式盆（H89：15） 16、19. A型Ⅱ式盆（H141：8、TS10W22⑧：1）

Ⅲ式：4件。TS09W25⑦：6，泥质灰陶。敞口，折沿，圆唇，斜腹。素面。残宽5.2、残高2.8厘米（图一三，8）。

钵 26件。根据口部的不同，可分二型。

A型 12件。敛口。根据腹部形态的不同，可以分二式。

Ⅰ式：9件。尖圆唇，弧腹，最大径在上腹部。H98：10，泥质灰褐陶。平底。素面。口径20.2、腹径22.6、底径9.2、通高10厘米（图一三，18）。TS10W22⑪：12，泥质灰褐陶。底部残。素面。口径14.8、腹径16.4、残高6厘米（图一三，13）。H139：4，泥质黄褐陶。平底。素面。口径18、腹径19.8、底径7.2、通高9.4厘米（图一三，17）。

Ⅱ式：3件。H91：8，泥质灰褐陶，表面磨光。圆唇，折腹，下腹斜直，平底。最大径在中部折腹处，折腹处饰一对鸡冠耳。口径26、腹径29.4、底径12.4、通高11.6厘米（图一三，14）。

B型 14件。敞口。根据腹部形态的不同，可分三式。

Ⅰ式：3件。TS09W23⑨：1，泥质灰陶。圆唇，敞口近直，曲腹，平底。素面。口径14.6、底径11、高4厘米（图一三，9）。

Ⅱ式：5件。H139：8，泥质灰陶。尖唇，斜腹，底残。素面。口径9.6、底径6.6、高4厘米（图一三，10）。

Ⅲ式：6件。TS09W24⑦：7，泥质灰陶。尖圆唇，弧腹，底残。素面。残宽3、残高1.8厘米（图一三，5）。

高领壶　3件。多为口、领部，未见器身和器底。根据口、领部的不同，可分二式。

Ⅰ式：2件。H82②：5，泥质红褐陶，黑色陶衣，表面磨光。侈口，卷沿，圆唇，高领，领部以下残。素面。口径17.2、残高14.2厘米（图一三，12）。

Ⅱ式：1件。TS10W25⑤：1，泥质红褐陶。敞口，卷沿，圆唇，领部以下残。素面。口径19.2、残高4.2厘米（图一三，11）。

缸　16件。根据口部的不同，可分三式。

Ⅰ式：6件。TS09W22⑩：5，夹粗砂灰褐陶。直口。方唇上饰绳纹，唇面外侧饰按窝，器外饰交错绳纹。残宽4.1、残高2.8厘米（图一三，3）。

Ⅱ式：8件。TS10W25⑧：2，夹粗砂红褐陶。直口外侈。唇上饰按窝，器外饰交错绳纹。残宽2.5、残高2.6厘米（图一三，1）。

Ⅲ式：2件。侈口，卷沿，唇面呈波浪形。器外饰交错绳纹。TS09W24⑦：5，夹细砂红褐陶。残宽5.1、残高3.8厘米（图一三，4）。TS09W22⑦：3，夹细砂灰褐陶。残宽3.2、残高3.6厘米（图一三，2）。

（二）打制石器

打制石器均为细石器，黑色燧石质原料，种类有细石核、细石叶两类，多出土于灰坑，不同时期的地层也均有少量出土。

1. 细石核

2件。H124：2，船形石核。石核上可见两个剥片面，分属不同剥片序列。剥片序列Ⅰ台面已不可见，现存4个亚平行的片疤；拨片序列Ⅰ结束后，更新了台面，在更新后的台面上进行剥片序列Ⅱ的剥片，剥片序列Ⅱ现存4个亚平行的片疤。两个剥片面剥片方向不一致，转向约70°。同时，在石核的左侧面运用砸击法进行了修理，修理几乎打掉了原剥片面的30%，但是并未更新出新的可供剥片的背脊；其后在原剥片面在底缘也进行了一次修理，可能是为了剥取长石片以形成新的背脊，也失败了，石核最终被废弃。长2.9、宽2.2、厚2厘米（图一四，13）。H110：2，扁柱形石核。台面是人工台面，底缘是节理面。柱周布满片疤，疤痕相对平行规整，上下宽窄较一致。石核左右两侧有明显修理核身和剥片面的痕迹；柱周可见较多阶梯状断口，应该是最后多次剥片未成功而被废弃。长3、宽2.2、厚2厘米（图一四，14）。

2. 细石叶

120件，其中完整石片47件、断裂片37件、残片36件。整体多使用软锤直接剥片，压制法较少。台面均为人工台面，多呈线形和唇形，腹面形态多浅平，背面片疤数多为2～3片，侧缘多较

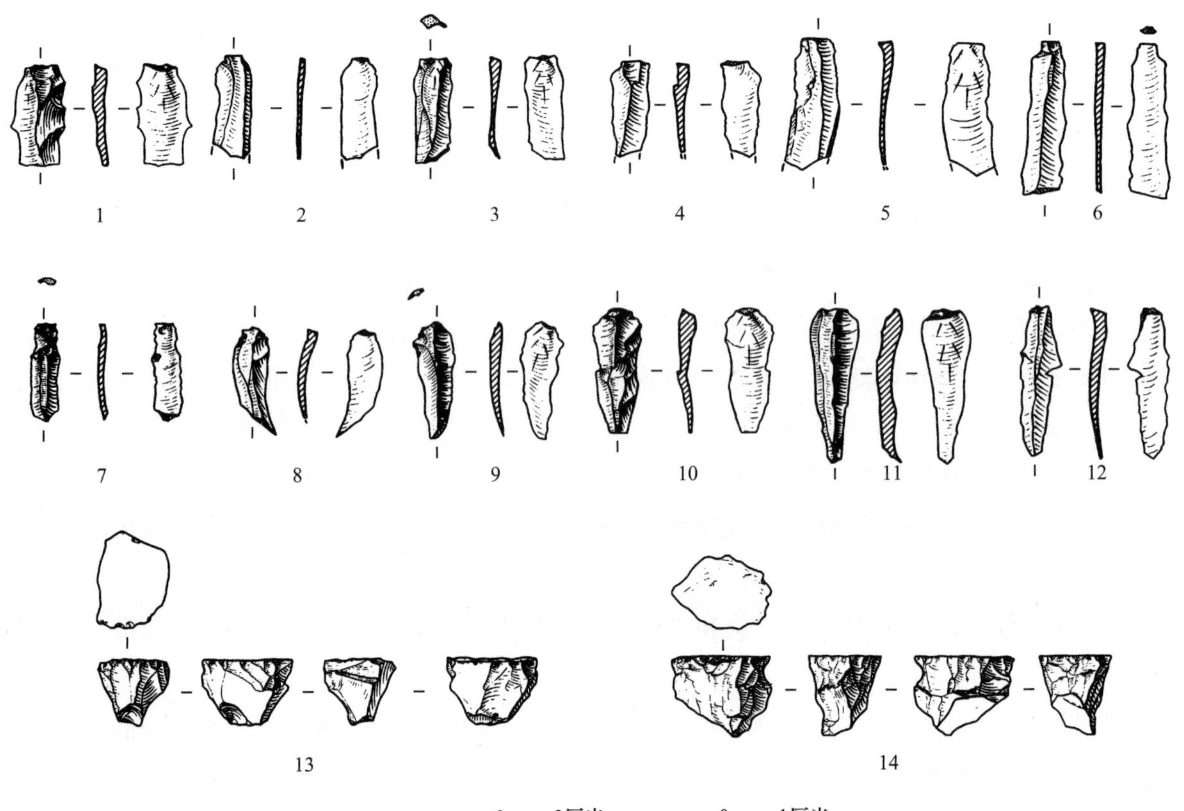

图一四 罗家坝遗址出土石器

1～12. 细石叶（H139 ∶ 1、TS09W22 ⑧ ∶ 1、H126 ∶ 3、H94 ∶ 4、H94 ∶ 2、H94 ∶ 16、H90 ∶ 6、H94 ∶ 14、H82 ① ∶ 13、H83 ① ∶ 1、H92 ∶ 10、TS09W23 ⑪ ∶ 1） 13、14. 细石核（H124 ∶ 2、H110 ∶ 2）

平直，远端形态以羽状居多，阶梯状较少，多为细石器剥片体系的初期阶段产品，且加工和使用痕迹极少。H139∶1，近端断片，背面同向2个片疤，侧缘略平直，远端残。长1.62、宽0.9、厚0.2厘米（图一四，1）。TS09W22⑧∶1，背面同向3个片疤，侧缘平直，远端呈羽状。长1.65、宽0.62、厚0.1厘米（图一四，2）。H126∶3，背面同向3个片疤，背脊平行，侧缘平直，远端呈羽状。长1.7、宽0.65、厚0.2厘米，（图一四，3）。H94∶4，背面同向2个片疤，侧缘平直，远端呈羽状。长1.55、宽0.65、厚0.2厘米，重0.2克（图一四，4）。H94∶2，背面仅1个片疤，侧缘平直，远端呈羽状。长2.14、宽1.3、厚0.1厘米（图一四，5）。H94∶16，背面同向2个片疤，侧缘平直，远端呈阶梯状。长2.5、宽0.75、厚0.15厘米（图一四，6）。H90∶6，背面同向3个片疤，背脊平行，侧缘平直，远端呈阶梯状。长3.15、宽0.92、厚0.2厘米（图一四，7）。H94∶14，背面对向4个片疤，背脊亚平行，侧缘较弯，远端呈羽状。长1.75、宽0.6、厚0.15厘米（图一四，8）。H82①∶13，背面同向3个片疤，背脊亚平行，侧缘较弯，远端呈羽状。长1.9、宽0.65、厚0.2厘米（图一四，9）。H83①∶1，背面同向3个片疤，背脊平行，侧缘不规则，远端呈羽状。长2、宽0.8、厚0.24厘米（图一四，10）。H92∶10，背面同向3个片疤，背脊平行，侧缘较直，远端呈捣底状。长2.5、宽0.8、厚0.25厘米（图一四，11）。TS09W23⑪∶1，远端断片，背面同向2个片疤，两侧缘较平直，远端呈羽状。长2.45、宽0.7、厚0.25厘米（图一四，12）。

（三）磨制石器

磨制石器主要有石镞、石斧和磨石三类，其中石镞和石斧较少，磨石较多，另外，还出土25件局部带有磨光面的工具毛坯和大量以石英岩为原料的破碎岩块，应为生产磨制工具过程中的副产品。

1. 石镞

12件。均为硅质灰岩质原料，片状，多通体磨光，均有明显的使用痕迹，尖部多崩断或有较明显的崩疤。H66：3，通体磨光，两侧缘刃部磨尖，尖部及尖部两侧有崩疤。长2.25、宽1.55、厚0.15厘米（图一五，11）。TS10W23⑧：15，通体磨光，两侧缘磨钝而略呈两个窄长的平面，尖部崩断且有大而连续的崩疤。长3.75、宽1.75、厚0.15厘米（图一五，12）。

2. 石斧

2件。TS10W23⑥：1，灰色，硅质灰岩，几乎通体磨光。整体略呈梯形，基部和两侧缘有明显的修窄修薄的痕迹和片疤，刃部为弧形偏刃，刃部一侧使用程度较高。长8、宽5.45、厚1.6厘米（图一五，6）。H94：1，白色，石英岩，通体磨光。整体略呈正方形，顶端残，侧面有连续的片疤，有明显的修薄迹象，弧刃近平，刃部有明显的使用过程中产生的崩疤。残长5.5、宽5.6、厚1.8厘米（图一五，4）。

3. 磨石

114件，其中111件为砂岩质原料、3件为石英砂岩质原料，颜色多呈红色，少量为灰白色。从原型形态上大致可分为二型。

A型　原型为河滩砾石，数量较多，尺寸多较小，多呈近圆形饼状，磨痕多集中在两面的中部及附近区域，磨面多浅平或微凹。H92：21，红色砂岩质砾石。近圆形，除侧缘外，砾石面全部磨平。直径5.2、厚1.5厘米（图一五，1）。H90：10，红色砂岩质砾石。近圆形，两面中部有较明显磨光面。直径7.9、厚1.2～1.8厘米（图一五，2）。H125：6，红色砂岩质砾石。近椭圆形，两面中部明显磨凹。长径9.9、短径6.7、厚3.5厘米（图一五，3）。H130：7，红色砂岩质砾石。近椭圆形，几乎通体磨光，侧缘磨平，两面微磨凹。长径9.6、短径8.1、厚1.6厘米（图一五，7）。H98：9，灰白色砂岩质砾石。近椭圆形，单面局部有轻微磨痕。长径23、短径19.3、厚4.4厘米（图一五，10）。

B型　原型为岩块，数量较少，尺寸多较大，多呈不规则的类立方体形，磨痕分布区域较广，一般有2～5个面磨平甚至磨凹呈凹槽状，凹度多较明显。H125：1，灰白色砂岩岩块。近长方形，除上、下节理面外，几乎通体磨光，其中两侧缘磨凹。长5、宽3、厚1.3厘米（图一五，5）。H133：12，红色砂岩岩块。形状不规则，有3个磨光面，其中一面明显磨凹呈凹槽状。长9.9、宽11.5、厚3.2厘米（图一五，8）。H94：18，灰白色砂岩岩块。形状不规则，有4个磨光面，其中一面明显磨凹。长10.1、宽9.3、厚6.6厘米（图一五，9）。

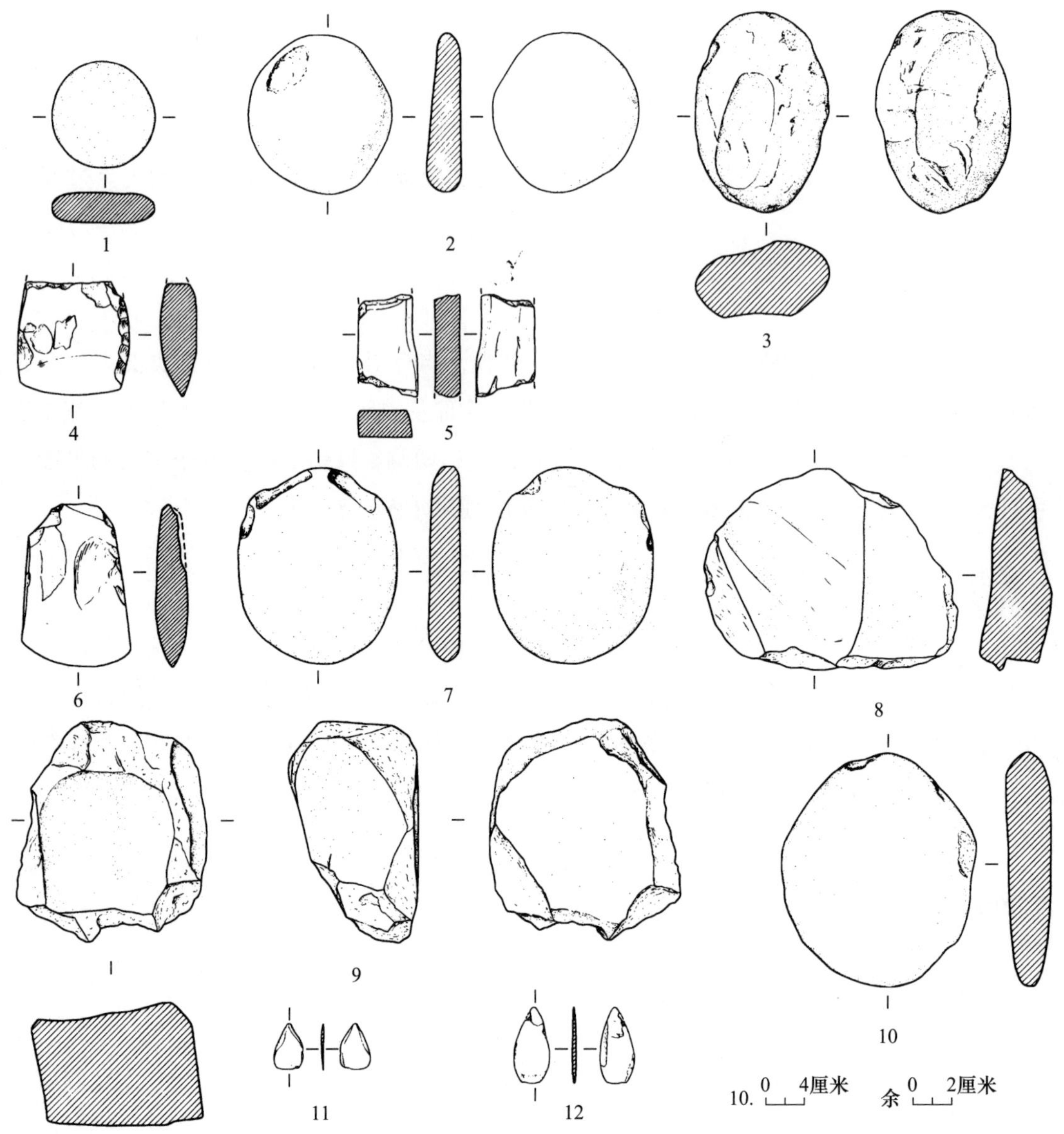

图一五　罗家坝遗址出土石器

1～3、5、7、10. A型磨石（H92：21、H90：10、H125：6、H130：7、H98：9）5、8、9. B型磨石（H125：1、H133：12、H94：18）4、6. 斧（H94：1、TS10W23⑥：1）11、12. 镞（H66：3、TS10W23⑧：15）

四、结　　语

罗家坝遗址新石器时代堆积较为深厚，局部厚度达2米，堆积层次较多，遗迹较为丰富，出土陶、石器数量多。尤其是可复原陶器数量较多，器物组合稳定，不同时期的陶器均以罐、钵、盆、壶为主要组合方式，陶器型式演变序列清晰，表明其族群相对稳定。依据出土器物的不同，大体可分为三期。

第一期，以第11层、第10层、H137等单位为代表。陶器以夹粗砂陶为主，泥质陶次之，夹细砂陶最少。陶色以灰褐、红褐为主，另有少量的红陶、褐陶、黄褐陶、灰陶、黑陶等。器表主要为素面、绳纹。器形主要有A型Ⅰ式罐，A型Ⅰ式、B型Ⅰ式盆，A型Ⅰ式钵，Ⅰ式缸。

第二期，以第9层、第8层、H133等单位为代表。陶器以夹粗砂陶为主，泥质陶次之，夹细砂陶最少。陶色仍以灰褐、红褐为主，但在夹砂陶中已基本不见红陶、褐陶、灰陶和黑陶，新出现了灰黑陶。器表仍以素面和绳纹为主，但两者的比例略有下降，弦纹和复合纹饰的比例有所上升。器形主要有A型Ⅱ式、A型Ⅲ式罐，A型Ⅱ式盆，A型Ⅱ式、B型Ⅰ式、B型Ⅱ式钵，Ⅱ式缸，Ⅰ式高领壶。

第三期，以第7层、第6层、第5层、H85等单位为代表。陶器以夹砂陶为主，泥质陶次之，夹细砂陶最少。陶色中灰褐陶的比例下降，而红褐陶的比例上升，灰黑陶的数量有所增加。器表以素面为主，绳纹比例下降，弦纹数量减少，以附加堆纹和绳纹组成的复合纹饰数量增加较为显著。器形主要有A型Ⅳ式、A型Ⅴ式、B型Ⅱ式、B型Ⅲ式罐，B型Ⅲ式盆，B型Ⅲ式钵，Ⅲ式缸，Ⅱ式高领壶。

关于各期的年代，可依据类型学和^{14}C测年得出，从出土器物来看，第二期中的A型Ⅱ式罐、A型Ⅱ式钵、Ⅰ式高领壶等与哨棚嘴1999年一期晚段[①]出土的器物相似，因此，第二期的年代当与哨棚嘴1999年一期晚段相近。而第一期出土的器物尚未见于峡江地区，但与罗家坝遗址二期的出土器物衔接明显，表明罗家坝新时期时代遗存的上限当早于哨棚嘴1999年一期晚段。而第三期出土的折沿罐，又广泛流行于峡江地区的新时期时代晚期。同时从出土木炭的^{14}C测年数据来看，其绝对年代在距今5300～4500年。

罗家坝新石器时代遗存中的细石器从早到晚均有出现，其技术工艺一脉相承，中河流域的考古调查也表明其石料资源可能来自本地，石器分析表明，渔猎采集经济在罗家坝遗址的生业模式中占据了重要地位。环境信息分析表明，罗家坝遗址新石器时代晚期中晚段气候转暖，阔叶林增多，以针阔混交林为主，林下蕨类植物茂盛，气候暖湿。浮选结果表明，罗家坝遗址的农业作物有稻、粟、黍等，但总量偏少。

罗家坝新石器时代遗存的考古发现，是川东地区新石器时代的重大考古发现，对进一步认识川北、川东地区新石器时代的考古学文化提供了十分重要的新资料，罗家坝遗址与广元、巴中等地的新石器时代遗址群一起，正在逐步构建川东北地区新石器时代中晚期的考古学文化序列，为探讨长江上游地区新石器时代文化的演进格局提供了新的方向。

领队：陈卫东

发掘：陈卫东　郑万泉　赵　建　廖建尧　杨　毅
冉　兢　袁　磊　安普义　李　韬　龙　兵

照相：郑万泉　陈卫东

绘图：赵　建

修复：代　兵

执笔：陈卫东　郑万泉　郑喆轩　袁　磊

（原载《四川文物》2018年第4期，与原文略有出入）

---

① 北京大学考古学研究中心等：《忠县哨棚嘴遗址发掘报告》，《重庆库区考古报告集》（1999卷），科学出版社，2006年，第572～581页。

试论罗家坝新石器时代遗存

陈卫东
（四川省文物考古研究院）
袁　磊
（达州市博物院）

摘　要：罗家坝新石器时代遗存是目前川东地区发现的遗迹、遗物最为丰富的遗址。2015年，四川省文物考古研究院对该遗址进行了考古发掘，获得了一批重要的新石器时代遗存资料。对于构建川东地区的新石器时代文化序列具有重要意义。本文依据这些材料，对该遗址的文化内涵、分期、年代及与周边文化的关系进行了初步讨论。

关键词：罗家坝　新石器时代　嘉陵江　峡江

嘉陵江古称阆水、渝水，发源于秦岭北麓的陕西省凤县代王山，流经川东和重庆，全长1345千米，是长江的一级支流。嘉陵江是连接成都平原和三峡以西长江上游的通道，同时也通过汉水上游地区与湖北、陕西相连，这种连接表明嘉陵江流域对了解整个四川地区的先秦文化互动上具有极其重要的意义。但长期以来，在嘉陵江流域开展的考古工作一直很薄弱，因而对该流域的考古学文化认识十分有限。近年来，四川省文物考古研究院在嘉陵江及其支流先后开展了多次考古调查、勘探和发掘工作，并取得了一系列重要的收获。特别是一批新石器时代遗存的发现，对于完善嘉陵江流域的新石器时代文化面貌具有重要意义。

在众多新石器时代遗址的考古发现中，宣汉罗家坝遗址是目前嘉陵江流域发现的遗迹、遗物最丰富的遗址，遗址面积约100万平方米。1999年、2003年、2007年和2015年，四川省文物考古研究院等单位对该遗址先后进行了四次考古发掘。其中1999年的考古发掘，首次在该遗址中发现新石器时代遗存，但因受发掘面积的影响，新石器时代文化内涵并不清楚①。2003年的考古发掘仅

---

① 四川省文物考古研究院、达州市文物管理所、宣汉县文物管理所：《四川宣汉罗家坝遗址1999年度发掘简报》，《四川文物》2009年第3期。

发现少量的新石器时代遗迹与遗物[①]。2007年的考古发掘因发现大量的东周墓葬，为保持东周墓葬的完整性，并未进一步向下清理[②]。2015年的考古发掘，不仅清理了大量的新石器时代的灰坑，而且出土了大量的陶器、石器[③]。因该遗址新石器时代的遗物，文化特征明显，在嘉陵江流域乃至峡江地区具有一定的代表性。我们将依据这批材料，试就这种遗存的面貌、年代以及与周边文化的关系等问题进行初步的讨论。

一、地层与遗迹分组

通过对8个探方的整理，我们发现发掘区内各探方的地层基本可以连通，但是由于新石器时代遗存堆积较为复杂，层面数量较多，而多数地层又为局部分布且较薄。鉴于此，我们在整理时首先采用地层学方法，利用遗迹的层位关系将相邻探方的地层对应进行梳理，大体理出各个探方内部新石器时代遗存堆积的层位关系，再通过对出土陶器的类型学研究来进行分组、分段、分期。

罗家坝遗址新石器时代遗存堆积深厚，最深可达3米。文化层互相叠压，随地形向沟壑倾斜，地层堆积比较简单，遗迹现象较多，主要为灰坑。经过统一地层，2015年发掘的罗家坝遗址的地层堆积可分为12层（图一），其中第1层为耕土层，第2层仅见于个别探方的局部区域，为明清时期的堆积。第3、4层，含沙量较大，出土器物较少，从出土的器物判断，应为两周时期堆积。第5～12层，为新石器时代堆积。

然而，各层出土器物相对较少，少数灰坑出土器物较多且典型，也是我们进一步分期的基础，这些灰坑主要包括H82、H85、H89、H90、H91、H103、H124、H133、H137等。从开口层位来看，第6层下为H103，第7层下为H82、H85、H137（打破第12层），第8层下为H91（打破第12层），第9层下为H133，第10层下为H89，第11层下为H90、H124。

根据这些遗迹与地层的叠压、打破关系，大体可将罗家坝新石器时代遗存分为4组。

第一组：以H90、H124、H137、H89、H98、第10层、第11层等为代表。

第二组：以H91、H133、第8层、第9层等为代表。

第三组：以H82、H85、H139、第7层为代表。

第四组：以H94、第6层、第5层和99T1⑥[④]为代表。

---

① 四川省文物考古研究院、达州市文物管理所、宣汉县文物管理所：《四川宣汉罗家坝遗址2003年发掘简报》，《文物》2004年第9期。

② 四川省文物考古研究院、达州市文物管理所、宣汉县文物管理所：《宣汉罗家坝》，文物出版社，2015年，第17页。

③ 四川省文物考古研究院、达州市文物管理所、宣汉县文物管理所：《宣汉罗家坝遗址2015年度发掘简报》，《四川文物》2018年第4期。

④ 四川省文物考古研究院、达州市文物管理所、宣汉县文物管理所：《宣汉罗家坝》，文物出版社，2015年，第11页。

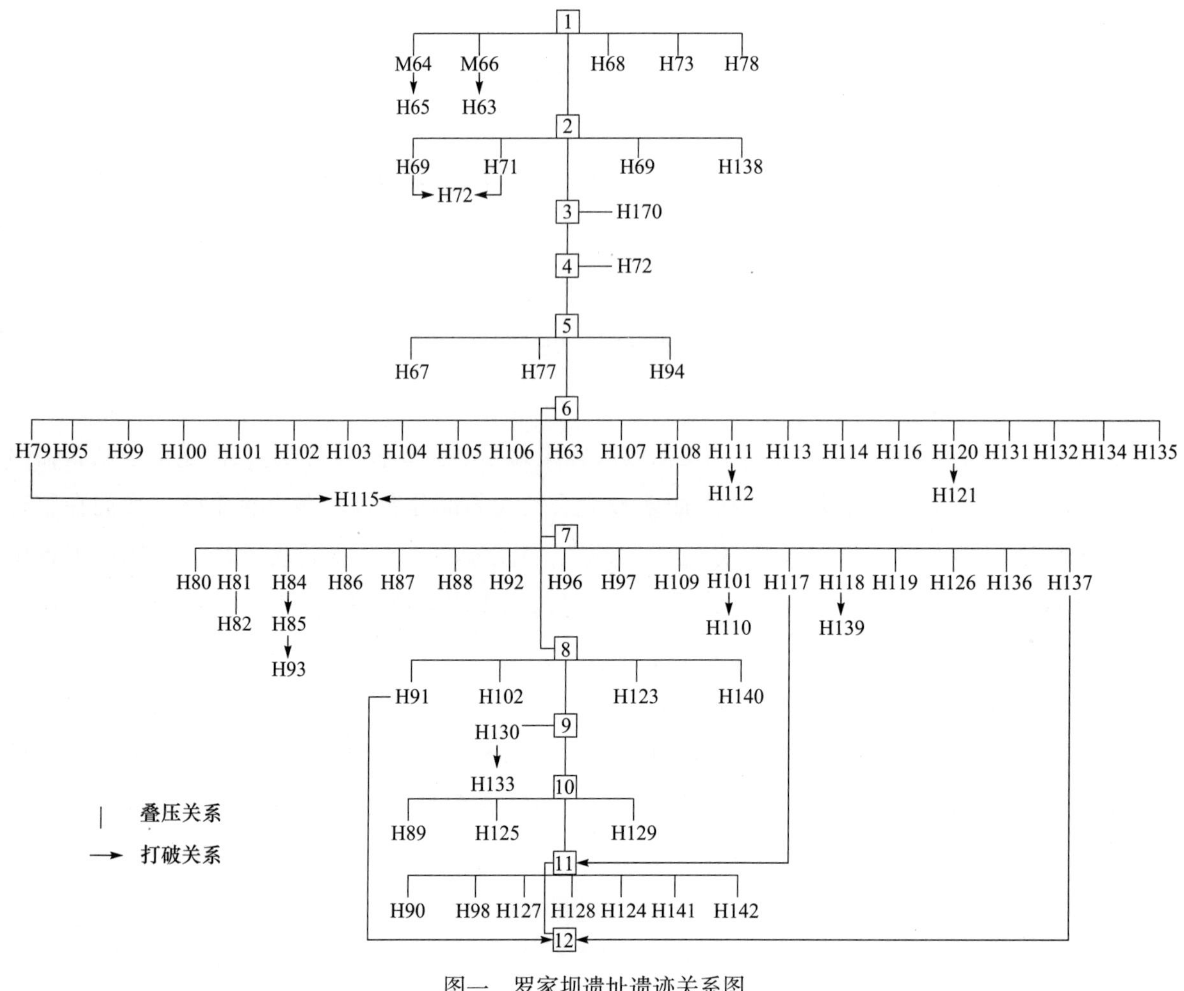

图一 罗家坝遗址遗迹关系图

二、主要陶器演变

罗家坝新石器时代遗存出土的陶器从陶质来看，主要包括夹砂和泥质两类。其中夹砂陶又可依据胎中所夹颗粒的大小，进一步区分为夹细砂和夹粗砂两种。夹砂陶占大多数，多为夹粗砂陶，夹细砂陶较少。灰褐陶数量最多，红褐陶和灰黑陶次之，黑陶、黄褐、黑灰陶、红陶、褐陶少量。泥质陶数量较少，其中以灰褐和灰陶较为多见，黄褐、红褐陶次之，另有少量的黑陶、红陶、红褐陶等。

从纹饰来看，以绳纹为主，弦纹次之，戳刺纹、刻划纹、戳印纹、附加堆纹、太阳纹、镂空等数量较少。绳纹主要施于夹砂深腹罐上，一般从口沿直施器底，有的绳纹还翻至口沿内缘。附加堆纹一般和绳纹复合使用，从一道至数道不等。戳刺纹、刻划纹、戳印纹、太阳纹、镂空等纹饰一般施于泥质陶上。少量的陶钵上还可见施彩的痕迹。

从器形来看，主要为平底器和圈足器，不见三足器和圜底器。平底器器类主要包括罐、盆、钵、高领壶等。圈足器器类主要是豆。其中夹砂陶多是罐类，泥质陶多是盆、钵、高领壶等。

罗家坝遗址所出土的陶器中，罐、盆、钵、高领壶、缸等的数量较多，延续时间较长，在罗家坝新石器时代遗存中占主要地位。通过对这些陶器形制的分析，可以在弄清其演变轨迹的基础之上，进而把握全部陶器的演变规律和整个遗址的文化内涵。

陶花边口罐　均平底。依据形制的不同可分为四式。

Ⅰ式：侈口，卷沿，唇部饰滚压或戳刺的花边，口部以下均饰滚压的交错粗绳纹，颈微束，溜肩，上腹微鼓，腹中部饰一道附加堆纹或戳刺纹（图二，1、2）。

Ⅱ式：卷沿微折，唇部饰有按压的大花边，上腹略直，器身通饰交错粗绳纹，腹上部饰有两组四道排列不规整的附加堆纹，下腹斜收，腹部横向饰一道宽附加堆纹（图二，8）。

Ⅲ式：宽斜折沿，唇部饰戳刺的花边，腹部饰多道平行附加堆纹。上腹略直，下腹弧收。器身通饰交错细绳纹，腹部饰 5 道附加堆纹，附加堆纹上饰戳刺纹（图二，16）。

Ⅳ式：窄斜折沿，唇部饰绳纹状的花边，斜直腹。腹部饰抹平的 4 道附加堆纹（图二，23）。

演变规律：口沿由卷沿向折沿发展，腹部由鼓腹向斜直腹发展，附加堆纹由一道向数道至数道抹平发展。

陶盆　根据腹部形态不同，可分二型。

A 型　折腹。侈口，圆唇，腹下部残。根据颈部形态的不同，可分二式。

Ⅰ式：窄平沿，颈微束，口径大于腹最大径（图二，3）。

Ⅱ式：束颈较甚，口径和腹最大径相等（图二，11）。

演变规律：由口径大于腹最大径到口和腹最大径同大，颈部从微束到束颈。

B 型：直腹。根据口腹形态的不同，可分三式。

Ⅰ式：直口，折沿，沿面较平，方唇（图二，5）。

Ⅱ式：直口微侈，折沿，尖圆唇下垂（图二，12）。

Ⅲ式：敞口，折沿，圆唇，斜腹（图二，18）。

演变规律：由直口向敞口演变，腹部由直腹向斜腹演变。

陶钵　根据口部的不同，可分二型。

A 型　敛口。根据腹部形态的不同，可分三式。

Ⅰ式：尖圆唇，鼓肩，弧腹，最大径在上腹部，平底（图二，4）。

Ⅱ式：圆唇，鼓肩，折腹，最大径在中部折腹处，折腹处饰一对鸡冠耳，下腹斜直，平底。表面磨光（图二，10）。

Ⅲ式：圆唇，肩部微鼓，斜直腹，平底（图二，17）。

演变规律：肩部由鼓肩到微鼓肩。

B 型　敞口。根据腹部形态的不同，可分二式。

Ⅰ式：圆唇，曲腹，平底（图二，9）。

Ⅱ式：尖唇，斜腹，平底（图二，20）。

演变规律：由曲腹到斜腹。

陶高领壶　多为口、领部，未见器身和器底。根据口、领部的不同，可分二式。

Ⅰ式：侈口，卷沿，圆唇，高领，领部以下残。表面磨光（图二，14）。

Ⅱ式：敞口，翻沿，圆唇，领部以下残（图二，24）。

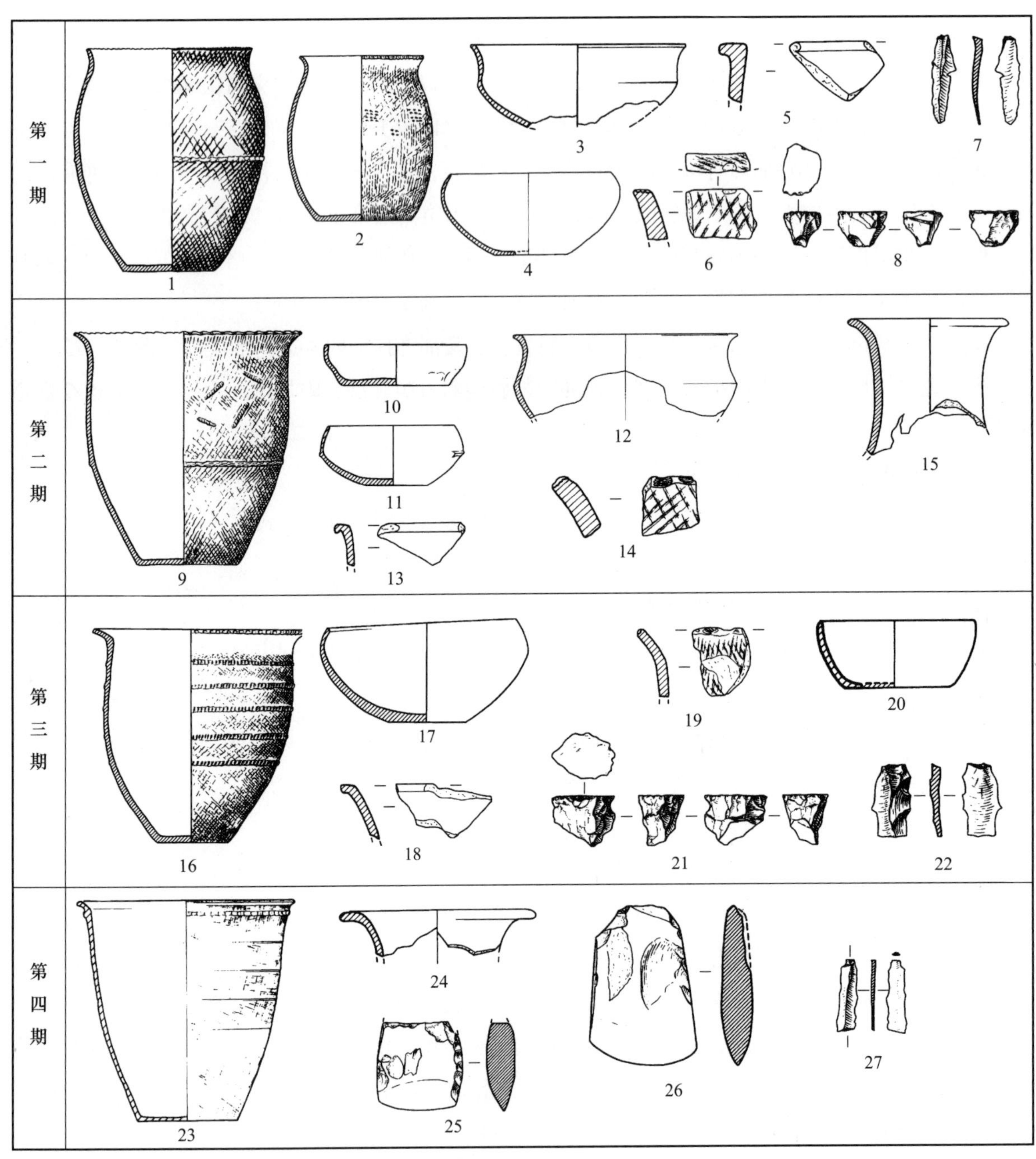

图二　罗家坝新石器时代遗存分期图

1、2. Ⅰ式罐（H137：1、H90：14） 3. A型Ⅰ式盆（H89：15） 4. A型Ⅰ式钵（H98：10） 5. B型Ⅰ式盆（TS10W22⑩：6） 6. Ⅰ式缸（TS09W22⑩：5） 7、22、27. 细石叶（TS09W23⑪：1、H139：1、H94：16） 8、21. 细石核（H124：2、H110：2） 9. Ⅱ式罐（H133：11） 10. B型Ⅰ式钵（TS09W23⑨：1） 11. A型Ⅱ式钵（H91：8） 12. A型Ⅱ式盆（TS10W22⑧：1） 13. B型Ⅱ式盆（H91：12） 14. Ⅱ式缸（TS10W25⑧：2） 15. Ⅰ式高领壶（H82②：5） 16. Ⅲ式罐（H85：3） 17. A型Ⅲ式钵（H139：4） 18. B型Ⅲ式盆（TS09W25⑦：6） 19. Ⅲ式缸（TS09W22⑦：3） 20. B型Ⅱ式钵（H139：8） 23. Ⅳ式罐（99T1⑥：1） 24. Ⅱ式高领壶（TS10W25⑤：1） 25、26. 磨制石斧（H94：1、TS10W23⑥：1）

演变规律：口部由卷沿到翻沿。

陶缸 根据口部的不同，可分三式。

Ⅰ式：直口，方唇，唇上饰绳纹，唇面外侧饰按窝，器外饰交错绳纹（图二，6）。

Ⅱ式：直口外侈，唇上饰按窝，器外饰交错绳纹（图二，13）。

Ⅲ式：侈口，卷沿，唇面呈波浪状，器外饰交错绳纹（图二，19）。

演变规律：口部由直口到侈口，花边口由饰绳纹到按压成波浪状。

三、分期与年代

以上的陶器类型的划分及其各类型式别的建立，都是以层位关系为基础的。在此基础之上，我们结合地层和遗迹的关系，再依据各自出土陶器型式的演变，可以将新石器时代遗存分为以下四期。

第一期：以H90、H124、H137、H89、H98、第10层、第11层等第一组遗存为代表。陶器以夹粗砂陶为主，泥质陶次之，夹细砂陶最少。陶色以灰褐、红褐为主，另有少量的红陶、褐陶、黄褐陶、灰陶、黑陶等。素面陶较多，纹饰以绳纹为主，还有少量的附加堆纹纹和戳刺纹。器形主要有Ⅰ式罐，A型Ⅰ式、B型Ⅰ式盆，A型Ⅰ式钵，Ⅰ式缸。石器主要是大量的磨石、少量的细石叶和磨制箭镞。

第二期：以H133、H91、第8层、第9层等第二组遗存为代表。陶器以夹粗砂陶为主，泥质陶次之，夹细砂陶最少。陶色仍以灰褐、红褐为主，但在夹砂陶中已基本不见红陶、褐陶、灰陶和黑陶，新出现了灰黑陶。素面陶较多，纹饰以绳纹为主，弦纹和复合纹饰的比例有所上升。器形主要有Ⅱ式罐，A型Ⅱ式盆，A型Ⅱ式、B型Ⅰ式钵，Ⅱ式缸，Ⅰ式高领壶。石器可见大量的磨石、细石器和少量的磨制石箭镞。

第三期：以H82、H85、H139、第7层等第三组遗存为代表。陶器以夹砂陶为主，泥质陶次之，夹细砂陶最少。陶色中灰褐陶的比例下降，而红褐陶的比例上升，灰黑陶的数量有所增加。素面较多，绳纹比例下降，弦纹数量减少，以附加堆纹和绳纹组成的复合纹饰数量增加较为显著。器形主要有Ⅲ式罐，B型Ⅲ式盆，A型Ⅲ式、B型Ⅲ式钵，Ⅲ式缸。石器可见大量的磨石、细石器和少量的磨制箭镞。

第四期：以H94、第6层、第5层和99T1⑥等第四组遗存为代表。陶器以夹砂陶为主，泥质陶次之，夹细砂陶最少。陶色中红褐陶数量较多，灰黑陶的数量较少。素面较多，绳纹较多，有一定数量的抹光附加堆纹。器形主要有Ⅳ式罐、Ⅱ式高领壶。石器可见大量的磨石和细石器，磨制石斧仅见于本期。

要判断罗家坝遗址这四期的年代，可通过^{14}C测年和典型器物与周边遗存的对比来确定（图三）。

首先，我们来分析罗家坝遗址的下限，罗家坝遗址第四期出土的折沿斜腹罐，与陕南西乡李家村龙山文化时期出土的同类器物相似①，从形制来看应属于龙山文化早期的典型器物。其年代当在距今4500年左右。

① 陕西省考古研究所、陕西省安康水电站库区考古队：《陕南考古报告集》，三秦出版社，1994年，第39页。

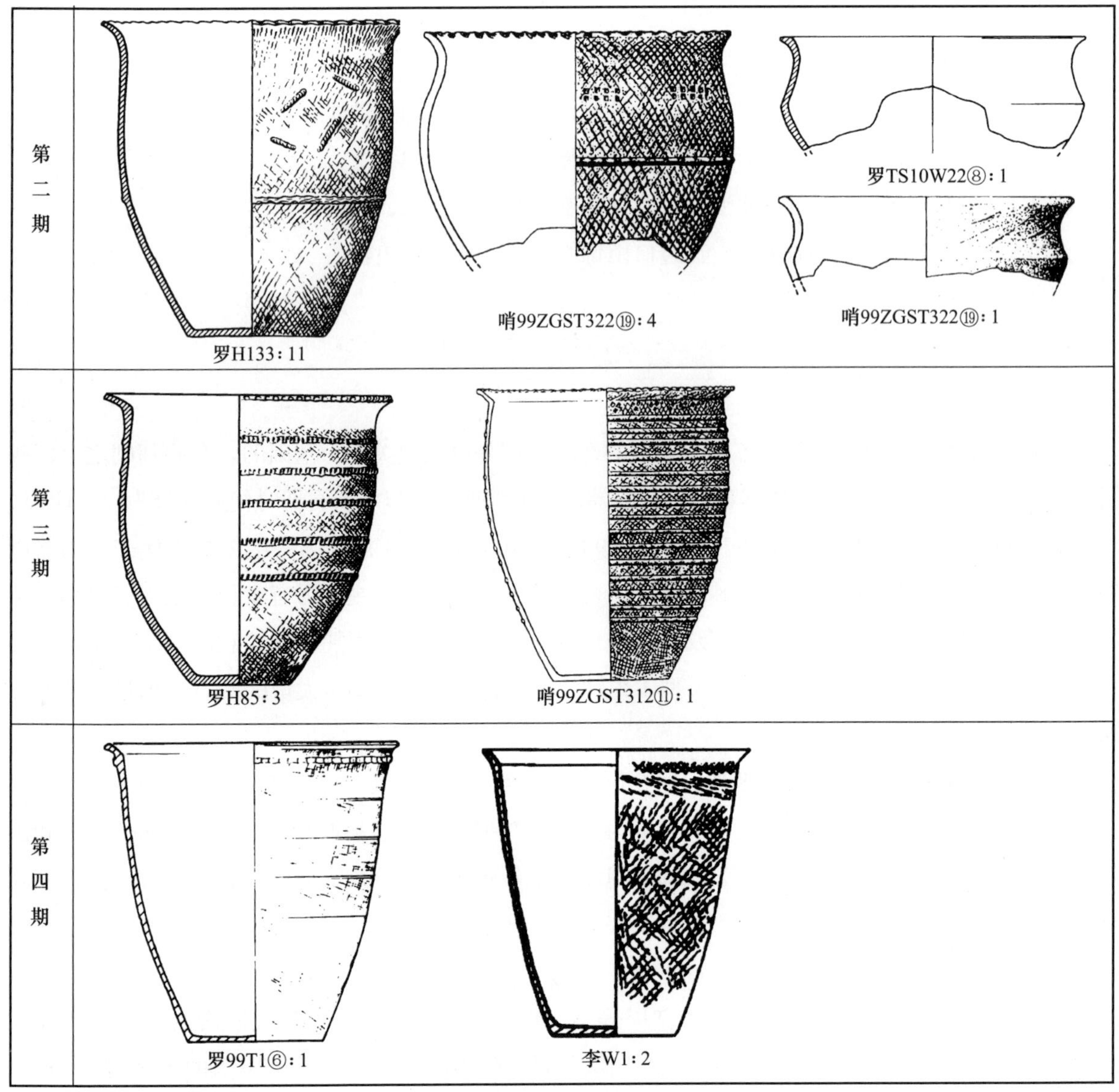

注1：“罗”指“罗家坝”；“李”指“李家村”；“哨”指“哨棚嘴”
注2：罗家坝遗址第一期年代早于“李”“哨”，故在此不作举例

图三　与周边遗址年代对比图

其次，我们再看罗家坝遗址二、三期的年代，这两期出土的器物与峡江地区的新石器时代遗存出土的器物极其接近，因此，将其放在一起进行讨论。罗家坝遗址第三期出土的折沿深腹罐在峡江地区广泛流行，如忠县哨棚嘴、中坝、老关庙等遗址，除折沿深腹罐外，其他器物（如敛口钵、折腹盆、高领壶等）与哨棚嘴1999年度发掘的第二期早段的器物更为接近，故本期的年代当与哨棚嘴第二期早段接近。第二期遗存出土的卷沿深腹罐、折腹盆、钵等均与哨棚嘴遗址第一期晚段出土的器物接近。哨棚嘴遗址第一期晚段至第二期的年代大致在距今5000～4600年，因此，推测罗家坝遗址二、三期的年代当与此接近。

最后，我们来看罗家坝遗址的上限，第一期遗存出土的陶罐尚未见其他遗存，但出土的折腹盆、卷沿深腹罐、钵等明显早于第二期遗存，推测本期的年代当在距今5000年以上。同时从罗家

坝遗址送检的木炭标本来看，2015SXLTS10W22H89 木炭标本的测试年代校正后为距今 5369±25 年[①]，该灰坑开口于第 10 层下，层内出土标本与测试年代相符合。从出土器物和木炭的测年来看，罗家坝遗址早期遗存的年代为距今 5300～5000 年。

从以上的推论中可以看出，罗家坝遗址一至四期的年代集中在距今 5300～4500 年。

四、与周边遗存或文化的关系

与罗家坝遗址新石器时代遗存相似的遗存，主要发现于嘉陵江及其支流和峡江地区，且集中在川东和川北的山地和丘陵地带，这些遗存一般有以下特点：一般分布于河流旁的阶地上，部分处于山坡上，一般较为平坦、向阳、背风处。遗址面积都不大，形成不了大型聚落。这些遗址在陶器的风格上较为接近，但又因为处于地域和出现时间的不同，呈现出不一样的特色。现从嘉陵江及其支流和峡江地区两个方面进行分析讨论（图四）。

（一）与嘉陵江流域其他新石器时代晚期遗存的关系

嘉陵江中上游及其支流涪江、渠江流域新石器时代遗存主要包括广元中子铺[②]、张家坡[③]、邓家坪遗址[④]，绵阳边堆山[⑤]，巴中月亮岩和通江擂鼓寨[⑥]等。中子铺遗址中细石器和夹砂红褐陶共出，年代距今 7000～6000 年。张家坡遗址以夹砂灰陶和泥质灰陶为主，出现花边口沿陶器，石器为磨制，年代距今 6000～5500 年。两遗址虽年代有差距，但从文化面貌上尚看不出它们之间的联系，应属不同的考古学文化。

而邓家坪、边堆山、擂鼓寨、月亮岩遗址的文化面貌较为相似，年代距今 5000 年左右。其中，通江擂鼓寨[⑦]遗址发掘工作较早，且资料公布较为完整。擂鼓寨遗址第 5～9 层为新石器时代文化堆积，根据地层的叠压关系和出土器物形制，可分为三段，其中流行将器物口沿做成锯齿状或波浪花边唇，器物多见平底器，少见圈足器和圜底器，制法多为手制加慢轮修整。罗家坝遗址中出土陶器多为按压呈锯齿或绳纹花边唇，出土的折沿罐、卷沿罐与通江的擂鼓寨、月亮岩遗址接近，且纹饰、制法、器形也极其相似。可见罗家坝遗址与通江擂鼓寨遗址的文化内涵基本相似，但从两者的绝对年代上来看，罗家坝遗址要早于通江擂鼓寨遗址。

另外，值得注意的现象是本区域一直流行细石器，从距今 7000 年的广元中子铺到距今 4500 年的宣汉罗家坝，都有一定数量的细石器分布。说明本区域从距今 7000 年开始就有一支族群在此生长繁衍。

---

① 本数据为送样到北京大学加速器质谱实验室和第四纪年测定实验室检测所得，所用 ^{14}C 半衰期为 5568 年。

② 中国社会科学院考古研究所四川工作队：《四川广元市中子铺细石器遗存》，《考古》1991 年第 4 期。

③ 中国社会科学院考古研究所四川工作队、四川省广元市文物管理所：《四川广元市张家坡新石器时代遗址的调查与发掘》，《考古》1991 年第 9 期。

④ 中国考古学会：《中国考古学年鉴》（1991），文物出版社，1992 年，第 269 页。

⑤ 中国社会科学院考古研究所四川工作队：《四川绵阳市边堆山新石器时代遗址调查简报》，《考古》1990 年第 4 期。

⑥ 雷雨、陈德安：《巴中月亮岩和通江擂鼓寨遗址调查简报》，《四川文物》1991 年第 6 期。

⑦ 四川省文物考古研究所、通江县文物管理所：《通江县擂鼓寨遗址试掘报告》，《四川考古报告集》，文物出版社，1998 年。

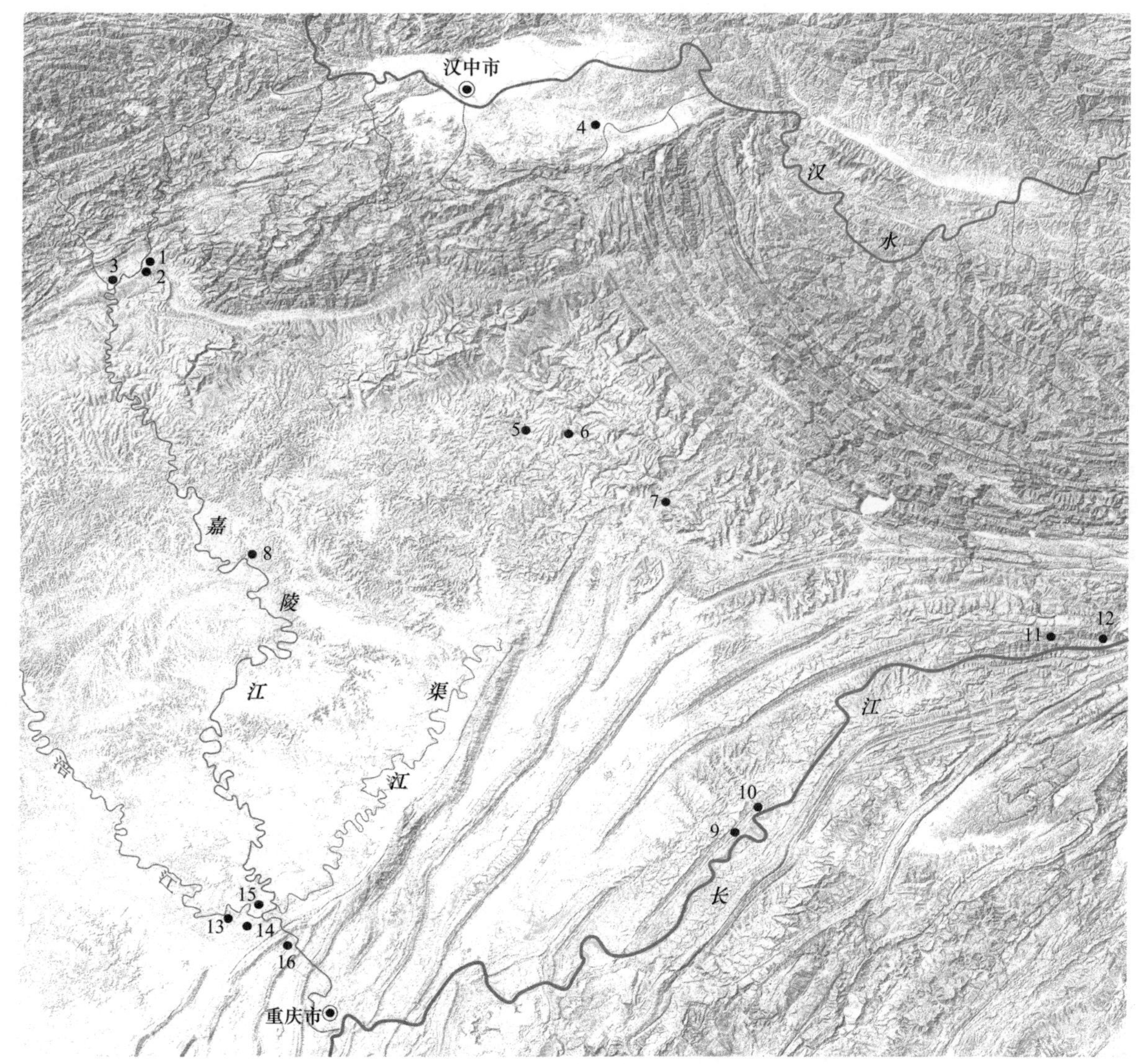

图四 嘉陵江与峡江地区主要新石器时代遗址分布图

1. 广元中子铺 2. 广元邓家坪 3. 广元张家坡 4. 西乡李家村 5. 巴中月亮岩 6. 通江擂鼓寨 7. 宣汉罗家坝 8. 阆中灵山 9. 忠县哨棚嘴 10. 忠县中坝 11. 奉节老关庙 12. 巫山魏家梁子 13. 合川河嘴屋脊 14. 合川猴清庙 15. 合川牛黄坝 16. 北碚大土

嘉陵江下游地区新石器时代遗存主要有河嘴屋脊遗址①、大土遗址②、猴清庙遗址③、牛黄坝遗址④、老菜园遗址⑤等。河嘴屋脊遗址由于“混层”现象严重，除了高领壶和花边口的卷沿鼓腹罐与

① 重庆市文化遗产研究院、合川区文物管理所：《合川区河嘴屋脊遗址发掘简报》，《嘉陵江下游考古报告集》，科学出版社，2015年，第1～34页。

② 重庆市文化遗产研究院、北碚区文物管理所：《北碚区大土遗址发掘报告》，《嘉陵江下游考古报告集》，科学出版社，2015年，第35～50页。

③ 重庆市文物遗产研究院、合川区文物管理：《合川区猴清庙遗址发掘简报》，《嘉陵江下游考古报告集》，科学出版社，2015年，第51～166页。

④ 重庆市文物遗产研究院、合川区文物管理：《合川区牛黄坝遗址发掘报告》，《嘉陵江下游考古报告集》，科学出版社，2015年，第167～174页。

⑤ 重庆市文物遗产研究院、合川区文物管理：《合川区老菜园遗址发掘报告》，《嘉陵江下游考古报告集》，科学出版社，2015年，第175～188页。

罗家坝新石器时代遗存较为接近外，镂空圈足豆等遗存则表明其更多的是受到屈家岭文化因素的影响；大土遗址出土的折沿筒腹罐与罗家坝新石器时代遗存第四期的折沿罐形态一致，同时在口沿下饰方形戳印纹的风格也延续了罗家坝新石器时代遗存的一贯风格，但大土遗址出土的饰瓦棱纹的敛口钵和盘形口的折沿罐却不见于罗家坝新石器时代遗存；猴清庙遗址的新石器时代遗存较少，但其出土的深腹盆、高领壶、折沿罐等与罗家坝新石器时代遗存较为接近；牛黄坝遗址和老菜园遗址出土遗物较少，但其中盘口器以及刻划纹的大量使用，表明其年代要略晚于罗家坝新石器时代遗存。总之，在整个嘉陵江下游地区的新石器时代遗存中，除了受到罗家坝新石器时代遗存的影响外，同时还带有大量峡江、鄂西地区的文化因素。

（二）与峡江地区新石器时代晚期遗存的关系

峡江地区发现的新石器时代文化遗存较嘉陵江流域多，从目前考古资料来看，峡江地区的新石器时代遗存主要包括中坝遗址、哨棚嘴遗址、瓦渣地遗址、玉溪坪遗址、玉溪遗址等[①]。

针对哨棚嘴遗址[②]进行了四次发掘，发现了上至新石器时代晚期、下至南朝时期的文化遗存。根据地层的早晚关系以及出土陶器的特征，将遗址文化堆积分为九期、第一期、第二期、第三期为新石器晚期文化堆积。并在后期的研究中，将哨棚嘴遗址以及周边具有相似相近文化内涵的遗址命名为哨棚嘴文化，划分出哨棚嘴文化一期、哨棚嘴文化二期和哨棚嘴文化三期。哨棚嘴文化遗迹大多分布在渝北峡江地区，根据现今发掘出土的陶器，器物组合为罐、钵、盆、壶。其中罐多为花边口折沿深腹罐、卷沿罐、平底器。还出现大量器身饰附加堆纹（箍带纹）的陶罐。哨棚嘴一期晚段和二期出土的器物与罗家坝遗址二、三期出土的器物极其相似。罗家坝遗址二、三期与一期紧密相连，连续发展，而哨棚嘴遗址二期与一期之间明显存在缺环，似乎表明在距今5000年左右有一支文化突然出现在峡江地区，并取代了原来的文化传统，而其源头可能与嘉陵江流域的文化具有紧密的关系。

通过上述比较可以看出，罗家坝遗址处于嘉陵江流域的支流渠江流域的文化与嘉陵江流域其他文化和峡江地区的文化较为相似、接近。且从现今罗家坝遗址出土陶器来看，罗家坝遗址的年代早于峡江地区新石器时代晚期文化。这一观点为川东及渝东峡江地区的新石器时代文化格局的形成、发展与演变提供了重要依据。

五、结　　语

罗家坝新石器时代遗存自1999年发掘以来就有所发现，但限于发掘深度和发掘面积的限制，以往发现的仅为第三、四期遗存，因其未能跳出哨棚嘴文化的范畴，学界一直将其归入峡江地区的文化系统进行探讨。根据考古发掘资料可以看出，川东北地区部分遗址的文化面貌与峡江地区有着

---

① 重庆市文物局、重庆市移民局：《重庆·2001三峡文物保护学术研讨会论文集》，科学出版社，2003年，第17～39页。

② 北京大学考古学研究中心、北京大学考古文博学院三峡考古队、重庆市忠县文物管理所：《忠县哨棚嘴遗址发掘报告》，《重庆库区考古报告集卷》（1999卷），科学出版社，2006年。

明显的不同，进而有的学者推测在川东北地区存在着一支土著的考古学文化[①]，但限于此前考古发现的局限性，一直未能找到相关线索，进而影响了整个川东北地区史前考古学文化面貌格局的构建。

而此次罗家坝新石器时代遗存的发现，不仅完善了罗家坝遗址的文化内涵，同时还初步构建了川东北地区新石器时代中晚期的考古学文化序列，进而在一定程度上改变了嘉陵江流域和渝东峡江地区的史前文化研究格局。

近些年，随着巴文化遗存大量的出现，巴文化的起源问题再次成为学术界争论的焦点。而罗家坝新石器遗址的发掘，在一定程度上为川东地区巴文化的起源提供了另一种假说。

① 白九江：《重庆地区的新石器文化——以三峡地区为中心》，巴蜀书社，2010年，第109～111页。

罗家坝遗址史前考古学文化源流蠡测

李水城

（北京大学考古文博学院）

摘　要：川渝地区史前文化体系研究初步构建于20世纪90年代，在空间上可大致分成五个文化圈。其中，川东北文化圈所在的嘉陵江流域在沟通南北文化交往的历史进程中占有重要地位。但这个地区的考古发现与研究一直相对薄弱，致使此区域的史前文化面貌长期处于扑朔迷离的状态。2016年对宣汉罗家坝遗址进行的第四次考古发掘取得重要突破，特别是该遗址出土的以折沿深腹罐为代表的一组遗存将以往嘉陵江流域的考古发现串联起来，证实这是分布于川东地区有着极大共性的一支考古学文化综合体。初步分析表明，该文化的源头可追溯到陕西南部的仰韶文化晚期，继而沿着嘉陵江流域一路向南发展，进入三峡地区。公元前二千纪中期以后，这支文化最终发展为巴文化。

关键词：川渝地区　罗家坝遗址　嘉陵江流域　史前文化　文化源流

一

相对于国内其他省区，川渝地区史前遗址的发现相对滞后。20世纪80年代以前，正式发掘的新石器时代遗址仅有巫山大溪和西昌礼州两处。20世纪80年代以后，随着广汉三星堆遗址一期文化的发现，才在空间上填补了成都平原史前文化的空白。进入20世纪90年代，三峡水库淹没区地下文物大规模的抢救发掘和成都平原多座史前城址的发现，使得川渝境内的史前文化终于浮出了水面，相关的工作和研究逐步走入正轨。

2015年，我将川渝地区的史前文化整合为五个文化交互圈。①川东北文化圈。以嘉陵江流域为中心，北起广元，在合川接纳渠江、涪江两大支流，南下注入长江。②渝东—三峡文化圈。以川东南的长江沿线为中心，西起宜宾，东至巫峡，涵盖长江南北两岸的诸多支流河谷。③川西北文化圈。东起岷江上游，西至大渡河上游，北依阿坝草原，南抵丹巴—小金—都江堰一线。④大渡河文化圈，特指以汉源为轴心的大渡河中游河段。⑤安宁河文化圈。指以西昌市为中心的四川西南部地区。这五个文化圈环绕着成都平原[①]（图一）。

① 李水城：《世纪回眸：四川史前考古的发展历程》，《庆贺徐光冀先生八十华诞论文集》，科学出版社，2015年，第40～42页。

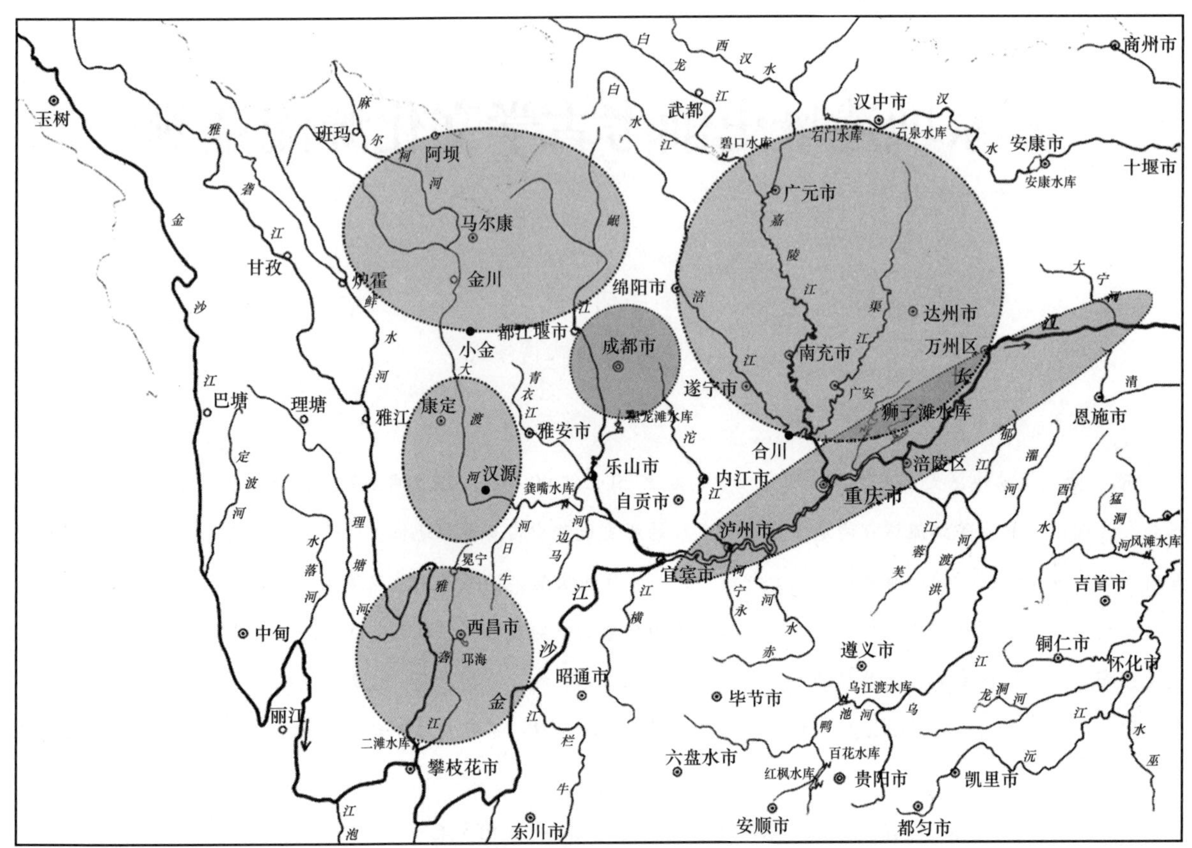

图一　川渝地区史前文化交互作用圈

在以上五个文化交互圈中，我始终认为，川东北文化圈所在的嘉陵江流域（含沿线支流）在沟通南北文化交往的历史进程中占据了重要位置，可谓探索川渝地区史前考古和文化交互的关键地区之一。可惜，该流域的考古工作一直薄弱，其重要性没有得到应有的重视。

先说说嘉陵江，此江得名陕西凤县嘉陵谷，古称阆水、渝水。发源地有二：一在陕西凤县凉水泉沟；二在甘肃天水齐寿山，东西两源在陕西略阳两河口汇合，以下河段开始称嘉陵江。南流至广元昭化又与白龙江汇合后，经苍溪、阆中、南部、蓬安、南充、武胜、合川等地，是为中游。在合川再接纳渠江、涪江两大支流，至重庆汇入长江。嘉陵江源起甘陕，东临湖北，西依成都平原，南下重庆，其流域范围几乎占去四川省半壁。在宝成铁路和成渝铁路尚未开通之前，一直是连接南北两地的黄金水道，其所发挥的重要通衢作用以及扮演的南北经贸文化交流的角色可上溯至远古时期。

二

嘉陵江流域的考古工作可追溯到20世纪80年代，也有一些较重要的发现。已做过考古工作的史前遗址有：绵阳边堆山[①]，广元中子铺[②]、张家坡[③]、邓家坪[④]、鲁家坟，巴中月亮岩[⑤]，通江擂鼓寨[⑥]、安家坝，阆中蓝家坝、彭城坝，宣汉罗家坝[⑦]，渠县城坝，南充淄佛寺等[⑧]。发掘资料显示，嘉陵江流域的史前遗址面积都不很大，堆积亦不丰厚，加之发掘面积有限，出土物不多，所见陶器均系残片，鲜有复原或能看出完整器形者。总之，由于出土资料的残缺和数量稀少，加之研究的薄弱，使得该流域的史前文化面貌长期处在一种扑朔迷离的状态。

1999年、2003年和2007年，四川省文物考古研究院等先后三次对宣汉罗家坝遗址进行发掘，发现这是一处地层堆积厚、文化内涵丰富的遗址，包含有新石器时代晚期、东周和汉代等不同历史阶段的遗留。但这三次的发掘主要集中于东周时期的巴人墓葬，仅有少量史前遗存发现[⑨]。2016年对罗家坝进行了第四次发掘，终于找到了新石器时代的丰富堆积，出土一批重要的遗迹和遗物，在很多方面具有填补空白的价值，标志着嘉陵江流域的史前考古出现转机，并有重要突破。

罗家坝遗址坐落在嘉陵江支流渠江的二级支流——后河左岸一级阶地上，面积120万平方米。出土史前遗物主要为石器和陶器。石器分打制、磨制和细石器三类。打制石器包括砍砸器、刮削器、石片、盘状器；磨制石器有斧、镞、尖状器和砧；细石器有燧石石叶、石片和石核等。后者系在川东渠江流域的首次发现，调查表明，制作这些细石器的燧石原料就产自当地。

罗家坝遗址出土的陶器以夹砂质地为主，分为夹粗砂陶和夹细砂陶两类。陶色以灰色、褐色或灰褐色为主，少量红色或黑色。器物以平底器为主，有个别圈足器。器类组合较简单。最具代表性的典型器为侈口宽折沿深腹夹砂罐，也有的呈外侈口、折沿稍窄的样式。特点是口唇部常捺压浅的齿状花边，领部转折处堆塑附加堆纹，器表流行交错绳纹，腹部绳纹之上堆塑数匝附加堆纹。其他还有戳印纹、篦点纹、弦纹、瓦棱纹等。泥质陶主要为表皮灰黑色、内胎红褐色，大多素面无纹，器类有喇叭口罐、折腹盆和敛口钵等。年代检测结果显示，罗家坝史前遗存的年代为距今5300～4000年。

更为惊喜的是，在罗家坝遗址与巴文化学术研讨会上了解到，四川省文物考古研究院罗家坝发掘团队已开始对2016年的发掘资料进行整理，对该遗址的史前遗存做了初步的分期研究，上述工作为探索川东地区新石器时代的考古学文化序列构筑了基础，并将大大推进嘉陵江流域的史前文化研究。

---

① 何志国：《绵阳发掘边堆山新石器时代遗址》，《四川文物》1990年第2期；中国社会科学院考古研究所四川工作队：《四川绵阳市边堆山新石器时代遗址调查简报》，《考古》1990年第4期。

② 中国社会科学院考古研究所四川工作队：《四川广元市中子铺细石器遗存》，《考古》1991年第4期。

③ 中国社会科学院考古研究所四川工作队、四川省广元市文物管理所：《四川广元市张家坡新石器时代遗址的调查与试掘》，《考古》1991年第9期。

④ 王仁湘、叶茂林：《四川盆地北缘新石器时代考古新收获》，《三星堆与巴蜀文化》，巴蜀书社，1993年，第257～265页。

⑤ 雷雨、陈德安：《巴中月亮岩和通江擂鼓寨遗址调查简报》，《四川文物》1991年第6期。

⑥ 四川省文物考古研究所、通江县文物管理所：《通江县擂鼓寨遗址试掘报告》，《四川考古报告集》，文物出版社，1998年，第41～58页。

⑦ 四川省文物考古研究所、达州地区文物管理所、宣汉县文物管理所：《四川宣汉罗家坝遗址2003年发掘简报》，《文物》2004年第9期。

⑧ 其他遗址未注明者，资料未发表。

⑨ 四川省文物考古研究院、达州市文物管理所、宣汉县文物管理所：《宣汉罗家坝》，文物出版社，2015年，第16～25页。

罗家坝遗址的重要收获是出土并复原了一批陶器，器类基本组合由侈口宽折沿深腹夹砂罐、泥质陶钵、盆、喇叭口罐、豆等构成，包括一些石器和前所未见的细石器等，其中很多在嘉陵江流域以往的考古发掘中为仅见。其特殊贡献还在于，以该遗址出土遗物为样本，特别是以侈口宽折沿深腹夹砂罐为代表的遗存，可将嘉陵江流域以往发掘的其他史前遗址的资料有机地串联起来，得以让我们窥探到嘉陵江流域史前文化的基本风貌。整合结果表明，罗家坝遗址出土的这组遗物代表了公元前三千纪（距今 5000～4000 年）嘉陵江流域史前文化的基本构成。证实这是一支分布在整个嘉陵江流域、在空间上呈现出极大共性的考古学文化综合体，类似因素北可上溯至陕西南部，向南延伸到渝东三峡[①]，其波及范围远达鄂西北地区[②]（图二）。

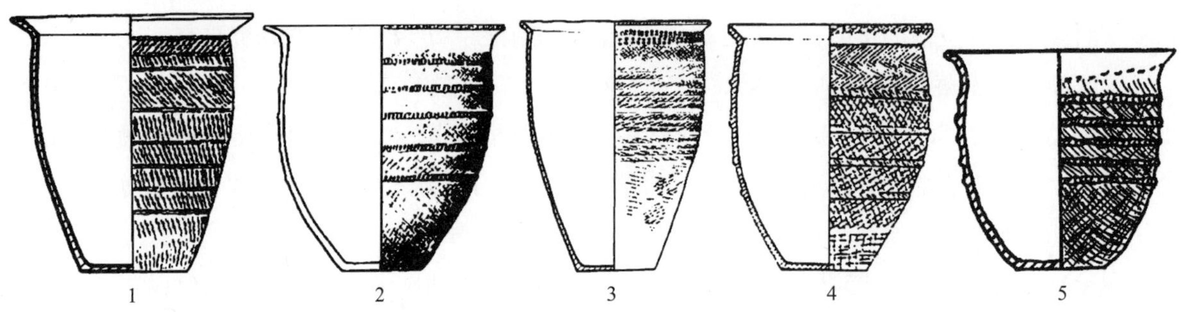

图二　嘉陵江流域、陕南和三峡出土陶侈口宽折沿深腹夹砂罐

1. 西乡李家村 60W3：2　2. 宣汉罗家坝 H85：3　3. 重庆
4. 忠县中坝 H283：2　5. 宜昌中堡岛 H21：2

三

罗家坝遗址的发掘收获也为进一步探讨嘉陵江流域史前文化的来源、与周边地区的文化关系及去向提供了可能。

（一）嘉陵江流域史前文化的来源

此前，已有学者就嘉陵江流域上游段的史前遗址年代做过初步的归纳，并提出如下的阶段划分。第一段：广元中子铺遗址早期（距今 7000～6000 年），物质遗存主要表现为细石器，也有少量火候低、质地松软的夹砂绳纹红褐陶片。第二段：广元中子铺遗址晚期——张家坡遗址（距今 6000～5500 年），物质遗存主要为夹砂灰褐色绳纹陶片，伴出少量细小石器和磨制石器。第三段：广元邓家坪遗址（距今 5000～4500 年），文化特征与张家坡遗址接近。第四段：绵阳边堆山遗址（距今 5000～4500 年），物质遗存为夹砂灰褐陶和泥质灰陶，以及打制和磨制石器[③]。

① 重庆市文物考古所、重庆市文物局、巫山县文物管理所：《巫山大溪遗址勘探发掘报告》，《重庆库区考古报告集》（2000 卷），科学出版社，2007 年，第 425～480 页。

② 陈伯桢、傅罗文：《四川盆地及邻近地区的新石器时代考古》，《中国盐业考古：长江上游古代盐业与景观考古的初步研究》（第 1 集），科学出版社，2006 年，第 182～254 页。

③ 王仁湘、叶茂林：《四川盆地北缘新石器时代考古新收获》，《三星堆与巴蜀文化》，巴蜀书社，1993 年，第 257～265 页。

依照上述年代排序，可知嘉陵江流域年代最早的史前遗址在广元附近，偏晚的遗址则分布在中游以下河段。由此引出的问题是，中子铺遗址早期遗物以细石器为主，共存陶片极为破碎，器形组合均不清楚，文化性质不明。根据已知的考古学文化分布，广元一带很难成为至今未知的某个考古学文化的发源地。那么，以中子铺为代表的早期遗存的源头应在哪里？从地缘角度出发，最有可能的地点就是陕西南部，而且中子铺遗址的发掘者也有这方面的暗示[①]。

陕西南部已知史前文化的发展序列为：以西乡李家村为代表的老官台文化晚期（距今7000～6500年）—以南郑龙岗寺为代表的仰韶文化早期（半坡类型，距今6500～6000年）—仰韶文化中期（庙底沟类型，距今6000～5500年）。此后阶段的文化面貌不详，随即进入龙山文化（距今4500～4000年）。

我们注意到，陕南有很多史前遗址在仰韶文化中期之后即被龙山文化的地层叠压，几乎无例外地缺失仰韶文化晚期（距今5500～5000年）和庙底沟二期文化（距今5000～4500年）。但这近乎上千年的“文化断层”在逻辑上完全讲不通。我们认为，所谓的“文化断层”很可能反映了仰韶文化核心区以外在仰韶文化晚期阶段出现的“文化变异”现象。如在陇山左近，进入大地湾四期（仰韶文化晚期）逐渐演变出石岭下类型，继而发展为马家窑文化；在黄河中游的郑洛以东地区，演变出大司空村类型；在内蒙古中南部—河套地区，演变出海生不浪文化，继而发展为老虎山文化。估计陕南在庙底沟类型之后也出现了类似变动，由于变化大，加之出土资料不多，这类遗存被归入了龙山文化，如西乡李家村[②]、西乡红岩坝[③]、南郑龙岗寺[④]、城固宝山[⑤]等即有此类因素。

仔细观察，陕南此类“龙山文化”的特点为：以夹砂褐陶为主、泥质陶多黑皮红胎，器类主要有夹砂深腹罐、喇叭口罐、敛口深腹钵、豆、盘、盆，器表多饰交错绳纹、附加堆纹、篮纹等。其中，夹砂深腹罐的器形和附加堆纹的装饰明显带有仰韶文化晚期到庙底沟二期文化的特征，年代应在距今5000年上下。有意味的是，上述特征恰恰显示了与嘉陵江流域以罗家坝为代表的史前遗存强烈的一致性，显然，嘉陵江流域的史前文化的源头很可能与此类文化因素有关[⑥]。它最早在陕南形成，然后顺江而下，最先到达广元地区，继而向南扩散到整个嘉陵江流域。

（二）与渝东三峡的文化关系

渝东三峡境内的史前文化以哨棚嘴文化[⑦]为代表。该文化的陶器质地、形态、组合都表现出与罗家坝遗址有很大的相似性，这也为探讨哨棚嘴文化的来源提供了空间。现有考古发现表明，哨棚嘴文化很有可能是嘉陵江流域史前文化南下扩散的产物，至少不能排除嘉陵江流域的史前文化对三

① 中子铺遗址发掘者提到，在中子铺遗址发现有尖锥足陶片，即暗指与陕南西乡李家村的老官台文化有关。

② 陕西省考古研究所、陕西省安康水电站库区考古队：《陕南考古报告集》，三秦出版社，1994年，第38～40页。

③ 陕西省考古研究所汉水考古队：《陕西西乡红岩坝新石器时代遗址调查与试掘》，《考古与文物》1982年第5期。

④ 陕西省考古研究所：《龙岗寺——新石器时代遗址发掘报告》，文物出版社，1990年，第48～53页。

⑤ 西北大学文博学院：《城固宝山——1998年发掘报告》，文物出版社，2002年，第11～24页。

⑥ 李水城：《世纪回眸：四川史前考古的发展历程》，《庆贺徐光冀先生八十华诞论文集》，科学出版社，2015年，第40～42页。

⑦ 北京大学考古学研究中心、北京大学考古文博学院三峡考古队、重庆忠县文物管理所：《忠县哨棚嘴遗址发掘报告》，《重庆库区考古报告集》（1999卷），科学出版社，2006年，第530～643页。

峡地区产生的强烈影响。

以往，学术界在谈及哨棚嘴文化的来源时，常常以该文化的侈口宽折沿夹砂深腹罐为对象，认为此类器形和装饰应来自西北地区的马家窑文化。问题是，从川西北岷江上游沿青藏高原东麓南下三峡这一路可谓艰险备至，至今缺少此类因素传播的确凿证据。罗家坝遗址的发掘和相关证据表明，此类因素的传播很可能走了一条更为便捷的途径，即嘉陵江水系。

近年来，在贵州遵义等地陆续发现有以侈口宽折沿夹砂深腹罐为代表的史前遗存，可见此类因素向南已影响进入黔西北地区。

（三）与成都平原史前文化的关系

嘉陵江流域与成都平原存在长期的横向交往，这一点毋庸置疑。联想到绵阳边堆山遗址所出陶器形态、质地、色泽和花纹与成都平原的史前文化更为接近，年代亦早，暗示作为嘉陵江西侧支流的涪江在东西横向文化交互进程中扮演了某种中介角色。什邡桂圆桥遗址[①]的发掘从地层关系上证实，马家窑文化与三星堆一期和宝墩文化存在早晚叠压关系，显示出自川西北南下的史前文化与涪江流域的原始文化曾在什邡一带相遇，进而碰撞出了成都平原的史前文化。稍晚，来自南面长江三峡的古文化也曾给予成都平原一定程度的影响[②]。

（四）嘉陵江流域史前文化的去向

嘉陵江流域和成都平原早在史前时期就形成了风格迥异的地域文化，其年代下限都延续到了距今3700年左右。此后，经过一段不太明朗的阶段，约相当于中原商代晚期，各自发展进入青铜时代。一个在嘉陵江流域和三峡地区发展出巴文化，另一个在川西平原发展为蜀文化。

作为四川东部的水上交通要道，嘉陵江长期扮演了沟通南北族群迁徙、经贸往来和文化交流的重要角色，特别是在早期巴文化的形成与发展过程中，有着突出的贡献。

附记：此文是在2017年11月24～26日参加中国社会科学院考古研究所、四川省文物考古研究院、宣汉县人民政府举办的“罗家坝遗址与巴文化学术研讨会”的发言，发表前略作修改并补充了注释。愿抛砖引玉，共同促进早期巴蜀文化的研究。

（原载《四川文物》2018年第3期）

① 四川省文物考古研究院等：《四川什邡桂圆桥新石器时代遗址发掘简报》，《文物》2013年第9期。

② 李水城：《世纪回眸：四川史前考古的发展历程》，《庆贺徐光冀先生八十华诞论文集》，科学出版社，2015年，第40～42页。

罗家坝新石器时代晚期遗址古地貌与古环境初探①

张俊娜

（北京联合大学考古学研究中心）

夏正楷

（北京大学城市与环境学院）

陈卫东

（四川省文物考古研究院）

曹美丹

（北京联合大学考古学研究中心）

摘　要：罗家坝遗址新石器时代晚期遗存的发现对研究川东地区新石器时代文化和探讨巴文化起源具有重要意义。本文通过对罗家坝遗址群地貌与古环境的考察，结合遗址TS09W24剖面沉积物粒度、磁化率、色度、孢粉、化学元素的分析，初步探讨了罗家坝遗址古人类生活的地貌位置，以及古气候、古植被等古代环境特征，为进一步深入研究罗家坝新石器晚期古人类生活的环境背景提供了基础，有助于加深对罗家坝遗址新石器晚期文化的理解。

关键词：罗家坝　巴文化　新石器时代晚期　古地貌　古环境

一、引　言

宣汉县罗家坝遗址是四川乃至全国现存规模最大、保存最好、文化内涵最丰富的巴文化遗址之一。1999～2016年，四川省文物考古研究院会同达州市文物管理所、宣汉县文物管理所先后对罗家坝遗址进行了四次发掘。从目前钻探和发掘情况看，罗家坝文化内涵丰富，包括新石器时代晚期遗存、东周遗存、东周至西汉墓葬等。其中，新石器时代晚期遗存最为引人注目，出土的陶片以夹细砂红褐陶为主，纹饰丰富。器形以平底器为主，还有少量圈足器，细石器发达。整体来看，罗家

① 本文获得四川省文物考古研究院“四川宣汉罗家坝遗址环境考古研究项目（Ⅰ期）”、国家自然科学基金青年项目（41501216）、教育部人文社科青年基金项目（14YJCZH207）资助。

坝新石器时代晚期遗存与三峡西部地区新石器时代晚期的文化特征相似。出土器物和木炭的测年显示，罗家坝新石器晚期遗存的年代为距今4500年左右[①]。

地处连接三峡地区和成都平原的嘉陵江流域，罗家坝遗址新石器时代文化表现出与这两处文化较为接近的文化因素。从地理位置上看，罗家坝遗址地处四川盆地东北部的大巴山脉南麓的山区河谷，受地理环境的限制，罗家坝古人类生活的土地空间、周围的自然资源状况等均与成都平原和三峡地区均有所不同。罗家坝遗址作为川东山地古代巴人文化的代表遗址，其经济形态、文化内涵与其他同时期新石器时代晚期文化有较大差异，造成这种差异的原因与其生活的区域自然环境条件密切相关。因此，研究罗家坝遗址及周围遗址群的古地貌和古环境，有助于了解罗家坝古人类的生活状态，以及罗家坝古文化形成和演化的环境原因。

2016年6月，我们对罗家坝遗址进行了地貌和古环境综合考察，主要对2016年新发掘的探方剖面进行了观察、野外沉积物分析和采样，并对后河、前河流域的罗家坝遗址群进行了野外考察。2016年10月～2017年11月，对罗家坝遗址所采的沉积物样品进行了实验室古环境指标分析。本文拟对野外考察和实验室古环境分析的结果进行初步探讨。

二、区域自然地理概况

罗家坝遗址群位于四川省东北部的大巴山南麓，遗址发掘区位于四川省达州市宣汉县城北约46千米处后河与中河会合处，地理坐标为东经107° 44′ 56.8″、北纬31° 32′ 03.5″，海拔约340米，遗址总面积60万平方米。

大巴山为四川盆地、汉中盆地的界山，属于褶皱山。山峰大部分海拔2000米以上，因石灰岩分布广泛，喀斯特地貌发育，有众多的峰丛、地下河、槽谷等。河谷深切，山谷高差800～1200米，发育少数小型山间盆地。大巴山构造带位于中上扬子北缘，秦岭造山带南缘，是四川盆地与秦岭造山带的过渡地带[②]，其构造特征十分清楚，表现为一系列北北西—北西—东西走向紧密排列的向南西显著突出的弧形褶皱冲断带[③]。南大巴山位于扬子板块北缘，是北大巴向南逆冲推覆过程中受到西端米仓山隆起和东端武当隆起的阻挡，形成的一系列走向近北西—南东、两端向北大巴方向弯曲、中间向南西向突出的弧形冲断褶皱带[④]，向南以铁溪—巫溪隐伏断裂与大巴山前陆盆地相接[⑤]。在形成时代上，南大巴山主要是燕山期递进变形过程中的产物[⑥]。

本区属亚热带季风性湿润气候类型，由于地形复杂，区域性气候差异大。海拔800米以下的低山、丘陵、河谷地区气候温和，冬暖、春早、夏热、秋凉，四季分明，无霜期长；海拔800～1000米

---

① 四川省文物考古研究院、达州市文物管理所、宣汉县文物管理所：《宣汉罗家坝》，文物出版社，2015年，第26页。

② 张二朋、牛道韫、霍有光等：《秦巴地区主要地质-构造特征梗概》，《西北地质科学》1992年第2期。

③ 董树文、胡健民、施炜等：《大巴山侏罗纪叠加褶皱与侏罗纪前陆》，《地球学报》2006年第5期。

④ 张国伟、程顺有、郭安林等：《秦岭-大别中央造山系南缘勉略古缝合带的再认识——兼论中国大陆主体的拼合》，《地质通报》2004年第9、10期。

⑤ 李智武、刘树根、罗玉宏等：《南大巴山前陆冲断带构造样式及变形机制分析》，《大地构造与成矿学》2006年第3期。

⑥ 董云鹏、查显锋、付明庆等：《秦岭南缘大巴山褶皱-冲断推覆构造的特征》，《地质通报》2008年第9期。

的低、中山气候温凉、阴湿，回春迟，夏日酷热，秋凉早，冬寒长；海拔1000米以上的中山区，光热资源不足，寒冷期较长，春寒和秋霜十分突出。罗家坝遗址所在的达州市热量资源丰富，雨热同期，全年平均气温14.7～17.6℃，无霜期300天左右。达州市雨量充沛，年平均降雨量在1076～1270毫米。春季多寒潮低温天气，夏季多伏旱和洪涝、大风、冰雹，秋季多连绵阴雨，冬季寒冷期较长。

大巴山内发育的所有河流均属长江水系，北部为汉江流域的任河水系，南部为嘉陵江流域的前河水系。罗家坝遗址所在的后河与中河均发源于大巴山，由北而南呈树枝状分布，天然落差16.6～327米，年均流量34～160立方米/秒。前、中、后河纵横宣汉县，中河于普光镇汇入后河，前、后河于宣汉县城东汇为州河。州河后与巴河在渠县三汇镇汇合成渠江，属于嘉陵江的支流，南流300千米入长江。

三、罗家坝遗址剖面描述和采样

位于后河和中河汇聚处的普光镇分为罗家坝外坝、张家坝、罗家坝内坝，新石器时代晚期遗存主要位于罗家坝外坝。我们的采样区位于外坝西南部的后河北岸一级的阶地上。

经过野外考察，我们确定了两个采样剖面：TS09W24剖面A和剖面B，按照5厘米的间隔采样。其中剖面A共采集24个沉积物样品，剖面B采集12个沉积物样品，均涵盖了文化层的第3、4、5、6、7、8、12层（缺失第9～11层）。由于剖面A沉积物比剖面B更厚，地层也更完整，因此，我们以剖面A作为主要剖面进行分析。

剖面A的地层自上而下描述为：

第3层：厚14～40厘米。黄褐色粉砂质黏土，土质较硬，结构致密，含虫孔，包含有炭化木屑、红烧土粒、石块等，出土有少量东周时期陶片。

第4层：厚0～32厘米。黄褐色粉砂质黏土，土质略硬，结构致密，有陶片、炭屑、红烧土颗粒、石块等。

第5层：厚20～25厘米。浅黄色黏土质粉砂，结构较致密，含有少量陶片、炭屑、红烧土颗粒、石块等。

第6层：厚10～20厘米。黄灰色黏土质粉砂，结构较致密，含有少量的陶片、炭屑、石块等。

第7层：厚10～20厘米。浅灰色黏土质粉砂，土质略硬，结构较致密，内含有石块，炭粒、陶片、细石器等。

第8层：厚15～35厘米。灰褐色黏土质粉砂，土质略软，结构较疏松，内含有石块、炭粒、红烧土粒、陶片等。

第12层：厚10～25厘米。较纯净的红褐色粉砂，土质松软，结构疏松。

生土层：出露0～24厘米。纯净的黄褐色粉砂，土质松软，含杂质很少。

根据出土陶器情况来看，罗家坝剖面A自上而下第3层为东周地层，第4层为西周地层，第5～12层为新石器时代晚期地层，之下为生土。结合加速器质谱（accelerator mass spectrometry AMS）^{14}C测年数据和各地层出土文化遗存的情况，初步判断第10层及以下大致为距今5300～5000年，第8、9层距今5000～4800年，第6、7层距今4800～4500年。

我们对 TS09W24 剖面 A 和剖面 B 所采集的 36 个沉积物样品进行了粒度、磁化率、色度、化学元素分析。其中粒度分析在中国地质科学院第四纪环境实验室完成；磁化率、色度、化学元素分析在北京联合大学考古学研究中心环境考古实验室完成。以下我们主要对剖面 A 的沉积物分析结果进行讨论。

四、罗家坝遗址的古地貌部位

古人类会根据区域自然环境特点和地形地貌特征选择最适合自己生活的地点，对于遗址地貌位置的选择体现了古人对周围自然环境的适应，故而遗址的地貌位置往往和古人类的生业方式、文化特征相吻合。因此，我们首先探讨一下罗家坝遗址的古地貌部位。

（一）遗址探方剖面野外观察

对遗址发掘区剖面的野外观察可见，罗家坝遗址新石器时代晚期、西周、东周文化层及其下面的生土，其沉积物的岩性特征均为黄褐色或灰褐色粉砂质黏土或黏土质粉砂，偶见较粗的细沙层，具有水平层理。遗址发掘的文化遗存（陶片、炭屑、红烧土等）均被掩埋在黏土 / 粉砂沉积物中。自生土向上，沉积物的岩性特征和文化遗存的埋藏形式并未发现明显变化。根据野外观察到的剖面特征，我们初步判断罗家坝遗址剖面的地层沉积物为河流流水沉积物。

我们运用 SM-30 便携式野外磁化率仪对 TS09W24 西壁进行了野外测量，发现新石器时代晚期文化层磁化率值与其他地层相比明显增高，初步判断可能与人类活动有关。由于接下来还要进行更为精确的室内磁化率分析，因此，我们暂不详细分析野外磁化率数值的变化，仅将其作为对比参照值。

（二）沉积物粒度分析

根据粒度分析结果，剖面 A 整体粒度组成以沙（＞ 63μm）为主，含量在 69.5%～77.6%，粉砂（2～63μm）和黏土（＜ 2μm）含量较少，分别为 8.6%～18.4% 和 10.1%～13.9%（图一）。在沙组分里，以粒径值在 125～250μm 的细沙含量最高，占 59.4%～75.4%。整体来看，罗家坝遗址剖面的河流沉积物颗粒较粗，这主要是因为遗址位于山前河流附近，河流搬运能力较强，能携带较粗的颗粒物，因此沉积物的组成中粒径较大的细沙含量最高。

从剖面粒径变化的情况看，粒径自下而上出现了“粗—细—粗—细”的旋回变化，整体看来，新石器时代晚期后段（第 5～7 层）和西周早段（第 4 层下部）地层沉积物粒径较粗，其他时段粒径较细。粒度粗细代表了水动力情况，粒径较粗，指示水动力条件较强；粒度较细，指示水动力条件较弱。剖面 A 的粒度变化曲线说明新石器时代晚期遗址周围水动力条件较强，西周晚段以后水动力条件减弱。

粒度频率曲线显示，剖面 A 的 24 个样品基本上由两种类型的频率曲线组成（图二）。类型Ⅰ（以 SXL5-12 号样品为代表），曲线为多峰态，主峰位置在 10μm 左右，含量大于 5%，属窄峰，指

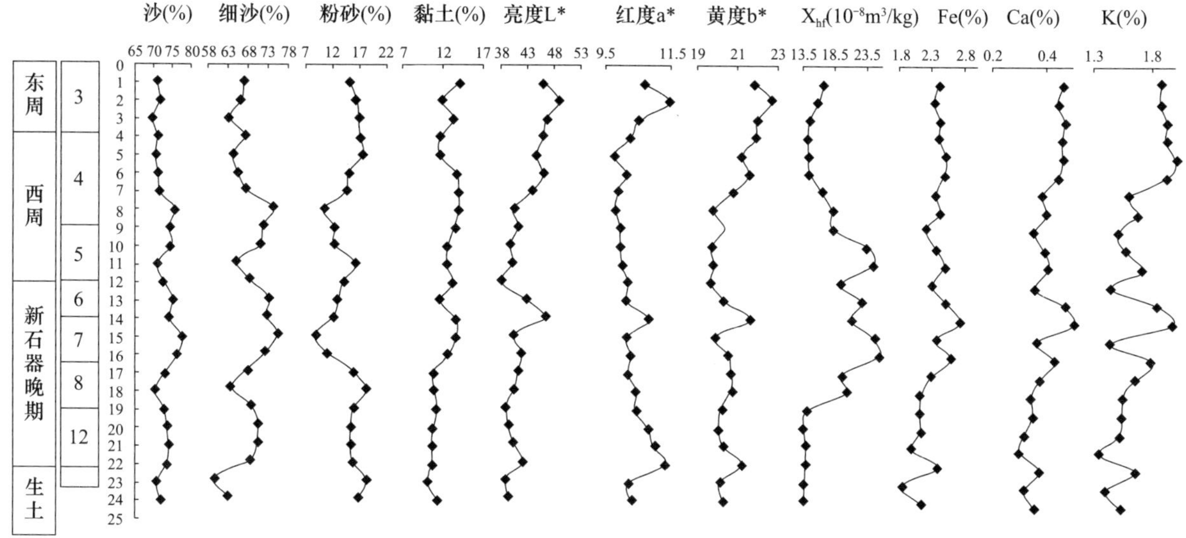

图一　罗家坝遗址剖面A粒度、磁化率、色度、化学元素曲线

示分选好。主峰右侧的粗粒部分在50μm左右出现一个次高峰，含量也较高，在4%以上，指示分选好。主峰左侧的细粒部分属宽峰，较缓，表现为一个明显的平台。类型Ⅱ（以SXL3-2号样品为代表），曲线也为多峰态，但是各峰都属宽峰，不明显，只有粗粒组分峰值较高，在4%左右，指示分选较好，中粒和细粒组指示分选几乎没有峰，组成一个较缓的阶梯状平台，指示分选较差。在整个剖面中，第4～8层（新石器时代晚期晚段和西周文化层）以的沉积物样品以类型Ⅰ曲线为主，证明在这期间沉积物指示分选较好，指示水动力条件较强；其他层（第12、3层，代表新石器晚期早段和东周文化层）以Ⅱ型曲线为主，证明在这期间沉积物指示分选较差，指示水动力条件较弱。

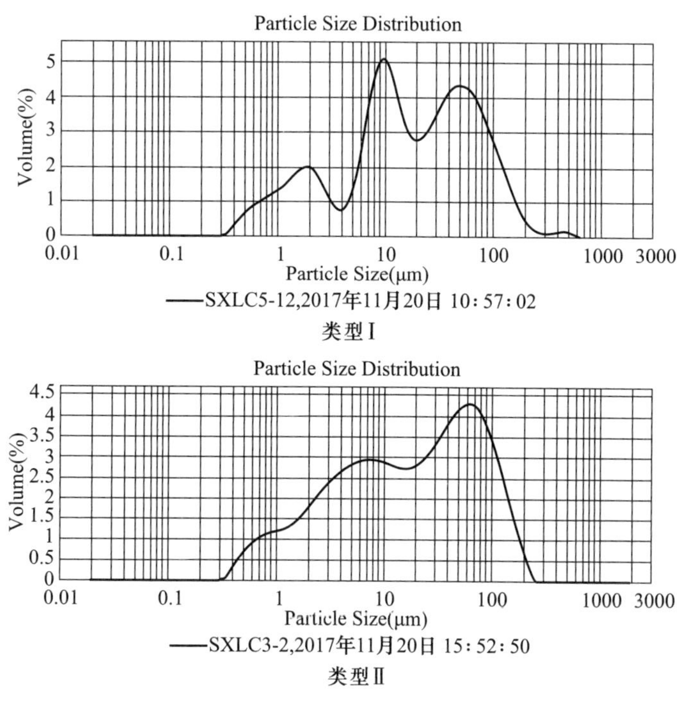

图二　罗家坝遗址剖面A粒度频率曲线

（三）沉积物磁化率分析

磁化率分析结果显示（图一），剖面 A 的 X_{hf}（高频磁化率）值在第 5～8 层偏高，在第 3 层和第 12 层偏低。把 X_{hf} 曲线和 Fe（铁元素）含量曲线进行了对比，发现两者变化规律具有一致性，呈正相关关系，且在新石器时代晚期文化层的值最高。考古发掘表明，遗址出土遗物最多的地层是第 6～8 层（新石器时代晚期晚段），说明这些层位人类活动最强。据此，我们初步分析认为，剖面 A 磁化率偏高的原因主要是与人类活动有关。在这些文化层中发现较多炭粒、红烧土粒等，是人类使用火的证据，人类的用火可能把地层中的 Fe^{2+} 氧化成 Fe^{3+}，使磁化率升高。当然，如果想证明磁化率与沉积物中铁元素的关系，需要对 Fe^{3+} 和 Fe^{2+} 的含量进行分析，将 Fe^{3+}/Fe^{2+} 比值曲线与磁化率曲线进行对比，这将在我们下一步的工作中进行。

（四）沉积物色度分析

沉积物的色度有亮度（L*）、红度（a*）、黄度（b*）三个指标。剖面 A 的红度（a*）和黄度（b*）值非常吻合，并和 Fe 元素的变化规律一致（图一）。红度和黄度值在新石器时代晚期地层（第 6～8、12 层）和西周地层下部（第 4 层下部、第 5 层）较低，到西周地层上部及东周地层（第 3、4 层上部）红度、黄度值明显升高。初步判断色度变化可能与沉积物沉积时的环境有关，根据上文的粒度分析，罗家坝遗址古人类生活在河漫滩上，因此在新石器时代晚期至东周时期，遗址一直处于河漫滩沉积环境，即还原环境，因而造成红度、黄度值较低。至东周时期，古人类生活的地貌面有慢慢变干的趋势，因此造成沉积环境由还原环境变成氧化环境，导致红度（a*）、黄度（b*）值升高。值得注意的是，在第 6 层和第 12 层红度（a*）、黄度（b*）值均有一个小波峰，推测可能是由于地貌环境为河漫滩沙坝，暂时出露水面造成短期的氧化环境所致。

根据以上沉积物分析，结合野外剖面观察的结果，我们初步推测罗家坝古人类新石器时代晚期生活在后河和中河汇聚处的河漫滩上。到了东周时期以后，由于河流下切和气候变化，导致遗址所在的河漫滩逐渐出露水面，变得干燥，最终形成阶地。另外，值得注意的是，在新石器时代晚期文化层和东周文化层之间存在一个沉积间断，这期间并无沉积物堆积，关于这个沉积间断形成的原因，需要进一步进行研究。

五、罗家坝遗址古气候和古植被

古气候和古植被是影响古人类生存的另一重要环境条件。古气候对古人类的影响主要表现在气候的冷暖干湿直接影响古人类的生活感受，更重要的是，气候冷暖干湿的变化对区域动物、植物资源有着显著影响，从而改变着古人类周围的资源状况。

（一）区域古气候演变

四川盆地中部、南部和东部广大地区处于落叶阔叶林植被区；川北、川西北地区有针叶、落叶混交林的分布；川西横断山脉与川西北高原一带处于森林—草原植被区[①]。在这里我们对前人所做的古环境研究进行简单的梳理，以了解全新世晚期以来罗家坝遗址所在区域的古环境演变情况。

许多学者曾做过全新世中晚期四川盆地的古环境研究。在川东三峡地区，黄润等[②]通过对长江三峡中坝遗址地层中 Rb 和 Sr 值进行测试和分析，认为长江三峡地区全新世中晚期以来气候环境总体上逐渐趋于恶劣；气候冷暖湿热变化剧烈；寒冷期长于温暖期，并没有明显向湿热方向发展的趋势。王建力等[③]通过对重庆新崖洞 XY6 石笋微量元素（Mg/Ca，Sr/Ca，Ba/Ca 及 Mg/Sr）和碳氮同位素的分析，认为距今 4400～4100 年，为气候较湿润时期，夏季风还相当强盛，降水量也很丰富；从距今 4100～4000 年，表示全新世最适宜期的快速结束，气候由湿润快速变为干旱；距今 4000 年左右发生气候突变事件，气候恶化，为最干旱时期。川北山地新石器时代时期遗址较多，如邓家坪遗址、边堆山遗址、通江擂鼓寨遗址、巴中月亮岩遗址等，但尚未做古环境研究。在川西北地区，付顺[④]通过对较场剖面土壤进行有机碳同位素值 ^{13}C、全铁含量、碳酸钙含量以及磁化率值等的分析及对茂县营盘山剖面的孢粉分析等，认为距今 5000～4000 年岷江上游干旱河谷地区气候变化不稳定，存在着气候干湿交替，降水量明显减少，气候逐渐变得干，气温下降，为冷干的气候环境，且在全新世中晚期（距今 4800 年左右）发生一次显著的气候冷干事件。黄仕华[⑤]通过对义敦章德坝子孢粉的分析，认为川西地区晚全新世转为较寒冷干燥气候。刘和林和李承彪[⑥]从森林生态系统多样性角度分析认为川西南地区在距今 5000～4500 年为温暖湿润期，距今 4500～4000 年为温暖潮润期。刘兴诗[⑦]通过对四川盆地全新世古环境的研究，认为成都平原全新世古环境的演变与全球的古环境演变有一致性，并把成都平原全新世古环境划分出了干湿交替的四个地文期：前江北期，距今 9500～7500 年，温干；资阳期，距今 7500～5000 年，温暖湿润；江北期，距今 5000～2700 年，温暖湿润程度降低；三台期，距今 2700 年至今，气候凉爽湿润。付顺[⑧]认为距今 5000～4800 年气候的冷干事件出现，成都平原气候温干；到距今 4500～3700 年，气候由干冷向湿热转变，气候温暖湿润，有大面积森林存在。

以上古气候研究结果可见，四川盆地全新世中晚期以来古气候出现了较明显的波动，大致可以总结为距今 5000 年前后发生过一次气候冷干事件，之后的新石器时代晚期区域气候较为温暖湿润，至距今 4000 年以后气候逐渐恶化，夏商周时期气候较新石器时代晚期更为干冷。

---

① 付顺：《古蜀区域环境演变与古蜀文化关系研究》，成都理工大学博士学位论文，2006 年，第 34～38 页。

② 黄润、朱诚、郑朝贵等：《长江三峡中坝遗址地层中 Rb 和 Sr 的分布特征及其古气候演变》，《第四纪研究》2004 年第 5 期。

③ 王建力、何潇、李清等：《重庆新崖洞 4.5ka 以来气候变化的石笋微量元素记录及环境意义》，《地理科学》2010 年第 6 期。

④ 付顺：《古蜀区域环境演变与古蜀文化关系研究》，成都理工大学博士学位论文，2006 年，第 55～58 页。

⑤ 黄仕华：《川西义敦章德坝子全新世孢粉组合和环境研究》，《四川地质学报》2004 年第 2 期。

⑥ 刘和林、李承彪：《从四川西南部冕宁县中全新世古森林探讨生物多样性变化》，《生物多样性与人类未来——第二届全国生物多样性保护与持续利用研讨会论文集》，中国林业出版社，1998 年，第 145～149 页。

⑦ 刘兴诗：《四川盆地的第四系》，四川科学技术出版社，1983 年，第 98～127 页。

⑧ 付顺：《古蜀区域环境演变与古蜀文化关系研究》，成都理工大学博士学位论文，2006 年，第 64～68 页。

（二）沉积物孢粉分析

我们对 TS09W24 剖面 A 所采集的沉积物样品分别做了孢粉分析。每个样品取干重 50 克，加入约 11080 粒石松孢子（用于计算孢粉浓度 Concentrations）后，进行盐酸→氢氟酸→盐酸处理，用筛选法将样品中的孢粉集中在试管中，制 2～4 个固定片子在生物显微镜下鉴定。

孢粉分析结果显示，剖面 A 样品中孢粉浓度最大的约 18 粒 / 克，孢粉浓度最小的仅 3 粒 / 克。以温带暖温带植物为主，亚热带植物少量出现。共出现植物 29 科。针叶植物有松属（*Pinus*）、云杉属（*Picea*）、冷杉属（*Abies*）等 1 科花粉出现。阔叶植物有栎属（*Quercus*）、常绿栎属（*Green Quercus*）、桦木属（*Betula*）、鹅耳枥属（*Carpinus*）、榛属（*Corylus*）、椴属（*Tilia*）、榆属（*Ulmus*）、胡桃属（*Juglans*）、杨属（*Populus*）等 6 科花粉出现。灌木和陆生草本植物有蔷薇属（*Rosa*）、绣线菊属（*Spiraea*）、鲜卑花属（*Sibiraea*）、木犀科（Oleaceae）、紫草科（Boraginaceae）、菊科（Asteraceae）、蒿属（*Artemisia*）、藜科（Chenopodiaceae）、禾本科（Poaceae）、栽培禾本科（Cultural Poaceae）、毛茛科（Ranunculaceae）、芍药属（*Paeonia*）、茄属（*Solanum*）、唇形科（Labiatae）、木通科（Lardizabalaceae）、荨麻属（*Urtica*）、葎草属（*Humulus*）、玄参科（Scrophulariaceae）、虎耳草科（Saxifragaceae）等 14 科花粉出现。湿生草本植物有莎草科（Cyperaceae）1 科花粉出现。水生草本植物有香蒲属（*Typha*）1 科花粉出现。蕨类植物有里白属（*Hicriopteris*）、中华卷柏（*Selaginellasinensis*）、凤尾蕨属（*Pteris*）、蹄盖蕨属（*Athyrium*）、水龙骨科（Polypodiaceae）、铁线蕨属（*Adiantum*）等 6 科孢子出现。淡水静水藻类有环纹藻（*Concentricystes*）出现。

出现较多的孢粉有针叶植物松属、云杉属，蕨类植物凤尾蕨属、中华卷柏等。其他孢子和花粉少量或零星出现。淡水静水藻类零星出现。根据主要孢粉浓度聚类分析结果，结合主要孢粉百分含量变化规律（图三），将该剖面 12 个样品划分 2 个孢粉组合带，组合特征叙述如下。

1. Ⅰ带：以 Pinus-Pteris-Picea 为主的孢粉组合

样品编号 SXL24-SXL7（新石器时代晚期—西周文化层）。孢粉总浓度在 3～18 粒 / 克。以针叶植物花粉（31.48%～76.97%）为主，其次蕨类植物孢子（11.76%～48.15%）较多，阔叶植物花粉（4.71%～17.74%）、灌木及陆生草本植物花粉（3.7%～12.96%）、水生和湿生草本植物花粉（0.93%～4.4%）少量出现。

针叶植物中，松属花粉为主，云杉属花粉少量出现，冷杉属零星出现。阔叶植物中，榆属、杨属、常绿栎属、鹅耳枥属、落叶栎属、桦木属、榛属、椴属等花粉少量出现。灌木和陆生草本植物中，菊科、藜科、禾本科、虎耳草科、芍药属、栽培禾本科、唇形科、蒿属、茄属、毛茛科、紫草科、鲜卑花属、木犀科、荨麻属、葎草属、玄参科等花粉少量出现。湿生草本植物中，莎草科花粉少量出现。水生草本植物中，香蒲属花粉少量出现。蕨类植物中，凤尾蕨属为主，蹄盖蕨属、水龙骨科、中华卷柏、铁线蕨属、里白属少量出现。淡水静水藻类中，环纹藻少量出现。

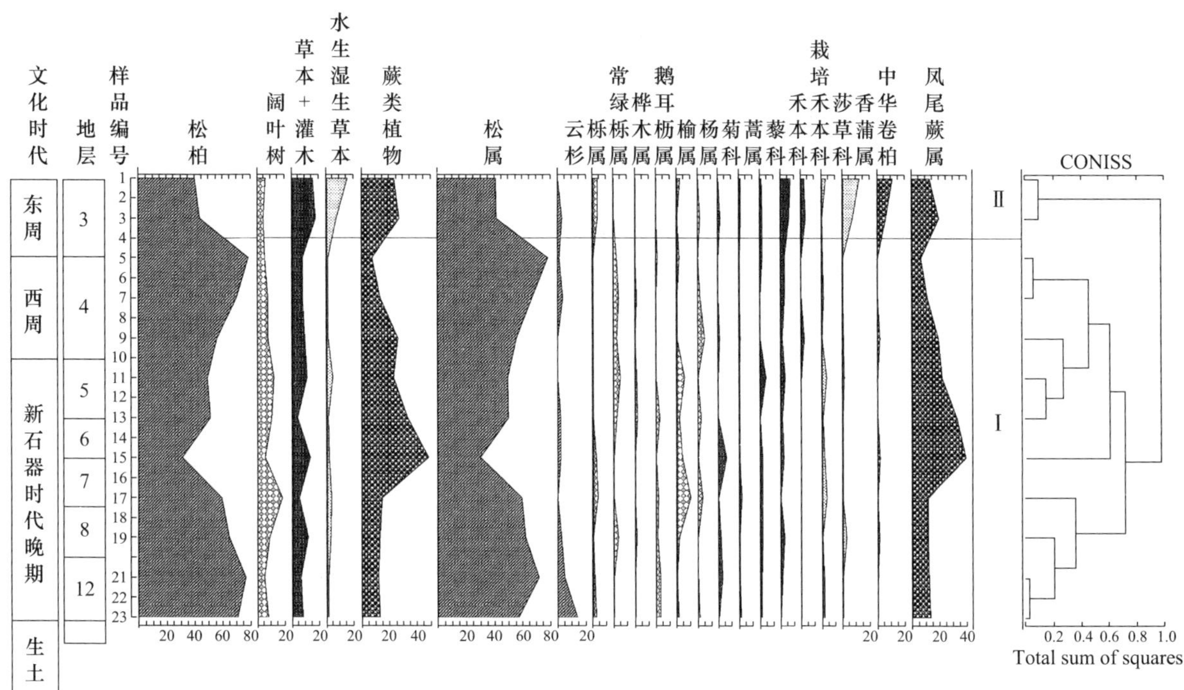

图三 罗家坝遗址剖面A孢粉曲线

2. Ⅱ带：以 Pinus-Pteris-Selaginellasinensis-Poaceae 为主的孢粉组合

样品编号 SXL6-SXL1（东周文化层）。孢粉总浓度在 6～8 粒 / 克。以针叶植物花粉（40.59%～78.7%）为主，蕨类植物孢子（7.41%～27.14%）、灌木及陆生草本植物花粉（7.41%～17.14%）、水生和湿生草本植物花粉（0.93%～14.85%）较少，阔叶植物花粉（4.29%～5.94%）少量出现。

针叶植物中，松属花粉为主，云杉属花粉少量出现。阔叶植物中，落叶栎属、榆属、常绿栎属、杨属、鹅耳枥属、榛属、胡桃属等花粉少量出现。灌木和陆生草本植物中，禾本科花粉稍多，少量出现有栽培禾本科、藜科、芍药属、唇形科、蔷薇属、绣线菊属、菊科、蒿属、毛茛科、紫草科、木通科、鲜卑花属等花粉。湿生草本植物中，莎草科花粉少量出现。水生草本植物中，香蒲属花粉少量出现。蕨类植物中，凤尾蕨属较多，中华卷柏较少，蹄盖蕨属、水龙骨科少量出现。淡水静水藻类中，环纹藻少量出现。

根据以上孢粉分析的结果，我们可以大致将罗家坝遗址剖面从新石器时代晚期至东周的植被变化分为四个阶段：

（1）新石器晚期下段（第 12、8 层），对应Ⅰ孢粉带下部。这一时期针叶花粉如松、云杉含量较高，占绝对优势，落叶阔叶树含量较少，表明附近高山上云杉、松等树较多，指示气候较为冷干。孢粉组合中蕨类植物含量较低，可能是因为气候较冷的原因。本段草本植物花粉也较少，可能是因为此时的沉积环境为高漫滩环境，水动力条件小，周围植被覆盖度低。遗址周围为比较干燥的河漫滩草甸环境，附近山区生长以针叶树为主的针阔混交林，整体为温带—暖温带针阔混交林环境。

（2）新石器晚期上段（第 5～7 层），对应Ⅰ孢粉带中部。这一时期针叶花粉（松、云杉）含量降低，落叶阔叶树如榆属、常绿栎属、鹅耳枥属、落叶栎属等含量明显增高，表明气候转暖。蕨类植物如凤尾蕨属的含量也明显增加，可能也跟气候转暖有关。草本植物、湿生草本、水生草本都有所增加，湿生草本莎草科少量出现，指示气候较为湿润，遗址附近经常有水泡发育。遗址周围为湿润的河漫滩草甸，附近山区生长有针阔混交林，并出现常绿阔叶树，整体为较为温暖湿润的暖温带—亚热带针阔混交林环境。

（3）西周时期（第4层），对应Ⅰ孢粉带上部。这一时期针叶花粉（松、云杉）的含量有所增加，落叶阔叶树的含量略有下降，蕨类植物（主要是凤尾蕨属）的含量下降，指示气候略有变冷变干，但仍为针阔混交林环境。草本植物的含量有所下降，但栽培禾本科开始出现，表明人类活动（尤其是农业活动）的增加。遗址周围依然为暖温带—亚热带比较干燥的河漫滩草甸，山区分布有针叶树为主的针阔混交林，整体为温带—暖温带针阔混交林环境。

（4）东周时期（第3层），对应Ⅱ孢粉带。这一时期乔木花粉的含量急剧下降，草本植物的含量明显增高。草本植物中禾本科和栽培禾本科的含量上升，表明人类活动进一步增强。这个阶段水生草本香蒲属和蕨类植物中的中华卷柏开始大量出现，凤尾蕨属含量增高，表示这时期地表可能有水泡发育。遗址周围植被组合为暖温带—亚热带比较湿润的河漫滩草甸，附近山区为针阔混交林，整体为暖温带—亚热带森林草甸环境。

总体而言，罗家坝遗址的孢粉组合主要特征表现在：喜冷的松属、云杉属含量较高，落叶阔叶树种类较多，旱生草本植物藜科、蒿属花粉少量出现，水生草本植物香蒲属及湿生草本植物莎草科花粉零星出现，栽培禾本科花粉少量出现。遗址周围为河漫滩草甸，而附近山区主要为暖温带—亚热带针阔混交林。随气候的变化，湿润和比较干燥的河漫滩草甸交互出现，以及山区针阔混交林中针叶树和阔叶树的比例有所改变。

（三）沉积物化学元素分析

沉积物的化学元素组成也能反映气候的变化。从受气候条件影响较大、容易被淋溶和迁移的Ca和K元素的变化来看，两种元素含量的变化呈较明显的正相关关系。两种常量元素在新石器时代晚期（第5～8、12层）含量较高，上部的西周和东周时期降低（第3、4层），说明这一阶段气候存在从湿润向干燥发展的趋势。温暖湿润时期化学溶蚀作用强，物源区大量的Ca进入地表径流，而温暖干燥时期，水中的Ca容易发生淀积。而K元素也同样在气候湿润时期容易被淋溶流失。因此，化学元素的变化也表明了罗家坝遗址在新石器时代晚期气候较为温暖湿润，在西周之后气候逐渐变干。

植被组合和化学元素含量曲线表明，从新石器时代晚期至东周时期，罗家坝遗址所在区域的气候经历了“冷干—暖湿—暖干”的变化过程，新石器时代晚期气候逐渐变得温暖湿润，到西周以后气候逐渐变干，整体属于温带—暖温带—亚热带针阔混交林和草甸环境，在新石器时代晚期气候温暖湿润，淋溶作用较为强烈。罗家坝遗址孢粉和化学元素的分析结果和前人对四川盆地区域古气候演化研究的结果基本吻合。

六、讨论与结论

根据以上分析，我们对罗家坝遗址的古地貌和古环境情况有了一个初步的认识：罗家坝遗址新石器时代晚期古人类生活在后河的河漫滩上，利用河漫滩出露的平坦地貌面逐水而居。遗址周围的植被情况为新石器时代晚期早段，气候冷干，区域山地植被主要是温带—暖温带针阔混交林；新石器时代晚期中晚段，气候转暖，区域植被中阔叶树增多，以暖温带—亚热带针阔混交林为主，林下蕨类繁盛，气候暖湿；西周以后，气候逐渐变干，东周时期周围植被为暖温带—亚热带森林草甸。

古人类对遗址地貌部位的选择受周围自然条件的限制很大。罗家坝遗址位于大巴山深处，山高水深，河谷狭窄，可供人类居住的平坦地貌面有限，仅有河流两岸的河漫滩和阶地可供选择。河流阶地地势较高，取水不便，且阶地面十分狭小，不是人类活动的理想场所。而河漫滩地势较为平坦、宽阔，土地肥沃，取水方便，因此首当其冲成为人类的选择。即使是现在，罗家坝遗址所在地附近的村民大多也居住在河流两岸的平地上，因此，古人选择在河岸滩地生活很容易理解。但是河漫滩并不是稳定的地貌面，在夏季汛期易受季节性洪水影响，经常会被洪水淹没，因此，我们推测罗家坝人主要是在气候比较干燥、洪水位较低的年份在此居住，而在洪水位较高的年份就会离开这里，改换自己的居所。受自然环境的影响，他们很难有发达的农业经济，可能过着渔猎为主兼顾农业的生计方式的生活，对自然界动植物资源的依赖较大。

本次研究中一个重要的发现是罗家坝遗址第 5 层新石器时代晚期文化层和第 4 层西周文化层之间存在着沉积间断。根据目前的发掘情况来看，这个沉积间断在罗家坝遗址发掘区均有存在，其年代恰好对应距今 4000 年前后的气候突变事件，这个问题还有待进一步的研究。

致谢：感谢四川省文物考古研究院郑哲轩在野外调查期间提供的帮助，感谢北京联合大学郑晓雷绘制部分插图。

读《宣汉罗家坝》札记

高大伦

（四川省文物考古研究院、出土文献与中国古代文明研究协同创新中心中国人民大学中心）

摘　要： 罗家坝遗址在巴国考古和巴文化研究中有重要地位，自发现以来遗址受到学界的高度关注。《宣汉罗家坝》是巴文化研究第一部田野考古报告，它的出版将大大推动罗家坝遗址考古和巴文化的深入研究。本文就初读报告中关注到的三个问题提出自己的看法并进行了分析讨论。

关键词： 宣汉罗家坝　M33　船棺　巴蜀边界

宣汉罗家坝遗址，其主要地层堆积为战国早中期巴文化遗存。作为四川盆地先秦时期的巴蜀两个诸侯国，因古蜀有较多和较重要的发现，其文化面貌已比较清楚，但与蜀同属一囿的巴的文化面貌就一直不是很清楚。20 世纪 90 年代，专家们曾寄希望于三峡考古的文物抢救保护工程能发现、发掘出大批巴文化遗址，三峡文物抢救保护考古发掘早已基本结束，虽也有不少巴文化遗存的考古发掘，但总的说来与大家的期望还是有一定的距离，正当大家以为巴文化的庐山面目将永沉库区水底，成为考古的一大遗憾时，在离库区不远的罗家坝和城坝遗址的发现，又让巴文化研究者心中燃起了新的希望。大家都盼着罗家坝考古发掘报告早日出版。从这个意义上来说，《宣汉罗家坝》的出版[①]，无疑是巴文化考古的一件大事和喜事，作为四川的考古工作者，拿到《宣汉罗家坝》后，自然要比读其他考古发掘报告要更细心一些。

以下把本人读《宣汉罗家坝》中想到看到的几个小问题——未必是问题的问题，提出来请教各位专家。

一、第 33 号大墓

罗家坝遗址前后几次发掘共发掘了几十座墓，其中最大也最重要的应属第 33 号墓即《宣汉罗家坝》中的 M33。不过，该墓为被盗后抢救发掘，这对一些遗迹的判断和性质的确认增加了难度。

比如，墓坑的问题。大家知道，与罗家坝所有墓坑呈长方形有所不同的是 33 号墓坑形呈方形（图一），这令人好生奇怪。方形墓坑也是发掘者反复刮过平面铲过坑壁才加以确认的，但是当参

---

① 四川省文物考古研究院、达州市文物管理所、宣汉县文物管理所：《宣汉罗家坝》，文物出版社，2015 年。

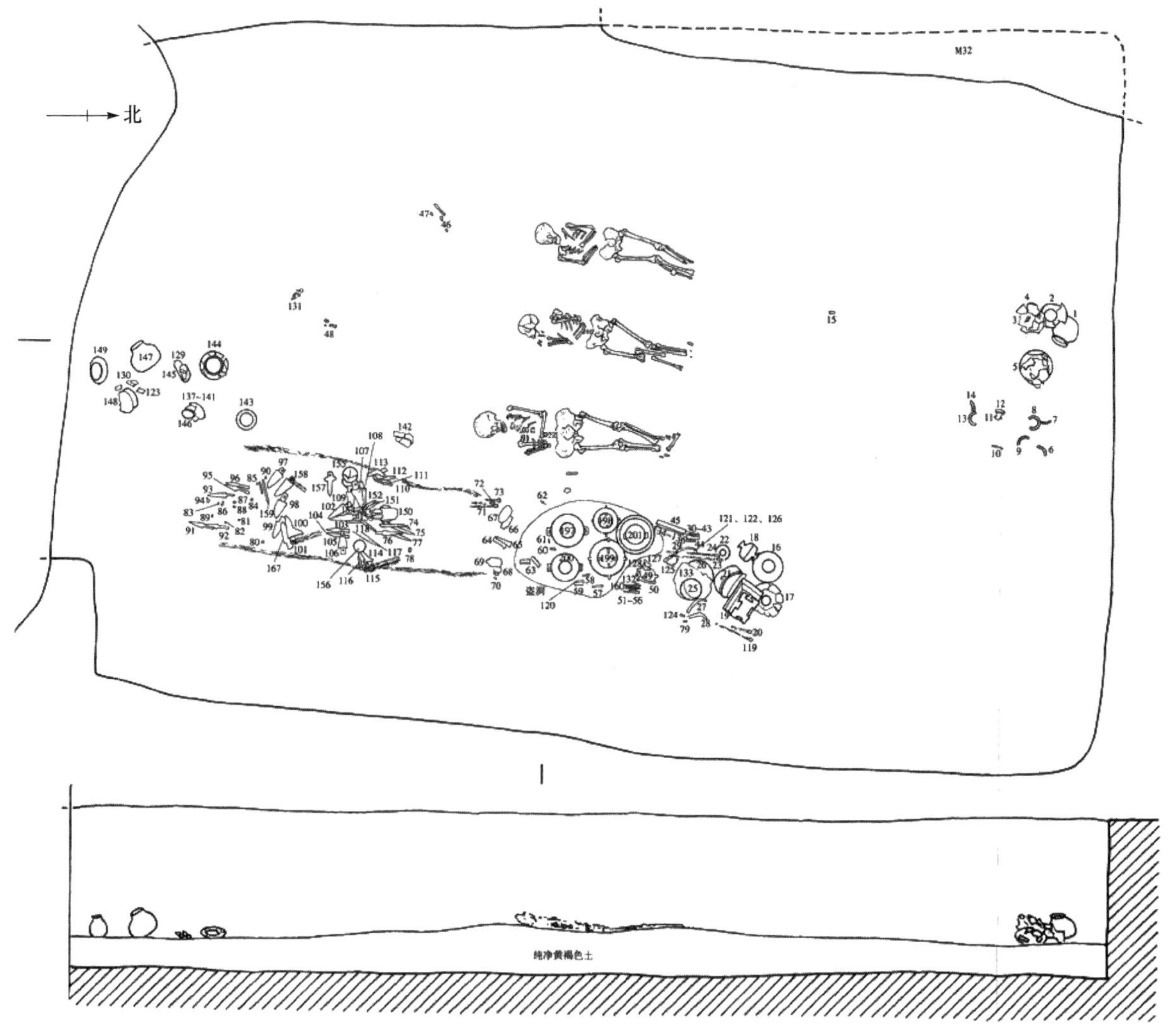

图一 罗家坝遗址 M33 平、剖面图

观者到现场时，发掘人却要费较多口舌来解释为什么是个方形墓坑。更奇怪的是墓里埋了不少于三个个体，不像在一个棺或椁里，看位置倒容易让人判断成三座墓。《宣汉罗家坝》出版后，发掘者仍是按一个墓坑来描述的。我也认为发掘者的判断是对的。如果我们把墓坑里的最多随葬品死者的葬具看成是船棺呢？那这种方形墓基坑在巴蜀地区就不是孤立的，立即就会让人联想起成都商业街船棺墓的墓坑[①]（图二），都是方形。只不过，商业街的船棺群大多保存还不错，所以很好辨认。若是它也像罗家坝 33 号墓一样，只有部分人骨架，而棺椁都荡然无存的话，在判断上恐怕要大费周章。

再者，我认为罗家坝 33 号墓这个方形坑里埋的就是船棺。发掘者因为没找到葬具，对墓坑里的几处堆积的性质判断很谨慎，只笼统地叙述了墓坑里的堆积现象，没有做过多的推测。先看墓里埋葬品最多的那处堆积：堆积呈狭长形，长约 4、宽 0.5 米，达到 8∶1。葬具这样畸形的长宽之比，在中原的各类墓葬中都是见不到的，唯一可类比的就是巴蜀船棺墓。我们把广元昭化宝轮院船

① 成都文物考古研究所：《成都商业街船棺葬》，文物出版社，2009 年。

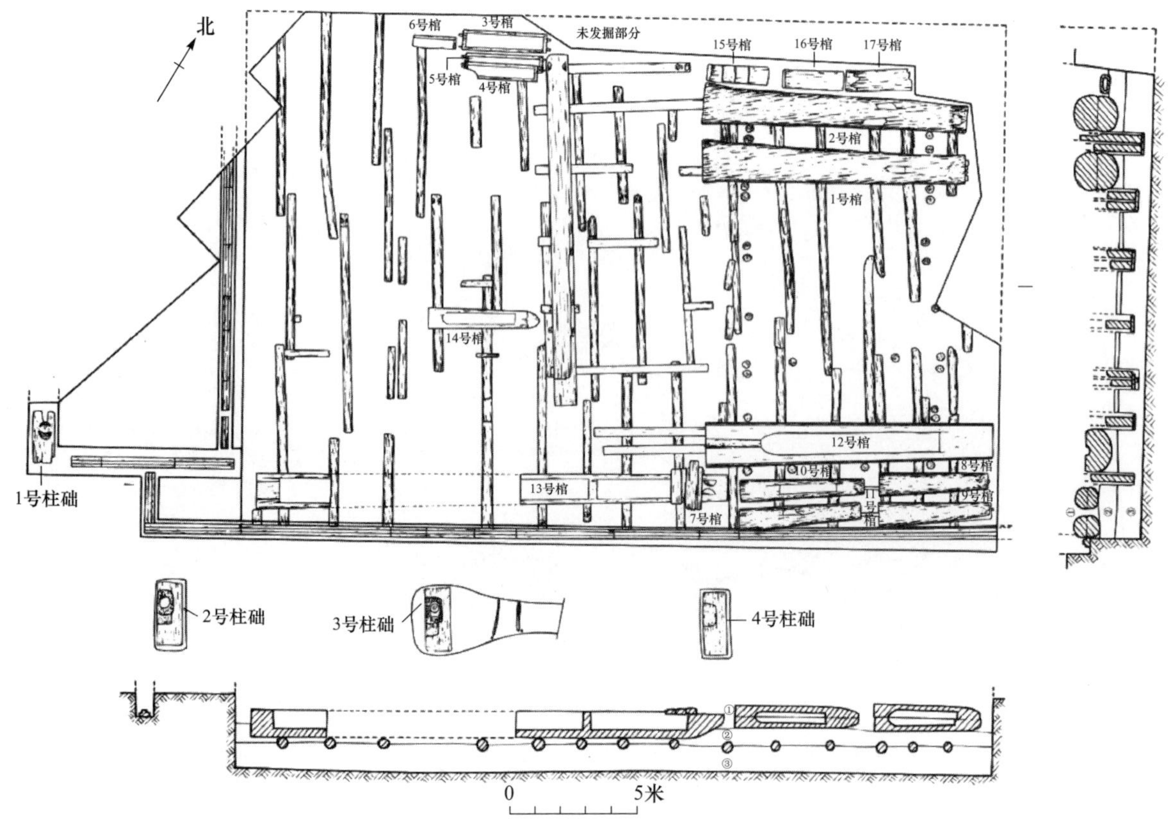

图二　成都商业街船棺葬平、剖面图

棺墓[①]、什邡城关战国秦汉墓地[②]、成都商业街船棺墓[③]、荥经秦汉墓地的船棺[④]的长宽比做个粗略的统计，就会发现，船棺的长宽比一般在5∶1～12∶1，远远高于用其他葬具的长宽比例。在战国时期的各类墓葬中，也只有船棺墓才会有如此狭长形的棺。而且，33号墓的左侧船棺墓器物的放置方式也和广元、荥经的船棺墓是一致的（图三～图八）。船棺葬在20世纪50年代发现之初，曾被认为是巴人特有，后来陆续在新都、成都、绵竹、什邡、罗江都有发现，现在大家认为是巴、蜀共有的特征。罗家坝遗址的墓葬中，发掘者推测也有船棺，所以根据种种迹象推断33号墓中左侧为船棺

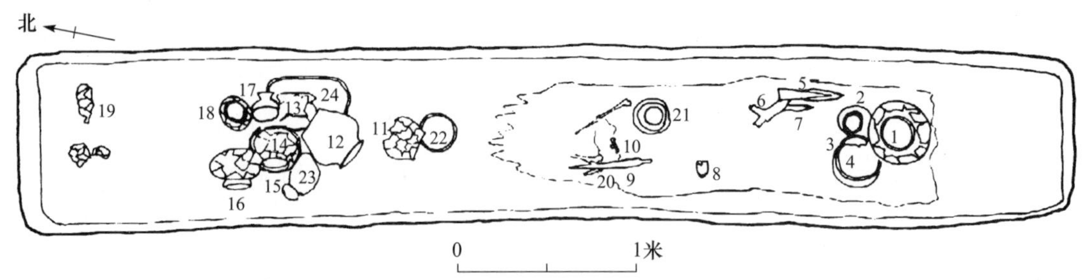

图三　四川荥经同心村M9平面图

① 四川省博物馆：《四川船棺葬发掘报告》，文物出版社，1960年。

② 四川省文物考古研究院、德阳市文物考古研究所、什邡市博物馆：《什邡城关战国秦汉墓地》，文物出版社，2006年。

③ 成都市文物考古研究所：《成都商业街船棺葬》，文物出版社，2009年。

④ 四川省文物考古研究所、荥经严道古城遗址博物馆：《荥经县同心村巴蜀船棺葬发掘报告》，《四川考古报告集》，文物出版社，1998年。

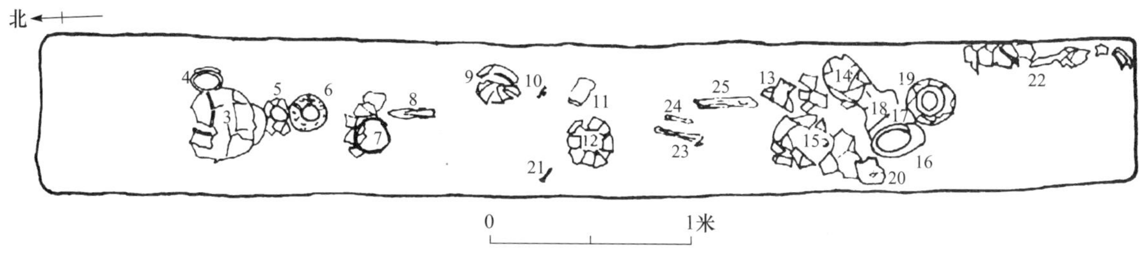

图四 四川荥经同心村 M13 平面图

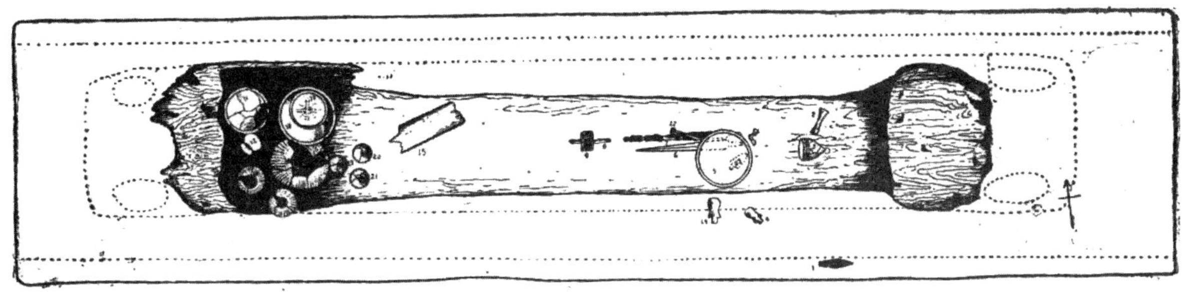

图五 重庆冬笋坝 M9 平面图

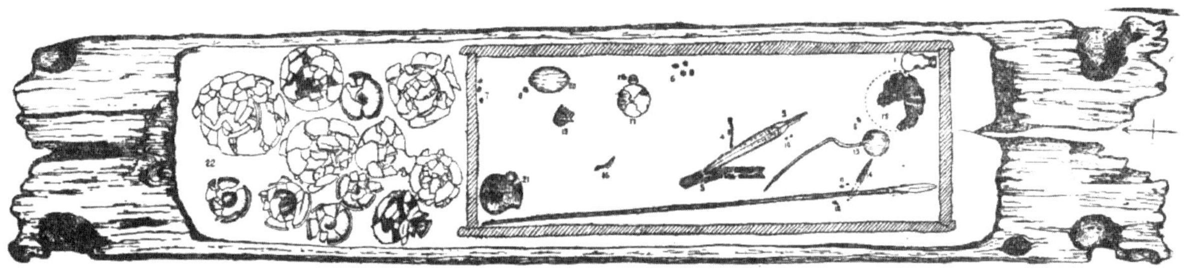

图六 四川昭化宝轮院 M14 平面图

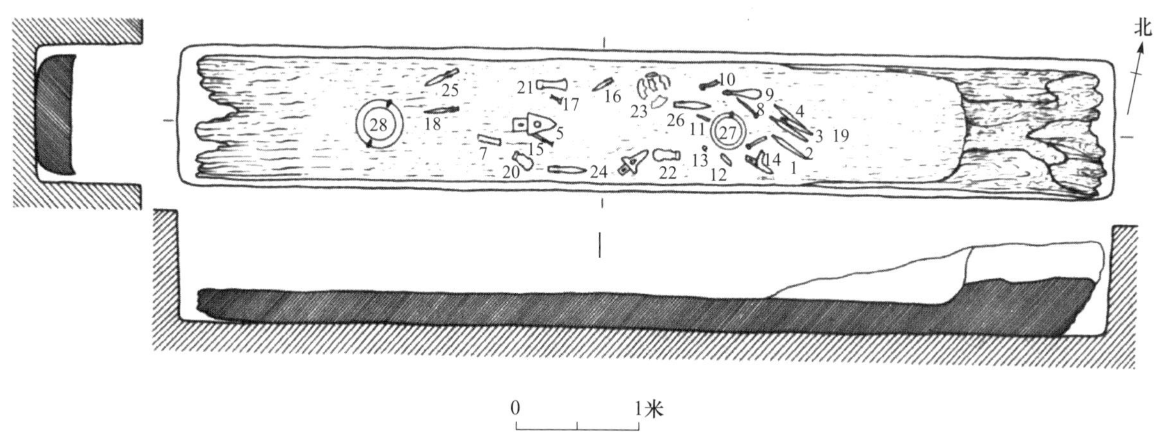

图七 四川什邡城关船棺葬 M1 平、剖面图

也并非不可思议。

33 号墓看似凌乱，无规律，这是因被盗，但我们判断其为船棺，随葬品也是巴蜀大墓常见的种类，坑的形状近似于商业街船棺墓，在此基础上我们就可大胆推测，33 号墓里不只有一座船棺，

那三个只剩人骨架的小的个体，也可能是船棺葬。进一步大胆推测，那几处孤立的器物堆积，近乎长方形的也当是船棺。最后，可以复原出至少 7 个船棺（图九）。

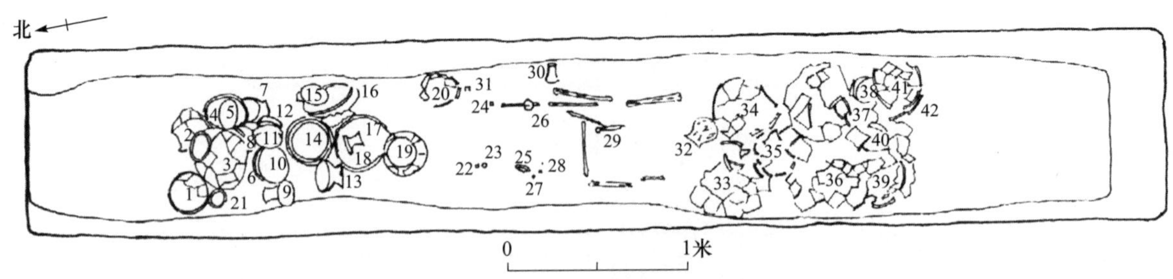

图八　四川荥经同心村 M17 平面图

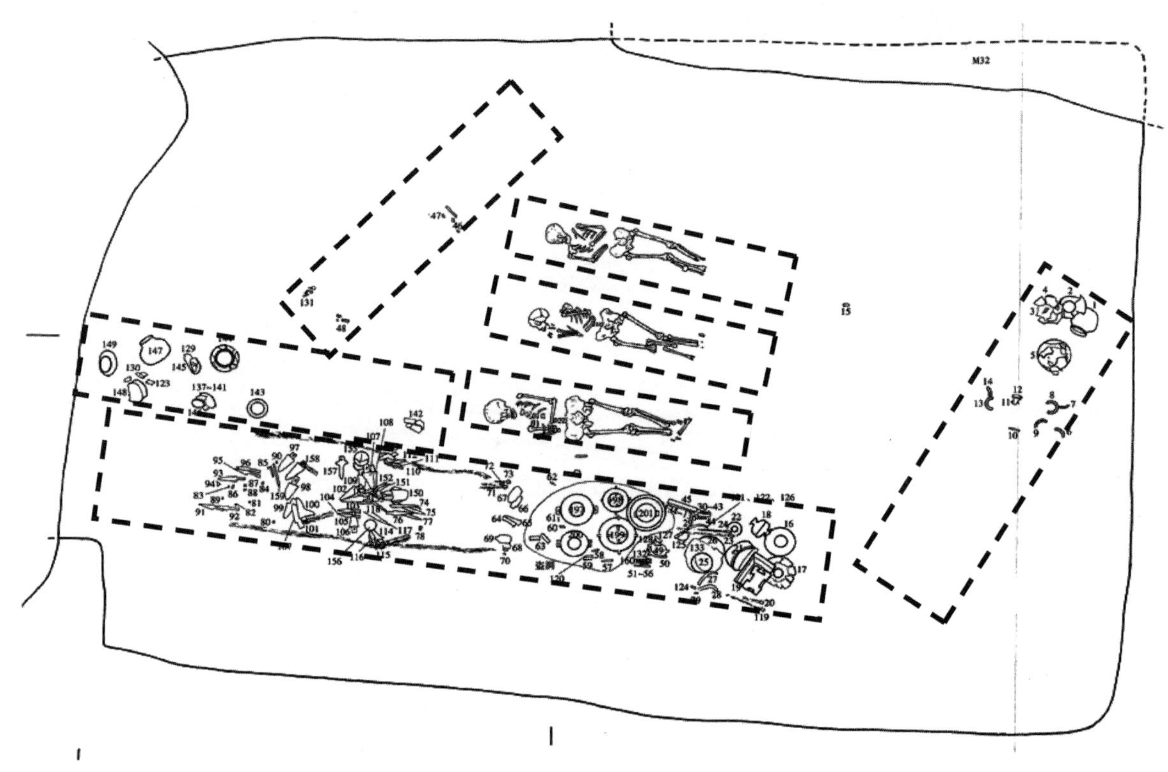

图九　罗家坝遗址 M33 推测复原图

二、罍与缶、耳套环

接着说的还是第 33 号墓，但要转而说器物啦。

33 号墓出土的器物，按种类来说铜器最引人注目，数量多、品级高，有的器种、器形还是四川首次出土，这批器物的出土，增加了罗家坝遗址在巴文化遗址中的分量，也让人对罗家坝遗址的下一步发掘充满了更多的期待。在 2003 年的罗家坝考古发掘座谈会上，有的专家从这批器物来断代，有的专家从这批器物中看到来自楚或秦影响。高见频出，给人启迪。这里仅谈谈那件引人注目的青铜缶（发掘报告定名为罍）。该器通高 25.3、口径 24、底径 22 厘米（图一〇）。

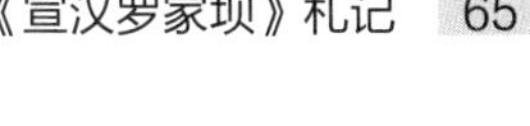

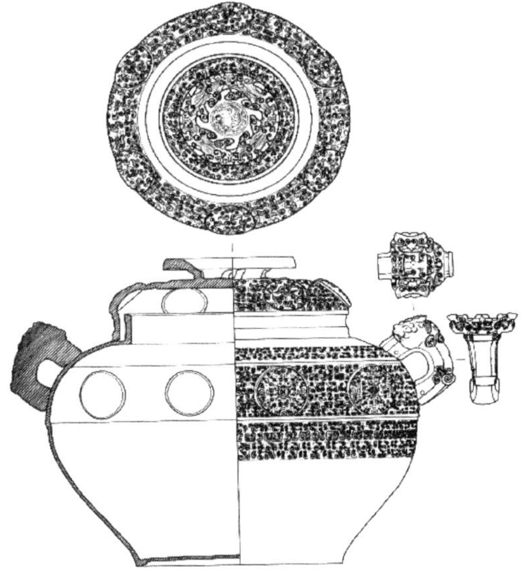

图一〇　罗家坝遗址 M33 出土铜缶

按《宣汉罗家坝》所述，这件缶是有耳的。现在看到在墓中摆放的照片有两张，一张有耳（图一一），一张无耳（图一二）。为什么会这样呢？表面上看可能是从不同角度拍摄产生的角度差异。我的看法是若考虑到该墓被盗过，包括这件铜缶在内的几件礼器都曾被盗墓者盗走，铜缶耳被扭掉或早就被人破坏掉，发掘者的出土文物照相是事后重新摆放后补拍，补拍时一张没把缶耳归原位，一张却是把缶耳归了原位的，这样我们看到的就是这件铜缶的有耳、无耳两张照片。

问题还不在此。这件铜缶的形制特征是一件典型的楚式缶。我们大家熟悉的有湖北随县擂鼓墩曾侯乙墓[①]（图一三）、四川新都马家乡蜀墓[②]（图一四）、山东泰安楚墓[③]（图一五）都出有类似的铜缶。他们共同特征是有盖、鼓腹、双兽耳，耳中套链环。

图一一　罗家坝 M33 铜礼器分布情况

① 《中国青铜器全集》编辑委员会：《中国青铜器全集 10：东周 4》，文物出版社，1998 年，第 136 页。
② 《中国青铜器全集》编辑委员会：《中国青铜器全集 13：巴蜀》，文物出版社，1994 年，第 100 页。
③ 《中国青铜器全集》编辑委员会：《中国青铜器全集 10：东周 4》，文物出版社，1998 年，第 67 页。

图一二 罗家坝遗址 M33 东部器物出土情况

图一三 湖北随县擂鼓墩曾侯乙墓出土铜缶

图一四 四川新都马家乡蜀墓出土铜缶

图一五 山东泰安楚墓出土铜缶

这种铜缶是从春秋晚期的铜缶演变而来[①]（图一六～图一八），但春秋时期的铜缶分有链环和无链环两种，比战国时期的铜缶也略为瘦高，从形制来看，罗家坝的铜缶与天星观和新都的铜缶形制更接近。战国时期这种类型的铜缶的一大特征是两耳内套有链环。但根据《宣汉罗家坝》描述，这件铜缶有耳却无（链）环，这是比较奇怪的事。巧合的是同一墓内出有一对铜环（图一九），每一只都是链环。《宣汉罗家坝》编写者怀疑是和铜缶耳配套的，说“可能系铜罍上的环”（《宣汉罗家坝》第 169 页），但没下结论。从这对链环体量、形制、花纹来看，应属铜缶耳的构件，和耳配套。这样归位后，这件铜缶的结构组合就完整了，和湖北天星观、四川新都所出两件几乎完全一样，时代也在战国时期，和《宣汉罗家坝》编写者判断该墓时代一致，是一件标准的楚式铜缶。

图一六 河南固始侯古堆出土铜缶

① 《中国青铜器全集》编辑委员会：《中国青铜器全集 11：东周 5》，文物出版社，1997 年，第 39 页；《中国青铜器全集》编辑委员会：《中国青铜器全集 10：东周 4》，文物出版社，1998 年，第 64 页；《中国青铜器全集》编辑委员会：《中国青铜器全集 10：东周 4》，文物出版社，1998 年，第 65 页。

图一七 河南淅川下寺二号墓出土铜缶

图一八 河南淅川下寺三号墓出土铜缶

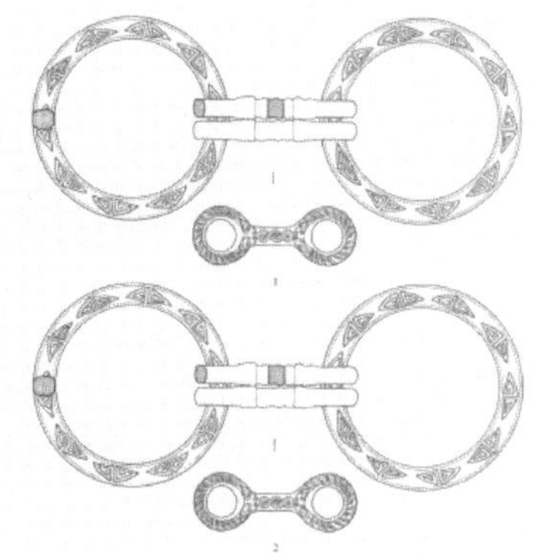

图一九 罗家坝遗址 M33 出土铜环

三、巴蜀的区域界线

历史上，巴蜀同囿——大致处在今四川、重庆的行政区域内。蜀以成都平原为中心，以重庆一带为主要活动区域。这都是大家公认的。但要划出巴蜀的界线，这就比较难了。在广元船棺葬发现后，考古学家依据历史记载和考古结合，试图划出界线：巴主要分布在重庆和四川的达州、巴中、广元、南充、泸州、宜宾一带，蜀主要分布在今成都、德阳、绵阳、眉山、乐山、资阳、内江一带。但是，这里有个问题不好解释，据《华阳国志》记载“蜀王别弟封葭萌于汉中，号葭萌”。如果把出船棺的广元划入巴国范围，就难以理解《华阳国志》的这段记载，也难以理解蜀王开通“金牛道”的意图，若是这片区域都是巴的，蜀根本不可能，也没必要修一条“金牛道”。《四川船棺葬发掘报告》将船棺葬作为巴人特有的葬俗，但又感到了它与文献记载的蜀的传统地域有矛盾，于是就推测这些船棺墓葬是秦灭巴蜀后，替秦人监守蜀人的巴人墓。这在当时不失为一种自圆其说的解释，可成一说。但是自那以后这几十年来，罗江、什邡、绵竹、成都、荥经这么广阔的范围内都有船棺葬发现，尤其是新都和成都商业街的高级别船棺葬的发现，足证墓主人绝非巴人。根据这几十年的考古发现，现在基本可以肯定地说，上千年同囿相处的巴蜀，相互长久浸染，文化风俗相同之处甚多，用相同青铜器、习相同的“文字”，连葬俗中的葬具也相同。所以究竟巴蜀之间物质上有哪些的不同，还要另找。想来也是，如果汉中广元全被巴占，蜀国就真没有和中原大国交往的任何通道啦，蜀的发展之路被彻底封堵，北靠秦、东倚楚的巴，是可以任意玩蜀于股掌之上的。从《战国策》和《华阳国志》中不但看不出蜀和秦没接壤，反而从字里行间看出是接壤的。作为与巴时敌时友的蜀来说，有与中原大国的直接联系的道路，也就是他们的生命线。进一步看，在成都的商业街船棺墓和新都马家大墓中看到了浓郁的楚风，感到蜀不会是通过巴间接与楚交往就能让楚文化扎根如此之深。推测，若汉中至少一部分为蜀控制的话，通过汉水和楚交往是比较容易的。战国后期秦楚之战，想必就曾对这一带有过激烈争夺的想法。早在商中期，商文化就从武汉沿汉水溯江而上到了汉中扎根，所以巴、蜀纷争之前这里就有一条古老的交通道路存在。

（原载《四川文物》2018年第4期）

罗家坝墓葬与成都平原东周时期的文化

施劲松
（中国社会科学院考古研究所）

摘　要：罗家坝墓葬出土两类青铜器，分别属于四川当地文化以及楚文化和中原文化，这不仅反映了文化交流与人群迁移，更重要的是，这可能是我们认识和理解东周时期成都平原文化和社会的关键。成都平原的墓葬从春秋晚期开始出现一系列完全不同于早期墓葬的新特点，反映出当时文化与社会发生了重大变化。罗家坝墓葬作为联系成都平原与长江中游及中原文化的重要节点，正是探究上述变化的重要线索。

关键词：罗家坝　成都平原　墓葬　文化面貌

1999年以来在四川宣汉发掘的罗家坝墓地，是近年来川东地区最重要的考古发现，罗家坝墓地不仅有助于我们进一步认识东周及西汉时期川东地区的文化，而且由于墓地出土的青铜器与楚文化和成都平原东周墓葬中的铜器相同，因此，罗家坝墓地对于深入理解成都平原东周时期文化与社会变革、探究成都平原与长江中游及中原的联系具有重要意义。

一、罗家坝的东周墓葬

在宣汉罗家坝发掘了东周时期至西汉时期墓葬65座[①]。墓葬沿河分布，排列较为整齐。从地层关系和随葬品看，各墓时代虽有差异，但都为同一个时期的墓葬。《宣汉罗家坝》判定墓地年代为春秋晚期至西汉中期。

墓葬随葬陶器最主要的器类为釜、豆和圜底罐。釜的腹或扁或深。豆一种为高柄，盘较浅；另一种为矮柄，盘近钵状。圜底罐之间的差异主要在于口沿和颈部。以这三种器类为基础，各墓的陶器有增有减，或仅出其中一两种，或另有瓮、盂、釜甑、尖底盏、高领罐、盘口罐、喇叭口罐等。这些陶器基本为当地墓葬中常见的器形。

铜器种类和数量都比较丰富，其特点在于有数量较多的青铜容器、兵器和工具，每类器物又有多种类型，大体包括了四川地区东周墓葬中常见的器形。如青铜容器有18类，工具和兵器各有7类，兵器中的戈又包括了从三角援戈到长胡戈在内的各种形制。由此可见，罗家坝是川东地区的一个中心遗址，墓地也比较稳定地沿用了相当长的时间。

罗家坝墓地出土铜器与面貌较为单纯的陶器不同，它们明显分为两类。第一类是铜釜、甑、鍪、

① 四川省文物考古研究院、达州市文物管理所、宣汉县文物管理所：《宣汉罗家坝》，文物出版社，2015年，第30页。

尖底盒（图一），柳叶形剑、钺、三角援戈和凿等兵器和工具，以及印章、小型饰件等杂器。这类器物在四川地区的东周墓葬中常见，其他地区却很少见，因而可以认为是四川地区特有的器类。第二类铜器包括鼎、敦、壶、豆、缶、簠、甗、鉴等（图二），这部分器物虽然同样见于包括成都

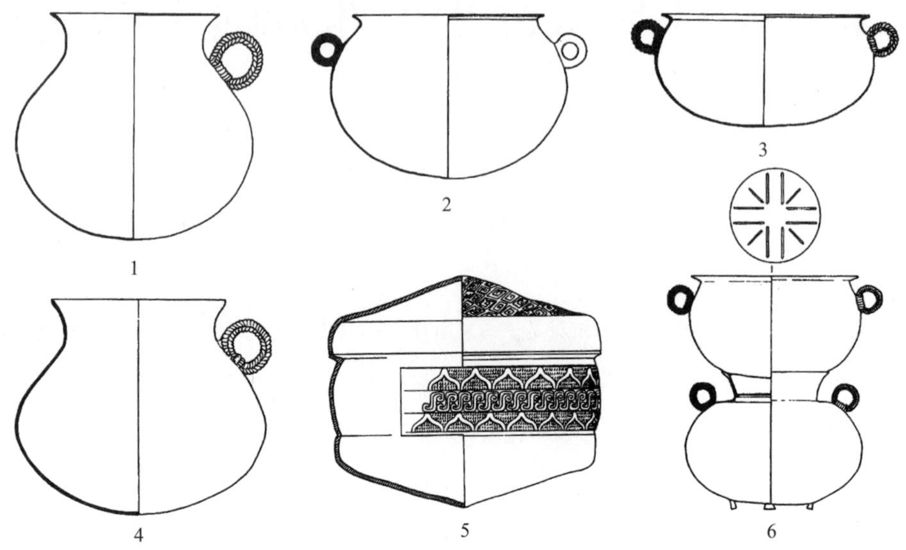

图一　罗家坝墓葬出土第一类铜器

1、4. 鍪（M61-1：14、M13：1） 2、3. 釜（M33：21、M50：19） 5. 尖底盒（M33：127） 6. 釜甑（M24：18）

图二　罗家坝墓葬出土第二类铜器

1. 鼎（M33：197） 2. 高柄豆（M33：26） 3. 簠（M33：19） 4. 矮柄豆（M33：26） 5. 敦（M2：1） 6. 壶（M2：2） 7. 罍（M33：201） 8. 缶（M33：200） 9. 甗（M33：199）

平原在内的四川其他地区，但它们与楚地和中原地区的青铜器较为一致，应当来源于长江中游和中原。正如此，学者们都指出了罗家坝墓葬出土青铜器与成都平原和长江中游出土青铜器的相似性，以及罗家坝墓葬所揭示出的各地之间的文化交流①。

罗家坝墓葬及出土青铜器固然体现了成都平原、川东和长江中游各地间的文化交流和族群迁移，但如果从罗家坝看成都平原东周时期的青铜文化，再从成都平原看罗家坝，通过这种“互看”，我认为罗家坝墓葬可能是认识和理解成都平原东周时期文化和社会变革的关键，而这正是罗家坝墓地的更为重要的意义。

二、成都平原先秦时期的墓葬与文化

成都平原已发掘的最早的墓葬主要见于宝墩文化的几座城址和成都地区。新津宝墩古城②、大邑高山古城③、郫县古城④、温江鱼凫城⑤发现的墓葬，没有随葬品。在成都南郊十街坊⑥、西郊化成村⑦、金沙遗址“置信金沙园一期”地点⑧、成都市高新西区“格威药业一期”地点⑨和航空港地点⑩、成都青白江区三星村遗址⑪等，也都发现宝墩文化时期的墓葬，除十街坊墓葬出土较多小件骨器外，其他大多无随葬品，或仅有为数不多的陶器和玉石器。墓葬少有随葬品的特点延续到了三星堆和十二桥文化时期。

三星堆遗址的仁胜村出土一批土坑墓⑫，多数墓有随葬品，包括陶豆、豆形器、尊形器、器盖，玉蜗旋状器、泡形器、璧形器、锥形器、凿、矛、斧、斧形器，以及黑曜石珠和石弹丸。这批时代被推定为三星堆遗址第一期后段至第二期前段的墓葬有较多的随葬品，墓葬坑壁和坑底经夯打、人

① 徐光冀、高炜、王仁湘等：《罗家坝遗址笔谈》，《四川文物》2003年第6期；四川省文物考古研究院、达州市文物管理所、宣汉县文物管理所：《宣汉罗家坝》，文物出版社，2015年，第338～342页。

② 中日联合考古调查队：《四川新津县宝墩遗址1996年发掘简报》，《考古》1998年第1期；四川大学历史文化学院考古学系等：《成都新津县宝墩遗址田角林地点2013年的发掘》，《考古》2018年第3期。

③ 成都文物考古研究所：《成都市大邑高山古城2014年发掘简报》，《考古》2017年第4期；周志清等：《四川大邑高山古城遗址2015～2016年发掘收获》，《2016中国重要考古发现》，文物出版社，2017年，第38～41页。

④ 成都市文物考古研究所、郫县博物馆：《四川省郫县古城遗址1997年发掘简报》，《文物》2001年第3期。

⑤ 成都市文物考古研究所：《温江县鱼凫村遗址1999年度发掘》，《成都考古发现》(1999)，科学出版社，2001年，第53页。

⑥ 成都市文物考古研究所：《成都市南郊十街坊遗址年度发掘纪要》，《成都考古发现》(1999)，科学出版社，2001年，第1～28页。

⑦ 成都市文物考古研究所：《成都市西郊化成村遗址1999年度发掘报告》，《成都考古发现》(1999)，科学出版社，2001年，第127～145页。

⑧ 成都市文物考古研究所：《成都金沙遗址“置信金沙园一期”地点发掘简报》，《成都考古发现》(2002)，科学出版社，2004年，第1～41页。

⑨ 成都市文物考古研究所：《成都市高新西区“格威药业一期”新石器遗址发掘简报》，《成都考古发现》(2003)，科学出版社，2005年，第165～185页。

⑩ 成都市文物考古研究所、郫县文物管理所：《成都市高新西区航空港古遗址发掘简报》，《成都考古发现》(2003)，科学出版社，2005年，第218～233页。

⑪ 成都文物考古研究所、青白江区文物保护管理所：《成都市青白江区三星村遗址试掘简报》，《成都考古发现》(2004)，科学出版社，2006年，第255～282页。

⑫ 四川省文物考古研究所三星堆遗址工作站：《四川广汉市三星堆遗址仁胜村土坑墓》，《考古》2004年第10期。

骨似乎被砸击的现象也较为特别，可能是成都平原这一时期墓葬的特例。在三星堆遗址发掘的其他墓葬只个别墓出土有限的陶器[①]。三星堆文化的墓葬少见随葬品的特点显而易见，尤其是在墓葬中既没有三星堆祭祀器物坑出土的那些遗物，也没有发现更多的青铜器。可见，当时大量的青铜制品、玉器、金器、象牙等贵重物品主要用于祭祀活动而非随葬。

十二桥文化时期的墓葬在成都平原发现很多，仅金沙遗址就有大量分布，但大多数墓葬未见随葬品，仅少数墓出土陶器，个别墓有少量铜器、玉器和石器。以发掘墓葬较多的墓地为例，2001年在金沙遗址兰苑地点发掘100余座竖穴土坑墓[②]，墓葬未见葬具，大多无随葬品，所见随葬品也以陶器居多，仅少数墓有少量铜器、玉器和石器。例如，M61随葬陶高领罐、小平底罐、器盖、盏、壶，铜斤，玉锛。M33随葬陶壶，铜钺、斧、戈，玉凿、璋。铜器均为小型器物，制作粗糙，锈蚀严重；玉器磨制精细但形体较小。2002～2003年在金沙遗址万博地点发现60座墓[③]，大部分墓没有随葬品，仅少数墓出土陶器，多为一墓随葬一两件陶器，所举墓例至多有5件陶器。2003～2004年在"阳光地带"地点发掘290座墓[④]，出土少量青铜器、陶罐类器和尖底器，以及石器和磨石。2008年在金沙遗址星河路地点发掘墓葬24座[⑤]，仅有少数墓出土少量的陶尖底盏和小平底罐，个别墓出磨石和残铜片。十二桥文化墓葬与三星堆文化墓葬的特点相近，金沙遗址祭祀区出土的那些包括青铜器在内的贵重物品同样不见于墓葬中。

从春秋晚期到战国时期，成都平原的墓葬发生了显著变化，这表现在三个方面。第一是墓葬中的随葬品数量和种类大量增加，以青铜器为主的贵重物品开始出自墓葬而非遗址。青铜器除精美的礼器外，还有大量兵器。第二是墓葬中青铜器的种类和风格完全不同于三星堆和十二桥文化的铜器，墓葬中也没有后两种文化中非常突出的玉器、金器和象牙等，可见早期的文化传统在春秋晚期左右有所中断。第三是从春秋晚期开始，墓葬明显受楚地和中原地区文化的影响，并以其青铜器所受影响最为突出。墓葬的这种变化，反映出春秋晚期以后成都平原的文化和社会发生了变化。

这种变化首先体现于年代约相当于春秋后期的成都商业街船棺墓中[⑥]。该墓保存有17具独木棺，棺内出土陶器、漆器和铜器。陶器有瓮、尖底盏、平底罐、圜底釜、豆和器盖；铜器有矛、戈、钺、斤、削刀、印章、带钩和饰件；漆器种类和数量众多，有各种家具、生活用器、乐器和兵器附件，前所未见。这座墓因被毁坏而不能获知随葬品的全貌，但其中至少有1、2、8、9、10、11号6具棺保存相对完好，且葬人的8号棺和放置随葬品的9号棺未被盗扰。由此推知，商业街这处规模宏大的墓葬中仍然缺失青铜容器，兵器也多为明器，这与此前墓葬的特点相同。但另一方面，墓葬

---

① 四川省文物管理委员会、四川省博物馆、广汉县文化馆：《广汉三星堆遗址》，《考古学报》1987年第2期；马继贤：《广汉月亮湾遗址发掘追记》，《南方民族考古》（第五辑），四川科学技术出版社，1993年，第310～324页。

② 成都市文物考古研究所、四川大学考古系：《成都市金沙遗址"兰苑"地点发掘简报》，《成都考古发现》（2001），科学出版社，2003年，第1～32页。

③ 成都市文物考古研究所：《成都金沙遗址万博地点考古勘探与发掘收获》，《成都考古发现》（2002），科学出版社，2004年，第62～95页。

④ 成都文物考古研究院、成都金沙遗址博物馆：《金沙遗址——阳光地带二期地点发掘报告》，文物出版社，2017年。

⑤ 成都市文物考古研究所：《金沙遗址星河路西延线地点发掘简报》，《成都考古发现》（2008），科学出版社，2010年。

⑥ 成都文物考古研究所：《成都商业街船棺葬》，文物出版社，2009年；宋治民：《成都市商业街墓葬的问题》，《四川文物》2003年第6期。

中的随葬品已明显增多，包括用大量的漆器甚至食物随葬。更重要的是，墓葬中始见明显的外来文化因素，这主要体现为墓葬中突然出土大量的漆器，而且漆器的纹饰模仿了春秋至战国早期楚国、三晋、燕国、中山等地青铜器的纹饰①。

与商业街船棺墓处于同一时期的其他规模较小的墓葬，也出现了变化。例如，2004年在金沙遗址“国际花园”地点发掘62座墓葬②，其中14座约相当于春秋晚期的船棺墓，除使用独木葬具外，均有随葬品，包括铜戈、剑、饰件，陶罐、瓮、圆陶片、纺轮，磨石，以及少量的小件玉器等。虽然每墓的随葬品不多，但这已不同于同一墓地的十二桥文化墓葬，后者共计47座土坑墓，有39座墓不出随葬品，同样的情况也见于前述的“星河路”地点，此阶段的24座墓与同墓地的十二桥文化墓葬相比，不仅有更多的墓葬出随葬品，而且每墓的陶器和铜兵器等明显增多。2002年在“黄河”地点发掘16座墓，有7座有船棺③，均有随葬品，少者1件，多者20余件，有陶器和铜兵器、工具、饰件等。

至战国时期，墓葬的变化已完成。如新都大墓④、成都百花潭10号墓⑤、成都文庙西街10号墓⑥、成都西郊战国墓⑦、成都金沙巷战国墓⑧、成都石人小区战国墓⑨、绵竹船棺墓⑩、成都三洞桥青羊小区战国墓⑪，以及成都平原边缘的峨眉符溪乡战国墓⑫等，不仅随葬品丰富，而且有大量具域外风格的青铜器。战国时期的墓葬已完全不同于三星堆、十二桥文化的墓葬。

对于战国墓葬的变化和特点，可举成都文庙西街墓葬、新都马家大墓和镶嵌纹铜器三个例证加以进一步说明。

2003年在成都文庙西街发掘2座战国墓。其中M1出土铜壶、簠、敦、盘、釜、尖底盒、构件各1件，勺、匕、饰件、器座、牌饰各2件，但未见兵器。这些铜器中的器类、形制和纹饰大多与楚文化的铜器相同，M1显然是一座以楚文化因素为主的墓葬。距M1仅12米的M2疑为二次葬，出土圜底釜、平底罐、尖底盏、圈足豆、器盖等38件陶器，釜、鍪、甑、矛、柳叶形剑、钺、戈、削刀等10件铜器，M2明显不同于M1而是一座以当地文化因素为主的墓葬。《成都市文庙西街战国墓葬发掘简报》判定M1的年代为战国早期早段，M2为战国中期早段。不论两墓的相对年代如何，两座墓葬同出一地，都清晰地表明当地存在两类文化。

---

① 江章华、颜劲松：《成都商业街船棺出土漆器及相关问题探讨》，《四川文物》2003年第6期。

② 成都市文物考古研究所：《金沙遗址“国际花园”地点发掘简报》，《成都考古发现》(2004)，科学出版社，2006年，第118～175页。

③ 成都市文物考古研究所：《成都市金沙遗址“黄河地点”墓葬发掘简报》，《成都考古发现》(2012)，科学出版社，2014年，第177～217页。

④ 四川省博物馆、新都县文物管理所：《四川新都战国木椁墓》，《文物》1981年第6期。

⑤ 四川省博物馆：《成都百花潭中学十号墓发掘记》，《文物》1976年第3期。

⑥ 成都市文物考古研究所：《成都市文庙西街战国墓葬发掘简报》，《成都考古发现》(2003)，科学出版社，2005年。

⑦ 四川省博物馆：《成都西郊战国墓》，《考古》1983年第7期。

⑧ 成都市文物考古工作队：《成都市金沙巷战国墓清理简报》，《文物》1997年第3期。

⑨ 成都市文物考古研究所、成都市文物考古工作队：《成都西郊石人小区战国土坑墓发掘简报》，《文物》2002年第4期。

⑩ 王有鹏：《四川绵竹县船棺墓》，《文物》1987年第10期。

⑪ 成都市文物管理处：《成都三洞桥青羊小区战国墓》，《文物》1989年第5期。

⑫ 陈黎清：《四川峨眉县出土一批战国青铜器》，《考古》1986年第11期。

图三 成都百花潭10号墓出土铜壶

新都马家大墓则是将两类文化因素融入一座墓中的例证。该墓填青膏泥，有复杂的棺椁结构，出土大批青铜容器、兵器和工具，为成都平原出土遗物最丰富的战国时期的墓葬。早有研究指出，大墓中的列鼎、甗、缶、钟等接近随县擂鼓墩一号墓出土铜器，敦、盖豆、二式壶、盘、匜、勺等接近江陵望山一号墓出土铜器，而大墓中出土的釜、甑、鍪则是当地出现的器物①。

最能体现成都平原与其他地区长距离交流的确凿证据可举镶嵌纹铜器。成都百花潭10号墓出土1件镶嵌纹铜壶（图三），其镶嵌技术，采桑、习射、宴饮、乐舞、狩猎和水陆攻战等内容的图案等，显然都不是当地产生的。绵竹船棺墓出土1件方壶和1件盖豆，也有镶嵌的写实的动物纹（图四）。

铜器镶嵌技术在春秋时期已出现，镶嵌纹铜器在中原和长

1 2

图四 绵竹船棺墓出土铜器

1. 方壶（M1：4） 2. 盖豆（M1：2）

① 李学勤：《论新都出土的蜀国青铜器》，《文物》1982年第1期。

江流域都有很多发现。与百花潭壶最接近的是故宫博物院收藏的1件战国前期的铜壶，自上而下也有采桑、习射、宴饮、乐舞、狩猎、水陆攻战图案[①]（图五）。此外，如1952年河北唐山贾各庄战国墓出土的1件镶嵌狩猎纹壶[②]（图六），1977年陕西凤翔高王寺出土的2件战国早期的镶嵌射宴纹壶[③]（图七）。与百花潭铜壶纹饰相近的铜器还有河南汲县山彪镇战国墓出土的2件铜鉴，有镶嵌的攻城图和水战图[④]。镶嵌写实动物的壶和豆，又如河北平山和山西浑源县李峪村[⑤]东周墓出土的春秋战国时期的狩猎纹盖铜豆（图八、图九），河南固始侯古堆出土的时代约为春秋末年的镶嵌兽纹的方盖豆和壶[⑥]等。在长江流域集中出土镶嵌纹铜器的则有随县曾侯乙墓，该墓共有镶嵌纹铜器65件，占铜器数量的55.6%。这些铜器多嵌绿松石，有龙凤纹、蟠龙纹、鸟首龙纹等，也有几何纹。其中也有壶和盖豆[⑦]。除发掘品外，《商周彝器通考》[⑧]《两周金文辞大系图录》《两周金文辞大系图录考释》[⑨]《美帝国主义劫掠的我国殷周铜器集录》[⑩]等文献也收录有多件镶嵌水陆攻战图、狩猎图、乐舞图的壶、豆和鉴等。

图五　故宫博物院收藏铜壶

图六　河北唐山贾各庄战国墓出土铜壶

① 唐复年：《战国宴乐射猎攻战纹壶》，《故宫博物院院刊》1983年第3期。

② 安志敏：《河北省唐山市贾各庄发掘报告》，《考古学报》第6册，1953年。

③ 韩伟、曹明檀：《陕西凤翔高王寺战国铜器窖藏》，《文物》1981年第1期。

④ 郭宝钧：《山彪镇与琉璃阁》，科学出版社，1959年，第18～23页，图版19、20。

⑤ 中国青铜器全集编辑委员会：《中国青铜器全集·东周3》，文物出版社，1997年，图版153；山西省考古研究所：《山西浑源县李峪村东周墓》，《考古》1983年第8期。

⑥ 河南省文物考古研究所：《固始侯古堆一号墓》，大象出版社，2004年，第38、42页。

⑦ 湖北省博物馆：《曾侯乙墓》，文物出版社，1989年，第178页。

⑧ 容庚：《商周彝器通考》，哈佛燕京考社，1944年，上册第144（图二三三）、470、471页，下册图八七六。

⑨ 郭沫若：《两周金文辞大系图录考释》，科学出版社，1958年，第一册图193、第八册第227、228页。

⑩ 中国科学院考古研究所：《美帝国主义劫掠的我国殷周铜器集录》，科学出版社，1962年，第565～570页，A271、272。

图七 陕西凤翔高王寺铜壶

图八 河北平山出土铜豆

图九 山西浑源县李峪村出土铜豆

此类镶嵌风格较为写实的纹饰的铜器多出自中原和长江中游，特征鲜明，器类有壶、豆和鉴等，时代也以春秋晚期至战国早期较多。成都平原的此类铜壶和豆，从形制、图案内容到镶嵌技术，无疑都源自中原。

以上例证可以表明成都平原的墓葬自春秋晚期所发生的变化，而由墓葬材料又揭示出，从春秋晚期开始，成都平原三星堆、十二桥文化的传统出现了断裂，中原和楚地的文化因素传入，改变了成都平原原有的文化面貌。如此，中原和楚地的文化因素是如何进入成都平原的，这就是需要进一步探究的问题。

三、川东地区的东周墓葬

春秋晚期和战国早期，成都平原受北方秦地的影响还不明显，外来文化只可能从东边传入。过去在川东发现不少东周时期的墓葬，它们大多被认为是巴人墓。其中较为集中且出土较多青铜容器的墓葬见于云阳李家坝①、万州大坪②、涪陵小田溪③和巴县冬笋坝④。

李家坝墓地的墓葬数量较多，从葬具和随葬品看有不同等级。据发掘简报，有的墓葬时代或可早到春秋晚期。李家坝墓葬也出土铜鼎、壶、敦、盒，但数量少，形制简单，素面，与成都平原最早出现的楚式或中原式铜器有所不同。大坪墓地出土的青铜容器不多，既有鍪和釜甑，也有鼎、盒、壶。但铜器同样是数量少、形制简单、素面，且出土鼎、盒、壶的几座墓时代都被定为战国中期。小田溪墓葬共报道过五批资料，墓葬中的铜容器也明显可以分为两类，一类为釜、甑、鍪，另一类为制作精致的错银铜壶、嵌绿松石鸟形尊和错金银钟等。一般认为小田溪墓葬的年代为战国晚期，或认为是秦灭巴蜀以后的巴人贵族墓。巴县冬笋坝船棺墓的青铜容器主要是釜、甑、鍪，楚文化和中原文化因素并不明显。相比之下，成都平原与罗家坝的青铜器最为接近。

罗家坝楚式和中原式青铜器的年代主要相当于春秋晚期至战国早期，这为我们探讨成都平原的外来铜器提供了重要线索。罗家坝出土的最能体现与成都平原的联系的铜器，即为镶嵌纹铜器。罗家坝 M33 的盖豆，盖上镶嵌乐宴、武舞和弋射图，腹部为水陆攻战图，圈足上有采桑和狩猎图。这些内容与百花潭铜壶相同。M2 出土 1 件壶，腹部上、下各饰四组狩猎纹，各组之间用花卉纹和棱形纹相隔，纹饰布局和内容均与唐山贾各庄镶嵌纹铜壶相同。成都文庙西街 M1 所出铜壶的腹部也用带花卉纹的条带纹分隔出八个单元，只不过八个单元内为铸造的蟠螭纹。

除镶嵌纹铜器外，还有一些器形或纹饰在四川地区仅见于罗家坝和成都平原，可比性很强。如罗家坝 M33 出土 1 件高柄豆，腹上的兽纹与绵竹墓铜方壶和盖豆上的兽纹相同。M33 出土的簠，器表遍饰蟠螭纹，与成都文庙西街 M1 所出簠相同。M33 的镂空器座也与文庙西街 M1 的器座相近。簠与器座目前在四川地区仅发现这几例。

罗家坝墓葬出土的其他楚式或中原式铜器，包括鼎、敦、壶、缶、罍、甗、豆等，在成都平原同时期或稍晚的墓葬中都有发现，并基本都见于新都墓和绵竹船棺墓中（图一〇）。两地的这些铜器大都可以相对比。

无论是在罗家坝、川东还是在成都平原，中原或楚文化风格的铜器只出现于规格较高的墓葬

---

① 四川大学历史文化学院考古系、云阳县文物管理所：《云阳李家坝东周墓地发掘报告》，《重庆库区考古报告集》（1997卷），科学出版社，2001年，第244～288页；四川大学历史文化学院考古系、云阳县文物管理所：《云阳李家坝巴人墓地发掘报告》，《重庆库区考古报告集》（1988卷），科学出版社，2003年，第348～388页。

② 重庆市文物局、重庆市移民局：《万州大坪墓地》，科学出版社，2006年。

③ 四川省博物馆、重庆市博物馆、涪陵县文化馆：《四川涪陵地区小田溪战国土坑墓清理简报》，《文物》1974年第5期；四川省文物管理委员会、涪陵地区文化局：《四川涪陵小田溪四座战国墓》，《考古》1985年第1期；四川省文物考古研究所、涪陵地区博物馆、涪陵市文物管理所：《涪陵市小田溪9号墓发掘简报》，《四川考古报告集》，文物出版社，1998年，第186～196页；重庆市文物考古研究所、重庆市文物局：《涪陵小田溪墓群发掘简报》，《重庆库区考古报告集》（2002卷），科学出版社，2010年，第1339～1376页。

④ 四川省博物馆：《四川船棺葬发掘报告》，文物出版社，1960年。

中，它们通常与釜、甑、鍪这套铜容器共出，而规模较小的墓虽然有铜釜、甑、鍪、兵器与工具，但没有中原或楚式铜器。这一特点见于上述墓例，以及什邡城关[①]等重要墓地中。显然，源于中原或楚地的青铜器在四川地区的墓葬中更多的是具有指示等级的意义。

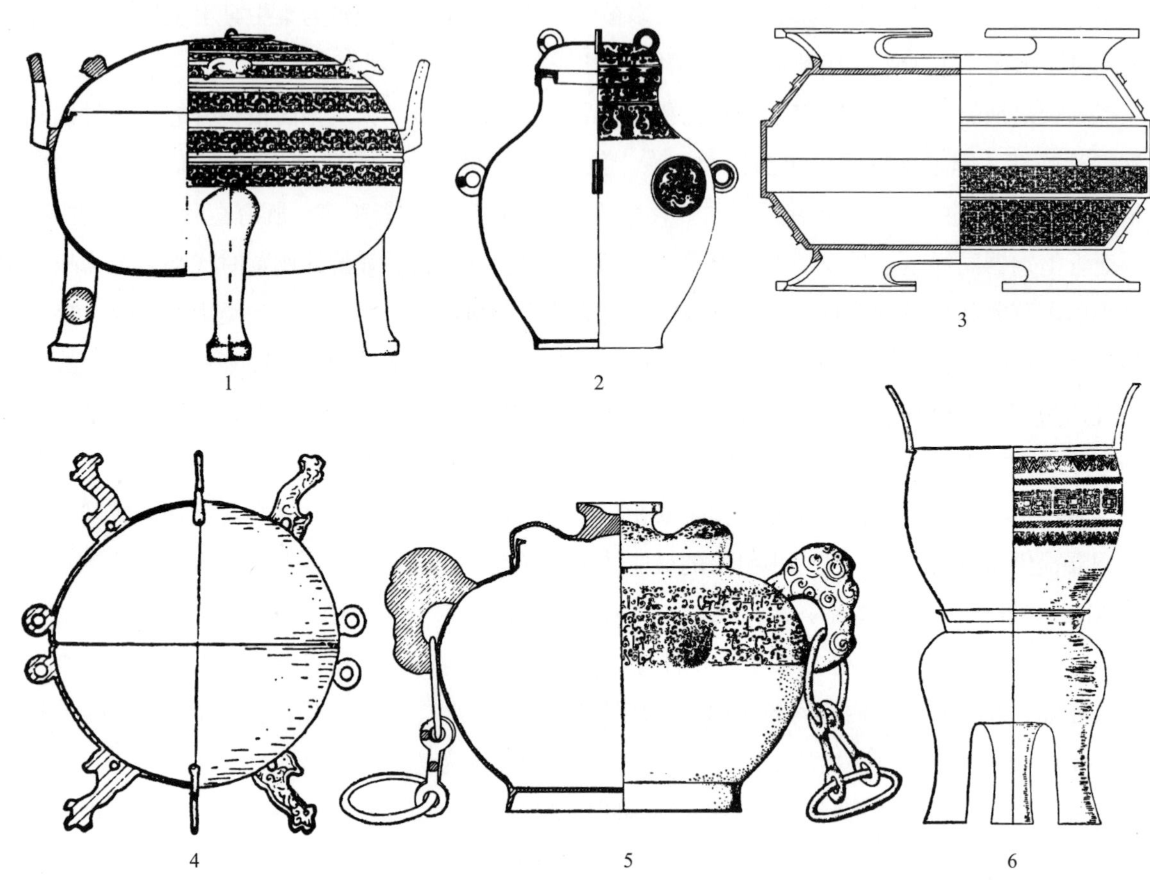

图一〇 成都平原出土青铜器

1. 鼎（新都墓） 2. 壶（绵竹M：5） 3. 簠（文庙西街M1：2） 4. 敦（新都墓） 5. 缶（新都墓） 6. 甗（新都墓）

四、结　语

由以上比较和分析，可见中原、长江中游、罗家坝和成都平原之间的联系。罗家坝的考古发现使我们对成都平原东周时期的文化变化有了更多认识，其重要意义也因此得到进一步显现。

不仅如此，罗家坝的意义也在于它同时又提出了一些新的问题。铜釜、甑、鍪、尖底盒、柳叶形剑、三角援戈、弧刃钺、矛、斧、削刀、凿、印章、饰件等，这些习惯上所称的“巴蜀式青铜器”，以及铜兵器、印章等上的巴蜀符号，过去以成都平原发现较多，时代也较早。但由于罗家坝的发现，我们现在知道它们在春秋晚期至战国早期也已出现于川东。如此，这些“巴蜀式青铜器”

① 四川省文物考古研究院、德阳市文物考古研究所、什邡市博物馆：《什邡城关战国秦汉墓地》，文物出版社，2006年。

是如何产生和流传开来的？另外，罗家坝北部为大巴山，东面和南面距峡江地区还有一定距离，西与成都平原之间相隔四川盆地的腹心地区，因此，罗家坝是如何沟通成都平原与长江中游和中原？这些重要问题，关乎我们对巴蜀文化的深入认识。

（原载《四川文物》2018年第3期）

罗家坝遗存文化内涵及文化属性刍议

——兼谈巴文化起源

王　平

（达州市博物馆）

摘　要：本文借助罗家坝遗址最新考古发掘资料，对其早期地层和晚期地层文化内涵进行分析研究，重点就其文化属性、时代以及它与周边巴文化遗址的关系进行初步探讨。认为早在新石器时代晚期开始就有一支土著文化势力在川东北的达州繁衍生息，到周代，受鄂西巴文化强烈影响，具有浓厚的巴文化因素，至秦汉，融入汉文化。因此，罗家坝遗址文化特征是由新石器晚期土著文化和晚期巴文化、汉文化三部分构成。罗家坝遗存为研究嘉陵江流域巴地文化的序列提供了重要的考古线索，为探讨川东北龙山时代考古学文化面貌、结构、互动关系以及巴文化起源等诸问题有重要意义。

关键词：考古　巴文化　罗家坝　文化内涵　起源

罗家坝遗址位于渠江的支流——州河上游后河与中河汇合处的一级阶地。1999 年、2003 年、2007 年和 2015 年，四川省文物考古研究院、达州市文物管理所和宣汉县文物管理所组成联合考古队，实施了四次正式考古发掘。发掘面积 1530 平方米，发现遗迹 130 余处，出土铜器、陶器、玉石器等 1400 余件，标本 3000 余件。2001 年被国务院公布为全国重点文物保护单位，2011 年纳入大遗址保护成都片区规划，2013 年、2016 年先后纳入国家“十二五”“十三五”大遗址保护专项规划。对罗家坝遗存的研究，目前学术研究还处于起步阶段，还有很多的课题和内容尚待探讨，本文拟就罗家坝遗存文化内涵及其与周边文化遗址的关系及文化属性等相关问题进行粗略的梳理和探讨，就教专家。

一、罗家坝遗址早期地层文化内涵及其文化属性

考古发现表明川东北的嘉陵江流域一带早在石器时代就有人类居住，其古老的土著先民是寅人，主要活跃在今达州的渠县、宣汉、万源和南充的阆中以及广安的嘉陵江流域一带，寅人是板楯蛮的祖先，是“群蛮百濮”的重要分支，汉称为賨人。因此，寅人本不属于巴人集团，而是濮人集团的一支。到周朝时期巴人占据了今达州等川东地区，寅人逐渐臣服于巴人，成为巴人的重要组成

部分，故史载巴国“其属有濮、賨、苴、共、奴、獽、夷、蜑之蛮”[①]。

达州乃至川东北渠江流域相对于周边的成都平原、三峡地区、汉水流域等地，先秦时期考古工作略显薄弱，绝大部分工作皆为调查和小规模发掘。目前正式发掘的重要遗址主要有通江擂鼓寨遗址、宣汉罗家坝遗址、渠县城坝遗址等。目前，对罗家坝遗存尚缺乏全面系统梳理与深入的探讨，因此，对存在争议的文化内涵、时代及文化属性有必要作进一步讨论。

为进一步研究罗家坝早期遗存文化内涵，笔者把罗家坝遗址早期地层和与其有密切关系的宝墩文化（以成都平原为核心的）和龙山时代文化（以三峡地区为核心）作一个横向比较研究。

（一）罗家坝遗址早期地层文化内涵

在达州进行考古发掘收获最丰富的是宣汉罗家坝遗址，先后对其进行了四次发掘（1999 年[②]、2003 年[③]、2007 年[④]的发掘资料已公开发表，2015 年发掘简报见本书），罗家坝遗存的年代上可及新石器时代，下延至秦汉以后。

罗家坝遗址早期地层，一是以 1999 年第一次发掘 T1 的第 6～8 层和 T2 的第 9、10 层为代表，出土陶折沿罐 35 件、陶喇叭口罐 6 件、陶直口罐 4 件、陶平底器 13 件、陶凹底器 3 件、陶圈足 1 件、砺石 1 件。二是以 2003 年第二次发掘的 2003T7725 北壁，以第 9、10 层为代表，以及 2003T7329 第 4、5 层为代表。出土的陶片较多，以夹砂红褐陶、灰褐陶为主。纹饰主要有绳纹、附加堆纹、戳刺纹、斜方格纹等。器形主要有陶折沿罐、陶敞口罐等。三是以 2007 年第三次发掘的 2007T5628 北壁的第 9、10 层为代表。

三次发掘报告均详细介绍了各类器物的型式划分情况，并附有地层器物纹饰拓片及陶器器形图。此不再赘述。

罗家坝遗址早期地层出土陶器、陶片，以夹砂红陶、褐陶为主，夹砂灰陶较少。宝墩文化[⑤]各期均以泥质陶为主，同期擂鼓寨遗址[⑥]的陶器、中坝子遗址[⑦]新石器时代陶器以夹砂陶为主，哨棚嘴 1999 年度二、三期均以夹砂陶为主。在这方面，罗家坝遗址更接近擂鼓寨遗址、中坝子遗址和哨棚嘴二、三期。

从陶色看，罗家坝遗址以深浅不同的灰黑为主。擂鼓寨第 1、2 段，中坝子遗址，哨棚嘴 1999 年度二、三期均以深浅不一的红褐陶、灰陶为主，往往陶色不匀。宝墩文化中多灰黄陶和灰白陶，晚期多褐陶，从这方面看，罗家坝遗址较接近擂鼓寨遗址、中坝子遗址和哨棚嘴 1999 年二、三期。

---

① （晋）常璩撰、刘琳校注：《华阳国志校注》，成都时代出版社，2007 年，第 28 页。

② 四川省文物考古研究院、达州市文物管理所、宣汉县文物管理所：《四川宣汉罗家坝遗址 1999 年度发掘简报》，《四川文物》2009 年第 4 期。

③ 四川省文物考古研究院、达州地区文物管理所、宣汉县文物管理所：《四川宣汉罗家坝遗址 2003 年发掘简报》，《文物》2004 年第 9 期。

④ 四川省文物考古研究院、达州市文物管理所、宣汉县文物管理所：《宣汉罗家坝》，文物出版社，2015 年。

⑤ 黄昊德、赵宾福：《宝墩文化的发现及其来源考察》，《中华文化论坛》2004 年第 2 期。

⑥ 雷雨、陈德安：《巴中月亮岩和通江擂鼓寨遗址调查简报》，《四川文物》1991 年第 6 期。

⑦ 西北大学考古队：《重庆万州中坝子遗址第四次发掘简报》，《文博》2002 年第 5 期；西北大学文博学院：《重庆市万州区中坝子遗址第三次发掘简报》，《考古与文物》2002 年第 3 期。

从纹饰方面看，罗家坝遗址早期地层纹饰较发达，丰富多彩，主要包括附加堆纹、网格纹、细绳纹、戳印纹、弦纹、篮纹、太阳纹，其中以细绳纹为主。擂鼓寨第1段纹饰较发达，有纹器占一半以上，多见复合纹饰。三峡地区龙山时代遗存均比较流行纹饰，其中哨棚嘴1999年度第二期晚段有纹器占78.2%，第三期早段有纹陶器占78.9%，中坝子遗址的第二期纹饰较少，但第三期较多，第一期似乎也较多。罗家坝遗址早期地层陶器纹饰种类均见于三峡地区龙山时代文化和宝墩文化。但宝墩文化的纹饰不太发达，各期有纹陶器大致都在一半以下，第二期尤少。罗家坝遗址纹饰种类与三峡地区龙山时代文化相同。其中，A型陶罐这种陶器唇部有戳印的花边常见于三峡地区龙山时代文化第一期，戳印纹在三峡地区也非常流行。因此，在纹饰方面，罗家坝遗址早期地层更接近于擂鼓寨第1段及三峡地区龙山时代文化。

器形以平底器为主，有极少量的圈足器，主要包括陶敞口罐、陶盘口罐等，同时习惯将器物的唇部戳印或按压成花边。上述器物在三峡地区龙山时代文化中均有所见，而且多数是三峡地区的特色器物。虽然罗家坝遗址的多种器类在宝墩文化中也能见到，但在具体形制方面有一定差距。同时，宝墩文化流行的一些器形，如平沿器、瓶口器等在罗家坝遗址少见或没有。由此可见，罗家坝遗址器物组合、形制与擂鼓寨遗址、三峡地区和成都平原都有较大的相似性，但与前者两者更为接近。

从所出土的器物来看，罗家坝遗址与川北地区同时期的考古学文化较为相似，所出土的陶喇叭口罐、陶折沿罐与通江的擂鼓寨遗址和巴中月亮岩遗址①相似，且与两处遗址的陶器在陶质、陶色、纹饰、制法、器形等方面趋于一致，文化内涵基本相似，其年代亦应相似。因此，罗家坝遗址早期地层时代应为新石器时代晚期，即公元前3000年左右，相当于龙山时代。

（二）罗家坝遗址早期地层文化属性

考古学对古文化命名原则，一般以文化遗存首次发现的地点来命名，尤其是西周以前以及史前时期的文化，如仰韶文化、良渚文化、二里头文化、二里冈文化等。商周以后的情况有所不同，特别是东周以后，诸侯国的出现使得各国在小区域内呈现出文化趋同的面貌，同时，文献材料的增多，使研究者更容易找到当时所对应的国家，因此，学术界也开始用国名代替地名来命名考古学文化，如秦文化、蜀文化、楚文化、巴文化等。据此，巴文化当指巴国建立之后在其势力辐射范围内具有自身特点的一种考古学文化，这符合商周以后以国名对地方考古学文化命名的惯例。其时代上限应界定在国家制度出现的夏商时期，下限以秦统一之前的东周末年为宜。秦汉时期的巴地区文化，事实上已是中原汉文化中带有巴地域色彩的文化融合体，也不属于前述界定的巴文化范畴。

目前，学术界根据考古资料、文化遗存的特点，结合史实，又将巴文化分为早期巴文化和晚期巴文化两个阶段。也即把巴国建立之后到迁国之前的这一段时期称为早期巴文化，而迁国之后，即春秋战国时期进入四川盆地之后的阶段称为晚期巴文化，笔者认为，这种划分是十分准确的。

那么，罗家坝遗存早期地层属不属于巴文化或者早期巴文化范畴？目前，专家学者对此尚无专门论述，只是一些专家学者谈及罗家坝遗存时大都笼统称之为巴文化。笔者认为这是不科学的。因

---

① 雷雨、陈德安：《巴中月亮岩和通江擂鼓寨遗址调查简报》，《四川文物》1991年第6期。

为早期巴文化是巴文化的早期阶段，而非早于巴文化的其他文化。不能以“早期巴文化”笼统地指代与巴文化有渊源关系的早期遗存。罗家坝遗址早期地层时代为新石器时代晚期，因此，不能归于巴文化，也不能划入早期巴文化范畴。那么，罗家坝早期遗存其文化属性到底应如何界定呢？根据罗家坝遗址考古发掘资料，其早期地层遗物具有巴文化特色，川东北的达州又是巴族早期的活动地区。

因此，称之为巴地罗家坝类型文化较准确，这符合考古学文化以发现地来命名的原则。若没有十足的文献证据而靠一些记载的传说，将某些考古学文化命名为族群文化，是十分危险的，也是不科学的。

二、罗家坝遗址晚期地层文化内涵及其文化属性

（一）罗家坝遗址晚期地层文化内涵

罗家坝遗址晚期地层一是以 1999 年第一次发掘 T1 的第 3～5 层和 T2 的第 4～8 层为代表，出土东周时期的遗存主要有房屋基址 1 座、灰坑 6 座、墓葬 6 座。二是以 2003 年第二次发掘的 2003T7725 北壁以 2003 年报告中期第 5～8 层及其 32 个墓葬和 K1 为代表。

罗家坝遗址晚期地层中最重要的发现是清理出的春秋战国时期墓葬群。出土有成组的生活陶器和铜兵器。陶器以釜、鍪、罐、豆、壶为组合；兵器以柳叶形剑、巴式矛、饰虎纹戈、烟荷包形钺、虎纽錞于为主要组合；在炊器方面，都是以铜鍪和陶釜为传统的主要炊器。这些随葬品构成了晚期巴人墓葬的主要特征。

1. 陶器

墓葬出土的陶器以夹砂陶为主，泥质陶极少。夹砂陶可分为夹细砂和夹粗砂，夹细砂陶主要见于豆、平底罐、纺轮、网坠等器物。夹粗砂的陶器主要见于釜、圜底罐等器物。纹饰以绳纹为主、同时还有网格纹、弦纹等。器形主要有平底罐、圜底罐、高领罐、钵、豆、釜、釜甑、网坠、纺轮等。其组合也在发生改变，春秋晚期至战国早期墓葬主要以罗家坝遗址 M33 为代表，陶器主要为平底喇叭口罐、盘口罐、圜底釜、尖底盏、杯和钵。战国早期墓葬以 M2、M4、M58、M39 为代表，陶器基本组合发生较大变化，主要为豆、釜、圜底罐，除新出现豆和花边口圜底罐，尖底盏和圜底釜继续流行外，M33 典型的平底喇叭口罐和盘口罐在本期基本消失不见。战国中期和晚期墓葬陶器基本组合为豆、釜、圜底罐、釜甑、瓮，新出现釜甑；战国晚期陶器基本组合为豆、釜、圜底罐、瓮，新出现鼎。

战国时期，罗家坝遗址墓葬大量流行陶豆，在周边地区的云阳李家坝东周墓地[①]、万州中坝子

---

① 四川大学历史文化学院考古系、云阳县文物管理所：《云阳李家坝东周墓地发掘报告》，《重庆库区考古报告集》（1997 卷），科学出版社，2001 年，第 244～288 页。

东周墓地[①]、什邡城关战国墓地[②]、大邑五龙战国巴蜀墓葬[③]、四川新都战国木椁墓[④]等都见有陶豆出土，其中云阳李家坝战国墓地的陶豆与罗家坝遗址矮柄陶豆较为不同，其柄较高较细；大邑五龙M4：9陶豆与罗家坝墓地矮柄陶豆相似；新都战国木椁墓出土的陶豆与罗家坝墓地中矮柄陶豆接近；万州中坝子遗址东周墓葬M34随葬有大量的陶豆，其形制与罗家坝墓地大量流行的陶豆形制相近，表明罗家坝遗址与万州中坝子遗址在战国时期关系密切。

罗家坝墓地中的陶圜底罐和陶圜底釜，在峡江地区战国墓葬中非常流行，罗家坝墓地战国早期出现的陶花边口圜底罐，具有川东峡江地区商周以来陶圜底罐的典型特征。

2. 铜器

罗家坝遗址墓葬出土铜器531件，主要包括兵器、生活器具、生产工具等，器类丰富，数量众多，多呈组合形式出现，时间延续性强，形制继承关系明显。其中，铜兵器最多，其组合主要为戈、矛、剑、钺、箭镞等。数量众多的各式铜兵器的出土，反映了罗家坝遗址巴人勇猛尚武的文化传统和军事制度。与云阳李家坝东周墓地自战国早期至战国晚期流行以剑、矛、钺为兵器组合的特征相似，是巴文化青铜兵器组合的典型特征。

铜器主要包括鼎、簋、鉴、敦、盒、豆等青铜礼器。青铜生产工具主要有斤、斧、锯、凿、锥等，玉石骨器主要有磨石、骨珠、玛瑙珠等。春秋晚期至战国早期墓葬，铜器以兵器为大宗，兵器中以戈为最多，至战国晚期，铜器以矛、剑、钺为组合的兵器和削刀、刻刀、锯、凿等生活工具继续流行，铜釜甑、铜鍪和印章开始流行。至战国末期至西汉早期，铜器数量减少，组合已不完整，传统的矛、剑、钺的组合消失，仅随葬有单矛或单剑或单钺，平底器大量出现，铁器开始出现。

3. 墓葬形制与葬式

目前已发表所见资料的65座墓葬中，基本上为小型墓葬，仅1座大型墓葬M33（有专家认为是多座墓）；墓葬形制主要为长方形竖穴土坑墓；以单人墓葬为主，另有3座合葬墓；葬具以无葬具为主，6座单棺，2座船棺（M45、M46）；在58座可统计墓向的墓葬中，除M2外，其余墓葬的头向均为南向，与河流流向基本垂直。罗家坝遗址与同时期的峡江地区墓葬相比，两地均流行长方形竖穴土坑墓，云阳李家坝墓东周墓地[⑤]的墓向基本为北向，朝向河流流向，万州中坝子东周墓地[⑥]墓向以北向为主，罗家坝遗址和峡江地区的墓向可能与巴人的迁徙或河流流向有关。

在葬具方面，除无葬具者外，罗家坝遗址主要以单棺和船棺为主，无椁，这是与云阳李家坝东周墓地的较大不同之处，船棺葬主要见于巴县冬笋坝和广元昭化宝轮院，罗家坝遗址船棺葬与后者

---

① 西北大学考古队：《万州中坝子遗址第三次发掘简报》，《重庆库区考古报告集》（1999卷），科学出版社，2006年，第235～252页。

② 雷雨：《试论什邡城关墓地的分期与年代》，《四川文物》2006年第3期，第32页。

③ 四川省文管会、大邑县文化馆：《四川大邑五龙战国巴蜀墓葬》，《文物》1985年第5期，第29～40页。

④ 四川省博物馆、新都县文物管理所：《四川新都战国木椁墓》，《文物》1981年第6期，第1～15页。

⑤ 四川大学历史文化学院考古系、云阳县文物管理所：《云阳李家坝东周墓地发掘报告》，《重庆库区考古报告集》（1997卷），科学出版社，2001年，第249页。

⑥ 西北大学考古队：《万州中坝子遗址第三次发掘简报》，《重庆库区考古报告集》（1999卷），科学出版社，2006年，第244页。

基本相似，而罗家坝遗址部分船棺葬见有腰坑，这在四川和重庆地区较为少见，罗家坝墓地战国时期除M33外，均为小型墓葬，未见木椁墓，表明罗家坝的巴人在战国时期尚不存在森严的等级制度，其等级高下之分差别有限。葬式以仰身直肢葬为主，以面向上为主，有少量的侧身直肢葬和侧身屈肢葬。与战国时期峡江地区的巴人墓葬葬式基本一致。

4. 葬俗

罗家坝遗址随葬品的放置方式为陶器和铜容器一般置于墓主人脚端，身上放置有铜剑、铜戈、铜矛、铜钺和装饰品，随葬品自头至脚的摆放顺序一般为铜矛→铜戈→铜剑→铜钺→生产工具→铜礼器→铜容器和陶器，矛、戈一般放置在头部的左右两侧，剑均置于腰处，箭镞多发现于腿边或腰边或上肢处。与峡江地区战国时期的墓葬相比，罗家坝遗址墓葬随葬青铜兵器的放置方式与云阳李家坝东周墓地[①]97ⅡM23基本相似；脚端放置铜容器和陶器的方式与云阳李家坝东周墓地97ⅡM25[②]相同。在墓地环境、布局和规模等方面，两者大体相同。在葬地的选择方面二者都是面江或面河安葬，都在江边或者河边，都选择一级或二级台地边缘靠江河一侧。这说明二者居民生活均与江河关系密切。

至战国末期，巴文化特征虽有减弱但一直有所延续，如战国末期罗家坝遗址陶器中的圜底器和陶豆依旧流行，巴文化性质并未发生根本性改变。秦灭巴国后，秦对巴人采取大姓统治的方式，汉依秦制。因此，在战国末期和秦汉初年巴文化仍有所延续，至西汉中期，巴文化传统的器物基本消失无踪，至此，罗家坝遗址和城坝遗址所在的川东地区完成了汉化过程，巴文化已融入汉文化之中。

（二）罗家坝遗址晚期地层文化面貌与周边遗址的关系

对于春秋中后期及战国时期的巴人活动范围，文献记载是十分明白。目前学术界基本确认战国时期巴文化遗存，主要有以峡江地区云阳李家坝遗址为代表的云阳李家坝遗址、开县余家坝遗址、万州中坝子遗址、万州麻柳沱遗址、忠县中坝遗址、巫山双堰塘遗址、巫山跳石遗址、巫山刘家坝遗址以及涪陵小田溪的巴人墓葬和以重庆巴县冬笋坝墓地为典型代表的冬笋坝遗址。成都平原地区晚期巴蜀墓葬主要包括百花潭中学、新都马家大墓、什邡城关、大邑五龙、羊子山、郫县红光公社等，那么罗家坝遗址晚期地层所反映的文化面貌与这些遗址相比较，其关系如何呢？

1. 罗家坝遗址与成都平原蜀文化的关系

罗家坝墓地春秋晚期至战国早期的墓葬文化与成都平原关系密切，这主要体现在M33出土的生活用具和部分铜兵器上，如陶平底喇叭口罐（图一，1）与成都指挥街遗址[③]C型陶平底罐（图

---

① 四川大学历史文化学院考古系、云阳县文物管理所：《云阳李家坝东周墓地发掘报告》，《重庆库区考古报告集卷》（1997卷），科学出版社，2001年，第256页。

② 四川大学历史文化学院考古系、云阳县文物管理所：《云阳李家坝东周墓地发掘报告》，《重庆库区考古报告集》（1997卷），科学出版社，2001年，第252页。

③ 四川大学博物馆、成都市博物馆：《成都指挥街周代遗址发掘报告》，《南方民族考古》（第一辑），四川大学出版社，1987年。

一，2）相似；陶尖底盏（图一，3）与成都中医学院战国土坑墓[①]出土的陶尖底盏（图一，4）类型相似；陶尖底盒（图一，10）与成都百花潭中学十号墓[②]的奁形器（图一，11）接近；Ab型铜戈（图一，5）与新都战国木椁墓[③]Ⅰ式铜戈（图一，6）、成都无机校[④]Ⅱ式铜戈（图一，7）相似。罗家坝遗址A型Ⅱ式高领陶罐（图一，8）与大邑五龙战国墓Ⅰ式圜底陶罐（图一，9）相似。

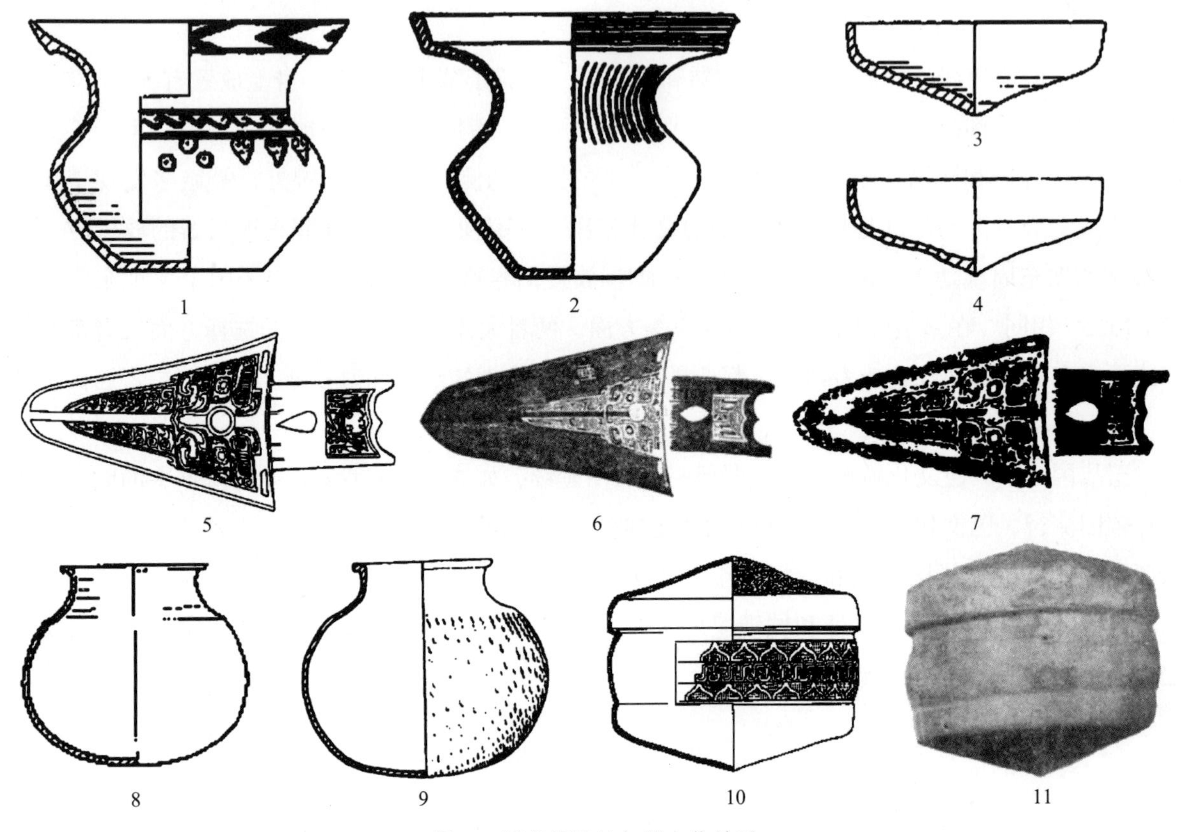

图一　罗家坝遗址与蜀文化关系

1. 罗家坝遗址陶平底喇叭口罐（M33：4） 2. 成都指挥街遗址C型陶平底罐（T2⑤：33） 3. 罗家坝遗址陶尖底盏（M33：205） 4. 成都中医学院战国土坑墓陶尖底盏（5号） 5. 罗家坝遗址Ab型铜戈（M33：158） 6. 新都战国木椁墓Ⅰ式铜戈 7. 成都无机校Ⅱ式铜戈 8. 罗家坝遗址A型Ⅱ式陶高领罐（M5：21） 9. 大邑五龙战国墓Ⅰ式陶圜底罐（M4：7） 10. 罗家坝遗址陶尖底盒（M33：203） 11. 成都百花潭中学十号墓奁形器

可见，罗家坝墓地春秋晚期至战国早期典型器物与时代较晚的战国中晚期的成都平原文化联系紧密。战国早期以后，M33常见的陶平底喇叭口罐、陶盘口罐和陶尖底盒消失不见，此时罗家坝墓地的主流为峡江地区的巴文化，如陶豆、陶花边口圜底罐、陶圜底釜和铜鍪都是峡江地区流行的典型的巴族器物，但M33的部分器物依然有所延续，如罗家坝墓地的陶尖底盏依旧流行。

在春秋晚期至战国时期的成都平原地区，蜀国的统治者为开明氏集团。有学者认为开明氏的首任蜀王荆人鳖灵实为巴人，从考古资料看其文化和楚文化不同，为巴人的可能性大[⑤]。开明氏虽为成

① 成都市博物馆考古队：《成都中医学院战国土坑墓》，《文物》1992年第1期。

② 四川省博物馆：《成都百花潭中学十号墓发掘记》，《文物》1976年第3期。

③ 四川省博物馆、新都县文物管理所：《四川新都战国木椁墓》，《文物》1981年第6期。

④ 四川省文物管理委员会：《成都战国土坑墓发掘简报》，《文物》1982年第1期。

⑤ 宋治民：《试论蜀文化和巴文化》，《考古学报》1999年第2期。

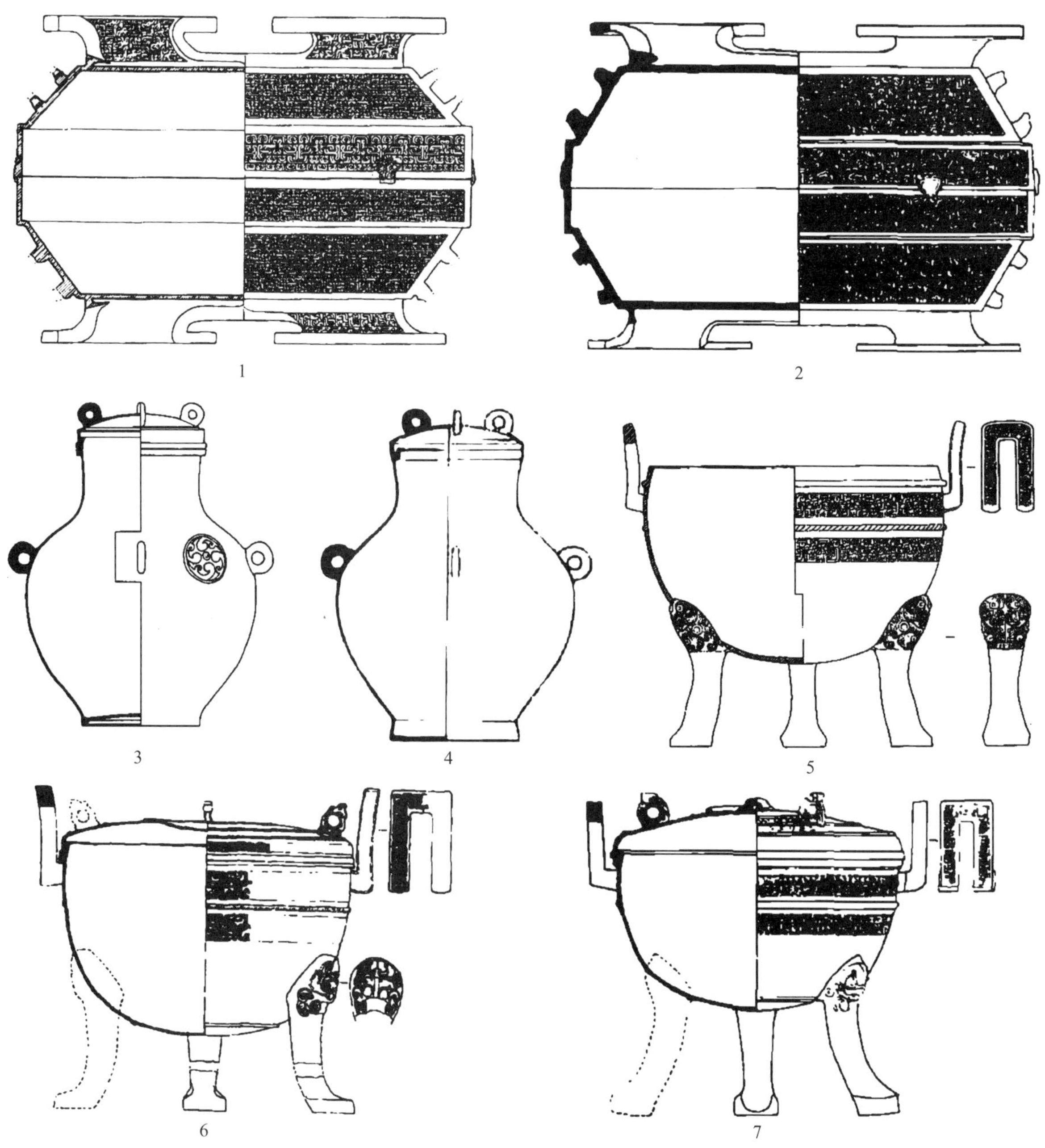

图二 罗家坝遗址与楚文化关系

1. 罗家坝遗址铜簠（M33：19） 2. 湖北麻城市李家湾春秋楚墓铜簠（M1：3） 3. 罗家坝遗址铜缶（M33：200） 4. 河南淅川徐家岭一号楚墓铜缶（M1：11） 5. 罗家坝遗址铜鼎（M33：197） 6. 湖北郧阳肖家河春秋楚墓铜鼎（XM：2） 7. 湖北麻城市李家湾春秋楚墓Ⅲ式铜鼎（M16：1）

都平原地区带去了巴文化，但开明氏统治之前的古蜀文化因素并没有消失，一些文化因素在战国时期的成都平原地区仍然延续了下来。处于川东北地区的罗家坝遗址M33出土大量成都平原地区常见的器物，并在年代上皆早于成都平原地区，这为开明氏为巴人的论断提供了有力的证据，战国时期成都平原地区的常见器物较早地出现于罗家坝遗址，也表明罗家坝遗址可能是开明氏入蜀的经略之地。

战国早期以后罗家坝墓地的器物形制发生重大变化，具有浓厚而单纯的巴文化特征。这种现象应与此时期巴蜀之间的关系有关，战国时期，巴国受楚国威胁，不断迁都，《战国策·燕策》“枳为楚得，巴自江州（今重庆）迁避垫江（今重庆合川区）”[①]，《益部耆旧传》“巴为楚所逼，迁居阆中”[②]，《华阳国志·巴志》“巴子时虽都江州，或治垫江，或治平都，后治阆中”[③]，随着巴国的统治中心从鄂西迁至重庆，再迁至川东北，处于此时巴国腹地的罗家坝墓地表现出较为突出和单纯的巴文化特征，这与巴国政治中心迁移的史实相符。

2. 罗家坝遗址与楚文化关系

在春秋晚期至战国早期，罗家坝墓地的楚文化因素主要表现在青铜礼器上，如铜簠（图二，1）与湖北麻城市李家湾春秋楚墓[④]出土的铜簠（图二，2）相似；铜缶（图二，3）与河南淅川徐家岭一号楚墓[⑤]出土的铜缶（图二,4）相似；铜鼎（图二,5）与湖北郧阳肖家河春秋楚墓[⑥]（图二,6）、湖北麻城市李家湾春秋楚墓[⑦]（图二，7）出土的铜鼎接近。

罗家坝墓地的楚文化因素主要集中在春秋晚期和战国早期的M33，并且主要表现在青铜礼器上，这种现象应与春秋时期巴国与楚国上层贵族之间的文化交融有关，据《华阳国志·巴志》：“周之仲世，虽供王职，与秦、楚、邓为比。”[⑧]巴实力较强，一度与楚国交好，曾兴师伐邓，“其后，巴师、楚师伐申，楚子惊巴师”，巴楚关系开始破裂。

春秋时期，巴国的政治中心在峡江一带，与楚关系非常密切。罗家坝墓地M33规格较高，墓主人身份被普遍认为是巴国上层贵族或王族。其所出的成套楚式青铜礼器，反映了此时巴国与楚国上层贵族之间来往密切。从楚文化因素较为单纯地表现在战国早期的青铜礼器上，并且自此以后，楚文化因素迅速衰减并消失的现象来看，罗家坝墓地应是楚文化对巴地影响的边缘地带。

战国早期以后，罗家坝墓地的楚文化因素迅速减弱，仅见有M2出土的铜敦为楚式礼器，大量具有典型巴文化特征的器物出现并流行，这与战国时期巴国的政治中心逐渐自重庆迁至川东北一带有关。战国时期罗家坝墓地处于巴国统治的腹心地带，而此时重庆地区成为巴楚交锋的前沿，故重庆地区战国墓葬具有较多的楚文化因素，如云阳李家坝战国墓地大量流行的陶盂和陶壶等，涪陵小田溪战国墓的铜编钟、铜罍等大量青铜礼器和铜壶等。至此，罗家坝墓地的楚文化因素迅速减弱，表现出浓厚而单纯的巴文化特征。

3. 罗家坝遗址与中原文化关系

罗家坝遗址战国墓葬的中原文化因素主要见于春秋晚期至战国早期的M33之中，最为典型的是M33所出的铜盖豆（图三，1），该铜盖豆的盖部铸有宴乐图、弋射图、武舞，腹部为水陆攻战

---

① 董其祥：《巴史新考》，重庆出版社，1983年。

② 董其祥：《巴史新考》，重庆出版社，1983年。

③ （晋）常璩撰、刘琳校注：《华阳国志校注》，成都时代出版社，2007年，第24页。

④ 湖北省文物考古研究所：《湖北麻城市李家湾春秋楚墓》，《考古》2000年第5期。

⑤ 河南省文物考古研究所、南阳市文物考古研究所、淅川县博物馆：《河南淅川徐家岭一号楚墓发掘简报》，《文物》2004年第3期。

⑥ 郧阳地区博物馆：《湖北郧县肖家河春秋楚墓》，《考古》1998年第4期。

⑦ 湖北省文物考古研究所：《湖北麻城市李家湾春秋楚墓》，《考古》2000年第5期。

⑧ （晋）常璩撰、刘琳校注：《华阳国志校注》，成都时代出版社，2007年，第24页。

纹和攻城纹，圈足有狩猎采桑纹（图三，2）。这种图纹组合在全国非常少见，目前仅见于故宫博物院所藏水陆攻战纹铜壶（图三，4）、河南汲县山彪镇一号墓[①]铜鉴（图三，5、6）和成都百花潭中学十号墓[②]水陆攻战纹铜壶（图三，3），上述器物的图纹与罗家坝M33铜盖豆的图纹，在结构布局和人物动作方面基本相同。

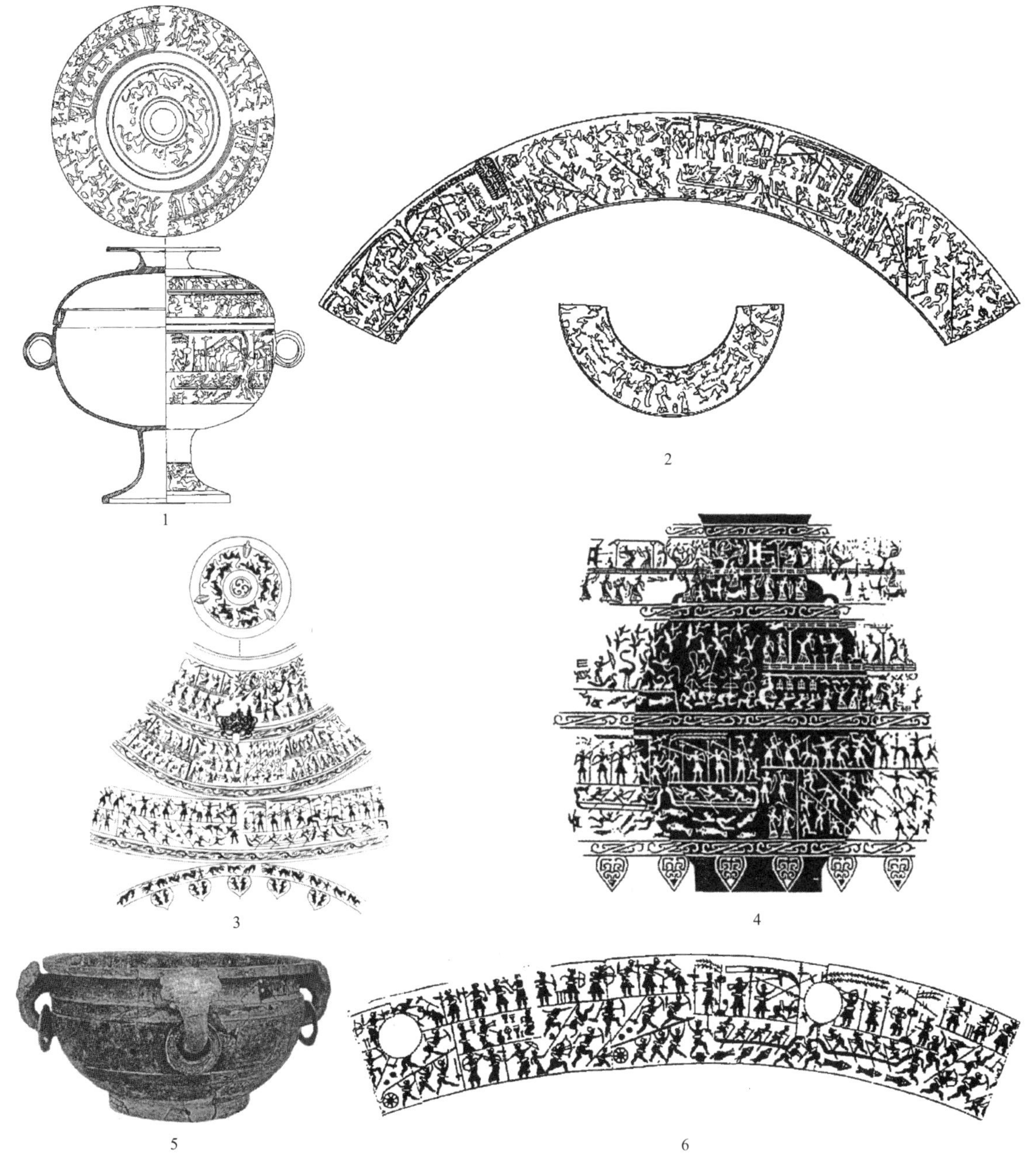

图三　水陆攻战纹

1. 罗家坝遗址M33出土的铜盖豆及盖部纹饰　2. 罗家坝遗址铜盖豆腹部的水陆攻战和攻城纹及圈足上的狩猎采桑纹　3. 成都百花潭中学十号墓铜壶水陆攻战纹　4. 故宫博物院所藏铜壶水陆攻战纹　5. 河南汲县山彪镇一号墓铜鉴　6. 河南汲县山彪镇一号墓铜鉴腹部的水陆攻战纹

① 郭宝钧：《山彪镇与琉璃阁》，科学出版社，1959年。

② 四川省博物馆：《成都百花潭中学十号墓发掘记》，《文物》1976年第3期。

从水陆攻战纹的内容而言，反映的应是两国交兵的战争场面。两国或两部族较为明显的区别体现在各自所用的旗帜上，在此以“羽旌”部和“条旌”部以区别之。罗家坝遗址墓葬所出的水陆攻战纹中，“羽旌”部基本为获胜姿态，可以看出，图纹所反映的历史事件是“羽旌”部战胜“条旌”部，而罗家坝墓地大量出现的“𝑓”符号，可能代表巴族以“羽”为旗帜。而成都百花潭中学十号墓所出的水陆攻战纹，所反映的则是“条旌”部战胜“羽旌”部，这种区别可能与巴蜀之间的战争有关。

河南汲县山彪镇一号墓铜鉴为晋国器物，墓主为晋国大夫级的人物[①]。从年代上看，成都百花潭中学十号墓年代为战国晚期，河南汲县山彪镇一号墓年代为春秋末期，罗家坝 M33 年代为春秋战国之际，最迟为战国早期，与河南汲县山彪镇一号墓年代接近。在川东北的宣汉罗家坝巴人墓地出现具有晋国特征器物，说明巴国在春秋晚期至战国早期，与中原上层贵族之间存在较为密切的文化联系。

三、关于巴文化起源

随着考古事业的发展，专家学者以考古资料为据提出了三种巴文化起源说：第一种认为巴文化起源于鄂西长江沿岸。第二种认为巴文化起源于川北嘉陵江上游地区。第三种认为巴文化起源于峡西长江沿岸。

但就目前考古学资料看，谈巴文化起源还有待进一步的考古工作。

第一种认为巴文化起于鄂西长江沿岸的根据是长阳香炉石遗址是夏末到东周时期的巴人遗址[②]，且时间在新石器时代晚期的宜都石板巷子遗址[③]，与介于“河南龙山文化”晚期和“二里头文化”之间的宜昌三斗坪白庙遗址[④]，又与香炉石遗址之间“有一定的继承发展关系”[⑤]。

实际上，上述三处遗址的文化内涵所反映的它们之间的相互关系却并非“有一定的继承发展关系”。

湖北省博物馆的杨权喜在通过对长江西陵峡及峡口以东一带所发掘的一批时间在夏代前后至商末周初的遗址资料进行研究后认为：“以三斗坪为代表的一类夏商文化遗存……它与荆楚地区的其他夏商周文化具有根本区别……（它）包含有十分浓厚的巴蜀文化因素……还保留有明显的土著文化因素……中原文化的影响。……土著与中原两种文化因素均处于次要地位。相反，巴蜀文化的陶器，不但成组出现，而且出土数量大，并有明显的变化系列，巴蜀文化显然为三斗坪类型文化的主体。三斗坪类型文化并非当地土著文化或中原文化的直接延伸，而是巴蜀文化在峡江地区的发展。”[⑥] 湖北省文物考古研究所的王劲在对西陵峡沿岸地区夏商时期的文化遗存进行研究后也认为：

---

① 陈昭容：《论山彪镇一号墓的年代及国别》，《中原文物》2008 年第 3 期。

② 湖北省清江隔河岩考古队：《湖北清江香炉石遗址的发掘》，《文物》1995 年第 9 期，第 26 页。

③ 宜都考古发掘队：《湖北宜都石板巷子新石器时代遗址》，《考古》1985 年第 11 期。

④ 宜昌地区博物馆、四川大学历史系考古专业：《湖北宜昌白庙遗址试掘简报》，《考古》1983 年第 5 期，第 419 页。

⑤ 马幸辛：《川东北考古与巴文化研究》，西南交通大学出版社，2010 年，第 18 页。

⑥ 杨权喜：《荆楚地区巴蜀文化因素的初步分析》，《三星堆与巴蜀文化》，巴蜀书社，1993 年，第 233、235 页。

"这类文化遗存，不可能是由当地早于夏商时期的石板巷子类型的文化遗存发展而来。看来其文化源头不是峡江沿岸的龙山时期文化遗存，其文化渊源似不在西陵峡区。……鄂西峡江沿岸夏商时期的文化遗存，应属川东至成都平原上的巴蜀文化范畴。"①

笔者赞同上面两位先生的看法。认为，上述鄂西峡江沿岸夏商时期文化遗存，从文化内涵及遗存存在的时间段来看，应属哨棚嘴文化第二期范畴。哨棚嘴文化第二期，实际上已经演变成了三星堆文化在三峡地区的一种地方类型，所以三星堆文化因素在这些遗址中占据了主导地位。长阳香炉石遗址出土陶器以圜底罐、釜、直领瓮、尖底杯等器物为代表，与同时期峡西长江沿岸、川东北渠江流域的遗址所出陶器一致。所以，长阳香炉石遗址文化内涵应属哨棚嘴文化范畴。以上说明，石板巷子遗址、白庙遗址之间没有直接继承关系，巴文化起源于鄂西长江沿岸说是不成立的。

第二种认为巴文化起源于川北嘉陵江上游地区的看法，其根据是该地区从20世纪80年代以来的考古调查与发掘所展示出的是"嘉陵江上游广元中子铺……绵阳边堆山……渠江流域通江擂鼓寨……等一脉相承的土著史前文化为代表"②。

在该区域所发现的遗址中，时间最早的要数广元市中子铺细石器遗址，其次是广元市张家坡新石器时代遗址。张家坡遗址因受资料局限，其文化面貌并不十分清楚。在这方面作了较多工作的中国社会科学院考古研究所王仁湘、叶茂林认为："张家坡遗存与中子铺文化遗存有些联系，但差别很大"；"中子铺的另一类遗存，即磨制石器与夹砂灰褐陶……或许可以同张家坡遗址的年代相当，不过性质似不同"；"（张家坡遗存）它是后来邓家坪和边堆山遗存的渊源之所在，则是比较清楚的，是否有直接发展关系，现在还不能确定"；"邓家坪遗存和张家坡、边堆山遗址都有一些联系"③。

由此可见，该区域内较早的各遗址文化面貌尚不十分清楚。在时间上与绵阳边堆山遗址大致相当的通江擂鼓寨遗址、宣汉罗家坝遗址的发掘，我们可以清楚地看到，上述两处遗址的文化面貌不仅与川北地区同时期的考古学文化较为相同，还与分布在三峡长江沿岸的哨棚嘴文化之间的关系十分密切，它们之间存在一种千丝万缕的联系。因此，这一时间段在该区域的考古学文化，到目前为止还未发现与中子铺、张家坡、邓家坪遗址文化内涵有直接的发展关系，它们应是三峡地区考古学文化向嘉陵江上游扩散的结果。因此，巴文化起源于川北嘉陵江上游说目前尚缺乏考古学根据。

第三种认为巴文化起源于峡西长江沿岸的说法，根据在于重庆忠县哨棚嘴文化的发现④。哨棚嘴文化从时间和空间上看，应为巴人于距今4600年左右始创的文化，所以该考古学文化的确认，给我们研究巴文化的起源及发展提供了极其重要的资料。但是，我们必须看到该文化与早于它的大溪文化和屈家岭文化之间只有地层叠压关系而无文化继承关系，说明哨棚嘴文化是一支外来文化。它是巴文化发展过程中的文化遗存，而不是巴文化的源。要说巴文化起源于峡西长江沿岸，目前同样缺乏考古学依据。

结合巴人为清江武落钟离山"廪君"后人，巴人向西迁路线，巴人后来的主要活动区域等综合

① 王劲：《鄂西峡江沿岸夏商时期文化与巴蜀文化关系》，《三星堆与巴蜀文化》，巴蜀书社，1993年，第222页。

② 马幸辛：《川东北考古与巴文化研究》，西南交通大学出版社，2010年，第18页。

③ 王仁湘、叶茂林：《四川盆地北缘新石器时代考古新收获》，《三星堆与巴蜀文化》，巴蜀书社，1993年，第261页。

④ 马幸辛：《川东北考古与巴文化研究》，西南交通大学出版社，2010年，第25页。

分析，正好说明在清江流域、乌江流域一带应有早于哨棚嘴文化的巴人早期文化遗存有待我们去发现。最初，巴子五姓均居住在洞穴中，在上述地区靠近河流的洞穴中也许会找到巴人遗留的早期遗存。如果要索廪君的根，在东南沿海、贵川等早期越人生活的地区去寻觅，也许能有所收获。

四、结　　语

罗家坝遗址文化特征主要表现如下。

（一）具有显著的土著文化特征

考古发现证明达州在自新石器时代晚期开始就有一股土著文化势力。其与重庆峡江地区的哨棚嘴文化一二期、成都平原的宝墩文化有较为密切的交流，与陕南地区的部分遗址有一定联系，但罗家坝遗址新石器时代晚期遗存具有自身特点，有着明显土著文化特征。主要表现为：以夹砂红褐陶为主，夹细砂灰褐陶和泥质黑皮陶次之，细绳纹特别发达，细绳纹和附加堆纹的组合是常见组合，器形主要以沿下饰附加堆纹的陶罐为主。其为研究嘉陵江流域早期文化，建立巴地文化的序列提供了重要的考古线索。

（二）具有显著的巴文化特征

到周代，由于鄂西巴文化对川东的强烈影响，使这里的土著文化受到了冲击。在罗家坝遗址发现的陶盉、陶鬶、陶鸟首形器把、陶尖底器、陶圜底釜形器、铜凤鸟纹图案器等先进陶器、铜器正是鄂西巴文化传入川东而又被本地土著文化广为接受的实物例证，具有显著的巴文化特征。罗家坝遗址反映出的文化与三峡老关庙、忠县哨棚嘴、巫山大昌坝遗址有着密切的联系，与西乡李家村、安康风皋、肖家坝、冉家坝、好汉坡、七里沟等遗址有着共存或继承关系，这对于研究巴文化及其发展序列具有极其重要的价值。

因此，我们不能把巴文化时间上限无限延长，罗家坝遗址史前时期文化遗存不等于巴文化，不能称之为巴文化，也不能列入早期巴文化行列。罗家坝遗址秦汉时期的文化遗存事实上已是中原汉文化中带有巴地域色彩的文化融合体，也不应归入前述界定的巴文化范畴。能真正称得上是巴文化当是罗家坝遗址晚期遗存，且罗家坝晚期遗址当属晚期巴文化。

罗家坝遗址第一次考古发掘小记

王鲁茂
（四川省文物考古研究院）

摘　要：2017年，距宣汉罗家坝遗址第一次考古发掘已十八年了，十八年来，罗家坝遗址先后经历了四次考古发掘，我们对罗家坝遗址的认识更为深入。本文主要介绍罗家坝遗址的第一次考古发掘期间的诸多事情，以期推动罗家坝遗址学术史的研究。

关键词：罗家坝遗址　考古发掘　巴文化

序

2017年，距宣汉罗家坝遗址第一次考古发掘已整整十八年了。十八年来，罗家坝遗址先后经历了四次正式的考古发掘。我们对罗家坝遗址的认识也从最早的“战国土坑墓群”逐渐深入为“巴文化中心遗址”。2015年，《宣汉罗家坝》考古发掘报告已正式出版，这本报告，凝聚了几次参加罗家坝考古发掘者共同的心血，这本考古发掘报告的出版，使我心潮澎湃，今天，我不想对罗家坝遗址作学术上的研讨，因为我们的同行和学者已经有太多的研究成果，今天更愿意把我亲历的罗家坝遗址第一次考古发掘中的几件小事记录下来，分享给大家。让我们记住那些曾经为罗家坝遗址做出过贡献的同志，特别是那些已经去世的同志。

一、缘　　起

1998年秋的一天，我刚从日本回国，正在办公室整理有关资料，时任达州地区文物管理所所长的马幸辛来到我位于四川省文物考古研究所三楼的办公室，掏出一摞照片，都是战国时期巴式青铜兵器（包括剑、戈、矛、钺等），对我说：王队长，你看你看，这么好的器物，被破坏得太严重了，如果再不进行抢救发掘就太可惜了！马幸辛进办公室后，气都没有喘匀静，对着我就说了一通。马所长比我年长两岁，我们又是二十多年老朋友了，于是我赶紧站起身来，给马所长倒了一杯茶水，说：马所，不急，喝口水，慢慢说。通过马幸辛介绍，我大体知道了如下情况，达州地区宣汉县普光镇罗家坝在1986年第二次全国文物普查过程中被发现，当时在一些老乡家中看到了他们自称是在耕种农田时挖到的青铜兵器，老乡还说，往往在下雨和涨水后，就会冲刷出一些青铜器来……由于当时的田野调查并未采集到相关陶片等，故在第二次全国文物普查表上把该地点定名为“罗家坝战国墓群”。马幸辛所长说，这个墓群的墓葬和器物都非常丰富，但每年要被中河、后河洪水冲刷，墓葬多有毁坏，如果再不进行抢救性发掘，将会造成巨大损失。我十分赞同马所长的意见，对他说：“马所，你回去把相关材料准备一下，将抢救性发掘的申请报告通过省文化厅报给国家文物局，争取列入明年发掘计划。”马所长回去后，我们按计划向国家文物局申报了罗家坝遗址的考古发掘，并于1999年获国家文物局批准，由我担任领队，对罗家坝战国墓群进行抢救性发掘（图一）。

199　年　月　日　星期

抵达普光，住乡小学招待所，条件还好。午饭后何县长、何局长等回县，马幸辛留下来。文管所所长何世和、副所长[illegible]、段龙自请留下来协助我们工作。

1999.9.16　星期四　雨

今日普光赶场，早起在小摊上吃肉饼、豆浆、油条等，然后过河去实地勘察地形。当地村民纷纷指点当年铜器出土地点，均指望我们能挖出点宝来。安排好即将发掘之地点。中午伙食等，快中午时分乘小船返回乡镇。在[illegible]校长家午饭。

下午何所长去找来县志，将有关此地沿革及相关建制情况作一初步了解。当年文物普查时张家坝为遗址，罗家坝为墓葬，实际均为东乡县治所在。拟在明天先去[illegible]坝作一探询，看情况后再去罗家坝

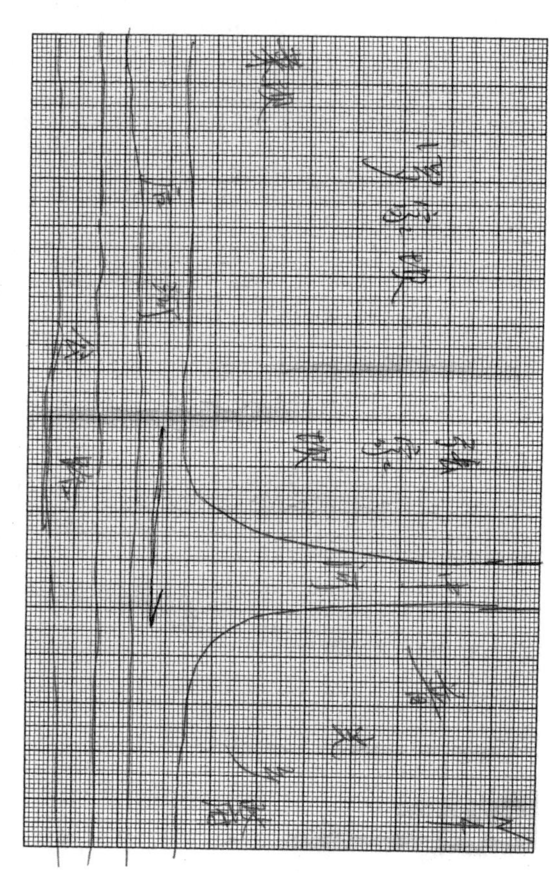

图一　1999年发掘日记

二、基本队伍

1999年9月13日，由我、何振华、李建伟三人组成的四川省文物考古研究所罗家坝遗址考古队从成都乘坐火车前往达州。何振华是西北大学历史系考古专业毕业的大学生，刚刚毕业分配到我们考古队来。陕西汉中人氏，瘦高个，脸上总是带着陕西人憨厚的笑容，话不多，做事实在。我们乘坐的火车晚上10：58从成都出发，翌日晨6点过到达州。中午，与当地同行吃饭，我问第一次一起出差的小何：“会喝酒吗？”小何淡淡地回了一句：“能喝一点。”根据我的经验，但凡在酒桌

上敢说自己能喝一点的，其酒量都是骇人听闻的，我听小何这么一说，便放心地让小何去抵挡地方同行们的轮番敬酒。由于是午饭，饭后还要赶去宣汉，饭局并没有持续太久，很快便结束了，饭后，达州地区文化局派了一辆桑塔纳送我们去宣汉，从达州到宣汉二十多千米路程，小何自上车开始就昏昏欲睡，途中突然把头伸出窗外开始呕吐，一路折腾到宣汉方才消停，我心中不忍，嘀咕道："这孩子太实诚，不能喝就吱声呀，这酒量还逞能！"从此以后，只要喝酒，我都要替小何抵挡，说他确实不能喝酒。李建伟，四川重庆人，四川美术学院毕业，在四川省博物馆搞雕塑，后来四川省博物馆与四川省文物考古研究所分家，他被分到四川省文物考古研究所。由于考古所这边没有对口的雕塑专业岗位，他便分在考古队干考古绘图的工作，实在是有点大材小用。但是李建伟从来没有表露出一点不高兴，任何工作只要交给他，都是兢兢业业地完成。我们在罗家坝遗址刚刚开始发掘的时候，绘图工作量不大，我便让建伟负责我们考古队后勤方面的工作，建伟毫无怨言，快乐地承担起了我们的所有后勤工作，租房子、找民工、办伙食等，都是些要和当地老乡打交道的琐碎小事，建伟就像有这方面天赋似的，件件事都办得妥妥帖帖的。没过多久便和罗家坝村民打成一片，当地村民一提到考古队的"伟哥"，那是无人不知，无人不晓，一个月下来，"伟哥"俨然已是罗家坝名人，那段时间，村里谁家鸡蛋多了，就会拿到考古队问"伟哥"要不要鸡蛋，谁家要是在山上打了野味，也会拿来找"伟哥"收购，这时候考古队就可以改善伙食了，可惜的是，"伟哥"因患病，于2015年去世，他是1954年出生的，刚退休一年，好日子刚刚开始，人就走了，我在写这篇小记的回忆文章时，眼前不断浮现和"伟哥"一起工作生活的日日夜夜，那情景就像昨日。如今，却阴阳两隔，不觉潸然泪下。

图二　发掘人员

第一排左起：马幸辛、陈联德、王鲁茂、向以立、何振华、李建伟
第二排左起：桂会联、向华聪、王平、唐甲修、邓本克、向世和
第三排左起：罗建红、龙志强

三、热爱文物的地方领导班子

我们当天到达宣汉县城，那时的宣汉县城是川东北一个贫困小县城，整县城没有一个像样的宾馆，我们被安排在县城最好的县政府招待所。令我吃惊的是，宣汉县政府对这次考古发掘的重视程度。当天在县政府迎接我们的有县委林书记，副县长向以立、县人大厦主席、县文化局副局长向华聪、县文物管理所副所长康丕成等，让我们一行受宠若惊。第二天一早，向以立副县长、向华聪副局长、县文物管理所向世和所长来到招待所，陪同我们吃早餐，我注意到，宣汉县向姓特多，第一天接触，从县长到所长都姓向，据说，南京军区原司令员向守志将军即是宣汉人。上午，向县长一行亲自陪同我们到普光镇，安排我们在普光小学招待所住下，伙食由学校方面负责，不用我们操心。

普光镇与罗家坝遗址隔着一条河，叫后河，宽30多米。实际上，罗家坝遗址位于中河与后河交汇的一级台地上，上面有三个坝子，分别叫张家坝、罗家坝和内坝。因为遗址的主要部分位于罗家坝，故统称罗家坝遗址。我们刚开始住在镇上，每天去工地要渡过后河，那时河上没有桥，只有一条小渡船，是平时供村民到镇上去的摆渡。每渡一人次收费0.5元，很不方便。当地村民修桥的呼声很高，因为当时村上和镇上财政状况都不是太好，所以桥一直没建起来。我们来了以后，许多村民觉得修桥有望了，把建桥的指望寄托在考古队身上。而我们觉得，鉴于罗家坝遗址的重要性，出于对遗址的保护需要，还是不要修桥的好。有些村民表示不理解，跑来与我们理论，我们就对他们说，罗家坝遗址考古发掘，如果出土了重要的文物，国家就会在这里建立遗址博物馆和遗址公园，那时候这里将和三星堆一样蜚声内外，成为著名的旅游观光景点，你们的生活就会极大地改变。这个憧憬极大地鼓舞了当地领导和群众，以至于我们在后来的考古发掘中，一直得到当地各级领导和群众的大力支持。使得我们的发掘工作非常顺利，实际上，县里领导的想法与我们的规划是十分合拍的。这也是县委、县政府以及各部门十分重视这次考古发掘的主要因素。特别令人感慨的是，罗家坝考古发掘刚开始一个星期，恰逢中秋佳节。一般来说，考古工地是没有节假日和周末休息日的，因为野外工作赶得是时间，如果遇到雨天，就搞室内整理，然而，在1999年中秋节这天，县政府由向以立副县长牵头，县委宣传部陈联德部长、县文教局邓本克局长、向华聪副局长等领导带着县电视台记者来到工地慰问我们，并且在全县宣传这次罗家坝的考古发掘，中午就在工地房边的老乡家里共进午餐，让我们考古队的同志们十分感动，在我数十年的考古生涯中，县委领导这么庞大的阵容专门到工地慰问考古队的，这还是第一次（图二）。县委、县政府领导对罗家坝遗址考古工作的重视与关心，使得我们之间的关系相处得十分密切，这种密切的同志加朋友的融洽关系，一直延续到考古发掘结束后很长一段时间，宣汉县政府还聘任我作为宣汉县政府的文化顾问，使我意识到宣汉所有的文化工作都是我分内的责任，比如，在发掘工作结束后，我在罗家坝遗址筹建工作站，编写“十二·五”保护规划和申报第五批全国重点文物保护单位等后续工作上都尽力地亲力亲为，并且积极推动相关工作的开展，总觉得当了人家顾问就得尽到自己的责任，虽然这个顾问并没有一分钱的报酬。

四、申报全国重点文物保护单位

我们于1999年9月17日开始在罗家坝遗址布方发掘，发掘伊始，我们的初衷是寻找战国土坑墓群，因此布方是2米×8米的深沟。可是一做下去就发现不对。耕土层下有20厘米左右的近现代扰层，第三层就是比较纯净的汉代文化层，再下面就进入两周文化层。虽说地层中夹着比较密集的土坑墓，但遗址的文化堆积也是十分丰富，遗址的早期地层甚至到了新石器时代，这是我们始料未及的，这是一个重大发现，在我的了解中，四川东北地区还没有新石器时代遗址发现，特别是堆积这么完整、这么丰富，而且又这么大的巴文化遗址，也是绝无仅有的。罗家坝遗址第一次发掘面积不足50平方米，在2000年申报国保单位时，部分领导和专家不同意申报，理由是发掘面积太小，不足以证明其重要性。为此，我找到了当时省文化厅主管文物的副厅长梁旭仲先生，反复强调该遗址的重要性和申报国保成功的可行性，并在情急之中说出了这样的豪言壮语：咱们省里只管申报，我向国家文物局去汇报。最终，宣汉罗家坝遗址于2001年获批成为第五批全国重点文物保护单位。这个结果令许多同行目瞪口呆。一个只发掘了不到50平方米的遗址，连省保单位都不是，直接成为国保单位，这在全国都是极为少见的。后来，据北京一位德高望重的老专家对我说，罗家坝遗址获得通过的重要原因是因为我在申报书中的一段话打动了各位专家："三峡大坝蓄水后，我国峡江地区的巴文化遗址荡然无存，而罗家坝遗址将是我国今后研究巴文化唯一的中心遗址，具有不可替代的重要性。"

罗家坝遗址被评为国保单位后，在行业内外影响很大，社会上一些不法分子也开始觊觎罗家坝遗址的出土器物，后来还发生了罗家坝遗址古墓葬被盗事件。虽说案件被破获，失窃文物也被追回，但这一事件给我们敲响了警钟，使我们对罗家坝遗址的保护更加重视。

五、马　幸　辛

在整个罗家坝遗址发掘过程中，达州地区文物管理所所长马幸辛同志一直在工地上坚持和我们一起战斗在第一线。马幸辛，回族，1950年出生，是四川老一辈的基层文物工作者，长期奔走在文物工作的第一线，在他身上，体现着一个基层文物工作者对工作的执着和热爱。在罗家坝遗址发掘期间，他身上的这种热情和干劲表现得尤为充分。我那时身体不太好，当我不在工地上的时候，工地上田野发掘等业务工作由何振华负责，其他大大小小的事物均由马所长操劳，马所长也乐在其中。在发掘工作进行期间，马所长还主持了全达州地区各县文物管理所同行轮流来工地参观学习。记得开县（今重庆市开州区）、渠县、万源县（今万源市）、大竹县和达州市文物管理所都来工地参观学习过。这一举动，充分体现了一个地区文物管理所长对全区文物干部培养的良苦用心，使我印象深刻。这里还有一件趣事，罗家坝遗址发掘时，马所长48岁，在我们发掘队伍中年龄最大，他当时已头发花白。在工地做了几个月，回到家中，夫人见面问道："你染头发了？"马所长一头雾水："没染呀！"夫人说："你咋没有白头发了呢？"马幸辛连忙拿镜子一照，果然头上没了白发，甚感奇怪，我们大家知道后亦是百思不得其解，最后大家得出结论：罗家坝的水好，有治疗白发的功效。

六、结　　语

罗家坝遗址第一次考古发掘至2017年整整十八年了，之后罗家坝遗址又经历了四次发掘，分别由我院陈祖军和陈卫东负责。我在2013年便调离了考古队，先在基建考古办公室，后来又去了西部考古探险中心，如今已退休好几年了。但是，每当想起当年在工地上一起工作的同志，特别是宣汉县文物管理所的向世和所长、康丕成副所长以及张怀江、龙志强、袁书洪等同志，日日夜夜和我们工作、生活在一起，结下了深厚的友谊，这是我人生一笔巨大的财富。

附记：谨以此文纪念已经逝世的康丕成、张怀江、李建伟同志。

仰望那片天空
——纪念川东北巴文化遗址群调查发现三十周年

马幸辛

（四川省巴文化研究会）

摘　要：2017年是川东北巴文化调查与发现三十周年，三十年来，我见证了川东北地区巴文化的调查、发掘和研究的整个过程。将这些过程书写出来，一方面期望后来的学者了解这一段历史，另一方面也希望学者更多关注川东地区的巴文化研究。

关键词：罗家坝遗址　渠县城坝遗址　川东北地区　巴文化

一

今年是川东北渠江流域以宣汉罗家坝遗址为代表的巴文化遗址群调查发现三十周年。三十年前的1987年初夏，四川东北重镇达县地区（辖今达州市、巴中市和广安市邻水县共13个县、市、区）按照全国、全省统一部署，开展了中华人民共和国历史上声势浩大的第二次全国文物普查工作，全区16400多人参加了普查文物工作，在历时近一年时间里，普查人员顶烈日，冒酷暑，跋山涉水，废寝忘食，对全区700多个乡（镇）进行了拉网式的田野调查，共调查发现文物点18615处，登记文物点13090处，拍摄照片31052张，绘制地图21065张，征集文物8730件（套），其中包括宣汉罗家坝、渠县城坝、通江擂鼓寨、巴中月亮岩、南江断渠等29处古文化遗址和采集点，四川省文化厅、四川省文物普查办公室以及专家验收组对达县地区文物普查工作给予了充分肯定，《人民日报》、《四川日报》、四川电视台等新闻媒体多次进行了宣传报道。这是川东北渠江流域巴文化考古工作具有里程碑意义的起步，巴人古老的传说开始掀开神秘的面纱。

二

达州地处四川盆地东北部，大巴山、米仓山南麓，嘉陵江一级干流渠江由东北至西南流经全境，上古属巴地，唐、虞、夏属梁州地，殷、周属雍地，夏、殷之间为蛮夷之国，所谓巴、賨、彭、濮之人。武王克殷封其宗姬于巴，归属巴国地，春秋战国亦如此。自古以来是民族杂居、迁徙频繁之地，这里原住民的主体是秦汉以后被称为賨人的蛮（板楯蛮）、夷（巴夷賨民）之人，虽然几易其属，但是如同散居于整个嘉陵江、渠江流域的众多古老的原住民一样，賨人与巴人早已结成了不可分割的血缘关系和文化渊源。賨人亦是构成巴地、巴人、巴国、巴文化的重要族群之一。1990 年 5 月，国家文物局批准对川东北达县地区通江擂鼓寨遗址考古发掘，野外发掘工作从当年 12 月 1 日开始，次年 1 月 15 日结束。发掘面积为 5 米×5 米探方 3 个加上扩方共 80 平方米，探方最深处 2.9 米，最浅处 1.4 米，三个探方文化层脉络清晰，包含物丰富，出土陶器 19813 件（片）、石器 812 件以及大量红烧土、木炭核。陶器可辨器以罐、钵、碗、盆、尊等生活器为主，石器以斧为主，并有少量石锛、凿、刮削器、球和细石器。其中磨制精细的小型石斧、双肩石斧、穿孔石刀以及夹砂和泥质平底器，富有鲜明的时代特征和浓厚的地方特色，根据 ^{14}C 测定数据结果，并经树轮校正，其绝对年代为距今 4995±159 年。与大巴山以北汉水流域李家村文化（距今 7100±1400 年），受其辐射影响有相接近的文化关系。与川北嘉陵江上游广元张家坡（距今 6000～5500 年）、邓家坪（距今 5000～4500 年）、绵阳边堆山（距今 5000～4500 年），川东北渠江流域上游巴中月亮岩（距今 4500～3800 年）、宣汉罗家坝（下层）（距今 5000～4600 年）等周边原始文化大致相当，同属山地文化类型。这是川东北地区首次开展的科学考古发掘，其考古发现为人们认识了解在这块土地上包括巴、賨在内的远古先民的生活生存情况以及探索嘉陵江、渠江流域的文明起源提供了重要的实物资料，填补了四川龙山时代文化谱系和类型上的空白。这是超越五千年历史的中华多元文化中的一支具有民族性、地域性的原生态文化，这是在洪荒年代艰苦卓绝的生存环境中萌生的物质文明，它虽然简单、粗糙、原始，且与先进文化有较大的差距，但它不再是茫然于神话和传说的包裹中悠久的文明象征，远古巴人筚路蓝缕，以启山林，斩蛇射虎，筑穴定居，繁衍生息，在巴山渠水中完成了原始渔猎阶段向农业阶段的进化。它是比巴国历史更悠久、比巴国地域更广阔的早期代表性文化之一。

三

根据史料记载和考古发掘佐证，达州是川东北嘉陵江、渠江流域巴賨活动的中心区域，具有独特的地理位置和生存环境，是探索巴文化的上选地段，但是在过去很长一段时间里，川东北考古工作是四川的薄弱地区，调查工作开展得很少，而且缺乏起关键性突破作用的发现，很难有证据来讨论巴人的“古文化、古文明、古国”。回顾成都平原的古蜀文明的发现也可以看到这样一个关键事实，正如考古学家李学勤等曾经指出的那样：和众多的科学发现、发明一样，巴蜀文化的考古研究以一系列无可否认的事实，逐步推翻了旧有的观念。中华人民共和国成立以后，四川的考古工作成果卓著，巴蜀文化的真面目渐渐显示出来。尤其近二十年来，巴蜀文化研究已成为了考古学、历史学领域热门的课题之一。其间起了关键性的突破作用的是广汉三星堆的重大发现，即在长江上游的成都平原首先发现的相当于夏商时期的“三星堆古城”，继之而来又发现了金沙遗址和一系列龙山时代的古城遗址。2004 年，考古学家林向在为拙著作序中也曾经预测：如果我们能在文献记载的川东北巴人活动区域内找到具有中心聚落性质的遗址，乃至是古城也好，大型族群墓地也好，王侯级贵族首领墓地也好，那么巴文化的探索也会有“关键性的突破”的。在此前后的 10 多年时间里，来自省内外许多文物考古专家学者应四川省及达州市相关部门邀请，曾多次亲临罗家坝发掘工地考察指导，并参加笔谈研讨，称罗家坝遗址为“20世纪末发现的面积最大的巴文化遗址”，“预示着川东北大巴山与嘉陵江之间进行规模性的考古作业以及探索巴文化有了良好的开端”。

罗家坝遗址，位于达州市宣汉县普光镇进化村，调查总面积约123万平方米，中心区面积约50万平方米，1999年、2003年、2007年、2015年进行了四次发掘，揭土面积共1300平方米，地下保存有新石器时代晚期的生活遗存和东周时期的墓地遗存。文化堆积甚厚，为2～3米。清理东周及西汉墓葬65座，灰坑70多处，柱洞120多个，出土铜、陶、玉、骨、石、铁器1300多件，其中青铜器700多件。新石器时代地层出土大量打制、磨制石器和夹砂花边罐、折沿罐、喇叭口罐、折沿深腹尊等陶器以及灰坑、柱洞等，其文化面貌除了与嘉陵江上游和渠江上游张家坡、邓家坪、鲁家坟、边堆山、擂鼓寨、月亮岩遗址有许多共同之处，受大巴山以北属于华夏文明的陕南汉水流域李家村文化辐射影响外，与峡西忠县哨棚嘴（一期）、忠县中坝（一期）、奉节老关庙下层、渝东大宁河流域及巫山刘家坝、西坝、魏家梁子等新石器时代晚期文化亦有许多共同特征，而且在年代上前者较早于后者，有待进一步开展调查工作。

罗家坝遗址最重要的发现是东周墓地遗存，墓葬分布密集，排列大致有序，有一定分区现象，竖穴土坑墓是最普遍的葬俗，还有船棺葬，有“人牲”“人殉”的现象，随葬器存在性别、身份差异，男性墓墓主多为战争牺牲者，肢体残缺。随葬的青铜器以兵器为主，多为具有巴文化面貌的青铜兵器如柳叶剑、小圆钺、弓耳矛、戈、箭镞、图形印章等，陶器组合多为圜底罐、釜、豆等。M33是一处战国早中期规格较高的侯王贵族级墓葬，出土随葬的青铜兵器礼器160多件。除了巴蜀文化因素，更多表现了楚文化、中原文化和秦文化因素。其墓葬结构、丧葬形式和随葬器物与重庆地区的云阳李家坝、开县余家坝等十分接近，有人考证与渠江流域賨人有关，可能为同一族群的巴人墓葬。

罗家坝遗址1999年被评为四川省文物考古工作十大成果之一，2001年7月被国务院公布为第五批全国重点文物保护单位，2003年入围全国十大考古发现提名，2010年纳入国家文物局与四川省人民政府共建大遗址保护成都片区协议，依据协议，将以三星堆遗址、金沙遗址为中心，同时涵盖成都平原史前遗址、罗家坝遗址等35处重要遗址。2013年纳入国家“十二五”大遗址保护专项规划，2003年8月中国考古学会、中国社会科学院考古研究所、四川省文物考古研究院在达州市宣汉召开了巴文化研讨会。

城坝遗址是川东北渠江流域又一处具有代表性的巴賨聚落遗址和墓地遗存。位于达州市渠县土溪镇城坝村及周边村社，总面积约550万平方米，中心区域面积约230万平方米。古为“賨国都”，秦置巴郡宕渠县，西汉亦如此，东汉车骑将军冯绲增修故名“车骑城”，东晋末，地为“蛮僚”所侵而廨，遂已荒废，兴废长1400多年。遗址地下保存有战国时期墓葬遗存和大量两汉、六朝时期墓葬和生活遗存。20世纪80年代文物普查中，在遗址中心区域城坝村2、5、6社先后征集出土战国青铜器70多件，包括青铜兵器剑、矛、钺、戈、箭镞，乐器甬钟、錞于、钲以及生活器，皆与战争有关，乐器甬钟、錞于、钲，亦是列兵布阵、王者指挥战争的权力象征，常见于战国晚期侯王贵族首领的巴人墓葬，应是一处体现了墓主重要身份地位，具有浓厚巴文化风格，又兼及蜀、秦、楚文化特点的战国晚期巴人墓地遗存。城坝遗址经过1992年、2005年、2014年、2016年四次发掘和勘探调查，揭露面积 1775 平方米，勘探面积 50 万平方米，清理西汉竖穴土坑墓 28 座和大量两汉、六朝时期的残墓，出土铜、铁、漆（漆木）、铁器数百件和陶器数万件（片），调查发现数百米的汉代夯土城墙和两汉、六朝的墓葬、水井、房屋遗址、窑址、灰坑等大量遗存。考古发现也印证了史料记载，公元前 316 年秦灭巴，置巴郡宕渠县，采取放巴王归巴地，充当“蛮夷君长”统帅各部族的政策，使得川东巴文化在中原文化的渗透下得以延续，西汉初期在某些方面仍然保留着巴文化面貌，甚至在西汉中期以后，汉文化面貌已经确立的大背景下，仍然表现了巴、楚、秦、蜀的多元文化特点，有的则在吸收外来文化基础上而形成了具有鲜明特色的文化面貌。大量出土的陶釜、釜甑等表现了巴文化的传统元素，陶钵、壶、仓以及各种陶俑、几何纹画像砖等表现了浓厚的地方特色，有别于中原的丧葬习俗。考古资料证实，在重庆地区原巴国地域这一时期的墓地遗存与城坝遗址亦有许多共同之处，由此说明，在汉文化的大背景下，巴文化的汉化还有一个过程，城坝遗址作为物质文化载体，具有长期重要的考古研究价值。

城坝遗址 1991 年 5 月被四川省人民政府公布为第三批省级文物保护单位。2006 年 5 月被国务院公布为第六批全国重点文物保护单位。2016 年 11 月被国家文物局列入“十三五”期间重要大遗址保护名单。

30 年的田野调查，30 年的考古收获，30 年的探索研究，一代文物考古工作者亲历其间，默默奉献。为川东北渠江流域巴文化的考古发掘保护利用做了大量扎实的基础性工作。但是考古和探索永远没有止境，作为文物考古工作者，唯有爱岗敬业，埋头苦干，勤奋学习，一定能取得新的发现和突破。

罗家坝墓地出土铜器的量化分析

郑万泉　陈卫东

（四川省文物考古研究院）

摘　要：罗家坝遗址是目前川东北地区发现的保存最好、序列最完整的东周巴文化遗存。1999～2007年，四川省文物考古研究院等单位在此地共清理春秋战国至西汉中期墓葬65座，墓葬出土铜器数量较多，个别墓葬规格较高。本文试图对墓葬出土的铜器进行量化分析，通过对各类铜器的类型值和不同墓葬值进行对比研究，进一步探讨该墓地的层级结构。

关键词：罗家坝　巴文化　铜器　墓葬　量化分析

宣汉罗家坝遗址位于四川省达州市宣汉县普光镇进化村罗家坝，地处渠江二级支流后河左岸的一级阶地上，遗址面积约123万平方米，是一处涵盖新石器时代、东周时期、汉代遗存的重要遗址，尤其是其东周时期墓葬属于川东地区的巴文化遗存。1999～2007年，四川省文物考古研究院与达州市文物管理所、宣汉县文物管理所等单位对其进行了的三次考古发掘，共清理墓葬65座，多数墓葬均有随葬品，数量从1至200余件不等。其中，有49座墓葬出土铜器，出土器物可分为礼器、生活工具、生产工具、兵器、服饰杂器5大类，共有46种器类500余件①，墓葬排列有序，保存较好，是研究东周时期巴文化埋葬制度、文化特征等问题的重要材料。本文尝试对罗家坝墓地出土铜器进行初步分析，论述以下问题：①铜器的类别与价值；②墓葬的等级与变化。

一、研究方法及墓地概况

目前的研究已普遍证明，墓葬所花费的劳力和随葬品的质与量直接反映了墓主的身份等级，反映了其与一般生产者、奢侈品生产者之间的分化，对墓葬内的随葬品进行量化分析，对衡量墓葬等级和社会复杂化具有现实意义。

关于墓葬材料的量化分析方法，秦岭对丹麦学者Jorgensen和哈佛大学傅罗文的方法进行了介绍②，随后彭鹏又针对傅罗文的方法进行了思考与补充，提出利用墓葬消费偏好的不同，对器物的类

① 四川省文物考古研究院、达州市文物管理所、宣汉县文物管理所：《宣汉罗家坝》，文物出版社，2015年。

② 秦岭：《类型价值（TYPE VALUE）与墓葬价值（GRAVE VALUE）——介绍墓葬研究中的一种量化方法》，《华夏考古》2007年第3期，第133～137页。

型值进行修正[①]。由于以上两位学者已将类型值与墓葬值的概念和理论基础进行了详细的介绍，本文不再赘述，在此基础上，我们利用罗家坝遗址的墓葬材料进行量化分析，具体方法如下。

我们先将墓葬内的随葬品按照不同器类分别计算各自在墓葬中出现的频次，在此前提下，同一墓中出土 1 件或 4 件的差别暂时忽略不计，计算的仅仅是墓的数量，如果这种器类出现的频次越低，那它的值就越高。比如 49 座墓葬中有 19 座墓出土铜鍪，即铜鍪的类型值就是 49÷19=2.58，用公式表示即为：类型值 = 墓葬总数 / 类型频数。由于高值的器类只见于大墓，而不见于小墓，因此这样的统计结果可以被视为是有意义的，即类型值的高低很可能与社会地位的高低相关联，而一座墓葬的值则是类型值的总和，即：墓葬值=Sum（类型值）。在计算墓葬值的时候，如果一个器类在一个墓中出现了几件，则要包括每一件的类型值。同理，一个高值的墓葬反映了墓主拥有一个高的社会或财富地位，可以用每个墓的墓葬值来衡量相对的财富与等级，继而讨论一片墓地、一个时期或一种文化的社会分化模式。

罗家坝墓葬多南北向，部分稍偏西南，多正南北向，头端均朝河流，南向；多为狭长形竖穴土坑墓，少数使用木棺，个别为船棺，均不见二层台；有殉人现象。在这类形制较为单一、结构简单的墓地研究中，随葬品种类与数量的多寡在分析墓葬等级的诸因素中所占的比例就更大。同时，相较于陶器而言，铜器在生产成本、工艺技术等方面更能代表社会价值的高低。在出土的铜器中，由于服饰器及杂器类数量少、种类多，仅有 65 件却可分为 13 个类别，不具备量化分析所要求的典型性标准，因此，我们仅选取礼器、生活用具、生产工具、兵器这四类铜器进行分析，而这些器类在川渝地区巴蜀文化墓葬中也较为常见，具备比对意义。

由于我们的研究是以墓葬出土青铜器为基础来探讨墓葬的等级差别，其核心是随葬品与墓葬等级的关系，而罗家坝墓地中的 M33 无论是在墓葬的规模方面，还是在随葬品的种类与数量方面，该墓都远超其他墓葬，因此我们可以将该墓作为参照对各墓进行分析。最终以各墓内随葬品的频数（即不同随葬品在墓葬中的分布情况）作为分类的标准，重点对中小型墓葬的随葬品差异化进行分析探讨，以便探寻随葬品的使用规律。

我们以《宣汉罗家坝》正文内墓葬分述部分的描述为依据，将全部器类统计在内，出土铜器总数为 538 件。罗家坝墓地共有 49 座墓葬出土铜器，其中 M61 有三座木棺、M65 有两座木棺，器物均放置在棺内，本文将以上两墓中的各个木棺作为单独个体进行统计，而合葬墓中如只有一组随葬品的墓葬也仅作为一个单位进行统计（如 M33），同时将仅随葬杂器的墓葬（如 M10、M12、M65 二号棺）排除。因此，本文中所涉及的墓葬数量为 47 座，而器类分析所涉及的统计个体总数为 49。

二、器类分析

在进行分析之前，我们首先要对各类器物的性质进行初步判断，由于每一种器类的价值和地位

① 彭鹏：《墓葬等级分析中一种量化方法的思考——以大甸子墓地为例》，《边疆考古研究》（第 10 辑），科学出版社，2011 年，第 54～27 页。

由在墓中出现的频次决定，只与大墓关联的器类，比起其他同时出现在大墓和小墓内的器类而言，要显示一个较高的社会价值，越少墓中拥有的器类，它的价值越高。例如，礼器仅在M33和M2中出现，且数量较少，装饰精美，不仅体现着较高的社会价值，同时也反映了墓主人身份地位的特殊性。鉴于此，我们依据各类器物的频数将它们分为三类，并逐一进行分析。

（一）甲　类

该类器物是指仅出现在个别墓葬中的器类，有铜鼎、铜壶、铜敦、铜缶、铜簠、铜甗、铜罍、铜豆、铜鉴、铜器座、铜匜、铜尖底盒、铜勺、铜匕、铜长条形饰、铜双剑、铜镦、铜刀共18类。该类器物量少而质精，仅有45件，占出土铜器总数的8.4%，它们制作精美，在多数器物上均有繁杂纹饰，且仅在个别墓葬中出现，而不见于其他大多数墓葬，该类器物应该体现着身份与地位的差异，非高级墓葬不能使用。

在这些器物中，铜鼎、铜壶、铜敦、铜缶、铜簠、铜甗、铜罍、铜豆、铜鉴属于礼器，尽管东周时期巴蜀地区以青铜礼器来体现身份地位高低的礼乐制度尚不完善，等级划分也无明显的规律可循，但整体上仍然能够看出具备身份等级越高，使用青铜礼器的数量就相对越多的现象[①]。在罗家坝墓地出土的铜礼器中除M2内出土1件壶、1件敦外，其余均出自M33。

在这批青铜礼器中，铜鼎的子口、口下凸棱、附耳、高蹄状足外撇、以绳索纹上下分割纹饰带的特点；铜敦器身近圆形、兽形足纽的特点；铜簠的竖环耳、蹼形足及器身密饰蟠虺纹的特点为楚式风格；铜壶与铜豆器身装饰图像纹的特点为中原风格等，这些都表明该批铜礼器很可能由外地传入，而非本地生产。

在生活用品中的铜尖底盒、铜匕、铜长条形饰上都装饰有精美纹饰，尤其是铜匕上的兽面纹柄、勾连云纹身，铜长条形饰件上的“S”纹、心纹、回形纹等在巴蜀地区东周墓葬中较为少见。青铜兵器中的铜双剑也仅在峨眉符溪和成都罗家碾[②]、雅安芦山[③]等地有所出土，其形制与罗家坝的虎纹剑鞘、蝉纹剑身接近；镦应为铜矛的附件，仅在个别武器上才有使用。

（二）乙　类

该类器物是指出现在多个墓葬中，除个别墓葬出土多件外，其余各墓均出土1件的器类，有铜鍪、铜釜、铜盆、铜釜甑、铜刻刀、铜锯、铜锥共7类（表一）。该类器物共有80件，占出土铜器总数的14.9%，共在28座墓葬出土，占比57.14%。从器物类别上看，该类器物主要属于日常生活用品中的容器和工具，单墓单类器物多仅随葬1件，但是该类器物分布广泛，尽管一半以上的墓内都出土有该类器物，但是在M33及其他出土较多随葬品的墓葬中却并未大量使用，这表明这类器物不像第一类器物能够代表墓主人的身份等级，而仅仅是作为日常性生活器具随葬。因此，将该类器物的类型值按照整体计算为49÷28=1.75。

---

① 袁艳玲：《东周时期巴蜀青铜器使用礼制研究》，《江汉考古》2013年第3期，第105～112页。

② 童恩正：《我国西南地区青铜的研究》，《考古学报》1977年第2期，第35～55页。

③ 钟坚：《芦山出土青铜鞘短剑》，《四川文物》1990年第1期，第80页。

表一　罗家坝遗址出土乙、丙类铜器、墓葬值一览表

墓号	器类	乙类器物						丙类器物								随葬乙、丙类铜器数量	墓葬值（仅耦合乙、丙类铜器）	墓葬级别	墓葬期别（以报告分期为准）
		錾	釜	盆	釜甑	刻刀	锯	锥	削刀	凿	斤	戈	剑	矛	斧钺	镞			
	类型值	2.58	4.9	8.17	6.125	4.45	6.125	12.25	1.96	6.125	4.9	6.125	1.96	1.88	1.4	2.45			
M1													1		3	4	9.23	四	三
M2					1			1	2		1	2	2	1	6	15	48.565	二	二
M3								1				1		1		3	5.32	四	三
M4	1															1	2.58	四	二
M5	1				1	1			1	1		1	1	2	6	15	45.52	二	三
M6								1				1				2	3.92	四	三
M8													1			1	1.88	四	三
M13	1							2				1		1	3	8	17.21	三	三
M16								1								1	1.96	四	五
M17	1											1				2	4.54	四	五
M18														1		1	1.4	四	
M20	1												1			2	4.46	四	三
M21															2	2	4.9	四	五
M23								1						1		2	3.36	四	四
M24				1										1		2	7.525	四	四
M25	1			1								1	1	1	5	10	26.195	三	四
M26														1		1	1.4	四	
M28		1	1	1								2	1		5	11	37.245	三	三
M30	1												1	1		3	5.86	四	四

续表

墓号	乙类器物							丙类器物								随葬乙、丙类铜器数量	墓葬值（仅耦合乙、丙类铜器）	墓葬级别	墓葬期别（以报告分期为准）
器类	鍪	釜	盆	釜甑	刻刀	锯	锥	削刀	凿	斤	戈	剑	矛	斧钺	镞				
类型值	2.58	4.9	8.17	6.125	4.45	6.125	12.25	1.96	6.125	4.9	6.125	1.96	1.88	1.4	2.45				
M31	1			1		1		1	1	1	1	1	2	1	9	20	63.11	二	四
M32	1												1		2	4	9.36	四	六
M33	1	1			4	4	7	4	16	4	24	5	8	4	2	84	443.31	一	一
M34												1				1	1.96	四	三
M35								1						1		2	3.36	四	三
M36								3						1		4	7.28	四	
M37								1						1		2	3.36	四	三
M38					1			1				1	1	1	7	12	28.8	三	三
M40					1	1		1				1	1	2	5	12	31.425	三	三
M41					1							1	1	1	6	10	24.39	三	三
M42								1						1		2	3.36	四	三
M44		1	1	1	1	1		1	2	1	1	3	2	4	19	38	114.835	二	三
M45								2						1		3	5.32	四	三
M46	1		1		1	1	1	1		1	1	3	4	3	14	32	98.46	二	三
M48								2					1	1		4	7.2	四	五
M50	2	2		1		1		1		1		1	2	3		14	43.99	二	四
M51												1		1	4	6	13.16	三	四
M53			1	1				1						1		4	17.655	三	四
M54					1					1	1	1	1	1		6	20.716	三	三

续表

墓号	器类	乙类器物							丙类器物								随葬乙、丙类铜器数量	墓葬值（仅耦合乙、丙类铜器）	墓葬级别	墓葬期别（以报告分期为准）
		鏊	釜	盆	釜甑	刻刀	锯	锥	削刀	凿	斤	戈	剑	矛	斧钺	镞				
	类型值	2.58	4.9	8.17	6.125	4.45	6.125	12.25	1.96	6.125	4.9	6.125	1.96	1.88	1.4	2.45				
M55													1		1	3	5	10.71	三	三
M56		1	1						1					1			4	11.32	三	四
M57		1	1					1	2					1	1		7	26.93	三	四
M58			1											1			2	6.78	四	二
M61-1		1	1	1			1	1		1		2	1	1	2	2	14	63.94	二	三
M61-2		1							1					1	1		4	7.82	四	三
M61-3															2		2	2.8	四	三
M62												1	1	1	1	1	5	13.815	三	四
M63		1	1						1		1		2				6	18.26	三	四
M64		1	1	1	1	1				1	1		1	1	3	11	23	72.24	二	三
M65-1		1				1			1	1	2		1		2		9	29.675	三	四
总计		20	11	6	8	14	11	10	34	25	14	32	36	40	52	115	428			

从表一中可知，乙类器物群中除在M33和M50中单类器物有多件出土外，其余各墓中各类器物仅出土1件。从其组合方式上来看，仅使用炊器类的墓葬有14座，仅使用工具类的墓葬有5座，使用炊器和工具的墓葬有10座，在出土2件以上器物的墓葬中，以铜鍪、铜釜组合最为常见，其次为铜鍪、铜刻刀，铜鍪、铜釜甑；从器类上看，铜鍪和铜刻刀是作为该类器物群中最为常见的器形，仅有4座墓中未出现这两类器物，且仅出土1件器物的墓葬中也均为这两类器物之一；从单座墓葬出土该类器物的数量上来看，仅出土1件的有12座，出土2件的有9座，出土3件、4件、5件及5件以上的各有2座。

（三）丙　类

该类器物是指出现在多个墓葬中，各墓中出土数量差别明显的器类，有铜削刀、铜凿、铜斤、铜戈、铜剑、铜矛、铜斧钺、铜镞共8类。该类器物共有348件，占出土铜器总数的64.7%，共在46座墓葬中出现（表一）。该类器物是罗家坝墓地中使用最为广泛、最具典型性的器物群，同时各类器物在墓葬中使用的数量也不同，层级差别显著，这也反映了这类器物在日常生活中所体现的不同社会价值。

我们将各类器物按照单座墓葬中出土的数量进行分组后（表二），发现丙类器物中除铜镞的级别较多外，其余各类器物的级别差均为3或4个等级，我们再以各类器物在墓葬中出土数量的平均值为基点进行切割，统计切割线上下墓葬数量与器物数量的相对比例，以铜削刀为例，在25座墓葬中铜削刀共出土了34件，其平均值为1.36，即每座墓的平均数量为1.36件，我们以此为切割线，可以发现低于1.36件的墓葬共有19座，共拥有了19件削刀，而高于1.36件的墓葬共有6座，共拥有了15件削刀，也就是说，分割线以上的6座墓葬占出土削刀全部墓葬数的24%，却拥有了全部削刀中的44.1%。根据统计数据（表三），我们按照这种标准将该类器物群分为以下三组。

表二　丙类器物分布情况表

<table>
<tr><th rowspan="2">器类</th><th rowspan="2">墓葬数量</th><th rowspan="2">类型值</th><th rowspan="2">数量</th><th colspan="2">层级分布</th><th rowspan="2">平均值</th></tr>
<tr><th>单墓出土器物数量</th><th>墓葬数量</th></tr>
<tr><td rowspan="4">铜削刀</td><td rowspan="4">25</td><td rowspan="4">1.96</td><td rowspan="4">34</td><td>1</td><td>19</td><td rowspan="4">1.36</td></tr>
<tr><td>2</td><td>4</td></tr>
<tr><td>3</td><td>1</td></tr>
<tr><td>4</td><td>1</td></tr>
<tr><td rowspan="3">铜凿</td><td rowspan="3">8</td><td rowspan="3">6.125</td><td rowspan="3">25</td><td>1</td><td>5</td><td rowspan="3">3.125</td></tr>
<tr><td>2</td><td>2</td></tr>
<tr><td>16</td><td>1</td></tr>
<tr><td rowspan="3">铜斤</td><td rowspan="3">10</td><td rowspan="3">4.9</td><td rowspan="3">14</td><td>1</td><td>8</td><td rowspan="3">1.4</td></tr>
<tr><td>2</td><td>1</td></tr>
<tr><td>4</td><td>1</td></tr>
<tr><td rowspan="3">铜戈</td><td rowspan="3">8</td><td rowspan="3">6.125</td><td rowspan="3">32</td><td>1</td><td>6</td><td rowspan="3">4</td></tr>
<tr><td>2</td><td>1</td></tr>
<tr><td>24</td><td>1</td></tr>
</table>

续表

器类	墓葬数量	类型值	数量	层级分布		平均值
				单墓出土器物数量	墓葬数量	
铜剑	25	1.96	36	1	19	1.44
				2	3	
				3	2	
				5	1	
铜矛	26	1.88	40	1	20	1.54
				2	4	
				4	1	
				8	1	
铜斧钺	35	1.4	52	1	26	1.49
				2	4	
				3	3	
				4	2	
铜镞	20	2.45	115	1～3	8	5.75
				4～5	12	
				6～19	8	

表三　丙类器物分割线以上墓葬出土器物占比表

	铜镞	铜斧钺	铜矛	铜削刀	铜剑	铜斤	铜戈	铜凿
墓葬数占比 /%	40	25.7	23.1	24	24	20	12.5	12.5
器物数占比 /%	67.8	48.1	50	44.1	47.2	42.9	75	64

A 组为铜戈、铜凿，在平均值以上的墓葬占总数的 1/8，却拥有了全部器物中的 2/3 左右。该组器物的层级较为特殊，单座墓葬中出土数量遥遥领先其他各墓，如仅 M33 中就出土了 16 件铜凿和 24 件铜戈。

B 组为铜斧钺、铜矛、铜剑、铜斤、铜削刀，在平均值以上的墓葬占总数的 1/5～1/4，拥有了全部器物中的近 1/2。

C 组为铜镞，在平均值以上的墓葬约占总数的 1/5，拥有了全部器物中的 2/3 左右。

通过对各类器物数量的统计分析，我们基本可以看到不同器物群在埋葬体系中的不同价值地位，如甲类器物群仅仅使用在高级别的墓葬中，作为奢侈品使用。乙类器物群主要为生活用具和个别生产工具，绝大多数墓葬中单类器物仅出土 1 件，表明该类器物不能代表财富的差别和级别的高低，可能也仅作为一般的随葬品使用，多为生活实用器具。丙类器物群由于数量多，不同的数量级别明显，能够较好地体现出墓葬等级和财富多寡的差异性，综合器物类型值和平均值的分组后，大体可以将其社会价值由高到低依次划分为铜戈、铜凿组；铜斧钺、铜矛、铜剑、铜斤、铜削刀组；铜镞组。前两组都是由兵器和生产工具组合而成，这也是了罗家坝墓地埋葬习俗的特点之一。

三、墓 葬 分 析

通过对各个器类的分析，我们发现只有丙类器物群具备讨论墓葬等级的差异化特征，同时由于器物群中包括了巴蜀墓葬中最为常见的兵器类和工具类器物，且在罗家坝墓地中涉及了94%的墓葬。因此，我们以该类器物的类型值为统计标准，同时耦合乙类器物的类型值，以各墓的墓葬值作为探讨墓葬等级的标准，将墓地的47座墓葬分为四个等级[①]。

第一级：墓葬值在300以上，远远超越其他墓葬，仅有M33一座。该墓平面略呈不规则"曲尺形"，坑口南北残长593～662、东西宽320～460、深100厘米，墓内发现3具人骨架，均为仰身直肢葬，共出土随葬品203件，包括陶器33件，铜器131件，石器2件，野猪牙8件，珠29件。该墓出土的铜器种类囊括了甲、乙、丙三类，其数量占据该墓地总数的38.23%，在这些器物中不仅有大量巴蜀文化因素的器物（如兵器、生产工具、生活用具），还有大量的楚式礼器（如铜鼎、铜敦、铜缶、铜簠、铜甗、铜罍），从其墓葬规模和随葬品来看，该墓很可能属于王侯一类的上层统治人物墓葬。

第二级：墓葬值为40～299，有M2、M5、M31、M44、M46、M50、M61-1、M64共8座。这一等级的墓葬出土的铜器总数在15件以上，有少量甲类铜器，除M2仅出土1件乙类铜器外，其余各墓出土的乙类铜器数量均为3～6件，丙类铜器数量较多，均在8件以上，

第三级：墓葬值在10～39，有M5、M13、M25、M28、M38、M40、M41、M50、M51、M53、M54、M55、M57、M62、M63、M65共16座。这一等级的墓葬出土铜器总数在4～12件，不见甲类铜器，乙类铜器各墓均在3件以下，丙类铜器稍多，多在2～11件，多数墓葬的丙类铜器仅包括B、C两组，仅有3座墓葬出土有A组铜器且各墓仅有1件。

第四级：墓葬值在10以下，有M1、M3、M4、M6、M8、M16、M17、M18、M20、M21、M23、M24、M26、M30、M32、M34、M35、M36、M37、M42、M45、M48、M53、M56、M58、

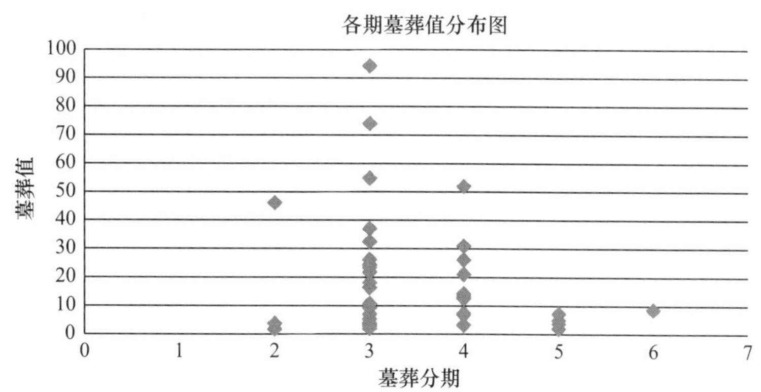

图一 罗家坝墓地二至六期墓葬的墓葬值分布散点图[②]

① 由于M61为三棺合墓葬，在统计墓葬值时将3个个体的墓葬值相加后作为该墓葬值，所以墓葬总数要比个体总数少两个，为47座墓葬。

② 由于第一期仅有M33一座，且墓葬高达308.42，为使图表更能清楚反映其他等级情况，未将其在该图表内显示。

M61-2、M61-3 共 27 座。这一等级的墓葬出土铜器总数均在 4 件以下，大部分墓葬仅有丙类铜器出土，仅有 9 座墓葬出土有乙类铜器，且数量均在 1 件，丙类铜器的数量均在 3 件以下。在丙类铜器中，仅有 3 座墓葬出土有 C 组的铜剑，其余均只出土 B 组铜器。

依据罗家坝墓地出土陶器器形变化和组合之间的关系，以及各墓间的打破关系，可将其分为六期，第一期为春秋晚期至战国早期；第二期为战国早期；第三期为战国中期；第四期为战国晚期；第五期为战国末期至西汉早期；第六期为西汉中期。

从表一和图一可以看出，第一、二期墓葬数量较少，且等级差别较大，如第一期有第一等级的 1 座墓葬（M33）；第二期有第二、四等级的 3 座墓葬（M2、M4、M58）；第三期墓葬数量最多，等级分布较为均衡，呈现出“金字塔”状的分布特点，第二、三、四等级的墓葬数量分别为 5、7、12 座；第四期墓葬数量略少于前期，虽然第二等级墓葬数量少于前期，但第三等级墓葬的比例却高于前期，达到 7 座，而第二等级墓数量仅有 2 座（M31、M50），第四等级墓数量仅有 3 座（M23、M24、M30），但第三等级墓葬的数量却有 8 座，其比例远高于前期；第五、六期墓葬数量急剧缩小，同时也仅具有第四等级的墓葬。

巴文化起源于商周时期的鄂西峡江地区，西周至春秋时期，巴楚交流十分密切，时敌时友。《左传・桓公九年》“巴子使韩服告于楚，请与邓为好”[①]；《左传・庄公十八年》：“及（楚）文王即位，与巴人伐申。而惊其师，巴人叛楚而伐那处，取之，遂门于楚。阎敖游涌而逸，楚子杀之。其族为乱。冬，巴人因之以伐楚”[②]；《左传・文公十六年》“秦人、巴人从楚师，群蛮从楚子盟，遂灭庸”[③]；《左传・哀公十八年》：“巴人伐楚，围鄾”[④]。在楚的压力和打击下，巴人可能被迫沿着大巴山向川陕边界以南扩散，并在春秋晚期至战国早期逐渐发展到今天的川东、渝东地区，在长江沿线重新建立起政治组织。罗家坝遗址 M33 的年代约在春秋晚期至战国早期，其文化因素较为复杂，除大量的巴蜀文化的因素外（如兵器、生产工具、生活用具），还有大量的楚式礼器（如鼎、敦、缶、簠、甗、罍），这是巴人受楚压迫打击而向川东、渝东地区迁徙的一个最好证明。而罗家坝巴人族群很可能是一支因巴楚战争的失败而迁徙至此的军事团体，因首领去世而在此繁衍生息，这也是罗家坝墓地战国早期墓葬数量少的原因。

到了战国中晚期，罗家坝墓地规模开始扩大，虽然第一等级的王侯级别的墓葬已经不见，但其他等级的墓葬数量显著增加，第二、三、四诸等级墓葬数量级差合理，在战国中期时达到了最高峰，随后墓地的规模开始缩小，在战国晚期时，第二、四等级墓葬数量的比例大幅缩小，第三等级墓葬数量的比例有所增加，而第三、四等级墓葬值向中间靠拢的现象表明其社会财富差距减小，虽然此时该群体规模变小，但团体凝聚力增强。

战国末期以后，墓地规模急剧缩小，这可能与秦灭巴后，在巴人治巴的政策下，随着区域政治中心的转移，罗家坝墓地逐渐走向消亡。

---

① 杨伯峻：《春秋左传注》，中华书局，1981 年，第 124 页。

② 杨伯峻：《春秋左传注》，中华书局，1981 年，第 209 页。

③ 杨伯峻：《春秋左传注》，中华书局，1981 年，第 619 页。

④ 杨伯峻：《春秋左传注》，中华书局，1981 年，第 1713 页。

四、结　语

賨人，又称板楯蛮，秦汉时专以射虎为事，世号白虎复夷，位列巴国八蛮之二。秦灭巴后，賨人仍然活跃在历史舞台上，秦昭襄王时朐忍（云阳）夷人射虎得以与秦盟约相保、西汉高祖时阆中范目募发賨民助汉定秦、东汉桓帝时车骑将军冯绲帅板楯南征等诸多事件均与賨人有关。《华阳国志》载“汉高帝灭秦……阆中有渝水，賨民多居水左右，天性劲勇”，“顺桓之世，板楯数反。太守蜀郡赵温，恩信降服。于是宕渠出九穗之禾，朐忍有连理之木”[①]，这表明賨人在巴国灭亡之后仍然具备族群的统一性，而其活动范围集中在西至阆中、东抵云阳的川东地区。

而在罗家坝墓地中，墓地位于賨人活动区域的腹地，受外来文化影响较小，文化因素纯粹性较高；墓葬等级构成完备，诸等级墓葬数量呈“金字塔”状分布；墓地延续时间久，自春秋晚期一直使用至西汉中期，不同时期墓地规模及族群关系变化显著等诸多特点使罗家坝遗址在巴文化研究中居于重要地位。

通过对罗家坝遗址墓葬出土铜器的量化分析，我们发现该墓地中具有等级的差异，主要体现在随葬铜器的种类和数量上，与墓葬形制的大小、葬具的选择以及随葬陶器种类、数量的多寡无必然联系。

同时，在随葬的铜器中，不同的器类代表着不同的社会价值，如礼器以及一些具有较高艺术价值的生活用具等仅有较高等级的墓葬才能使用；容器及一些工具类器物作为日常生活用具，不具备彰显社会等级的功能，在埋葬中无须大量使用；兵器及其他工具类是罗家坝墓地中的核心器物群，具备一般性和差异性的特征，大部分墓葬均有该类器物随葬，但不同的器物体现的社会价值不同。

以青铜兵器为例，巴蜀文化墓葬中多有青铜兵器出土，其种类多为戈、剑、矛、斧钺、镞等，但各类器物所体现的社会价值差异性一直不清楚，通过对罗家坝墓地中青铜兵器的分析，我们发现矛、斧钺、镞最为常见，其反映的社会价值最低，较高为剑，最高为戈。虽然说这种分类的方法具有一定的片面性，但戈这种器物的重要性要高于其他兵器的现象在多个墓地中均有所体现，如在云阳李家坝墓地中出土戈的数量较少，但有戈出土的墓葬均为随葬品种类、数量最多的一批墓葬[②]；在新都马家木椁墓的腰坑中出土的戈与凿的数量也是最多的[③]。

巴文化的研究历来较为薄弱，考古资料也多以墓葬为主，随葬品以铜器为大宗，相较于三峡地区巴文化墓葬中出土铜器含有较多的楚文化因素而言，罗家坝墓地出土铜器的文化因素更为纯粹，通过对罗家坝遗址墓葬材料的再梳理，我们对认识川东地区巴文化的发展序列与文化面貌有了更深刻的认识。

---

① （晋）常璩撰、刘琳校注：《华阳国志·巴志》，齐鲁书社，2010年，第2～8页。

② 四川大学历史文化学院考古系、云阳县文物管理所：《云阳李家坝东周墓地发掘报告》，《重庆库区考古报告集》（1997卷），科学出版社，2001年，第244～288页；四川大学历史文化学院考古系、云阳县文物管理所：《云阳李家坝巴人墓地发掘报告》，《重庆库区考古报告集》（1998卷），科学出版社，2003年，第348～388页。

③ 四川省博物馆、新都县文物管理所：《四川新都战国木椁墓》，《文物》1981年第6期。

罗家坝出土狩猎纹铜壶和水陆攻战纹铜豆图像考

江玉祥

（四川大学文学与新闻学院）

摘　要：本文从分析罗家坝出土狩猎纹铜壶颈中部所饰四组“莲瓣纹（原报告定为‘垂叶纹’）中饰有两背向兽纹”以及颈下部的“十”字花纹和菱形纹入手，寻根溯源，探求巴文化与蜀文化及周边文化的交流融合；其次将罗家坝东周遗址33号墓出土的矮柄铜豆、成都百花潭中学十号墓出土的战国铜壶和山彪镇一号战国墓出土的铜鉴三器上纹饰图像进行比较研究，辨析其异同，从而论证罗家坝出土狩猎纹铜壶和水陆攻战纹铜豆应是巴族青铜文化自身继承发展的结果，其直接的亲缘关系为蜀文化，其表现出来的外来文化（北方的三晋文化、东方江汉平原的楚文化、西方的秦文化，以及通过蜀身毒道即今人所谓“南方丝绸之路”直接输入的印度文化）的影响，乃是一种文化借鉴。

关键词：狩猎纹　水陆攻战纹　莲瓣纹　十字花纹

宣汉县罗家坝东周遗址2号墓出土的一件狩猎纹铜壶以及33号墓出土的一件水陆攻战纹铜豆，殊堪注目。承蒙四川省文物考古研究院允许，笔者对这两件铜器近距离观察良久，摩挲玩味，有些感想，兹试作考证并兼论巴文化与蜀文化及中原文化的关系。

一、罗家坝东周遗址2号墓出土的一件狩猎纹铜壶

《宣汉罗家坝》泛称此器为“铜壶”，口径5、底径10.4、腹径19.7、通高33.5厘米[①]。壶形圆，无盖，长颈鼓腹（腹的最大径在中部微下），肩部有两个兽面衔环耳，环上饰有卷云纹。壶身均饰有纹饰，主要分布在口下部、颈中部、腹部和圈足上。其中口下部饰有一周卷云纹；颈中部饰有四组垂叶纹，垂叶纹中饰有两背向的兽纹；颈下部饰有两道凹弦纹，两道凹弦纹之间用卷云纹填充；腹部上、下各饰有四组相同图像，中间用花纹和菱形纹隔开（图一）。

---

① 四川省文物考古研究院、达州市文物管理所、宣汉县文物管理所：《宣汉罗家坝》，文物出版社，2015年，第55、56页。

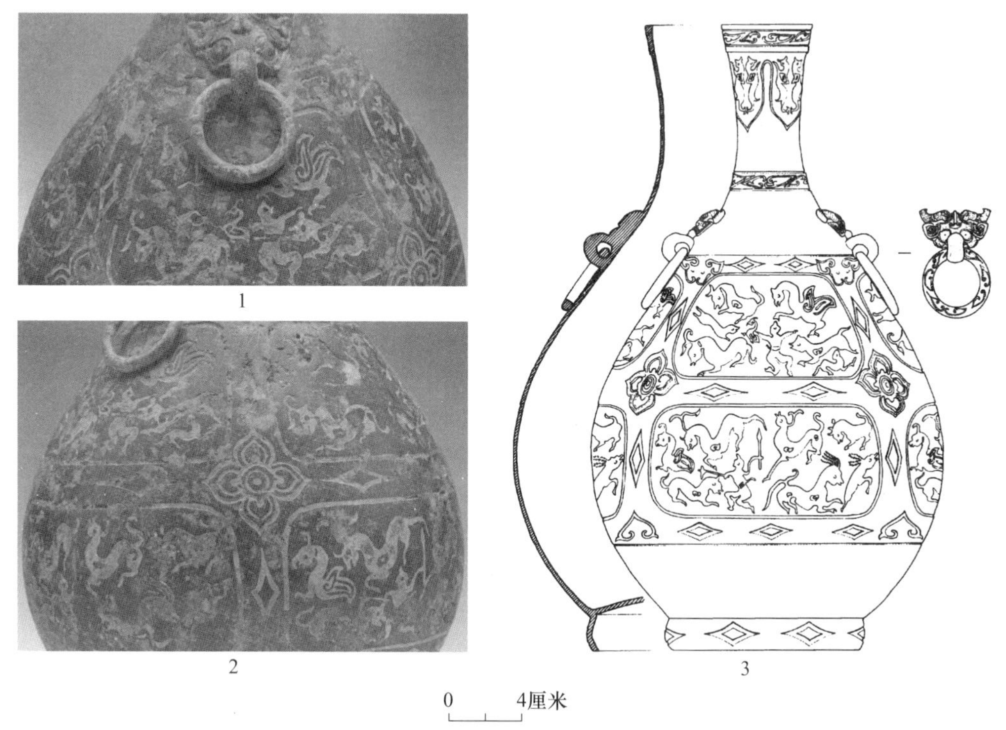

图一　罗家坝东周遗址 2 号墓出土的狩猎纹铜壶

（采自四川省文物考古研究院、达州市文物管理所、宣汉县文物管理所：《宣汉罗家坝》，文物出版社，2015 年）

腹上部四组图像相同：下方正中一猎人，头戴鸟形冠，伪作鸟兽状，侧身向左；右手持一鸟形猎物，左手前指，左腿弯曲，足尖点地，右腿跪地，腰悬剑，呈手舞足蹈的姿态；猎人右手边一奔犬，抢向猎鸟；猎人左手，一稍肥硕的母犬亦欲奔向猎物，无奈腹下一小犬，正仰头吮乳。猎人右上方一兽，两角向上弯曲，似为野牛；左上方一独角（也许原为两角，因侧视图，只显一角）、长鼻鸟嘴、前后脚跂趾，傅双飞翼的奔兽。徐中舒《古代狩猎图象考》说：铜器上之兽纹“因蹄与爪之不同，可以分兽为两大类：角兽，食草之兽则有蹄；猛兽，食肉之兽则有爪”[①]。显然此为一变形猛兽。兽傅双飞翼之图像，在中国古猎壶图像中最初见于杕氏壶[②]，罗家坝出土狩猎壶腹部镌刻的双翼飞兽殆同于杕氏壶上的飞兽形状。猎人右下方为一头角叉丫的奔兽，似为鹿。

腹下部四组图像亦相同：下方正中一猎人，头戴鸟形冠，伪作鸟兽状，侧身相左，腰悬剑，左手持矛，右手持戈，作追砍奔兽状；猎人追砍的奔兽，同于上图的双翼奔兽，其状惊惧伏地，故只现半跪的前腿。猎人身边乃为猎犬；猎人头部上方，从左至右排列 2 鹿、1 牛；此图右下角；一奔兽鬃毛奋张，正在扑逐一逃跑的小兽。

圈足上饰一圈间隔的菱形纹。

首先，分析这件狩猎纹铜壶的纹饰特征。“颈中部饰有四组垂叶纹，垂叶纹中饰有两背向的兽纹”，中华人民共和国成立前，成都西北郊洗足河边白马寺出土的一破残狩猎纹嵌银铜壶上也发现

① 徐中舒：《古代狩猎图象考》，《徐中舒历史论文选辑》，中华书局，1998 年，第 256 页。

② 杕氏壶的双翼飞兽见容庚、张维持：《殷周青铜器通论》，文物出版社，1984 年，图版壹零伍，203。

两背向兽居于一垂叶中的装饰纹饰，然《巴蜀文化》一文的作者卫聚贤称其为“莲瓣纹”[①]（图二）。

图二 成都白马寺出土狩猎纹嵌银铜壶上“莲瓣纹”中的两背向兽纹饰

到底称作垂叶纹，还是该称作莲瓣纹？我比较赞同卫聚贤的命名——莲瓣纹。铜器上的莲瓣纹出现于春秋战国之世，经历了由浮雕的形式到平面纹饰的演变过程。容庚、张维持《殷周青铜器通论》认为春秋战国期间，尊壶之盖多作莲瓣形，如该书图版壹零肆：201 禺邗王壶和 202 兽带纹鸟盖壶[②]。1923 年秋，河南新郑李氏园中古墓出土青铜器中有一件莲鹤方壶，郭沫若于 1930 年撰《新郑古器之一二考核》一文描述：“此壶全身均浓重奇诡之传统花纹，予人以无名之压迫，几可窒息。乃于壶盖之周骈列莲瓣二层，以植物为图案，器在秦汉以前者，已为余所仅见之一例。而于莲瓣之中央复立一清新俊逸之白鹤，翔其双翅，单其一足，微隙其喙作欲鸣之状，余谓此乃时代精神之一象征也。此鹤初突破上古时代之鸿蒙，正踌躇满志，睥睨一切，践踏传统于其脚下，而欲作更高远之飞翔。此正春秋初年由殷周半神话时代脱出时，一切社会情形及精神文化之一如实表现。”郭沫若进一步推断，“以莲花为艺术活动之动机，且于莲花之中置以人物或它物者，此乃印度艺术中所习见之图案。盖赤道地方之莲，硕大无朋，其叶若花每可以乘人载物也。此壶盖取材于莲花，复于花心立一白鹤，与印度艺术之机杼颇相近似。中国自来无此图案，中国自来亦无是大莲，谓作者闭户造车，出门合辙，然必有相当之自然条件以为前提，中国之小莲与此夸张之着想不相应。余恐于春秋初年或其前已有印度艺术之输入，故中原艺术家即受其影响也”[③]。

1935 年郭宝钧在河南汲县山彪镇一座王侯墓（第一号墓）中亦发现立鸟华盖壶两对，即华盖壶一（M1：25）与华盖壶二（M1：54）为一对，华盖壶三（M1：36）与华盖壶四（M1：24）为另一对。前一对两壶形纹相同，“壶形圆，长颈鼓腹（腹的最大径在中部微下），低圈足。两耳兽面衔环，紧接器壁，铸生。盖作莲华式，环周八瓣外侈，中口洞空。洞空处另置以圆形铜板，板心独立一鸟，猫耳、钩喙，昂首张翅作欲鸣将飞状”[④]（M1：25）（图三）。后一对“形制与前一对壶略同而较低。亦有华盖立鸟，惟华瓣只六片”[⑤]。山彪镇一号墓还出土一件牺尊，该尊由牺形兽、尊盘和

① 见《说文月刊》1941 年第 3 卷第 4 期卫聚贤《巴蜀文化》图 116，卫氏附图说明十八：“（白马寺出土）猎壶。上部残去，上有银错的狩猎纹，故名为猎壶。由底至上面残处高五寸七分，上面残处口面宽七寸五分，底圈直径四寸二分。残部口沿有凸起的一条凸带，上为云纹，中亦为凸带，花纹亦云纹。两凸带之间为三四层鸟兽鳖鳄鱼等，有人持矛追击。第二凸带下有一条系一人持矛击六兽一鸟，一周为四段联成。下如莲花瓣，瓣中有二蹲兽相背，一周共十三瓣，底圈有十字花纹，一周共七个。”

② 容庚、张维持：《殷周青铜器通论》，文物出版社，1984 年，第 57 页；图版壹零肆，201、202。

③ 郭沫若：《殷周青铜器铭文研究》卷二，《郭沫若全集·考古编》第四卷，科学出版社，2002 年，第 117、118 页。

④ 郭宝钧：《山彪镇的发掘》，《山彪镇与琉璃阁》，科学出版社，1959 年，第 14 页。

⑤ 郭宝钧：《山彪镇的发掘》，《山彪镇与琉璃阁》，科学出版社，1959 年，第 14 页。

1

2

图三　山彪镇一号墓出土立鸟华盖铜壶
1. 铜壶　2. 铜壶盖俯视

莲花柄三部分组成。莲花柄“形如莲花，下尾长柄。莲瓣双层12片，面镂鳞纹，中心为涡纹，周角形S纹”①。

郭宝钧认为，山彪镇一号墓出土的两对立鸟华盖铜壶“与新郑莲鹤壶正同，惟郑方汲圆小异。汲郑既不约而同，东周曾有此制流行，确可互证”②。同类的立鸟铜莲壶也见于洛阳中州路2717号墓，其壶盖上立有展翅的凤鸟，形体近似莲瓣壶，腹稍大而深，颈盖上有小环纽，两肩放置一活动的链式提梁。莒南大店一号墓出土的莲壶，腹部有一可系绳的鼻。曾侯乙墓也出土了有长颈鼓腹的莲壶。安徽寿县蔡侯墓也出土一件方口圆腹壶，盖顶作镂空的莲瓣形。湖北襄樊市博物馆收藏了一件莲瓣龙纹壶。以上这些莲壶出土地点，均在今天河南、湖北、安徽地区，其时代为春秋末战国

① 郭宝钧：《山彪镇的发掘》，《山彪镇与琉璃阁》，科学出版社，1959年，第17页。

② 参见《郭沫若全集·考古编》第四卷《殷周青铜器铭文研究》卷二附录三《新郑古器中“莲鹤方壶”的平反》中所引郭宝钧来信，科学出版社，2002年，第222页。

图四 山彪镇一号墓出土的贝纹鼎盖面中心所饰莲花瓣纹

初。其铜壶上的莲华（花）造型，均以浮雕的形式出现，唯有河南汲县山彪镇一号墓出土的贝纹鼎上出现了以莲花为装饰的平面纹样。此鼎弇口鼓腹，附耳有盖，其盖面中心饰有莲花瓣纹，作六瓣莲花形，上饰卷云纹，花瓣间饰六个倒三角纹（或曰半边菱形）[①]（图四）。

罗家坝狩猎纹铜壶颈中部的纹饰类似于山彪镇一号墓出土的立鸟华盖铜壶壶盖俯视面的莲花瓣图形，与山彪镇一号墓出土的贝纹鼎盖面中心所饰莲瓣纹也相似，故不应叫“垂叶纹”，以重新命名为“莲瓣纹”为妥。但是，就莲花瓣内共同“饰有两背向的兽纹”而言，罗家坝狩猎纹铜壶显然与白马寺出土的一破残狩猎纹嵌银铜壶有着更亲密的文化渊源关系。

其次，分析隔开腹部上、下四组相同纹饰的花纹和菱形纹。

先看花纹。此花纹用于区分腹部上下四组相同的狩猎纹饰，故呈四复瓣垂直的“十”字花形，中间两个同心圆和上下左右中五个圆点构成花蕊。白马寺出土的一破残狩猎纹嵌银铜壶底圈有“十”字花纹，一周共七个（图五）。

这种“十”字花纹多见于巴蜀印章（图六）。

图五 成都白马寺出土狩猎纹嵌银铜壶底圈有“十”字花纹

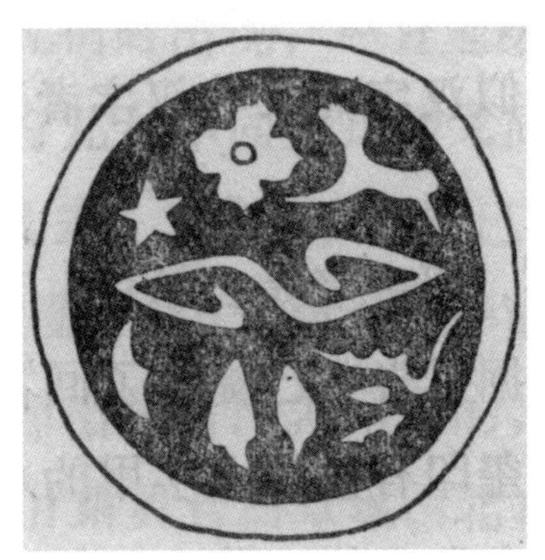

图六 巴蜀印章上的“十”字花纹

四川大学博物馆珍藏发现于重庆万州区的战国虎纽錞于也有这种“十”字花纹（图七）。

四川省博物馆珍藏的1951年在广汉征集到的虎纹铜钲上也有这种“十”字花纹[②]（图八）。

① 郭宝钧：《山彪镇的发掘》，《山彪镇与琉璃阁》，科学出版社，1959年，第13页；图版肆拾，1。

② 《中国青铜器全集》编辑委员会：《中国青铜器全集13：巴蜀》，文物出版社，1994年，188、189“虎纹钲”。其说明文字：“188，189虎纹钲：西周，高42厘米，一九五一年四川广汉征集，四川省博物馆藏。椭圆形钲，阴刻一张牙舞爪的猛虎，虎尾上卷，虎背上方饰三星，星下饰四叶纹及巴蜀符号。圆柱形长柄，有八棱。柄端较大，呈扣形，饰漩涡纹。”虎纹钲上的四叶纹，显然是“十”字花纹之误释。

(局部)

(局部拓片)

图七 四川大学博物馆藏虎纽錞于"十"字花纹

1 2

图八 四川省博物馆藏虎纹铜钲的"十"字花纹

在茂县牟托一号石棺墓出土的铜镈钟背面亦有四"十"字花纹饰(图九)。时代为春秋晚期至战国前期①。

① 茂县羌族博物馆、成都文物考古研究所、阿坝藏族羌族自治州文物管理所:《茂县牟托一号石棺墓》,文物出版社,2012年,第35页,图23、24。

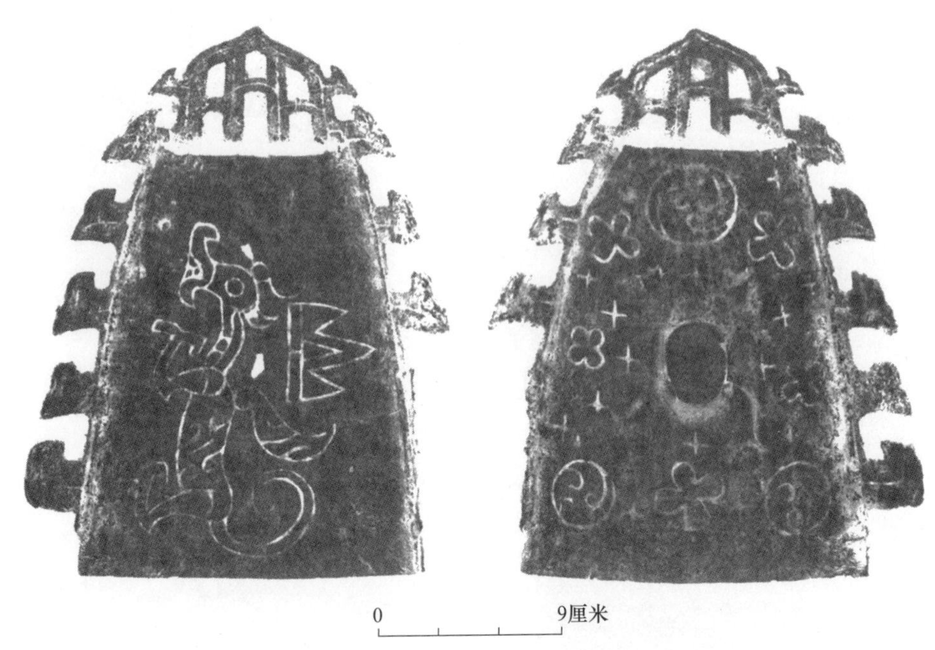

图九　茂县牟托一号石棺墓出土铜镈钟背面的“十”字花纹

排列以上发现“十”字花纹青铜器的地域和时代，可见这种“十”字花纹流行于西蜀，罗家坝狩猎纹铜壶上的“十”字花纹是接受蜀文化影响的结果。

除“十”字花纹饰之外，罗家坝狩猎纹铜壶上的菱形纹也值得一谈。菱形，这种抽象符号，中外都有。在西方，菱形是美索不达米亚人的图案，见于亚述帝国衰落前的所有时期，特别是公元前9～前8世纪的圆筒形印章和更早的乌尔城的赌桌上。它的含义不明，但更可能是一只“全视眼”，被当作禁防魔鬼窥视的避邪物①。在中国瓷器的装饰图案中，饰有红色飘带的菱形是八件宝物之一。它还被认为是胜利的象征，两端相接或相互叠压的双菱形叫“方胜”，常出现于四川汉代崖墓或房屋墙壁上，认为可以避邪。菱形这种最简单的几何纹图形用于铜器装饰，始见于“周蟠夔尊二”“周夔纹尊”“周子孙卣一”“周析子孙卣一”“周贯耳壶五”,均载《西清古鉴》②。但最明显的菱形纹装饰铜器，还是以春秋战国时的狩猎纹铜壶为普遍。罗家坝出土这件猎壶上的菱形纹，一是作为腹部四组狩猎图像的界线，二是作为铜器圈足的装饰图案，在出土的先秦铜壶中是不多见的。

罗家坝出土的这件铜壶上“十”字花纹和菱形纹，既有鲜明的巴文化特色，又受中原文化的影响，特别与山彪镇一号墓出土铜壶、铜牺尊和铜鼎的莲花雕塑和纹饰有继承发展的关系。

最后，分析此件铜壶上的狩猎图像。古代狩猎分车猎、弋射和徒搏三类，罗家坝出土铜壶上的狩猎图像属徒搏一类。腹上下部各四组图像正中一猎人，均头戴鸟形冠，伪作鸟兽状。这种造型也见于琉璃阁M59出土的一件铜狩猎壶（M59：23，图版玖拾叁），郭宝钧解释这种鸟形冠“应即《左传》所谓皮冠（左襄公十四年“不释皮冠而与之言”注）”③所言的确。杜预注：“皮冠，田猎之冠。”《左传·昭公二十年》：“十二月，齐侯田于沛，招虞人以弓，不进。公使执之。辞曰：‘昔我

① ［美］詹姆斯·霍尔著、韩巍等译：《东西方图形艺术象征词典》，中国青年出版社，2000年，第5页。

② 《钦定四库全书：西清古鉴》上卷，上海书店出版社，2012年，第220、225、327、328、396页。

③ 郭宝钧：《琉璃阁的发掘》，《山彪镇与琉璃阁》，科学出版社，1959年，第65页。

先君之田也，旃以招大夫，弓以招士，皮冠以招虞人。臣不见皮冠，故不敢进。’乃舍之。”古代出猎时穿皮服的习俗，延至汉晋，如《说苑·善说》：“林既衣韦衣而朝齐景公，齐景公曰‘此君子之服也？小人之服也？’”《晋书·魏舒传》：“性好骑射，著韦衣，入山泽，以渔猎为事。”《水浒传》景阳冈武松打虎一回，描写猎户装束，“把虎皮缝做衣裳，紧紧绑在身上”。看来，先秦时巴人狩猎装束也同于中原。铜壶腹上部猎人手舞足蹈的姿态很独特，令人联想到古代巴人的战舞——巴渝舞。铜壶腹下部猎人腰悬剑，左手持矛，右手持戈，追砍奔兽的图像，则充分反映出古代渠江两岸的賨人（板楯蛮）“专以射白虎为事”的渔猎生产习俗①。至于这件猎壶上翼形猛兽显然受外来文化的影响。狩猎图像乃春秋战国时代，南夷与北狄交侵，中原各霸尊王攘夷，会盟征伐，使其旧有之文化与外来文化得以互相交融，反映在铜器铸造上，形成的一种新型叙事化纹样。比较早的一件狩猎纹铜壶即有铭文镶嵌及飞兽之翼形的杕氏猎壶，郭沫若考释，壶本鲜于（即鲜虞，以鲁昭公十二年见于《春秋》，入战国后改称中山）之器，刻铭者用北燕方言称瓶为壶，杕氏乃燕人，制器之年代大约当在春秋战国之际②。罗家坝东周遗址 2 号墓出土狩猎纹铜壶上的翼形猛兽造型，与杕氏壶上的翼形猛兽造型大致相同，但铜壶器形和狩猎图像布局区别很大。巴族地区战国到两汉时期墓葬出土铜壶的地点较多，以涪陵小田溪、云阳李家坝和宜昌前坪等地最具代表性。巴族地区自有自身的青铜文化传统，罗家坝出土这件狩猎纹铜壶，应属巴族青铜文化自身继承发展的结果。其表现出来的外来文化的影响，乃是一种文化借鉴，为我所用。我在《賨人与賨国——宕渠历史文化散论》一文曾推测，罗家坝遗址或许是又一处賨城，33 号大墓或许是一位白虎夷王的墓葬。这件狩猎纹铜壶，应该就是此地所造。其接受外来文化影响的途径有毗邻北方的三晋文化、东方江汉平原的楚文化、西方秦文化、更有通过蜀身毒道（即今人所谓的“南方丝绸之路”）直接输入的印度文化。

二、罗家坝东周遗址 33 号墓出土的一件水陆攻战纹铜豆

33 号墓是罗家坝东周遗址随葬品最多的一座大墓，共出土 203 件随葬品。主要是铜器和陶器。铜器 131 件，其中铜豆 2 件，高柄豆、矮柄豆两种类型。

豆，古代食器，多用于祭祀。《诗·大雅·生民》：“卬盛于豆，于豆于登。其香始升，上帝居歆，胡臭亶时。”毛传曰：“木曰豆，瓦曰登，豆荐菹醢也。”《周礼·天官》：“醢人掌四豆之实。”《说文》：“木豆谓之梪”，《尔雅·释器》：“竹豆谓之笾，瓦豆谓之登。”瓦豆就是陶豆，广汉三星堆遗址就出土了很多高足陶豆。豆和登有木质、陶质和铜质，豆形似高足盘，登形似豆而浅。高足可能与古人席地而坐有关，矮足豆可能置于案上。兹先抄录《宣汉罗家坝》发掘报告关于这件矮柄豆的描述如下：

“矮柄豆。1 件。M33：18，由盖和豆两部分组成，盖为直口微侈，弧腹、

① 江玉祥：《賨人与賨国——宕渠历史文化散论》，《西华大学学报》（哲学社会科学版）2014 年第 2 期，第 12～25 页。

② 郭沫若：《两周金文辞大系图录考释》（二）《燕·杕氏壶》，《郭沫若全集·考古编》第八卷，科学出版社，2002 年，第 481、482 页。

圆形捉手。豆为直口微敛，下收成子口，弧腹，喇叭形圈足，圈足下端内折。盖和豆上布满了用铅类矿物质错成的图案。口径17.4、底径10.4、通高20.4厘米。现按照图案所处位置分别介绍如下：

盖部：盖面圆形捉手上以一人为核心，左右两侧各4兽。盖下部铸刻有两两对称的四组纹饰，主要是宴乐、武舞和弋射图。其中左边为宴乐图，有楼房一幢，并铸刻出两檐和两柱，楼上6人，皆腰佩短剑，左侧柱外一人，似双手持物，两柱之间4人，中间设一台座，上似挂一弓，台座左侧2人，右侧之人双手持物面向左侧一人。台座右侧2人，似双手持物面向左侧，右侧柱外亦立有一人。楼下，左右两侧各刻一鸟，中间左边悬挂编钟一组四个，右边悬挂编磬一组5个，下有5人，皆跽坐，其中3人双手高举，各执一桴，左边一人击钟，右边2人击磬，另2人似吹笙。其右侧2人，双手各执一桴，分别击打鼓和丁宁。中间为武舞图，左侧刻有两鸟，右侧4人，皆左手持矛，右手长舞（袖？），作武舞状。右边为弋射图。空中有一行向右飞翔的鸟群，共七只，其中已中箭者5只，下有3人，皆以缯缴弋射，旁各有觝收线。

腹部：腹部铸刻有两两对称的四组纹饰，主要是水陆攻战图和攻城图。其中左侧为水陆攻战图。可分上下两层，其中上层为陆上攻击，双方共9人，左侧一人击鼓，右侧8人分左右两组进行交战，中间一人已被砍倒，左右两侧或持矛或持戈进行交战。下层为水上攻击，双方共9人，左边舟上3人，用力摇桨右冲，一人已落水，舟前一人涉水，一手持剑，另一手正用力阻推左侧前进之船；而右边舟上3人，奋力摇桨向左冲，舟后一人已落水；每个舟下均铸刻3条鱼，代表在水中。右侧为攻城图，可分上下两层，上层共8人，分别持戈、矛、剑、弓、盾等武器，分三组进行格斗。下层共16人，左边一竖线可能代表城墙一类的防御措施，以示内守外攻，竖线左侧4人持盾、矛、剑等武器作防御状，右边三斜线表示仰攻中所使用的云梯，其中左侧3人持梯，上一人正作爬梯状；中间3人，两人正左手持盾，右手持矛，作登梯状，后一人作拉弓状；右侧4人，一人在梯下，3人正持兵器登梯，（后一人作拉弓状）。

圈足：为狩猎采桑图。可分为左右两组，其中左侧为狩猎图，有兽5头，作奔跑状，中间一头正被一人持腿拖走，为狩猎回家的场景。右侧为采桑图，中部有桑树一株，树下四人，一人作采桑状，其下有篮；一人作爬树状；另两人作用篮运桑状[①]（图一〇）。

迄今为止，见于报道的水陆攻战纹的铜器有7件：一是故宫博物院收藏的一件铜壶[②]（图一一）；二是1935年出土于河南省汲县山彪镇一号战国墓出一大一小2件水陆攻战纹铜鉴，三是《美帝国

① 四川省文物考古研究院、达州市文物管理所、宣汉县文物管理所：《宣汉罗家坝》，文物出版社，2015年，第142～145页。

② 杨宗荣：《战国绘画资料》，中国古典艺术出版社，1957年，图20。

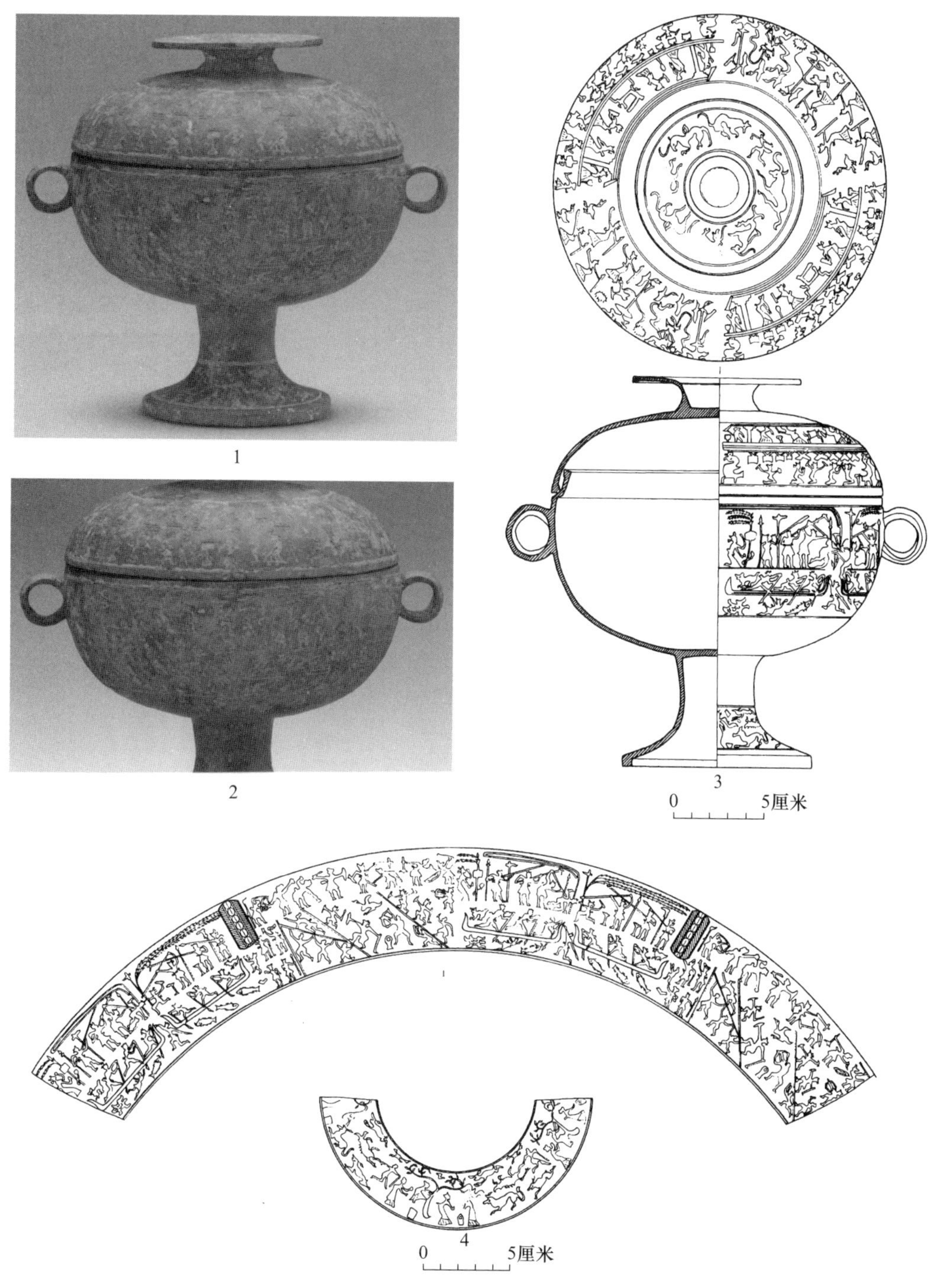

图一〇 宣汉罗家坝M33出土铜豆腹部水陆攻战图

（采自四川省文物考古研究院、达州市文物管理所、宣汉县文物管理所：《宣汉罗家坝》，文物出版社，2015年）

主义劫掠的我国殷周青铜器集录》271、272有盖铜豆（文物出版社，1962年）；四是成都百花潭中学十号墓出土的战国铜壶（《文物》1976年第3期）；五就是罗家坝东周遗址33号墓出土的1件水陆攻战纹铜豆。故宫博物院的1件铜壶和《美帝国主义劫掠的我国殷周青铜器集录》收录的2件铜豆，不知出土地点，资料也不齐全，不便比较研究。可资比较者，仅山彪镇一号战国墓出土的铜鉴（图一二～图一五）和成都百花潭中学十号墓出土的战国铜壶（图一六）2件。

1

2

图一一 故宫博物院收藏的镶嵌宴乐水陆攻战纹铜壶及纹饰展开图

［采自《中国青铜器全集》编辑委员会：《中国青铜器全集 7：东周 1》，文物出版社，1998 年，图一四〇］

图一二 山彪镇一号战国墓出土铜鉴

1

2

3

0 3厘米

图一三 山彪镇一号战国墓出土铜鉴的上层图案（甲组）

1. 左方第七人起至右方最后一人，共十人为一组 2. 左方第四人起至右方第四人为一组

3. 左方第十一、十二人，为两组之间补空白加的三人

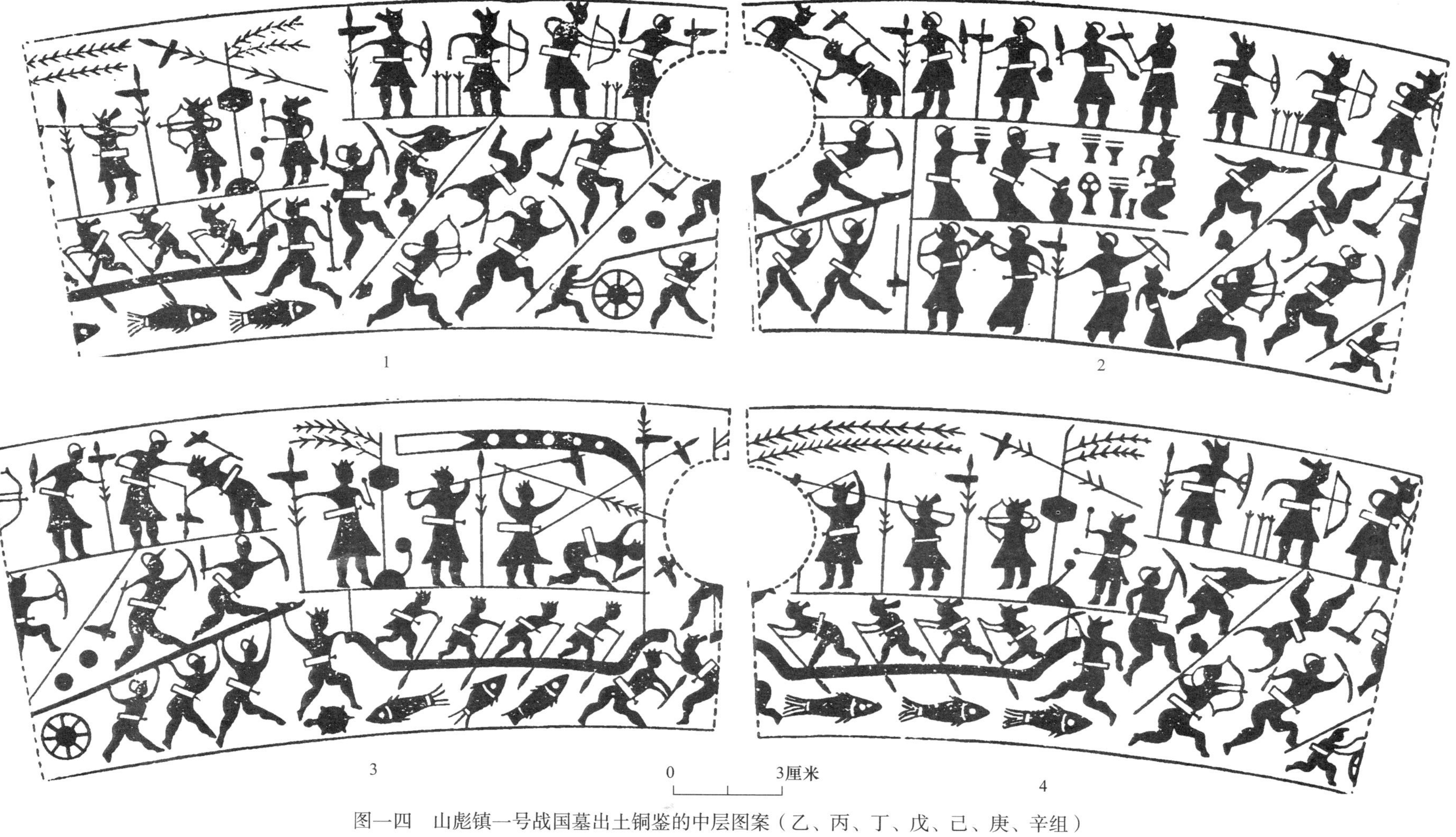

图一四　山彪镇一号战国墓出土铜鉴的中层图案（乙、丙、丁、戊、己、庚、辛组）

图一五 山彪镇一号战国墓出土铜鉴的下层图案（壬组）

图一六　成都百花潭中学十号墓出土水陆攻战纹铜壶

（采自四川省博物馆：《成都百花潭中学十号墓发掘记》，《文物》1976年第3期，图版贰）

兹将将罗家坝东周遗址33号墓出土的矮柄铜豆、成都百花潭中学十号墓出土的战国铜壶和山彪镇一号战国墓出土的铜鉴三器上的纹饰图像比较如下：

第一，罗家坝东周遗址33号墓出土的矮柄铜豆、成都百花潭中学十号墓出土的战国铜壶和山彪镇一号战国墓出土铜鉴上的水陆攻战图像大同小异，战船都是两层舰，汉刘熙《释名·释船》："上下重床（《初学记》引作板）曰舰，四方施板以御矢石，其内如牢槛也。"上层甲板列作战的武士，使用武器为戈、矛、剑、弓，两军战船上均竖戟，悬析羽之旌，指挥者在旌旗下击鼓，下悬钲（丁宁）。下层为水手拼命荡桨划船，山彪镇一号战国墓铜鉴和罗家坝东周遗址矮柄铜豆划船水手均为船下有三条鱼，表示流动的水，百花潭中学十号墓青铜壶船下无鱼。山彪镇铜鉴和百花潭中学十号墓青铜壶均为四个水手划船，罗家坝东周遗址矮柄铜豆划船的水手只有三人。

杨泓《水军和战船》一文说："水军在我国历史上出现的时期，应当是春秋时代，而且主要在南方的荆楚吴越地区。至于北方，大约只有濒临东海的齐国，可能有舟师部队。"[①] 故郭宝钧称山彪镇一号战国墓出土铜鉴上的水陆攻战图像，"图案含义是东周战况的写实，又似有中原部族与吴越部族交绥的故事隐于其中……而鉴出于汲县，作鉴者自也有中原部族的可能。其中史实虽不允许附会确指，而布图之意，略有偏侧，其必有所取材，可以推知"[②]。巴蜀地属南方，江河纵横，水运四通，自古有舟楫之便。从《后汉书·南蛮西南夷列传》所载"廪君乘土船"的传说以及船棺的发掘

① 杨泓：《中国古代兵器论丛》，文物出版社，1985年，第105页。

② 郭宝钧：《山彪镇的发掘》，《山彪镇与琉璃阁》，科学出版社，1959年，第19～23页。

来看，巴族是一种靠近江河的熟悉水性的民族，而他们所用的船棺就是当时人们实用的独木舟，生前乘坐，死后即以为棺，由此可以窥知船在他们生活中所占的重要地位。《战国策・楚策一・张仪为秦破从连横》章中张仪说楚王曰："秦西有巴蜀，方船积粟，起于汶山（注曰：即岷山），循江而下，至郢三千余里。舫船（《史记索隐》注：舫，谓并两船也。）载卒，一舫载五十人，与三月之粮，下水而浮，一日行三百余里；里数虽多，不费马汗（《史记》作汗马）之劳，不至十日而距扞关；扞关惊，则从竟陵已东（《史记》作"则从境以东"），尽城守矣，黔中、巫郡非王之有已。"《战国策・燕策二・秦召燕王》章苏代说燕王曰："蜀地之甲，轻舟浮于汶，乘夏水而下江，五日而至郢。汉中之甲，乘舟出于巴，乘夏水而下汉，四日而至五渚。"我在《賨人与賨国——宕渠历史文化散论》说过："春秋时有一个巴国，这是毋庸置疑的。《春秋左传》桓公九年传，庄公十八年传、十九年传，文公十六年传，哀公十八年传皆记巴人事。童书业认为《左传》五条史料，"是巴在汉水流域之明证。今陕南有大巴山脉，当即古巴族根据地"。春秋时的巴国核心区在汉水流域，但春秋时巴国的范围已跨过大巴山、嘉陵江和渠江流域直至嘉陵江与长江交汇之地，皆属春秋时巴国的范围。据宋乐史撰《太平寰宇记》载，达州"春秋、战国并为巴子之国"，渠州"春秋时巴国"，阆州"春秋时为巴国之地"，泸州"春秋、战国时为巴子国"，渝州"春秋时亦为巴国，战国时巴亦不改"，换句话说，春秋时存在一个巴国，其统治者应该就是周武王克殷后，封于巴地的宗姬。

嘉陵江和渠江流域是秦汉賨人（板楯蛮）的聚居地。賨人（板楯蛮）自古系水居民族，秦汉时聚居与嘉陵江和渠江流域，渔捞亦是其传统的生产习俗，直至近代，兴盛不衰。《太平寰宇记》志达州，谓有水居之民三千户。

因此，罗家坝东周遗址 33 号墓出土矮柄铜豆上和成都百花潭中学十号墓出土的战国铜壶的水陆攻战纹图像均为春秋战国时巴蜀战况写实，虽然不能确指，但这样的事是一定有的。《蜀王本纪》载"蜀王有鸚鵡舟"；"秦为太白船万艘，欲以攻楚"，也是在巴蜀之地建造的。晋代王濬为益州刺史，"武帝谋伐吴，诏濬修舟舰。濬乃作大船连舫，方百二十步，受二千余人。以木为城，起楼櫓，开四出门，其上皆得驰马来往。又画鹢首怪兽于船首，以惧江神。舟楫之盛，自古未有"（《晋书・王濬传》）。楼櫓，古时军中用以瞭望敌军的无顶盖高台。鹢，水鸟，形如鹭而大，羽色苍白，善翔。唐代诗人刘禹锡诗《西塞山怀古》云："王濬楼船下益州，金陵王气黯然收。千寻铁锁沉江底，一片降幡出石头。人世几回伤往事？山形依旧枕寒流。今逢四海为家日，故垒萧萧芦荻秋。"诸多史料都证明，罗家坝东周遗址 33 号墓出土矮柄铜豆上和成都百花潭中学十号墓出土的战国铜壶的水陆攻战纹图像，有其真实的历史地理背景。

第二，罗家坝东周遗址 33 号墓出土的矮柄铜豆、成都百花潭中学十号墓出土的战国铜壶和故宫收藏铜壶上都有基本一样的采桑图，而山彪镇出土铜鉴无采桑图像。

北方中原地区古代也种植桑树，诗经中有很多关于树桑、采桑的诗句。例如，《诗・鄘风・桑中》："期我乎桑中，要我乎上宫"；《定之方中》："降观于桑""说于桑田"。《诗・卫风・氓》："桑之未落""无食桑葚""桑之落矣"。《诗・郑风・将仲子》："无折我树桑"。《诗・魏风・汾沮洳》："彼汾一方，言采其桑。"《十亩之间》："十亩之间兮，桑者闲闲兮，行与子还兮。""十亩之外兮，桑者泄泄兮，行与子逝兮。"《诗・唐风・鸨羽》："肃肃鸨行，集于苞桑。"《诗・秦风・车邻》：

“阪有桑，隰有杨。”《黄鸟》：“交交黄鸟，止于桑”。《诗·曹风·尸鸠》：“尸鸠在桑”（4次）。《诗·豳风·七月》：“爰求柔桑”“蚕月条桑”“猗彼女桑”；《鸱鸮》：“彻彼桑土”；《东山》：“烝在桑野”。《诗·小雅·南山有台》：“南山有桑”；《黄鸟》：“无集于桑”；《小宛》：“交交桑扈”；《桑扈》：“交交桑扈”（2次）；《小弁》“维桑与梓”；《隰桑》：“隰桑有阿”（3次）；《白华》：“樵彼桑薪”。《诗·大雅·桑柔》：“菀彼桑柔”。《诗·鲁颂·泮水》：“翩彼飞鸮，集于泮林，食我桑黮，怀我好音。”

至于山彪镇出土铜鉴无采桑图像的原因，可能出于铸器者主要围绕突出“水陆攻战”的主题来构图而不及其他，不能因此而否定古代中原也种桑采桑的历史实际。

巴蜀自古蚕桑业发达，论述颇多，毋庸赘言。巴国自古树桑养蚕，见于《华阳国志》卷一《巴志》：“土植五谷，牲具六畜。桑、蚕、麻、纻、鱼、盐、铜、铁、丹、漆、茶、蜜、灵龟、巨犀、山鸡、白雉、黄润、鲜粉，皆纳贡之。”巴西郡“土地山原多平，有牛马桑蚕”。然就达州宣汉而言，史志却乏蚕桑记载。宋乐史撰《太平寰宇记》卷137《山南西道五·达州》记达州“土产：挺子白胶香，贡。白药子，蜜。蜡，蜂窠。段氏《蜀记》云：‘通、开二州产盐、漆之利。’”又记宣汉井场：“其场风俗，男女不耕蚕，货卖用杂物代钱。祖称白虎，死葬不选坟墓，设斋不以亡辰，虽三年晦朔不饗。习性矿（犷）硬，语无实词，皆风土之使然。”宋代宣汉地区文化还比较落后，“男女不耕蚕”，可见罗家坝东周遗址33号墓出土的矮柄铜豆采桑图并非本地风俗的写真，而是反映整个巴国的风俗，甚至可能采用了成都百花潭中学十号墓出土的战国青铜壶采桑图样粉本。

第三，罗家坝出土矮柄铜豆盖上和圈足上有狩猎图像和弋射飞鸟图像，成都百花潭中学十号墓出土铜壶上也有狩猎图像和弋射飞鸟图像，但不及罗家坝铜豆具体而微。山彪镇铜鉴上无此图像。这也充分反映出古代渠江两岸的賨人（板楯蛮）“专以射白虎为事”的渔猎生产习俗。

第四，罗家坝出土矮柄铜豆盖上和成都百花潭中学十号墓出土铜壶腹部，都有宴乐、武舞图像，山彪镇铜鉴无此纹饰。罗家坝33号墓出土随葬青铜器众多，推测为白虎夷王之墓，“事死如生”，可想象墓主人生活享受之豪华奢侈。

第五，罗家坝铜器的嵌错工艺。以上所述罗家坝铜壶和铜豆上的纹饰图像，皆为金属错成，出土时所错金属已经脱落，只在图像阴刻线槽和图像凹面上留下白色物质。《宣汉罗家坝》发掘报告编者说是用“铅类矿物质错成的图案”，他们是做了检测分析，结果是铜豆（M33：18）和铜壶（M2：2）阴刻纹饰凹槽内白色锈蚀物质是锡石（SnO_2）、碳酸铅（$PbCO_3$）和硫酸铅（$PbSO_4$）的混合物，证明“该豆、壶表面阴刻纹饰采用锡、铅合金装饰技术”[①]。铅锡合金具有熔点低、质软，外观银白亮泽的特点。白马寺出土那件银错猎壶，估计也是铅锡合金错饰，单纯的银会氧化变黑。

徐中舒早在1932年脱稿、1933年发表的《古代狩猎图象考》一文中就论述道：“春秋、战国时镶嵌工艺又复盛行，其白色物质之镶嵌，或即《诗·秦风·小戎》之鋈。《毛传》：‘鋈，白金也。’……《小戎》之鋈，乃车具马具之饰。此与出土车具马具多饰以白色物质者正合。鋈又谓之镣，《尔雅·释器》云：‘白金为之银，其美者谓之镣。’郝懿行、段玉裁均谓镣鋈通用。容希白先生藏一银壶，其壶之银质表面已受氧化，略发黑色，而镶嵌之白色物质，则鲜洁如新，此或即古代

① 四川省文物考古研究院、达州市文物管理所、宣汉县文物管理所：《宣汉罗家坝》，文物出版社，2015年，第376页。

所谓银之美者之镣。"[①] 罗家坝铜壶和铜豆上的纹饰图像，皆为金属错成，出土时所错金属已经脱落，只在图像阴刻线槽和图像凹面上留下白色物质。这些白色物质即《诗·秦风·小戎》之鋈，即《毛传》所谓"白金"，实为铅锡合金错饰。

罗家坝铜器先进的嵌错工艺，远源可能接受了以秦文化为媒介的戎人文化的影响，和通过西南丝绸之路传来的西方文化的影响。就近源而言，还是巴蜀文自身发展的结果。

史籍记载，汉代金银错器，以蜀郡、广汉郡为最著名："雕镂釦器，百伎千工。"（扬雄《蜀都赋》），"其蜀汉釦器，九带佩刀，并不复调。"（《后汉书·邓皇后纪》）。《太平御览》卷751《器物部一·器皿》引《通俗文》曰："金银镂饰器，谓之错。"金银错乃以镂饰，或谓釦器，《后汉书·邓皇后纪》注云："釦音口，以金银缘器也。"或谓银黄，《韩非子·解老》云："隋侯之珠，不饰以银黄。"此皆金银错之异名[②]。

据童恩正研究，虽然在秦统一巴蜀以前，即公元前316年以前，巴国的生产水平仍然停留在铜器时代，但是巴族工匠的冶铜技术却是很熟练的，在掌握青铜器合金的比例方面，已经与中原先进地区一致了。"巴族在金属工艺方面的技巧，最集中地表现在器物造型的优美和'金银错'的装饰上。涪陵一号墓所出的编钟一共有十四枚，器形比例匀称，大小依次递减。钟面有精美的错金变形蟠虺纹和漩涡纹。四个虎头形的钟架上的饰件，遍体错银云纹，眼内嵌有黑珠，形状非常生动。三号墓所出的铜罍，用极纤细的银丝缀以曲形的银片，错成大小不同，连续对称的云、水纹图案，线条流畅，浑然一体。这些艺术精品，与同时期中原地区的同类器物相比较，是毫无逊色的。"[③] 因此，罗家坝出土的狩猎纹铜壶和水陆攻战纹铜豆是战国巴族工匠的产品，在技术上是毫无问题的。

三、结　　语

罗家坝铜壶、铜豆为本地产品，它和蜀文化有很深的亲缘关系，同时也接受了中原文化，甚至外来文化影响。巴蜀同俗，互相借鉴学习，共同创造了巴蜀地区灿烂的青铜文化。

徐中舒在1932年就指出："人类文化演进，不外两途：其一由于文化自身之继续发展，其又一则由于接受外来文化之影响。此二者实相互为用。历史上固无全然孤立之文化，亦无全然受外来文化支配之民族。"[④] 不愧为真知灼见！

① 徐中舒：《古代狩猎图象考》，《徐中舒历史论文选辑》，中华书局，1998年，第252页。

② 徐中舒：《古代狩猎图象考》，《徐中舒历史论文选辑》，中华书局，1998年，第251～255页。

③ 童恩正：《古代的巴蜀》，四川人民出版社，1979年，第34、35页。

④ 徐中舒：《古代狩猎图象考》，《徐中舒历史论文选辑》，中华书局，1998年，第291页。

罗家坝遗址出土水陆攻战纹铜豆的初步认识

钮珊珊　袁书洪　龙志强

（四川省宣汉县文物管理所）

摘　要：春秋以后，青铜器上的图像风格和内容发生了很大改变，不再以云雷纹、弦纹、蟠螭纹等为主，而是以采桑、宴乐、狩猎、射弋、攻战等内容为主，罗家坝遗址在2003年发掘中取得重大成果，震惊国内，其中M33号墓出土一件铜豆，其图像内容以采桑、宴乐、弋射、武舞、水陆攻战图和攻城图为主。这件铜豆的发现，对于探索川东地区与其他地区相似铜器的差异提供了宝贵的资料。本文主要从罗家坝遗址出土的水陆攻战纹铜豆着手，以其为主要研究对象，收集近年来考古发掘和出土的资料，将其图像内容与其他地区相似图像的铜器进行比较，了解其异同，总结其发展特点，在此基础上论述战国时期采桑宴乐水陆攻战纹铜豆的相关问题。

关键词：战国时期　水陆攻战纹　铜豆

巴文化历史悠久，关于巴文化的历史迷雾重重，专家学者为之溯渊探源几十年，却见仁见智而莫衷一是。公元前1046年，勇武善战的巴人参加了著名战役“武王伐纣”，并立下赫赫战功，随即受到周王朝的分封正式进入方国阶段。大约到春秋中期至战国早期，巴国达到鼎盛阶段，进入“七国称王，巴亦称王”的时期，其鼎盛时期疆域“东至鱼复（今奉节），西至僰道（今宜宾），北接汉中，南极黔涪（今湘西、鄂西、渝东南、黔东北等地）”①。罗家坝遗址有墓葬多处，2003年发现M33号大墓，共出土随葬品共203件，其中1件为水陆攻战纹铜豆。该件铜豆位于3个人骨旁，铜豆由盖和豆两部分组成，盖为直口微侈，弧腹，圆形捉手。豆为直口微敛，下收成子口，弧腹，喇叭形圈足，圈足下端内折。盖和豆上布满了用铅类矿物质错成的图案。口径17.4厘米，底径10.4厘米，通高20.4厘米②。

一、罗家坝遗址水陆攻战纹铜豆的基本内容

罗家坝遗址水陆攻战纹铜豆的发现，对于探索川东地区与其他地区相似铜器的差异提供了宝贵的资料，同时有利于研究川东地区水陆攻战纹铜豆的特点。

---

① 《二十五别史》第十卷《华阳国志·巴志》，齐鲁书社，2010年，第2页。

② 四川省文物考古研究院、达州市文物管理所、宣汉县文物管理所：《宣汉罗家坝》，文物出版社，2015年，第143～145页。

罗家坝遗址 M33∶18 铜豆，图像主要分为三层。第一层：盖部圆形捉手上以一人为核心，左右两侧各 4 兽。盖下部铸刻的有两两对称四组纹饰，主要是宴乐、武舞和弋射图。其中左边为宴乐图，有楼房一幢，并铸刻出两檐和两柱，楼上有 6 人，皆腰佩短剑，左侧柱外一人，两柱之间 4 人，中间设一台座，上似挂一弓，台座左侧 2 人，右侧之人双手持物面向左侧一人。台座右侧 2 人，似双手持物面向左侧，右侧柱外立一人。楼下左右两侧各刻一鸟，中间左边悬挂编钟一组 4 个，右边悬挂编磬一组 5 个，下有 5 人，皆跽坐，其中 3 人双手高举，各执一桴，左边一人击钟，右边 2 人击磬，另 2 人似吹笙。其右侧 2 人，双手各执一桴，分别击打鼓和丁宁。中间为武舞图，左侧刻有 2 鸟，右侧 4 人，皆左手持矛，右手长舞，作武舞状。右边为弋射图。空中有一行向右飞翔的鸟群，共 7 只，其中已中箭者 5 只，下有 3 人，皆以缯缴弋射，旁各有觚收线。第二层：两两对称的四组纹饰，主要是水陆攻战图和攻城图。其中左侧为水陆攻战图，可分上下两层，其中上层为陆上攻击，双方共 9 人，左侧一人击鼓，右侧 8 人分左右两组进行交战，中间一人已被砍倒，左右两侧或持矛或持戈进行交战。下层为水上攻击，双方共 9 人，左边舟上 3 人，用力摇桨右冲，而右边舟上 3 人，奋力摇桨向左冲；每个舟下均铸刻 3 条鱼，代表在水中。右侧为攻城图，可分上下两层，上层共 8 人，分别持戈、矛、剑、弓、盾等武器，分三组进行格斗。下层共有 16 人，左边一竖线可能代表城墙一类的防御措施，以示内守外攻，竖线左侧 4 人持盾、矛、剑等武器作防御状，右边三斜线表示仰攻中所使用的云梯，其中左侧 3 人持梯，上有一人正作爬梯状；中间 3 人，两人正左手持盾，右手持矛，作登梯状，后一人作拉弓状；右侧 4 人，一人在梯下，3 人正持兵器登梯。第三层：狩猎采桑图。分为左右两组，其中左侧为狩猎图，有兽 5 头，作奔跑状，中间一头正被一人持腿拖走，为狩猎回家的场景。右侧为采桑图，中间有桑树一株，树下 4 人，一人作采桑状，其下有篮；一人作爬树状，另有两人作运篮桑状（图一）。

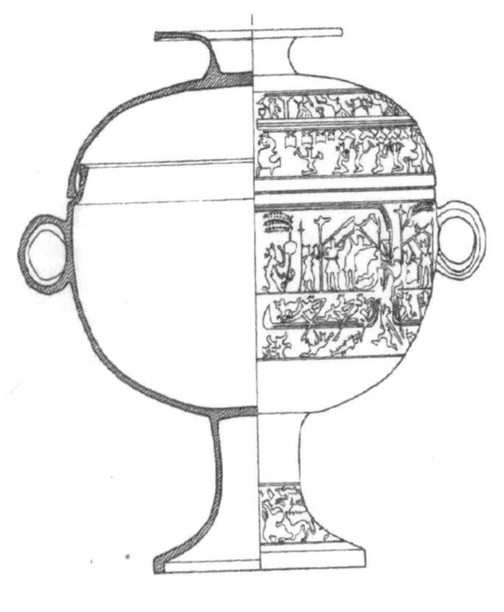

图一　罗家坝遗址水陆攻战纹铜豆

二、水陆攻战纹铜器的考古发现

近年来，考古发掘出土图像纹青铜器有70余件，而以采桑、宴乐、弋射、水陆攻战纹为主的青铜器目前仅收集到13件。从分布的区域看，主要集中在河南、陕西、山西、四川等地。

河南地区：河南汲县山彪镇战国初期M1∶28、M1∶56水陆攻战纹铜鉴①。

陕西地区：陕西凤翔高王寺战国青铜器窖藏中出土2件宴乐狩猎铜壶②。

山西地区：山西临汾侯马墓地出土1件战国中期青铜方壶③；山西潞城县潞河战国墓地出土1件青铜匜。长治市分水岭M12出土1件宴乐狩猎青铜匜，对于此件宴乐狩猎青铜匜，笔者存在一些疑问，在《长治分水岭墓地初探》一文中，提到此青铜匜有鎏金水陆攻战纹图，但是在发掘出的残片中没有看到水陆攻战纹④。因此，暂时将其列入水陆攻战纹铜器类。

四川地区：四川百花潭中学出土战国嵌错采桑宴乐射猎攻战纹铜壶⑤。罗家坝遗址M33∶18出土水陆攻战纹铜豆⑥。

未知地点出土或馆藏：故宫博物院藏1件战国时期的宴乐射猎攻战纹铜壶⑦；在《美帝国主义劫掠的我国殷周青铜器集录》中有2件战国初期的宴乐狩猎青铜豆⑧；美国大都会博物馆馆藏1件采桑宴乐弋射青铜豆。

从出土铜器的图像看，这些铜器年代主要在春秋战国时期。铜器种类包括青铜壶、青铜豆、青铜鉴等。

三、罗家坝遗址水陆攻战纹青铜豆的年代

从目前的考古发现来看，青铜豆在商代晚期已出现，西周时期通行，东周时期成为主要的食器之一。

罗家坝遗址水陆攻战纹铜豆的年代可以从墓葬、器物及纹饰图像三个方面进行分析。

第一，罗家坝遗址水陆攻战纹铜豆出土于M33号大墓。墓葬形制略呈不规则“曲尺形”，发掘者将罗家坝遗址发掘的一部分组合关系比较完备的典型墓葬进行分期，根据出土器物及其组合关系的变化，并结合墓葬间的打破关系，将罗家坝遗址墓葬分为八期，而M33属于第一期，根据陶器

---

① 郭宝钧：《山彪镇与琉璃阁》，科学出版社，1959年，第19～24页。

② 韩伟、曹明檀：《陕西凤翔高王寺战国铜器窖藏》，《文物》1981年第1期。

③ 化十：《水陆攻战纹铜方壶》，《文物季刊》1995年第1期。

④ 秦秋红：《长治分水岭墓地初探》，《长治学院学报》2010年第1期。

⑤ 杜恒（李学勤）：《试论百花潭嵌错图像铜壶》，《文物》1976年第3期；另收入李学勤著《新出青铜器研究》，文物出版社，1990年，第160～166页。

⑥ 四川省文物考古研究院、达州市文物管理所、宣汉县文物管理所：《宣汉罗家坝》，文物出版社，2015年，第143～145页。

⑦ 唐复年：《战国宴乐射猎攻战纹壶》，《故宫博物院院刊》1983年第3期。

⑧ 中国科学院考古研究所：《美帝国主义劫掠的我国殷周铜器集录》，科学出版社，1962年，第57、565～570页。

与其他地区的比较分析，初步将 M33 年代确定为春秋晚期至战国早期[①]。

第二，根据考古发掘出土的实物来看，进入春秋战国时期，铜豆的形制开始发生了很大的变化，除了一部分仍然保留春秋时期的形制外，出现了一些新的型式，其中一种铜豆形制是豆为子母口、圆腹、圜底、柄较低、圈足。如山西太原晋国赵卿墓（年代在春秋战国之交）中共出土铜豆 14 件，其中 8 件铜盖豆[②]，是此形制；陕县后川 M2040 战国早中期贵族墓中出土 2 件此形制铜盖豆[③]；山西长子 M7 春秋晚期贵族墓中出土 2 件铜盖豆[④]；罗家坝遗址出土的水陆攻战纹铜豆与这种铜豆的型式相似，从造型上看，罗家坝遗址水陆攻战纹铜豆的年代应该不晚于战国中期（图二）。

年代	地点	铜豆种类
春秋晚期	山西浑源 李峪村墓	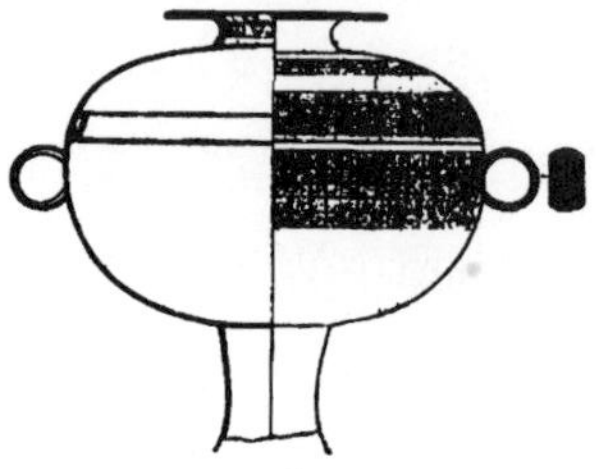 1
春秋战国之交	山西太原晋国 赵卿墓	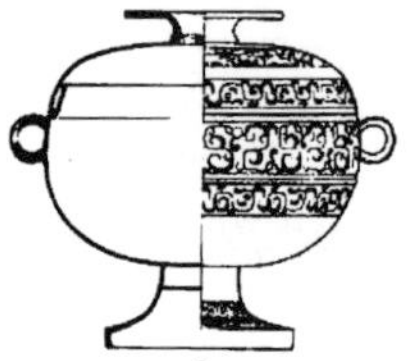  2　3
战国早期	平山穆家庄 M8101	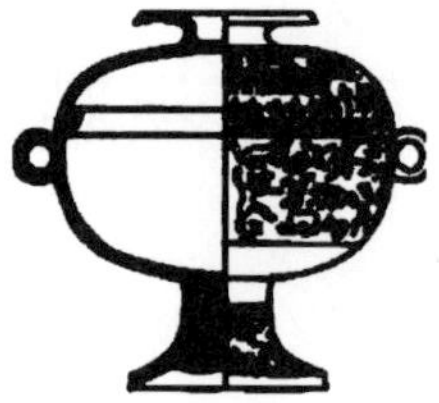 4
战国早中期	陕县后川 M2040	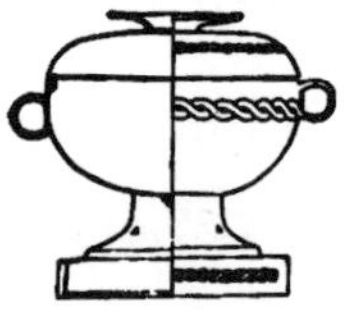 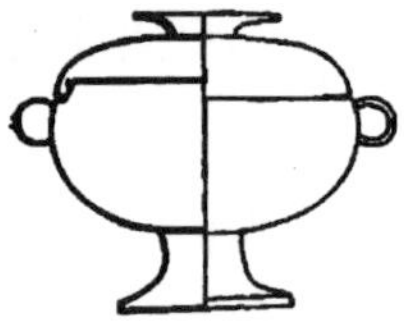 5　6

图二　春秋战国时期出土的铜豆

（1. 采自山西省考古研究所：《山西浑源县李峪村东周墓》，《考古》1983 年第 8 期　2、3. 采自张闻捷：《略论东周用豆制度》，《考古与文物》2011 年第 1 期　4. 采自 2017 年罗家坝遗址与巴文化学术论坛，湖南大学岳麓书院向文明 PPT　5、6. 采自中国社会科学院考古研究所：《陕县东周秦汉墓》，科学出版社，1994 年）

---

① 四川省文物考古研究院、达州市文物管理所、宣汉县文物管理所：《宣汉罗家坝》，文物出版社，2015 年，第 327～334 页。

② 山西省考古研究所、太原市文物管理委员会：《太原晋国赵卿墓》，文物出版社，1996 年；张闻捷：《略论东周用豆制度》，《考古与文物》2011 年第 1 期。

③ 中国社会科学院考古研究所：《陕县东周秦汉墓》，科学出版社，1994 年，第 20、34、35 页；张闻捷：《略论东周用豆制度》，《考古与文物》2011 年第 1 期。

④ 山西省考古研究所：《山西长子县东周墓》，《考古学报》1984 年第 4 期。

第三，将罗家坝遗址出土的水陆攻战纹图像与其他地区出土的类似图像进行比较，罗家坝遗址铜豆与四川百花潭采桑宴乐射猎攻战纹铜壶都有采桑、射猎和弋射图像；四川百花潭中学铜壶第二层是猎射图像[①]，而罗家坝遗址铜豆在第三层圈足部是采桑狩猎图像；从宴乐武舞图上看，两者在乐器上都存在编钟、编磬、鼓、丁宁以及笙。在水陆攻战纹图像中，两者图像相似。从年代上看，四川百花潭中学出土铜壶是战国前期（图三）；河南汲县出土的铜鉴与罗家坝遗址的水陆攻战纹图像（图四）极为相似，但唯一不同是河南汲县铜鉴没有采桑宴乐的场景，而水陆攻战图像在场景布置上相似，可见两队战士正在进行战斗，船上 4 人划桨向前冲击，陆上战士或持剑持刀、或持弓使用云梯攻城，河南铜鉴年代是战国前期；与故宫博物院铜壶[②]（图五）相比较，都有采桑、弋射和宴乐图像，图像相似，其中都存在跽坐，悬挂编钟，有丁宁、鼓以及吹奏的场面。在弋射图像中都可见使用“栓”绳的弓箭射向天空的鸟群。第三层同为水陆攻战纹图像，在 2 件器物中都可见士兵们英雄奋战激烈厮杀的场景；与山西潞城铜匜相比较，山西潞城缺少采桑图，二者都有宴乐武舞图，此器物年代是战国初期（图六）。美国大都会博物馆馆藏铜豆（图七）与罗家坝遗址出土铜豆极其相似，图案主要分为三部分，三部分图案的搭配相似度 98% 以上，只是缺少水陆攻战纹图像。由于未确定出土地点，该件器物年代尚未确定。

图三　四川百花潭中学铜壶

（采自齐云祥：《采桑宴乐射猎攻战纹铜壶定格历史》，《中国文化报》2010 年 6 月 9 日第 6 版）

① 杨华：《宴乐桑猎画像与战国宫苑生活》，《历史教学问题》1994 年第 1 期；田可文、陆云：《对“百花潭铜壶”嵌错图象中乐舞文化的再认识》，《四川音乐学院学报》1990 年第 9 期。

② 裴珺：《以战国宴乐铜壶为例谈中国传统图形的美学特征》，《美术观察》2017 年第 5 期；齐云祥：《采桑宴乐射猎攻战纹铜壶定格历史》，《中国文化报》2010 年 6 月 9 日第 6 版。

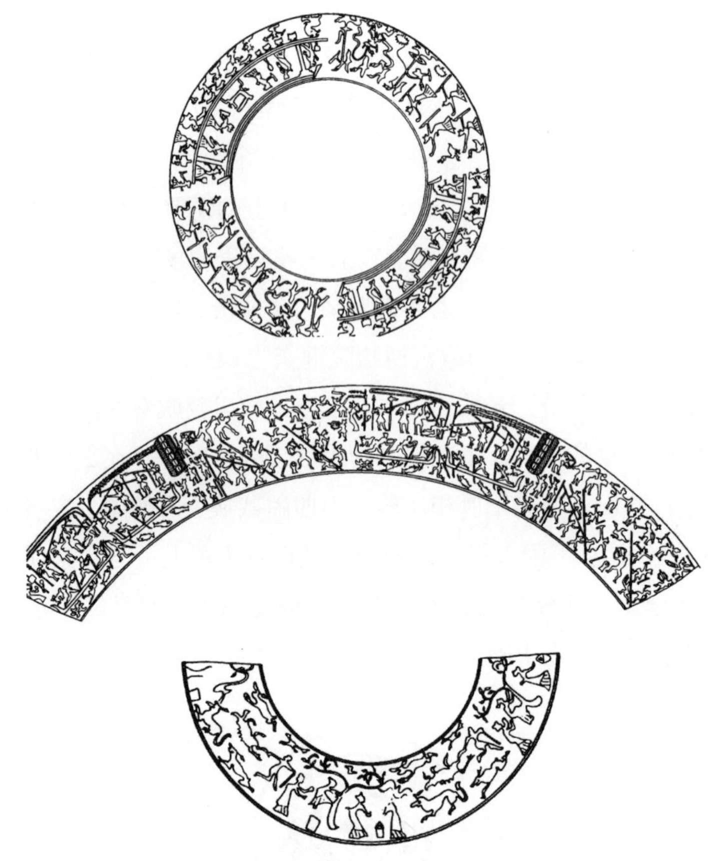

图四　罗家坝遗址水陆攻战纹铜豆分解线描图

（采自四川省文物考古研究院、达州市文物管理所、宣汉县文物管理所：《宣汉罗家坝》，文物出版社，2015 年）

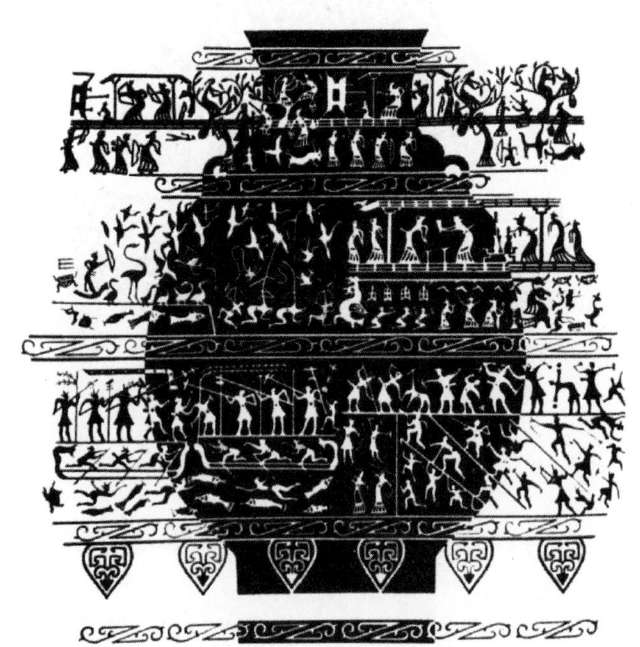

图五　故宫博物院藏铜壶

（采自裴珺：《以战国宴乐铜壶为例谈中国传统图形的美学特征》，《美术观察》2017 年第 5 期）

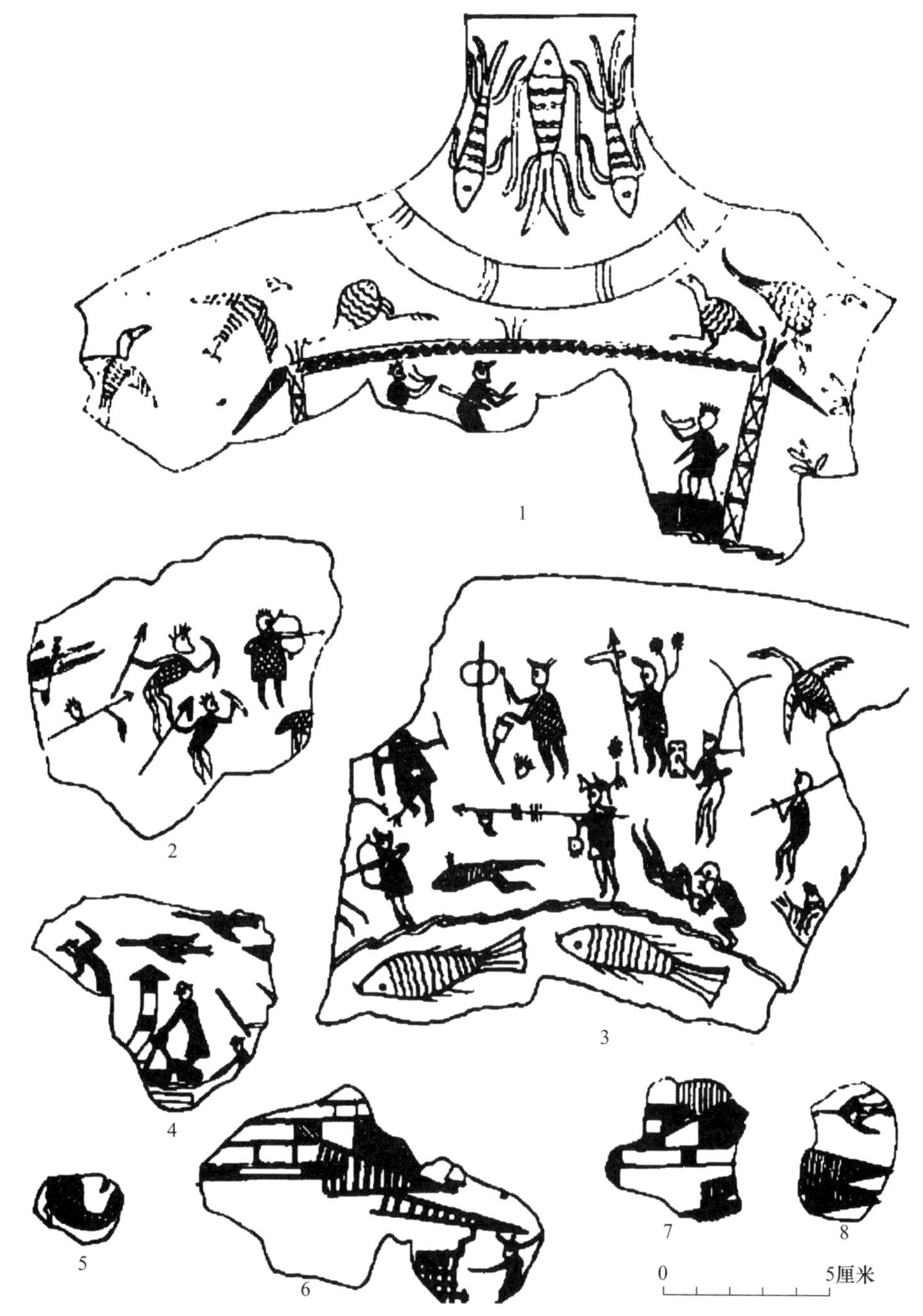

图六　山西潞城县潞城国墓铜匜

（采自山西省考古研究所、山西省晋东南地区文化局:《山西省潞城县潞河战国墓》,《文物》1986年第6期）

通过与河南、陕西、山西、四川等地出土的相似铜器图像比较分析，罗家坝遗址铜豆在年代与这些铜器的年代较为相近，笔者认为是同一时代的器物。

任何事物都会随着时代的变化而变化，铜器上的图像作为历史文化的产物，它也不例外。从主观上讲，人的审美观念在变化，或者可以说，人们价值观在变化。无论是再美好的、再有用处的、再有信仰价值的东西，都会伴随着新事物的出现而被淘汰或被变形，只有符合时代潮流发展趋势的才能在社会变革中不会消失而是出现新的形式，从整体看仍然处于一个大的统一系统中，如仰韶时代鱼纹的变化，就是从仰韶早期的写实鱼纹，演变到仰韶中晚期的抽象鱼纹或称简体鱼纹。在仰韶

图七　美国大都会博物馆馆藏铜豆
（四川省文物考古研究院陈卫东老师提供）

时代中期的庙底沟文化中，鱼纹占有非常重要的地位，有少量的写实鱼纹，还有抽象的几何纹[①]，王仁湘在《庙底沟文化鱼纹彩陶论》中写道："证实庙底沟文化广泛流行的叶片纹、花瓣纹、菱形纹、圆盘形纹等，大都是鱼纹拆解后重组而成，这些纹饰构成了一个'大鱼纹'的象征系统。在简体鱼纹出现后，并没有完全取代典型鱼纹，它们在一段时期共存过"[②]。青铜器上出现的采桑宴乐水陆攻战纹图像是在时代的变化中应运产生的，是时代的产物。

综上所述，从墓葬年代、器形以及纹饰图像的综合对比分析，笔者认为罗家坝水陆攻战纹铜豆年代应该在春秋晚期至战国早期。

① 王仁湘:《庙底沟文化鱼纹彩陶论（上）》,《四川文物》2009 年第 2 期。
② 王仁湘:《庙底沟文化鱼纹彩陶论（上）》,《四川文物》2009 年第 2 期。

四、罗家坝水陆攻战纹铜豆的制作工艺

春秋战国时代，由于战争不断、政治革新，促使学术思想有了很大的发展，出现了“百家争鸣”的局面，思想影响生产力，促进物质的发展，这时期手工业迅速发展，特别是青铜器的雕刻工艺取得飞速发展，嵌错工艺技术得到广泛的使用，该技术的应用使器物雕刻的花纹、内容、体裁发生了更大的变化，已经逐渐摆脱礼制的束缚，新的思想使得嵌错工艺进一步提升。

嵌错工艺在春秋时代已被使用，如1923年山西浑源出土的狩猎纹铜豆，铜豆的腹部外布满了用红铜镶嵌的狩猎纹图像[①]，生动地将狩猎场面描绘出来。1965年成都百花潭中学出土的采桑宴乐狩猎纹铜壶也是表面嵌错有银片，使用嵌错工艺表现各种场面。

罗家坝水陆攻战纹铜豆为嵌错铜器，是在铸造好的青铜器的表面嵌入铅类物质再用错石在青铜器表面错光磨平，从而形成大面积图像。这种嵌错工艺的出现将巴文化区青铜器的铸造工艺推向了高潮。

五、罗家坝遗址水陆攻战纹图像与其他地区的对比

采桑宴乐水陆攻战纹图像是社会发展的结果，是新兴生产力、新思想和新追求的载体，通过对这些图像的研究有利于分析罗家坝遗址水陆攻战纹铜豆的特点，进而推测当时的社会情况。

罗家坝遗址水陆攻战纹铜豆与四川百花潭中学采桑宴乐射猎攻战纹铜壶、故宫博物院铜壶、河南汲县铜鉴、山西潞城铜匜、陕西凤翔铜壶、美国大都会博物馆铜豆比较如下。

在宴乐武舞方面，都有一相同的板块来展示，并占有很大的一部分。从宴乐武舞图上看，四川百花潭中学铜壶和罗家坝水陆攻战纹铜豆两者在乐器上都存在编钟、编磬、鼓、丁宁以及笙，不同之处是罗家坝遗址铜豆的纹饰在宴乐场面中设有一台座，台座上放置似一张弓，而四川百花潭中学铜壶没有设台座。故宫博物院采桑狩猎纹铜壶第二层中可见侍女跽坐，悬挂编钟，有丁宁、鼓以及吹奏的场面。山西潞城铜匜宴乐图以宫殿为主，殿堂右侧一武士坐着持角杯饮酒，二武士起舞，武舞图不同点在于山西潞城铜匜中起舞的是武士，而罗家坝遗址铜豆起舞的是歌姬一类的女士。河南汲县铜鉴则不见宴乐武舞的场景（图八）。陕西凤翔不见水陆攻战纹图案。美国大都会博物馆藏铜豆中宴乐武舞图与罗家坝铜豆一样，不同点是，在中间台座上罗家坝遗址铜豆放置的是类似一张弓，而美国大都会博物馆铜豆中间台座上放置的似是两个壶。

根据分析宴乐武舞图，可见巴文化活动区域宴乐武舞所使用的乐器几乎与其他地区相似，主要以编钟、编磬、鼓、丁宁和笙等为主，而习射是当时社会的普遍活动之一。

从罗家坝遗址出土器物上的水陆攻战纹与其他地区的攻战纹比较看，在水陆攻战纹图像中，四川百花潭中学铜壶中船上为4人，河南汲县铜鉴中船上4人，而罗家坝遗址铜豆中船上为3人。四川百花潭中学铜壶上攻城图中有战士使用云梯进行攻击。在故宫博物院铜壶上云梯下边存在一圆

---

① 山西省考古研究所：《山西浑源县李峪村东周墓》，《考古》1983年第8期。

圈，唐复年认为：“此场景是攻城战中进攻一方正在抬着带有轮子的云梯向前急进。”[①] 河南汲县铜鉴在攻城使用云梯方面，云梯下边清晰可见一圆轮，梯下一人在后推轮轴。而美国大都会博物馆藏铜豆则没有水陆攻战图像。山西潞城铜匜攻战图则主要表现陆上攻战场面，其与其他水陆攻战图的共同处在于都有击楹鼓、敲丁宁指挥战争的场景，但未见到使用云梯。而罗家坝遗址中云梯没有轮子的存在了。

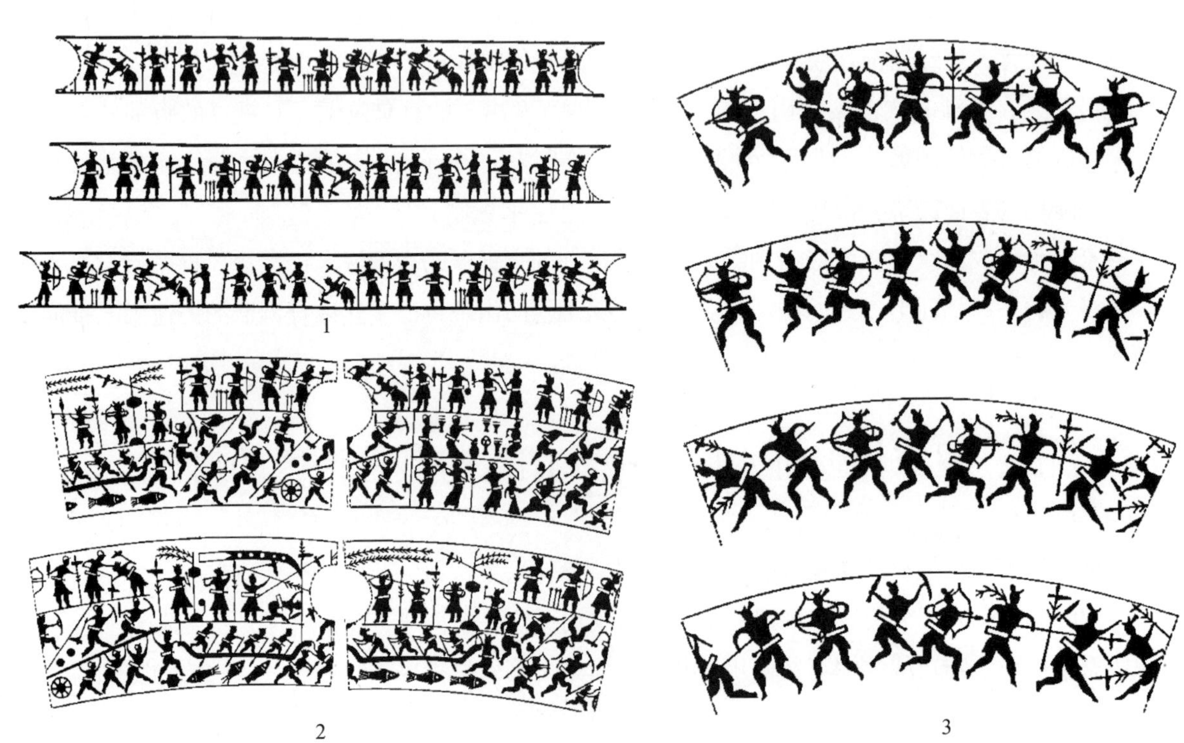

图八　河南汲县铜鉴

（采自郭宝钧：《山彪镇与琉璃阁》，科学出版社，1959 年，第 19～24 页）

春秋晚期至战国早期，巴文化区兴起了混合作战模式，不仅有步兵、骑兵还有水军。成书于战国时期的《逸周书》提到火攻和水攻；在《墨子》一书中也有关于攻城理论的探讨。在攻城战中云梯被广泛使用，只是对于云梯的图像出现三种不同的表现形式：一个直线、一个直线和一个圆圈、一个直线和一个轮子。《墨子・公输》记载了战国初年，公输般曾为楚造云梯之械。但是在记载中没有指出具体的云梯构造样式，从罗家坝遗址铜器以及其他地区的铜器图像中可见战国时期云梯的三种基本构造，百花潭中学和罗家坝遗址铜器的云梯省略成直线，故宫博物院铜壶上的云梯简化成一圆圈，河南汲县铜鉴上的云梯是一轮子，又根据《墨子・备高临》：“适（敌）人积土为高，以临吾城，薪土俱上，以为羊黔，蒙橹俱前，遂属之城，兵弩俱上”[②]。就是在敌人攻城时，将土堆砌，作为登城的跳台。从罗家坝遗址的铜豆来看，再次证实当时云梯构造或许是登城的跳台，若是说罗家坝铜豆中的是云梯，则可以猜测罗家坝遗址所属的巴文化区的云梯没有轮子只是一个板

① 唐复年：《战国宴乐射猎攻战纹壶》，《故宫博物院院刊》1983 年第 3 期。

② 戴红贤译注：《墨子・公输》，远方出版社，2004 年，第 199～205 页。

子，或许在中原地区带有轮子的云梯还没有传到南方。史籍中第一次记载的水战是公元前549年，《左传·襄公二十四年》“夏、楚子为舟师以伐吴，不为军功，无功而还。”《史记·越王勾践世家》：“越攻吴，派习流二千人参战”。“习流”就是指“习水战之兵”①。对于攻城、水战的记录在文献中很多，但是目前尚未发现战国时期水战的实物。从罗家坝遗址铜器以及其他地区的铜器图像中可管窥当时水战的情景：从战船承载的人数看，每船可载3～4人，在水战中基本成员包括水兵、操船者、指挥者，其中水兵是必备；从使用的武器看，多使用长戟、矛以及短剑。

根据罗家坝遗址铜豆与其他地区的青铜器图像比较，在宴乐武舞图像和采桑狩猎图像中罗家坝遗址所属巴文化区在男女分工明显不同，男士主要从事战争和狩猎，而女士主要负责宴乐、歌舞以及采桑等生产活动；在服饰方面，男士主要是长裤，持矛持剑，而女士主要为长裙长袖，奏乐、跳舞、采桑。

六、结　语

综上所述，通过罗家坝遗址出土的水陆攻战纹铜豆与其他地区相似铜器比较，笔者得出以下结论。

第一，春秋战国时期正处于社会大动荡、大变革的历史时期，在思想上“百家争鸣”，人们的思想得到解放，提出“天行有常，不为尧存，不为桀亡”的思想理念，认为天地万物都应该为人服务，将现实生活看得比神重要。因此，在青铜器上大量出现采桑、宴乐、武舞、攻战等反映现实生活场景的图像，而兽面纹等传统纹饰大量消减。

第二，在制作工艺方面，嵌错工艺得到大发展，这种新兴的工艺技术，不仅提高了器物的装饰性，而且使图像内容和题材越来越多样化。

第三，春秋战国时期，社会大动乱，战争不断，诸侯争霸，社会的大变革导致战争方式的大变化，混合战争在此时兴起。从罗家坝遗址出土的水陆攻战纹与其他地区的图像比较，此时期水战、陆战是常见战争状态，战争工具的运用也发生了大变化，出现了云梯或者登城跳台。

第四，春秋战国时期男女分工明确，服饰明显不同。男士主要从事战争和狩猎，而女士主要负责宴乐、歌舞以及采桑等生产活动。在服饰方面，男士主要是长裤，而女士主要为长裙长袖。

第五，春秋战国时期，社会风尚发生大变革，宗周礼仪被打破，政治上出现“礼崩乐坏”“王室衰微”的局面，而罗家坝遗址铜器与其他地区的铜器在宴乐武舞射弋图像内容都表现了战国时期奢靡享乐的场景。

---

① 张墨、张帆：《中国古代海军历史述略》，《军事历史研究》1997年第2期，第124～139页。

杂说罗家坝出土的钺

田旭东

（西北大学历史学院）

摘　要： 罗家坝战国至秦汉时期墓葬共发掘65座，出土青铜钺43件，这批青铜钺均带有明显的巴蜀文化特征。晚期的几个墓葬还出土了9件斧，其形状与中原地区的钺相似，其实也就是钺，斧钺在古代并没有明显的区分界限。罗家坝墓葬中还出土了楚文化及中原文化的礼器、木棺墓、船棺墓等，可见族属复杂，反映了当时文化交流的真实情况。大量青铜钺的出土，尚有青铜剑和矛的组合，这个墓地反映的不仅仅是巴人勇武、好战的特色，可以考虑罗家坝墓地整个应该是包含巴人君王或者说是高等级贵族在内的贵族墓葬群。

关键词： 罗家坝墓葬　青铜钺　青铜斧　贵族墓地

罗家坝战国至秦汉时期的墓葬共发掘65座，其中7座空墓，58座有随葬品，出土铜钺43件，几乎都是剑、矛、钺三件组合，这批青铜钺均带有明显的巴蜀文化特征。晚期的几座墓葬还出土了9件斧[①]。在一个墓地出土这么多的铜钺和斧，这个现象实在令人瞩目。

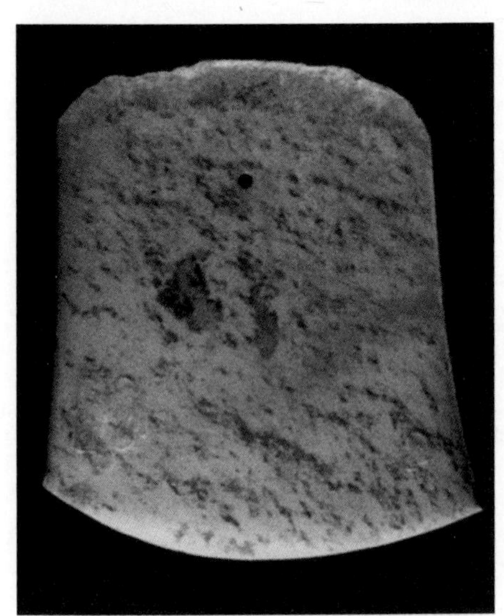

图一　良渚良渚文化玉钺

钺作为中国古代的一种兵器或礼器。其形制似斧，以砍劈为主。《说文解字》曰："大者称钺，小者称斧。"两者区别在于斧刃较钺为窄，钺刃较宽大，呈弧形。从新石器时代晚期随着文明时代的到来而出现。斧钺在古代不仅是用于作战的兵器，而且是军权和国家统治权的象征。

在新石器时代，石钺和石斧曾是重要的手持武器，并演化出具有礼仪性质的玉斧、玉钺（图一）。到了夏商周时期，随着等级制的日益复杂，铜钺的礼仪属性进一步提升，而战场上的主要手持兵器则已更新换代为铜戈。事实上，普通的士兵是不能使用铜钺的。无论文献记载还是考古发现都表明，铜钺主要是作为一种礼仪性的象征物而存在，它总是与王者如影随形。目前考古发现的确切证据是钺在新石器时代已经出现，而铜钺的最早出现多属商代

① 四川省文物考古研究院、达州市文物管理所、宣汉县文物管理所：《宣汉罗家坝》，文物出版社，2015年，第317～325页。

前期（图二）。

早期文献中多有记载，例如，《司马法》：“夏执玄戉，殷执白戚，周左杖黄戉，右秉白髦。”《诗·商颂·长发》：“武王（成汤）载旆，有虔秉钺。如火烈烈，则莫我敢曷。”《史记·殷本纪》：“汤自把钺，以伐昆吾，遂伐桀。”《左传·昭公四年》：“王弗听，负之斧钺，以徇于诸侯。”

从王权象征物引申开去，铜钺也被视为军事指挥权的象征。《淮南子·兵略训》中比较详细地描述了君王授命将军时的具体情形：君王“亲操钺，持头授将军其柄曰：‘从此上至天者，将军制之。’复执斧，持头授将军曰：‘从此下至渊者，将军制之。’”说明斧钺作为军事统帅权的象征，乃是将军率军征战的必需之物。王者进行朝政与礼仪活动，斧钺同样不可或缺。《逸周书·世浮》中云：“（周武）王秉黄钺正国伯，……王秉黄钺正邦君。”说明周王作为宗主国或者盟主国国君，必须秉黄钺亲理政事。而大凡有大型国事活动，王者身后需设有绘制斧钺图案的屏风状礼仪设施。

图二　最典型的器物——妇好钺、亚钺、兽面纹钺

钺还有大小之分，文献记载甚为清楚。《史记·周本纪》记载：武王即位，太公望为师，周公旦为辅，召公、毕公之徒左右王，“周公旦把大钺，毕公把小钺，以夹武王”。周公与毕公的地位非常接近，但所用斧钺仍有大小之别，说明斧钺的大小与使用者的身份地位密切相关。斧钺之上往往饰有神秘威严的纹饰，以显示使用者的权力和地位（图三）。

汉代以后，铜钺逐渐失去了昔日的辉煌，但作为皇权的象征之一，仍残留在礼制之中。《后汉书·舆服志》中记载的天子出行，“乘舆法驾……后有金钲黄钺，黄门鼓车”。沂南汉画像墓中有“车马出行图”，其中的斧车，应是钺车的传承[①]（图四）。

罗家坝墓葬出土的钺分作A、B二型（图五）：

无论是A型还是B型均与中原地区钺的形状有很大差异，这两种钺从早期到晚期一直流行，具有非常明显的巴文化特征。而且这两种钺与同组合的兵器矛和剑相比，从体量上看很小，仅有9

---

① 中国画像石编辑委员会：《中国画像石全集》（1），河南美术出版社，2000年，第155页，图207。

图三 神秘纹饰钺：蛙纹钺、透雕龙纹钺

图四 沂南汉画像墓车马出行图之斧车

厘米[①]，如果矛和剑属于实用兵器，而钺只能看作是不适于实用的象征性器物，它的象征意义大于实用，可能象征着墓主人的身份，是具有领兵征战资格的贵族。

早期 M33，3 人合葬，出土 4 件 A 型钺，另有大量陶器、青铜器、兵器陪葬，文化因素复杂，发掘者推断此墓可能是巴国王侯一级人物[②]。我们认为，从目前有限的发掘资料来看，这个墓的墓

① 四川省文物考古研究院、达州市文物管理所、宣汉县文物管理所：《宣汉罗家坝》，文物出版社，2015 年，第 317～325 页。

② 四川省文物考古研究院、达州市文物管理所、宣汉县文物管理所：《宣汉罗家坝》，文物出版社，2015 年，第 133～173、336 页。

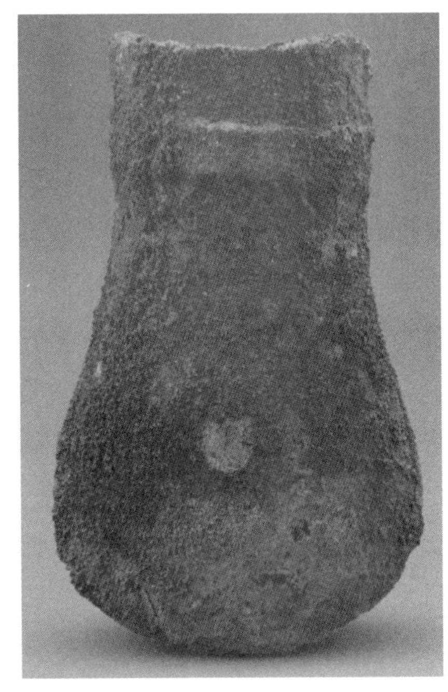

图五　罗家坝墓葬出土的钺

1. A 型（有肩、束腰、圆弧刃） 2. B 型（无肩、宽弧刃、銎口有凸棱）

主即使不能肯定为巴国王侯级的人物，也应该是一个有统兵权力的高级贵族人物。《宣汉罗家坝》说：剑、矛、钺的组合与四川其他地区，如云阳李家坝等地东周墓葬的组合特征相似，同属巴文化青铜器兵器组合，体现了巴人勇武精神和战事频繁的历史情景。

罗家坝出土青铜钺的巴蜀文化特色，我们还可以再做一点比较，陕西境内秦岭以南的汉水流域的城固、洋县两地曾出大量时代属于商代中晚期的青铜器，兵器中多有与之后巴蜀文化中常见的柳叶形矛、柳叶形短剑，亦有青铜钺出土（图六）。此外，还有更多的形状相似的小圆钺（图七）。

图六　陕西汉中地区城固、洋县出土青铜钺

（采自西北大学文博学院、陕西省文物局：《城洋青铜器》，科学出版社，2006 年，图版 127、137）

自20世纪50年代以来，陕西汉中地区的城固、洋县两县曾出土多批青铜器，其中兵器占据多数，我们仅举兵器中的20多件钺来看，其中既有商文化特点浓厚的中原地区的钺，也有造型独特与后来的巴蜀地区所出极其相似的钺，从此处所举以上的几件钺来看，不仅造型与其他地区不同，其銎与柄的装式为竖装式，与其他地区銎柄为横装式截然不同，显示出鲜明的地方特色。这里的钺一般为7～10厘米，重310～950克，最小的通长仅有7厘米，重190克，与同出的长22～23厘米的三角援戈相比，显然不适于实战所用，仅仅是象征意义的兵器罢了。虽然这些兵器多为窖藏而非墓葬出土，仍然可显示出拥有者必定是拥有贵族的身份地位。

图七 城洋小圆钺

（采自西北大学文博学院、陕西省文物局：《城洋青铜器》，科学出版社，2006年，图版140）

我们还可以与时代属于西周时期的宝鸡強国墓地出土的铜钺相比较。宝鸡強国墓地出土的钺与斧（图八、图九），钺是西周风格无疑，而斧则与罗家坝的钺有很多相似之处。強国墓地在葬俗上与同期的西周墓葬有很大的不同，在学界一般被认为是关中西部一个不属于姬姓家族的异姓诸侯国墓地，很可能是属于秦岭以南的巴蜀地区的一个古国君主墓地。从出土的大量随葬品看，它有邻近的姬姓贵族墓葬的风格，其中的铜鼎、簋、酒器、乐器等礼器与周贵族墓葬出土物趋同，但在生活用品上却有与周人墓葬中出土物截然不同的风格，比如在強国墓葬中大量发现的一种钵形尖底罐，就极具早期巴蜀文化的某些特征，在四川广汉、新繁等地的早期巴蜀文化墓葬中多见，其出土的铜兵器如三角援戈、柳叶形矛、柳叶形剑等也明显地表现出巴蜀文化的风格。

以上所举的几件城洋铜钺和強国墓地两件铜斧，应该与罗家坝及其他属于巴蜀文化墓葬中出土的铜钺有很大的关系，它们应该可以算作后来的小圆钺的早期形状。罗家坝等属于巴蜀文化的铜兵器显示出对城洋、強国兵器的继承关系，也就是说，商周以后，城洋、強国青铜兵器在成都平原和川东地区得以延续，其中的小圆钺在春秋战国以后逐渐发展演变为我们在罗家坝战国墓葬中所见铜钺的A、B二型。

图八 宝鸡弶国墓地“銎内钺”“Ⅰ式斧”

（采自卢连成、胡智生：《宝鸡弶国墓地》，文物出版社，1988 年，图版五〇、六五）

值得注意的是，罗家坝墓地还出土了 9 件斧。这 9 件斧完全出于第三期到第五期，即战国中期以后到西汉早期的墓葬：M26、M31、M44、M51、M61、M64①（图一〇）。

我们认为这类所谓的斧，其形状与中原地区的钺相似，其实也就是钺。《说文解字》曰：“大者称钺，小者称斧。”斧钺在古代并没有明显的区分界限。钺和斧经常被一起提及，而它们在外形上也确有很大的相似之处。在古代，这二者确实属于同类武器。斧是最普通形态或基本形态，而钺是这个普通形态的扩大形式，以更为宽大的外形来彰显等级制度下的身份差异。如果将良渚钺、妇好墓钺和罗家坝斧做个对比的话，就可看出罗家坝的斧与中原地区的钺在形状上基本一致。据《宣汉罗家坝》，罗家坝遗址属于战国中期以后的墓葬中还出土了楚文化及中原文化的礼器，还出现了木棺墓、船棺墓等，可见族属复杂。战国中晚期秦灭巴蜀以后，中原文化对当地必定产生一定的影响，中原斧钺的出现应当反映的就是当时文化交流的真实情况。青铜器贵族化，大量的青铜器，尤其是大量铜钺出土，尚有铜剑和矛的组合，如

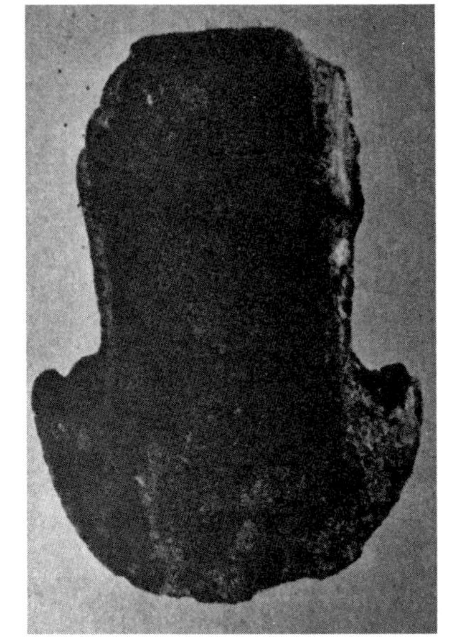

图九 宝鸡弶国墓地“Ⅱ式斧”

（采自卢连成、胡智生：《宝鸡弶国墓地》，文物出版社，1988 年，图版一二七）

① 四川省文物考古研究院、达州市文物管理所、宣汉县文物管理所：《宣汉罗家坝》，文物出版社，2015 年，第 105 页，图版五〇、九〇、一〇七、一三三、一四七。

果与中原文化相同，只有贵族才有当兵作战的权力，那么这个墓地反映的就不仅仅是巴人勇武、好战的特色，是否可以考虑整个罗家坝墓地应该是一个包含巴人君王或者说是高等级贵族在内的贵族墓葬群？我们期待更多的考古资料出土和研究成果面世。

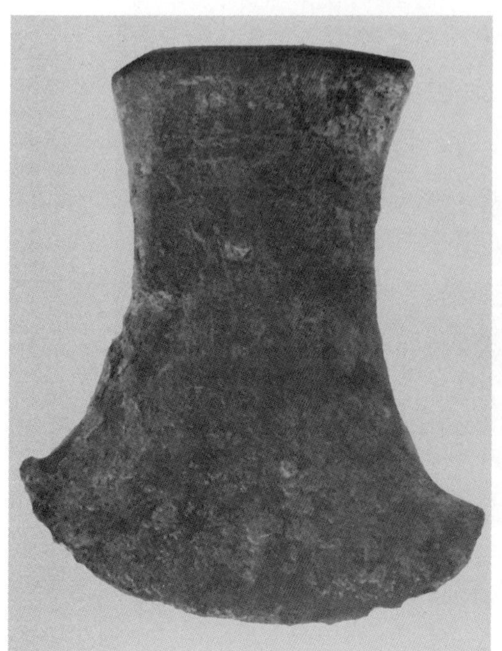
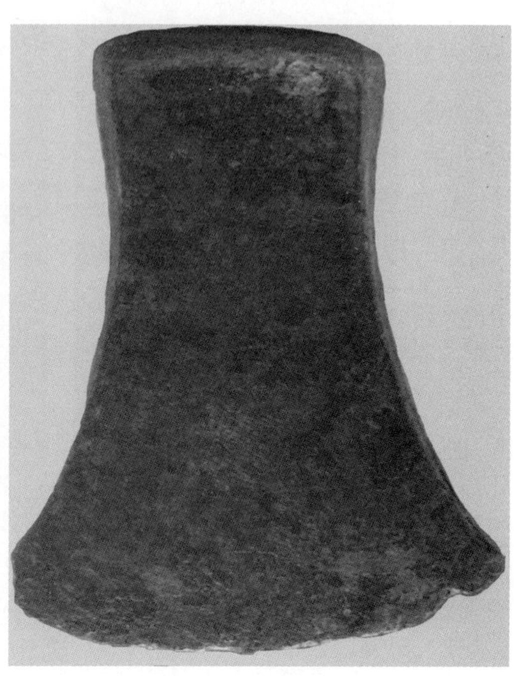

图一〇　罗家坝出土斧

论罗家坝M33的墓葬形制及文化属性

刘国祥　李宏飞

（中国社会科学院考古研究所）

摘　要：罗家坝巴文化墓地中规格最高的墓葬M33实际上是两座具有打破关系的墓葬，被打破者为船棺合葬墓，出土器物受到了楚文化和蜀文化的影响，墓主人有可能属于巴文化的王者或高级贵族。

关键词：罗家坝M33　船棺合葬墓　楚文化　巴蜀文化

宣汉罗家坝东周墓地[①]是近年来巴文化考古的重大发现之一，现已清理出的东周墓葬，为探讨东周时期巴文化的内涵与特征及巴蜀文化的关系提供了丰富的考古材料。其中，该墓地已知规模最大的一座墓葬（M33）成为学术界关注的焦点。关于罗家坝M33的墓葬形制，高大伦将其复原为7座船棺的合葬墓[②]。关于罗家坝M33的文化因素，多数学者认可其包含巴蜀文化因素和楚文化因素，并认为墓主人应属当地巴人贵族甚至首领[③]。本文拟对罗家坝M33的墓葬形制提出另一种复原方案，在文化因素分析的基础上，对该墓所受成都平原的文化影响及其文化性质进行深入探讨。

一、罗家坝M33墓葬形制复原

罗家坝M33墓圹内东侧有一批集中放置的兵器和礼器（图一），呈南北向“一”字排开，兵器之下及两侧还残存有船棺的朽痕（图二）。船棺是四川地区东周时期墓葬流行的葬具之一，由于葬具形制的特殊性，导致墓圹及随葬品摆放位置均呈现为窄长方形。《宣汉罗家坝》发掘报告指出东周墓葬M45、M46的葬具为船棺，对比可见M33东部呈“一”字排开的器物群摆放方式与M46（图三）相同，可知M33也是一座船棺。根据以往对船棺葬的认识[④]，兵器群通常放置于墓主人身体部位，在船棺南侧还发现9颗玛瑙珠，应为墓主颈部的项饰[⑤]，进一步表明存在一具已腐朽不能辨识的人骨架，我们将其标记为骨架甲。

---

① 四川省文物考古研究院、达州市文物管理所、宣汉县文物管理所：《宣汉罗家坝》，文物出版社，2015年。

② 陈卫东、赵宠亮：《罗家坝遗址与巴文化学术研讨会纪要》，《四川文物》2018年第1期。

③《罗家坝遗址笔谈》，《四川文物》2003年第6期。

④ 冯汉骥、杨有润、王家祐：《四川古代的船棺葬》，《考古学报》1958年第2期。

⑤ 孙庆伟：《周代用玉制度研究》，上海古籍出版社，2008年。

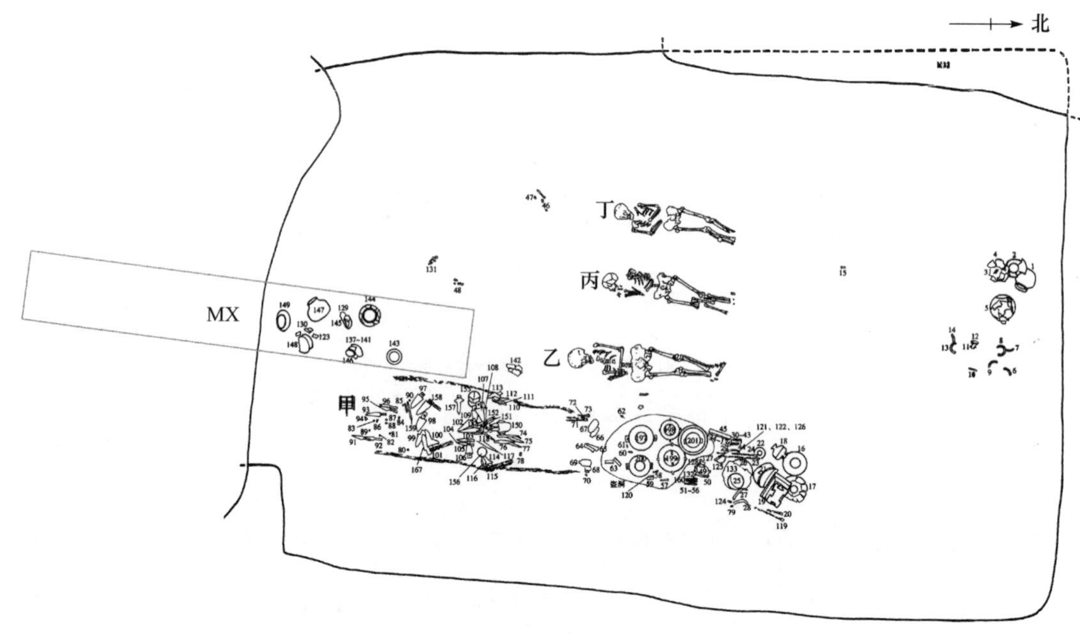

图一 罗家坝 M33 平面图

图二 罗家坝 M33 船棺遗痕

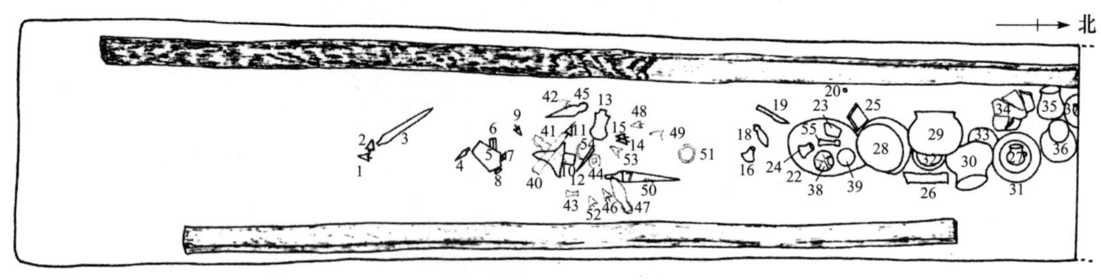

图三 罗家坝 M46 平面图

在船棺西侧，也就是 M33 墓圹中央，有三具南向的人骨架，我们依次将其称为骨架乙、骨架丙及骨架丁，这三具骨架附近未发现葬具遗痕，骨架附近也缺乏随葬器物。在三具骨架北部靠近墓圹北壁处，放置有陶器群及野猪獠牙，应该是三具骨架共享的随葬品。陶器群由 5 件陶罐构成，可分为二型，分别为“喇叭口罐”和“盘口罐”（图四）。相同特征的陶罐在骨架甲脚端的器物群中也有发现，仅有喇叭口罐、盘口罐各 1 件，表明每具骨架配有 1 套喇叭口罐与盘口罐的组合。由此可知，骨架乙、丙、丁也各自享有一套这样的陶器组合，只不过被集中放置。由于同类陶罐的造型和施纹特征几乎完全相同，可以判断应属于同一座合葬墓的随葬品。

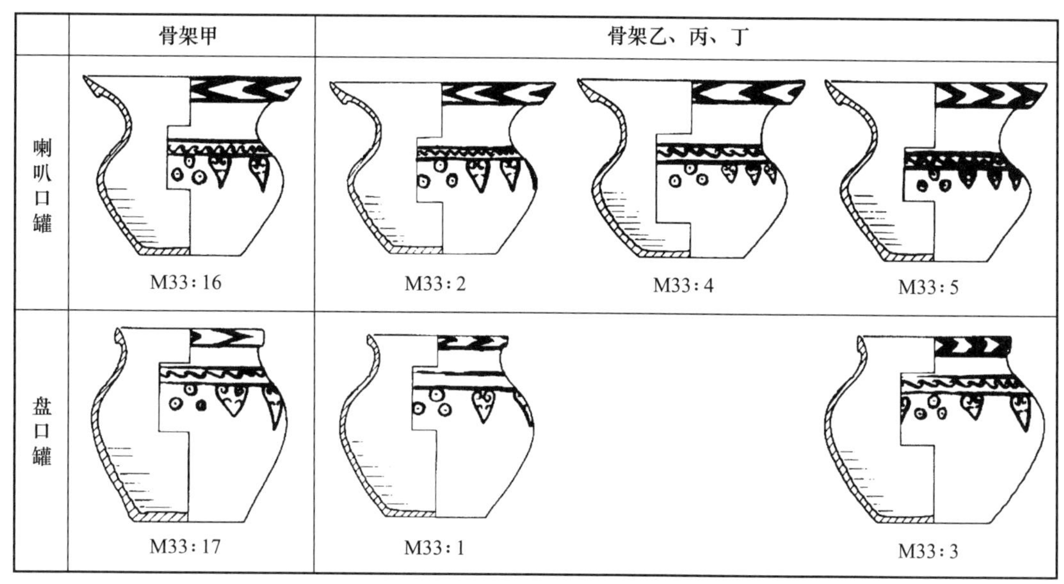

图四 罗家坝 M33 所出喇叭口罐与盘口罐

实际上，罗家坝 M33 应是一座船棺葬合葬墓。在罗家坝墓地发现有类似的合葬墓，如 M61、M65。在大体同时的成都平原，也不乏此类船棺合葬墓的发现。对比可见，罗家坝 M33 与四川大邑五龙公社机砖厂 M4[①] 的墓葬形制非常相似，在墓圹内西侧放置一座大型船棺，另有 2 座小型船棺依次放置其东侧，在小型船棺南侧靠近墓壁处同样放置大口瓮等器物（图五）。

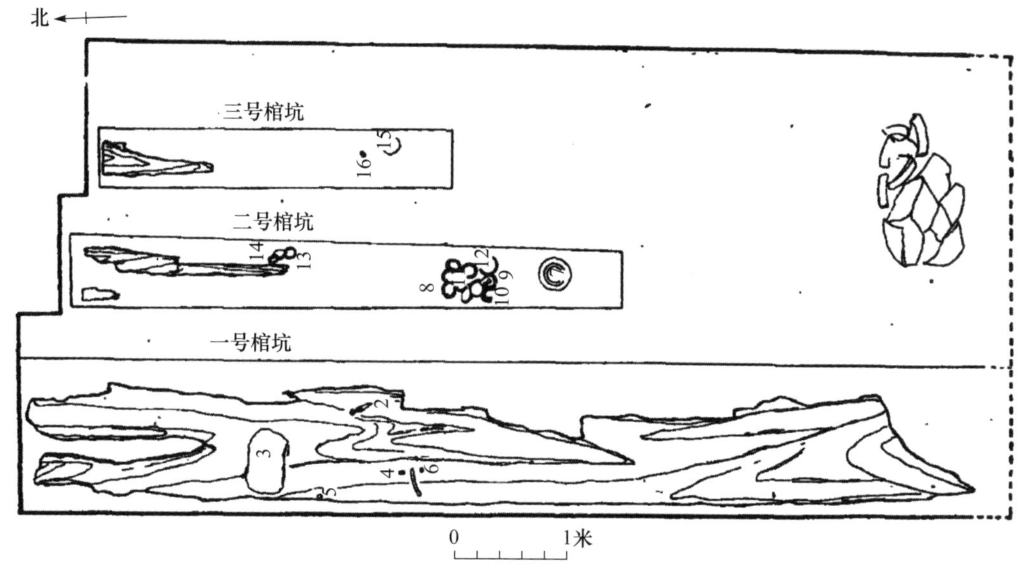

图五 四川大邑五龙公社机砖厂 M4

① 四川省文管会、大邑县文化馆：《四川大邑五龙战国巴蜀墓葬》，《文物》1985 年第 5 期。

罗家坝东周墓葬的形制“以狭长方形竖穴土坑墓为主，仅 1 座墓葬形制呈曲尺状”[①]，这样的形制比较特殊（图六）。通过对遗迹现象和出土遗物的分析，我们认为《宣汉罗家坝》中发表的 M33 实为两座具有打破关系的墓葬。我们将相对年代较晚的墓葬称为 MX，将被 MX 打破的墓葬称为狭义的 M33（在接下来的行文中，M33 特指这一狭义概念）。之所以认为存在“MX → M33”的打破关系，原因有三。

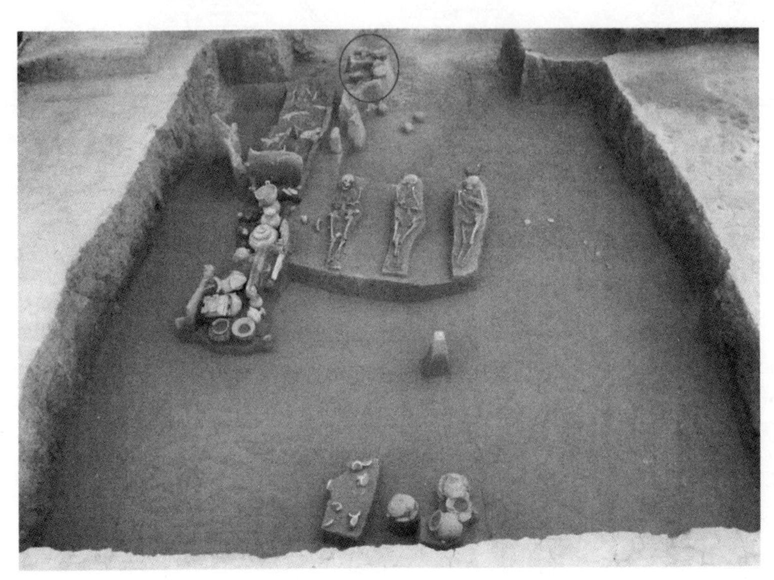

图六 罗家坝 MX 与 M33

其一，MX 范围内的陶容器尽管与骨架乙处于同一条直线上，但距离较远，而通常情况下，船棺内的随葬品位于墓主人头端或脚端不远处。况且，前文已论证骨架乙、丙、丁共有的随葬品位于 M33 靠近北壁处。

其二，MX 范围内的陶容器相对高度明显高出了 M33 内诸人骨架的高度（图六，圆圈所示），这些器物更有可能属于打破 M33 的另一座墓葬。

其三，MX 范围内的陶容器与 M33 所出器物存在差异。MX 范围内出土器物包括陶钵（M33：123、M33：130、M33：139、M33：140）、陶杯（M33：129、M33：137、M33：138、M33：141、M33：149）、陶釜（M33：143、M33：145、M33：146）、陶平底罐（M33：144、M33：147、M33：148），其中以陶平底罐最具时代特征。经核查，罗家坝墓地中的 M14、M25、M31、M32 也出有形制近似的陶平底罐（图七）。《宣汉罗家坝》报告中将 M33 定为第一期 1 段，应为该墓地年代最早的墓葬，M25、M31、M14 和 M32 则分别被定为第四期 5 段、6 段，第五期 7 段和第六期 8 段，均属于该墓地中年代偏晚的墓葬，出土器物的年代早晚差异同样可证明 MX 范围内的陶器群并非 M33 的随葬遗物。

总而言之，《宣汉罗家坝》报告中发表的 M33 实际上是包含两座具有打破关系的墓葬，被打破的墓葬是一座合葬墓，其中的主棺为船棺，其余三人的葬具不明。

---

① 四川省文物考古研究院、达州市文物管理所、宣汉县文物管理所：《宣汉罗家坝》，文物出版社，2015 年。

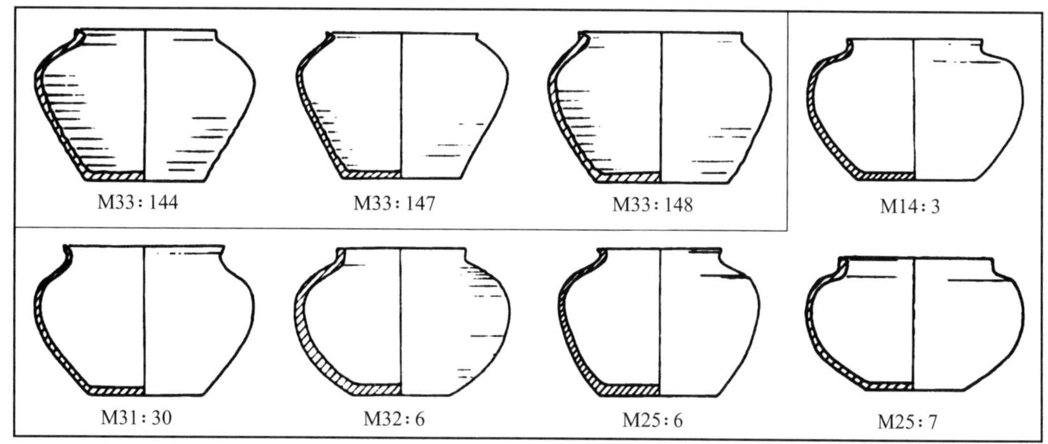

图七　MX 所出陶平底罐及对比器物

二、罗家坝 M33 与成都平原的文化联系

已有多位学者对罗家坝 M33 的出土遗物进行了文化因素分析[①]，均认为这些出土遗物可以明显分为楚文化因素和巴蜀文化因素两大类。文化因素分析是正确认识罗家坝 M33 文化性质的科学方法，但文化因素本身的文化背景也需要加以探讨，方能够更为精准地认识该墓葬的文化属性。

学术界普遍认同罗家坝 M33 出土青铜礼器属于楚式青铜器。箍口鼎、簠等在楚墓中通常成对出现，但罗家坝 M33 仅有 1 件，尊缶在楚墓中通常成对出现且尺寸相同，但罗家坝 M33 所出 2 件尊缶的尺寸不相同，尽管这些青铜礼器并没有构成一套较为完整的组合，但仍然能够在组合上透露出对楚文化铜器群组合的接纳。如果进一步思考出土器物所在的区域文化背景，我们并不能简单地将其归结为楚文化因素，甚至将其直接视为来自楚文化分布区。值得注意的是，在成都平原同时期的墓葬中，也可见到几乎完全相同的楚式青铜器（图八）。

如上所述，罗家坝墓地与同时期成都平原的墓葬均受到了来自楚文化的强烈影响，而罗家坝 M33 所出楚式青铜器显然不能单纯地视为来自楚文化分布区。不仅如此，罗家坝 M33 所出蜀文化青铜器也与同时期成都平原的墓葬所出者几乎完全相同（图九），显然表明了两地之间确实存在较强的文化联系。

从出土陶器也可以观察到罗家坝 M33 受到的来自成都平原的影响（图一〇）。成都指挥街遗址的下层文化遗存被分为两期，其中晚期的年代被定为春秋早期[②]，发现有宽方唇上翻的陶罐。成都新一村遗址第 6 层的年代相当于春秋中期[③]，已出现宽方唇内勾的陶瓮口沿，喇叭口罐的形制特征也与 M33 所出喇叭口罐接近。

我们还注意到，罗家坝 M33 所出喇叭口罐并非普通的陶罐，肩部纹饰与铜罍之上的蕉叶纹较为接近，喇叭口罐的形制特征也与铜罍较为接近（图一〇）。成都平原自三星堆文化时期便已出现

① 《罗家坝遗址笔谈》，《四川文物》2003 年第 6 期。

② 四川大学博物馆、成都市博物馆：《成都指挥街周代遗址发掘报告》，《南方民族考古》（第一辑），四川大学出版社，1987 年。

③ 成都市文物考古研究所：《成都十二桥遗址新一村发掘简报》，《成都考古发现》（2002），科学出版社，2004 年。

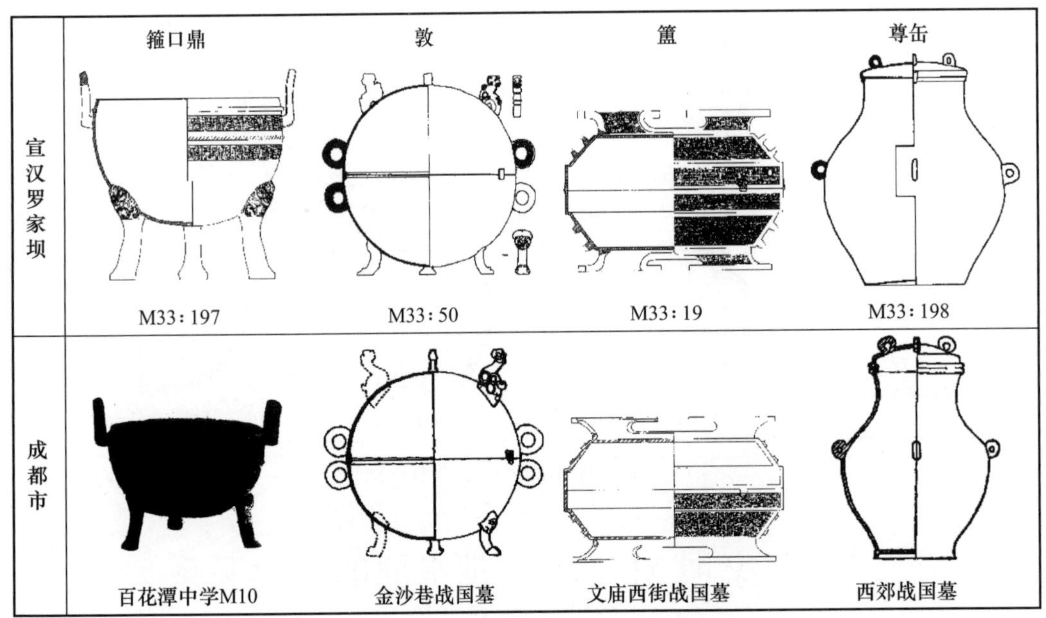

图八　罗家坝M33与成都平原墓葬所出楚式青铜器

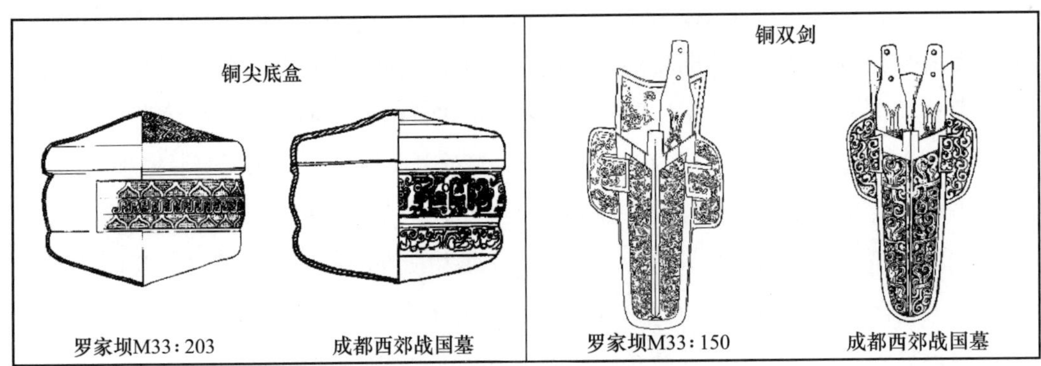

图九　罗家坝M33与成都平原墓葬出土蜀文化青铜器

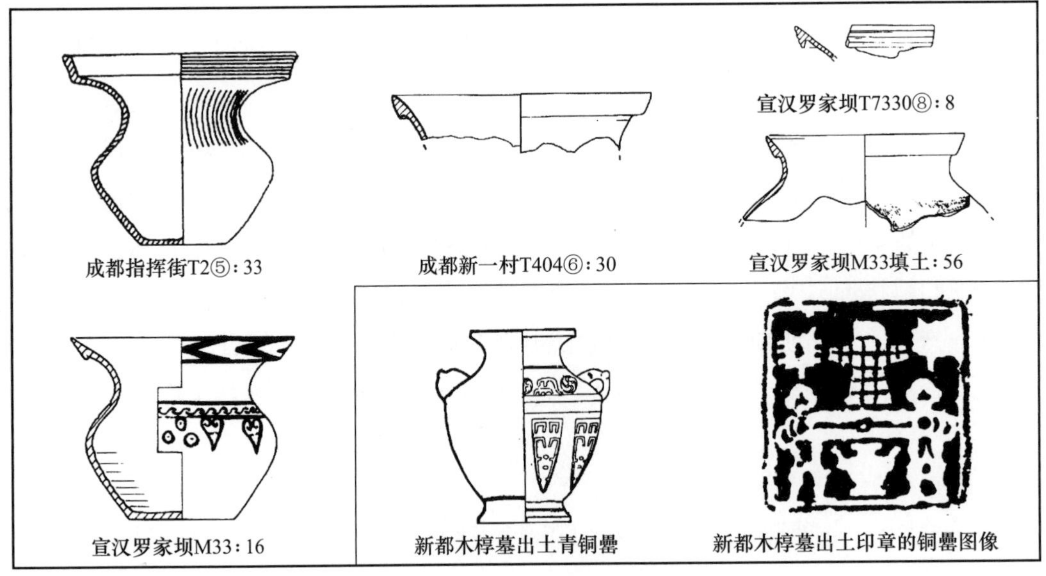

图一〇　宽方唇陶罐及铜罍图像

了对青铜尊、罍的使用偏好[①]，彭县竹瓦街曾于 1959 年和 1980 年两次出土青铜列罍[②]，凸显了对青铜罍的使用偏好。直至战国时期，新都木椁墓中仍然出有 5 件仿古的青铜罍[③]，巴蜀印章之上也存在铜罍的图像[④]，表明对于青铜罍的偏好延续长久。

综上可见，罗家坝 M33 受到了较多来自成都平原的文化影响。该墓属于船棺合葬墓，而船棺葬本身也是流行于成都平原的葬具，且出现时间较早，同样表明该墓受到了来自成都平原的文化影响。

三、罗家坝 M33 文化属性探讨

通过上文的讨论可知，宣汉罗家坝 M33 受到了较多来自成都平原的文化影响，该墓所出楚式青铜器也常见于同时期成都平原的墓葬，表明该地与成都平原存在较多的文化联系。传统观点认为，成都平原是蜀文化的分布区，若罗家坝 M33 受到较多蜀文化的影响，其文化性质还究竟是不是巴文化？

巴文化和蜀文化由于分布地域毗邻，不可避免地出现文化因素的互现，这就为辨识两者之间的差异造成了一定的困难。经过学术界同仁的不断探索，目前可判断为巴文化特质因素的有两项标准。

其一，花边口圜底绳纹罐的存在。江章华对渝东地区商周时期考古学文化的研究成果显示，渝东地区“西周中期以后，出现大量圜底器，尤其是大量花边口圜底罐的出现，使得这一时期的文化与成都平原的同时期文化呈现出一定的差异。除花边口圜底罐，其他因素与成都平原同时期文化是基本一致的”[⑤]。在罗家坝 M33 的填土内，发现有花边口绳纹圜底罐的口沿。我们知道，墓葬填土内的包含物年代通常早于墓葬的年代，夏鼐曾以甘肃宁定县半山墓地 M2 填土中的仰韶文化彩陶片论证齐家文化的相对年代晚于仰韶文化[⑥]。M33 填土内出土花边口绳纹圜底罐的口沿（图一一），表明

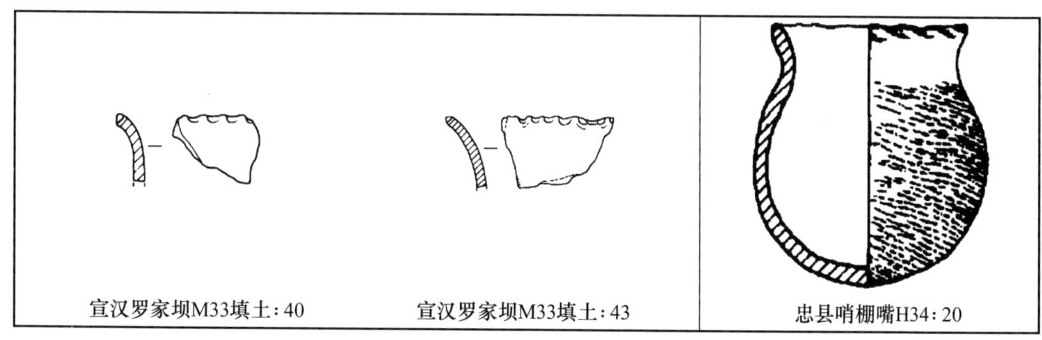

图一一　罗家坝 M33 填土所出花边口绳纹圜底罐及对比器物

① 四川省文物考古研究所：《三星堆祭祀坑》，文物出版社，1999 年。

② 王家祐：《记四川彭县竹瓦街出土的铜器》，《文物》1961 年第 11 期；四川省博物馆、彭县文化馆：《四川彭县西周窖藏铜器》，《考古》1981 年第 6 期。

③ 四川省博物馆、新都县文物管理所：《四川新都战国木椁墓》，《文物》1981 年第 6 期。

④ 严志斌、洪梅：《战国时期巴蜀文化罍形符号研究》，《中国国家博物馆馆刊》2015 年第 11 期。

⑤ 江章华：《渝东地区商周时期考古学文化研究》，《考古学报》2007 年第 4 期。

⑥ 夏鼐：《齐家期墓葬的新发现及其年代的改订》，《考古学论文集》，科学出版社，1961 年。

罗家坝遗址早于 M33 的文化遗存的性质属于巴文化。在罗家坝东周墓地的 M8、M13、M27、M34、M50、M58 等墓葬中出有花边口绳纹圜底罐，这些墓葬分属第二期第 2 段、第三期第 3 段、第四期第 5 段和第五期第 7 段，基本贯穿罗家坝东周墓地的始终。由此可见，年代早于和晚于罗家坝 M33 的遗存均包含巴文化特质因素的花边口绳纹圜底罐。

其二，斧形钺及斧的存在。冉宏林近年来对巴文化和蜀文化的青铜器进行了系统梳理，认为属于巴文化特色的青铜器有鍪、釜、虎纹单胡戈、斧形钺和斧，但其中的鍪、釜、虎纹单胡戈属于巴文化和蜀文化中均常见的器物①，由此可见，斧形钺和斧应属于巴文化中具有代表性的特质因素。经检索，罗家坝墓地中 M2、M3、M5、M18、M23、M24、M25、M30、M31、M35、M36、M38、M41、M42、M45、M48、M53、M54、M57、M51、M61 随葬巴文化特征的斧形钺，仅有 M33、M37、M46、M55、M62 随葬蜀文化特征的铜钺，在 M40、M44、M50、M64、M65 存在两类铜钺共出的情况（图一二）。此外，M13、M26、M44、M51、M61 随葬巴文化特征的斧。随葬巴文化特征斧形钺及斧的墓葬自罗家坝墓地的第二期第 2 段延续至第五期第 7 段，基本贯穿该墓地的始终。

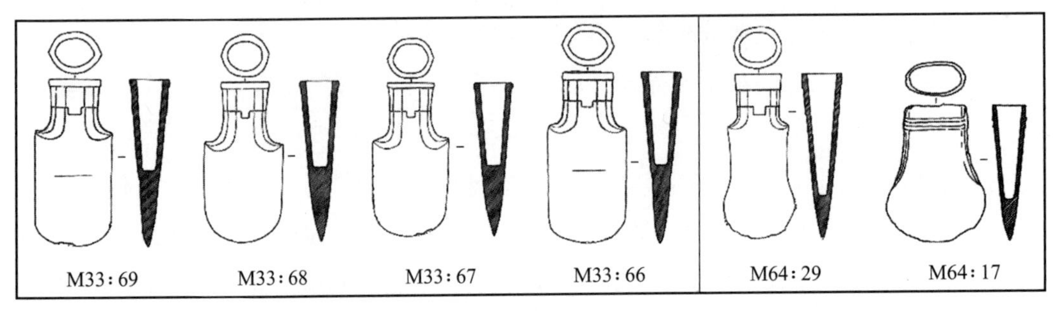

图一二　罗家坝墓地所出铜钺

此外，冉宏林将罗家坝 M33 所出铜鍪和铜釜定为四川盆地迄今发现年代最早的铜鍪和铜釜，并认为这一类圜底铜器来自巴文化②，这就进一步证实了 M33 应属于巴文化墓葬。由此可见，尽管罗家坝 M33 受到了较多来自成都平原的文化影响，由于罗家坝遗址东周时期文化遗存具有巴文化的特质因素，仍然应将该墓葬的文化属性归为巴文化。

综上可知，宣汉罗家坝东周墓地是一处巴文化墓地，墓地延续时间较长，墓葬形制、葬具及随葬品等方面与成都平原的蜀文化存在较多的文化联系，同时又受到了来自楚文化的强烈影响。《宣汉罗家坝》报告发表的 M33 实际上是包含两座具有打破关系的墓葬，并不存在“斜坡墓道”，其中被打破的墓葬是一座合葬墓，根据随葬陶罐可知，船棺旁边的 3 具人骨为从葬，以墓圹内东侧的船棺等级最高，随葬楚式青铜器和巴蜀式青铜器，颈部的红玛瑙项饰亦见于中原地区贵族墓葬③，表明墓主人有可能属于巴文化的王者或高级贵族。

（原载《江汉考古》2018年第4期）

① 冉宏林：《试论“巴蜀青铜器”的族属》，《四川文物》2018 年第 1 期。
② 冉宏林：《试论“巴蜀青铜器”的族属》，《四川文物》2018 年第 1 期。
③ 孙庆伟：《周代用玉制度研究》，上海古籍出版社，2008 年。

巴蜀探秘：一条驶出小栅栏的大战船

王仁湘
（中国社会科学院考古研究所）

摘　要：巴蜀符号中有一种形如栅栏，数量不少。栅栏符号常与象征鱼形的横S纹组合出现，应当是象形的船纹与鱼纹组合的简化形式，由此认定栅栏形为船形的符号，而且大体可以看出两者间的演变关系。

关键词：巴蜀符号　栅栏纹　船纹

一、从錞于说起

古代有一种乐器，名为錞于。又可简称为錞，它的名字显得比较特别。宋人陈旸《乐书》解释了其中的道理，说是“自金声之淳言之，谓之錞”。似乎明白了一些，声音淳厚，于是有了錞的名号。只是当初用它奏乐的人是不是也是这样理解，我们就不得而知了。陈旸所在的宋代毕竟离錞于流行年代有千年之遥，这只能算是个人的理解吧。

錞于体作圆桶形，一般是青铜铸成，上有纽系悬挂，用棒槌击打发声。上面的纽常常会铸成一只站立的虎形，所以又被研究者称为虎纽錞于。因为是圆桶之形，发音确实比较纯厚，有如撞击大钟，乐声远播。

錞于演奏之法，历代记述纷杂，难于采信。不过自从云南晋宁石寨山出土西汉时期的铜贮贝，看到器上铸两人扛一木悬有錞于和铜鼓，又有将錞于正悬横木上的图像，旁边有人击打錞于和铜鼓，人们这才明了演奏它的标准姿势。

錞于是古代军伍乐器，最早创制于春秋，盛行汉时。读《国语·吴语》说：“鼓丁宁、錞于、振铎”，这三种都是响器。又《周礼·地官·鼓人》说：“以金錞和鼓”，錞于配鼓，指挥兵士进退，所以《淮南子·兵略训》就有了“两军相当，鼓錞相望”的说法。

不过这錞于的使用，是有特定地域的，在中原并不那么时兴，但在南方地区尤其是西南地区比较盛行。一般认为虎纽錞于为巴国乐器，其出土地点主要分布于鄂、湘、渝、黔毗邻的巴人活动地区，有人统计见于资料报道的就有百余件之多。

有考证说，最早的錞于创自春秋齐鲁之地，传入江淮又传入西南巴人聚居区，是巴族结合崇虎传统铸成虎纽錞于，如考古在重庆涪陵小田溪二号战国墓发现的錞于即为虎纽。重庆出土虎纽錞于的年代多属战国时期，而邻近的鄂西南和湘西北出土的虎纽錞于多为两汉时期，这是錞于行世的大体时限。

有理由认为虎纽錞于是晚期巴文化中最具代表性的器物之一，不仅是虎纽体现了巴人的虎崇拜，錞于上铸刻的一些图案与符号，也与巴式青铜兵器有不少相通之处。这就是研究者称述的“巴蜀符号”，专指巴式符号可称为“巴族符号”。这“巴蜀符号”，才是这里要说的正题，我们就由这虎纽錞于说起。

二、栅栏纹和鱼纹

有一种符号，叫作“巴蜀符号”。这些符号已经发现数百种，除了少数象形符号外，基本处在无解读状态。

在战国至汉代的巴蜀风格铜器上，主要是在独具一格的兵器、工具、乐器和印章上，常会刻铸着一些具有鲜明特色的图形，包括人形、动植物形和几何形等。各类图形往往复合成不同的画面，让人觉得神秘莫测，它被统称为“巴蜀符号”。

在錞于的虎纽周围，常常会出现船纹、鱼纹、鸟纹、人面纹及其他一些符号等，其中又以船纹最为多见，它也可以认作是一种符号。这让人想到《后汉书·南蛮西南夷列传》等文献记巴族廪君务相以土为船、船浮而王的传说。巴人通过赛船立君长，以船为家，以船为棺，虎纽錞于中的船纹正是这传统的写照。

唐人梁载言《十道志》说：“楚子灭巴，巴子兄弟五人流入黔中，汉有天下，名曰酉、辰、巫、武、沅等五溪，各为一溪之长，号为五溪蛮。”五溪蛮聚居黔中之地出土不少东汉时期的虎纽錞于，表明巴灭国若干世纪之后民族信仰依然得到传承。

在出土东汉时代的虎纽錞于上，我们见到较多的巴族符号，是船形和鱼形，船只如同在行进之中，船下有一尾似乎是活蹦乱跳的鱼。有时鱼也不一定就在船的下方，但也总是在与它正对的一个位置上。船在水上，水里有鱼，这是两个象形符号，并不难辨别出来。

当然也有的时候，錞于上的这条船儿描绘得非常简单，船体只不过是一个封闭的梯形，再斜插两条平行线作为船桨而已。如重庆奉节、湖北咸丰和其他一些馆藏所见錞于上的图像，船与鱼总是在对应的方位上出现，如影随形。鱼一般都是具象刻画，船却是简化得不能再简化，一个框式船体，两根平行线表示船桨，至多还有一两条飘扬的旗幡之类。

不过往前追溯到西汉时期，錞于上的船和鱼也是一对，只是船的刻画较为繁杂一些，船上不仅有桅杆和旗幡，还见到了挂在鼓柱上的大鼓，这似乎是一艘战船了。除此之外，鱼形虽然变化不大，但它的身旁出现了与它平行的回纹，回纹作尖头的横S形。这是一种重要的图形组合，鱼形与回纹符号组合，它频繁出现在更早时代的巴式铜器上。

船和鱼多了一个伴儿，多了一个经典的符号，这个符号应当与鱼形密切相关，认识到这一点非常重要。这类标本见于湖北利川的器物和湖南博物馆收藏的器物上，数量虽然不多，但承载的信息却非常重要。

再看战国时期，重庆中国三峡博物馆、四川大学博物馆和湖南省博物馆收藏的錞于上，都见到西汉同类的船纹与鱼纹。船上有立鼓旗幡，而且造型都非常接近，表明已是一种定型符号。相对应位置上的鱼纹，也都伴有横 S 形回纹。我们在研究巴蜀铜器时，将这样一些象形和几何形都归入巴蜀符号之列。

有人说，巴人善使船，善捕鱼，于是錞于上就有了鱼和船的装饰。其实不然，这船虽是与鱼相关，但那鱼只是个衬托，船上旗幡飘然，战鼓耸立，乃是战船无疑。

东汉时期錞于上那样抽象表现的船只，也应当是战船，一定是巴族后人对传统的记忆与回味。

三、从栅栏纹到战船纹

在巴族及蜀族的青铜器上出现的符号中，不难见到鱼和船，但情况却有些不同。考古发现标准的鱼形符号见于重庆巴南冬笋坝，9 号墓出土 2 件铜钺上都铸有鱼形。在绵竹清道土坑墓所出数十件兵器工具，也大都铸有鱼形。这些有鱼形的巴蜀兵器和工具，大部分时代早到战国中期，没有太晚的例证。严志斌、洪梅发表论文认为，巴蜀符号中鱼形符号出现频率并不高，而且集中出土地是在川东北的四川渠县土溪镇城坝遗址，如该遗址出土的铜钲、錞于、矛和钺，还有重庆巴南冬笋坝出土 2 件铜钺也有鱼形符号，又显示出其巴人的族群特性，所以他们倾向于将鱼形理解为巴人特有的符号①。

当初我曾注意到这个问题，推测“鱼形的消失是否为别的图案化单元所取代”，现在似乎发现一点线索，这便是横 S 形回纹的出现。

我们已经知道，横 S 形回纹在錞于上与鱼纹如影随形，觉得两者含义同一。战国后期除了錞于以外，巴蜀青铜器上鱼纹少见，却并不稀见横 S 形回纹。在许多巴蜀印章上，横 S 形回纹经常出现，而且常与“王”字形同在，似乎也透露出这不是一般的符号。严志斌、洪梅有统计说，横 S 形回纹符号在巴蜀符号中出现频度较高，目前所见有 83 件，“在巴人区与蜀人区皆有出现，是一种跨人群跨区域的符号”②。

更加引人注意的是，横 S 形回纹还常常与一种形似栅栏的符号同在，这栅栏形符号又有什么含义呢？

所谓栅栏形符号，是我当初研究巴蜀符号时提出的一个临时定名。纹饰下部像是圈围的编排栅栏，上部有几枝草木形，如巴南冬笋坝 4 号墓的矛、50 号墓的戈，涪陵小田溪 1 号墓的兽头构件和剑、3 号墓的矛，还有绵阳的剑，都铸有这样的栅栏形。上海博物馆收藏的一戈也铸有栅栏形，只是出土地点不明。估计栅栏形的分布仅限于川东和川北，具有明显的地域特征，也即是说，它主要是属于巴人所拥有的符号。

我们仔细观察可以发现，在栅栏纹组合中常会出现回形，见于冬笋坝 4 号墓的矛和上海博物馆收藏的戈，与回形共存的例子还见于涪陵小田溪 3 号墓的矛。我曾指出“栅栏形组合是川东川北地区特有的组合形式，具有重要意义”③。但意义何在，当时并没有说明。

---

① 严志斌、洪梅：《巴蜀文化栅栏符号考察》，《四川文物》2016 年第 4 期。

② 严志斌、洪梅：《巴蜀文化栅栏符号考察》，《四川文物》2016 年第 4 期。

③ 王仁湘：《巴蜀徽识研究》，《中国考古学会第七次年会论文集》，文物出版社，1992 年。

不久前严志斌、洪梅撰文研究了栅栏形符号，他们认为“在巴蜀文化中的使用时间是在战国中期延至秦代，集中于战国晚期这一时段内；栅栏形符号主要发现于巴人的墓葬中，可能主要是巴人所使用的一种符号，形成常见的组合关系；栅栏形符号比较集中的出现于峡江地区的冬笋坝墓地与小田溪墓地，其所出墓葬的等级说明墓主在墓地内处于社会阶层的上层”[①]。

严志斌、洪梅的文章统计铸刻有栅栏形符号的巴蜀器物有 18 件，相对于巴蜀符号中其他一些符号的出现，这个符号的出现是比较晚的。他们还注意到，“科学出土并能断代者，年代皆集中于战国晚期到秦这一较短的时间范围之内，似乎说明这个符号的使用时间其实是很短的”。现在看来，实际上它是被相同意义的符号取代了。

严志斌、洪梅还有更细致的分析，这些分析为我们了解栅栏形纹打开了一扇窗。他们说栅栏形符号组合有明显的一致性，统计的 19 件器物中，有 13 件为栅栏与横 S 形回纹组合，占 68%，并认为这种组合应该是栅栏形符号的核心组合。

由时间节点，再由符号组合分析，我们可以得出一个初步结论，这栅栏形原本应当是船的形状，是符号化的船形、网格形的船体、枝杈形的船幡，它后来是被另一种优化的船形符号取代了！

这种船形符号的取代过程，在古越阁收藏的铜戈内上可以找到线索。在戈内上出现一条壮观的带有旗鼓的大型楼船画面，船的下方是一条大鱼。更有趣的是旁边还有小画面的栅栏纹与回纹组合符号，这完全可以理解成楼船画面的一个注脚，栅栏纹表示楼船，回纹表示鱼[②]。古越阁的铜戈纹饰恰是同类的栅栏形向楼船形符号转变的一个证据，虽然两组图符是否为同时铸刻尚不能准确判断，它们寓意相通却是毋庸置疑的（图一）。

当然我们会觉得由栅栏形向船形图符的过渡，其间跳跃似乎显得过大，这一点还需要查找更多证据来说明。不过由湖南石门所见东汉錞于上带有网状线条的船形符号看，它与栅栏形是很接近

图一 台北古越阁藏战国铜戈图符

① 严志斌、洪梅：《巴蜀文化栅栏符号考察》，《四川文物》2016 年第 4 期。

② 李学勤：《有珍奇符号的巴蜀铜戈》，《中国文物世界》第 124 期。

的，今后未必不会发现更多更早的相似例证。

在各地出土的战国铜器上，我们看到了生动的水陆攻战纹，这样的铜器曾在蜀地的成都百花潭也有发现。铜器上表现的水上船战，画面生动简练，船上旗幡招展，船下鱼鳖逐浪，战鼓咚咚，兵士勇战，刻画入微。巴人将画面符号化，也是一个特别的创造。

战船在古代南方民族中更是多见，一些铜鼓和贮贝器上都能见到它的图像，当然有些可能是民船而非战船。在这样的船下，也是常常绘有游鱼，与巴人符号的意境自然相通。

四、三星堆人的飞天槎

从小栅栏里驶出了一艘大战船，这个小题目写到这里就算是结束了。

然而，忽地见到又有一艘船驶了出来，这篇文字还要接着写呢。

这艘船是由四川广汉三星堆遗址的一柄玉璋上驶出来的，其实不是一艘，是四艘。三星堆的这件玉璋出自2号祭祀坑，长达近55厘米，是真正的一件大璋。它的正背都刻画有繁复的纹饰，而且是以表现人的装束及活动为主题，出现的人物有20多位，还有山形及太阳之类的场景。与本文讨论相关的是，“两山之间有船形符号，船中似有人站立”，这是发掘者的描述。细审这船形，形体很小，外廓为方框形，框上有4～6根好似飘动的线条，这确实应当是船，船上有物或人。

发掘者认为这玉璋上的图形是船，也有其他研究者附和此说，而且认为可能是神话中的飞天之船。将这样的船形，如果和汉代錞于上的船形相比，我们会觉得有较高的相似度。作为船形的符号，由简略抽象的框形开始，经过栅栏形的变化，经过细致的楼船阶段，最后又恢复到抽象表现。如此看来，巴蜀符号的起源，应当可以上推到商代。

在中国古代神话中，有仙槎、浮槎的传说，按现代语词表述那就是能上天的飞船。被乱入传说的张骞往西域即是乘飞槎见到了织女，还带回了一块支机石。这样的神船，在蜀地一定有更古老的传说渊源。

玉璋上的飞槎，飘浮在两山上方，它一定是在表述一个我们忘却了的神话。这样说来，巴族铜器上的战船，是否也是古老神话中的一景呢？

考古学视角下的巴蜀印章研究

郭　明　高大伦

（四川省文物考古研究院）

摘　要：通过对巴蜀墓葬资料的系统分析和比较研究，可知是否随葬巴蜀印章与墓葬的形制、大小、葬式、随葬品数量的多寡及种类、性别等无关；巴蜀印章应非墓主身份等级、财富的标志，而可能是表示其所有者从事某种职业或具有某种技能。巴蜀印章的分布以成都平原及周边地区为核心区域。战国早期发现虽少，但已较为成熟；战国晚期形制趋于多样化、复杂化。各地出土巴蜀印章的墓中，多见铜饰件，其在未出土印章的墓中甚为少见，应与印章有关。

关键词：巴蜀印章　考古学视角　战国时代

巴蜀印章是指印面有巴蜀地区特有的图语符号的印章①。一般认为巴蜀印章是巴蜀文化的特征器物，是判断其出土的单位是否为巴蜀文化遗存的标志之一。以往对巴蜀印章的研究，多围绕印章本身展开，或讨论其外观、形制，或研究图语符号的组合，或讨论图语符号是不是文字、如何释读，或从玺印的角度讨论其性质、功用、源流等问题②。

学界一般认为船棺葬也是巴蜀文化的特征③。那么巴蜀印章与船棺葬关系如何？究竟何人可使用巴蜀印章？它与使用者的等级、身份有无关系？它代表怎样的社会人群？它的性质、功用如何？这些都是以往较少关注的问题。仅通过对巴蜀印章形制的划分、印面符号的解读，无法进行回答，只有将其置于考古学的背景之下，展开系统的对比研究，才可能找到答案。本文在考古学的视角下，在对几个规模较大且公布材料较为详细的巴蜀文化墓地的分析基础上，结合对其他典型的巴蜀墓葬的考察，讨论以上问题④。

---

① 有学者将巴蜀地点出土的汉字印与纳入巴蜀印章的范畴。本文认为虽均出于巴蜀专区，但图语符号印的性质、功用可能迥异。故文仅讨论巴蜀地区的图语符号的印章。

② 孙华：《巴蜀符号初论》，《四川文物》1984年第1期；刘豫川：《巴蜀符号印章的初步研究》，《文物》1987年第10期；高文、高成刚：《巴蜀铜印》，上海书店出版社，1998年；管维良：《巴蜀符号》，重庆出版社，2011年；严志斌、洪梅：《巴蜀符号述论》，《考古》2017年第10期。

③ 四川省博物馆：《四川船棺葬发掘报告》，文物出版社，1960年；沈仲常、孙华：《四川船棺葬的族属问题》，《四川盆地的青铜时代》，科学出版社，2000年；黄尚明：《关于川渝地区船棺葬的族属问题》，《江汉考古》2005年第3期。

④ 巴蜀地区的秦汉墓中也有印章出土。但秦汉之际正值历史、社会变革时期，结合西汉时期汉字印逐渐增多的现象，此期印章的使用情况可能非常复杂。为使本文分析更符合实际，对研究对象的选取，仅限于战国早期至战国末期。

一、什邡城关战国墓地

四川什邡城关战国秦汉墓地自 1988 年发现，至 2002 年，共发掘 23 次，清理了 98 座长方形竖穴土坑墓，按葬具的差异可分为船棺葬、木板墓[①]、木椁墓、无葬具的土坑墓[②]四类。四类墓葬各自并无专门的分布区域，而是相互渗透、杂处。但近百座墓葬，仅有 6 座存在 3 组打破关系。墓地分六期八段，时代从战国早期早段到西汉中晚期[③]。发掘者认为什邡城关墓地属巴蜀文化系统[④]，学界普遍认可这一观点。

时代属战国的墓葬有 82 座[⑤]，其中船棺葬 49 座（45 座为单人墓，4 座为合葬墓）、木板墓 2 座、土坑墓 31 座。出土巴蜀印章的墓葬仅 4 座，占战国墓葬 4.9%。4 座墓葬中船棺葬仅 1 座，其他 3 座均为土坑墓，船棺葬占随葬印章的墓葬 25%。出土印章的墓，时代均较晚，2 座为战国中期偏晚，1 座为战国晚期偏早，1 座为战国末期。

（一）船　棺　葬

随葬巴蜀印章的 M33，在 49 座船棺葬中占比仅 2%，在保存完整的 37 座船棺葬中占比为 3%[⑥]。

M33 的时代为战国中期晚段，墓室口部面积约 6.7 平方米，在未被破坏的 37 座船棺葬中仅排第 12 位。一般认为墓室面积的大小与墓主身份的高低有关，若如此，M33 墓主的身份显然不是最高的。49 座船棺葬（53 具船棺）中有 8 具船棺形体巨大、制作讲究，舱、舷俱在且较深。从船棺体量、制作细节来看，这 8 具船棺的墓主可能属同一阶层，但仅 1 具出土了印章，说明印章并非是墓主等级、阶层的象征。因尸骨保存不好，葬式无从考察。

从随葬品的数量观察，出土印章的墓，随葬品数量均相对较多，但并不是随葬品数量多的墓葬，就出土印章。M33 出土 16 件随葬品；未出土的印章的墓葬中，随葬品数量比 M33 多的有 5 座。

---

① 所谓木板墓，实为长方形竖穴土坑墓，在墓底放置一块长方形木板，其上置死者。发掘者认为此为船棺葬的简化形式，但什邡城关墓地战国时期的 2 座木板墓之一的 M50，长 5、宽 1.72、深 0.3 米，随葬 14 件陶器、11 件铜器，在此墓地中属规模较大、随葬品甚多的，墓葬远较战国晚期的几座船棺葬丰富，似乎不可简单视之为简化的船棺葬。且发掘者判断为战国末期的 7 座墓葬，无一采用船棺葬，可能此期时人的观念以及风俗发生了改变。

② 巴蜀地区发现的长方形竖穴土坑墓，依葬具分为船棺葬、木板墓、木椁墓、无葬具的土坑墓四类。本文为行文方便，无葬具的土坑墓均简称土坑墓。

③ 四川省文物考古研究院、德阳市文物考古研究所、什邡市博物馆：《什邡城关战国秦汉墓地》，文物出版社，2006 年；四川省文物考古研究所、什邡市文物保护管理所：《什邡市城关战国秦汉墓葬发掘报告》，《四川考古报告集》，文物出版社，1998 年。

④ 四川省文物考古研究院、德阳市文物考古研究所、什邡市博物馆：《什邡城关战国秦汉墓地》，文物出版社，2006 年，第 273 页。

⑤ 什邡城关墓地发掘的 98 座墓葬中，有 5 座秦墓，11 座西汉墓。秦墓均为无葬具的长方形竖穴土坑墓；西汉墓亦均为土坑墓，多数无葬具，并且出现了不见于战国时期的木椁墓，虽有 1 座可能为简化的船棺葬的木板墓，但未见一例典型的战国时期此地常见的船棺葬。有 1 座西汉墓葬出土了印章，但为汉字印，与战国时期的图语符号印有所不同，可能性质亦有差别。秦并天下的历史事件可能对什邡城关地区的人群构成造成一定的影响，为了保证取样的单纯性，本文仅以战国时期的墓葬为统计对象。

⑥ 部分墓葬被施工破坏，但这些墓葬仍出土不少陶器、铜器，可见其随葬品可能未遭破坏或缺失，也就是说这些墓葬均未随葬印章。本文出于对数据真实性、有效性的考虑，予以单独统计。

就随葬品的种类而言，M33与其他40余座船棺葬一样随葬了陶圜底罐，且随葬了什邡墓地多见的陶釜甑。其独特之处在于随葬的8件铜器中，饰物占了很大比例，包括瓶形饰、双鱼饰、猪形饰、旗形饰各1件。M33也是49座船棺葬、73座战国墓、甚至什邡墓地发掘的98座墓葬中，唯一随葬此类器物的墓葬。这些形制特殊的器物，可能反映出墓主的身份有所不同。

（二）土 坑 墓

随葬巴蜀印章的M10、M54、M95，在31座土坑墓中占比为9.68%，在保存完整的16座土坑墓中占比为18.75%。

年代为战国末期的M95，墓室口部面积11平方米，是土坑墓中墓室面积最大者。M10、M54的墓室面积分别为5.4平方米和5平方米，在保存完好的土坑墓中分别为第12、13位，仅有4座墓的面积比M54小。据此推断，就土坑墓而言，是否随葬巴蜀印章，与墓室的大小无关。土坑墓的尸骨保存相对较好，有4座墓葬的葬式可辨。出土2枚印章的M10为二人合葬墓，均仰身屈肢葬。但同为仰身屈肢葬的M49却未随葬印章。采取侧身屈肢葬的M88，墓室面积4平方米，未随葬印章；采取仰身直肢葬的M52，墓室面积5.6平方米，亦未随葬印章。推测葬式的差别与是否随葬印章无关。

从随葬品的数量观察，与船棺葬情况相似，出土印章的土坑墓，随葬品数量均相对较多，但并不是随葬品数量多的墓葬就出土印章。随葬印章的M95和M25均出土34件器物，但未随葬印章的墓中，战国早期的M25和战国晚期的M49，也均出土34件器物；战国晚期的M38虽遭破坏，可辨别的随葬品仍有33件。可见随葬品数量的多寡，也即墓主拥有的财富的多寡，与是否随葬印章并无必然联系。

就随葬品的种类而言，3座出土印章的墓葬并无明显的特别之处。就陶器而言，M10、M54、M95与其他20余座墓葬一样，均出土了陶豆和陶圜底罐；陶釜、陶釜甑、陶器盖虽非每座墓葬皆有，但也属什邡墓地常见的器物。就铜器而言，三墓出土的器物也多为什邡土坑墓常见的器形，唯铜盘、铜璜形器、铜銮铃较少见。但未随葬印章的M98、M100亦出土铜盘；M98出土铜銮铃；土坑墓中虽仅出土印章的M54、M95随葬了铜璜形器，但未出土印章的船棺葬M27亦随葬1件铜璜形器。可见就随葬品的种类而言，随葬印章的土坑墓无明显特别之处，唯铜璜形器可能与印章有关，但仅M27一例孤证，似不足为据；且随葬印章的M10未见铜璜形器。

另外，值得注意的是，什邡城关墓地出土较多铜兵器，这些铜兵器上大多有图案、符号。虽然有些符号既出现在铜兵器上，又出现在印章中，但同一座墓出土的印章和青铜兵器上的图案、符号并不相同。

总而言之，就什邡城关战国墓葬的材料来看，是否随葬印章与墓葬的形制、规模、葬俗、葬式，墓室面积的大小，随葬品的数量、种类均无明显关系。就什邡城关墓葬代表的人群而言，印章应非墓主生前阶层、等级的象征，与墓主的财富也无过多关系。我们尚不知道巴蜀墓葬中采用不同的葬具是否与族属有关，若有关，则印章与族属似也无必然的联系。随葬印章的墓均出土铜质兵器和生产工具，就以往的认识来看，与性别的关系不大。要言之，印章更可能是墓主从事某种职业或拥有某种技能的象征。

二、宣汉罗家坝战国墓地

四川宣汉罗家坝遗址自20世纪50年代始，多次发现巴蜀青铜器。1999～2007年，在此清理墓葬65座（7座空墓），1座为无葬具的曲尺状竖穴土坑墓，其余均为长方形竖穴土坑墓。后者按葬具的不同，又分为船棺葬、木棺墓和土坑墓三类。墓葬排列整齐，分布密集而有序，虽墓葬间距较近，但叠压打破关系较少。发掘者将罗家坝墓葬分为六期8段，时代从春秋晚期到西汉中期，并认为，虽然罗家坝墓地前后六期并非一脉相承，但均属巴国的一个重要民族——賨人[①]。

出土随葬品的58座墓葬中，1座年代为西汉中期；7座出土随葬品甚少，时代不明；其余50座年代大致均为战国时期[②]。这50座墓葬中，有曲尺状竖穴土坑墓1座、船棺葬2座、木棺墓8座[③]、土坑墓39座。出土巴蜀印章的墓葬仅7座，占战国墓葬14%，若几座年代不明的墓葬均为战国时期，这个比值会更小。7座墓中，6座为土坑墓，1座为木棺墓；2座船棺葬中均未发现印章。出土印章的墓葬，时代均为战国晚期。

（一）土　坑　墓

随葬巴蜀印章的土坑墓有6座，在39座土坑墓中占比为15%。M51的墓室口部面积最大，为3.3平方米，在39座土坑墓中仅排第9。墓室口部面积最小的M12为1.1平方米，也是整个墓地土坑墓中面积最小的，但M12为二次葬。另一座出土印章的M10为一次葬，面积仅1.3平方米。6座墓中，2座为仰身直肢葬，1座为侧身直肢葬，2座葬式不明，1座为合葬墓。就葬式而言，出土印章的墓葬似无一定规律，与整个墓地以仰身直肢葬为主的情况一致。

出土印章的土坑墓，随葬品的数量多寡不一，呈现出两极分化的现象；但并非随葬品数量最多或最少的墓葬，就出土印章。印章墓中随葬品数量最多的为战国晚期的M51，计28件；其次为同时期的M57，计27件；第三为同时期的M25，计21件。然而，在39座土坑墓中，随葬品在20件以上的还有8座，其中随葬品在30件以上的有5座。如时代为战国晚期的M53，出土57件器物；同期的M30，出土37件器物，等等。同样出土印章的M10、M12、M21的随葬品却甚少。战国晚期的M10仅有4件随葬品，其中2件为印章；同期的M12为二次葬，仅出土1枚印章、1件管珠。时代在战国末期至西汉早期之间的M21出土6件器物，其中1件印章。但有7座未出土印章的墓葬，随葬品数量也少于10件，如战国中期的M34，仅出土2件器物；同期的M3，仅出土6件器物。可见是否随葬印章，与墓主生前拥有的财富关系不大。

就随葬品的种类而言，随葬品较多的M25、M51、M57，均出土几乎见于每座墓葬的陶豆；而陶圜底罐、陶平底罐、陶瓮、陶盂、陶钵、陶纺轮等，也是罗家坝墓地较常见的陶器；出土的铜

---

① 四川省文物考古研究院、达州市文物管理所、宣汉县文物管理所：《宣汉罗家坝》，文物出版社，2015年。

② M33的年代上限为春秋晚期，下限至战国早期；M14、M16、M17、M19、M21、M27、M32、M48、M55九座墓为战国末期至西汉早期。

③ 简报介绍木棺墓有6座，但同时又介绍M24、M44均发现一条木痕，可能为木棺痕迹，墓葬可能为木棺葬。这与其他无木痕的墓葬明显不同，故本文将二者纳入木棺墓中。

剑、铜镞等兵器，亦为此墓地常见的类型。比较特殊的是，M51 出土 1 面铜镜，这是罗家坝墓地出土的唯一一件铜镜。M57 出土 2 件铜璜形器，除此之外，仅战国晚期的 M31 出土了 1 件铜璜形器。这两类器物，可能反映出墓主的身份有所不同。

（二）木 棺 墓

随葬印章的木棺墓仅有 M24，在 8 座木棺墓中占比为 12.5%。M24 墓室口部面积 1.8 平方米，是 8 座木棺墓中最小者。而墓室面积最大的战国早期 M61，达 20.1 平方米；与 M24 同为战国晚期的 M65，为 8.7 平方米。虽 M61、M65 均为合葬墓，墓室结构与单人葬有所不同；但同为单人葬的战国中期 M44，墓室面积 4.8 平方米；M40 为 4.2 平方米；M28 和 M64 均为 2.2 平方米。可见是否随葬印章，与墓室面积大小的关系不大。虽然木棺墓中可辨识的葬式均为仰身直肢，但出土印章的 M24 葬式不明，故是否随葬印章，与葬式之间的关系无从考证。

从随葬品的数量观察，M24 出土 20 件器物，是 8 座木棺墓中随葬品最少的，其他 7 座未出土印章的木棺墓，随葬品数量都多于 M24。如战国中期的 M44，出土器物达 56 件，同期的 M64 出土器物 46 件，等等。

就器物的种类而言，M24 与其他 7 座墓相同，均出土了陶豆、陶圜底罐、铜钺等，也都是木棺墓中常见的器物。

总而言之，就罗家坝战国墓葬的材料来看，是否随葬印章与墓葬的形制、规模、葬俗、葬式，墓室面积的大小，随葬品的数量、种类均无明显关系，反而是在墓室面积不大、随葬品数量相对较少的墓中出土印章。就罗家坝墓葬代表的人群而言，印章应非墓主生前阶层、等级的象征，与墓主的财富也无明显关系。罗家坝遗址的 2 座船棺葬均未出土印章，据此推测印章与使用船棺葬的群体未必有必然的联系。但罗家坝发掘的船棺葬数量过少，其真实情况还需更多的材料来证明。

三、其他典型巴蜀墓地分析

（一）四川荥经同心村巴蜀墓地

1985～1986 年，在四川荥经县同心村清理了 26 座[①]长方形竖穴土坑墓，根据葬具的不同，分为土坑墓和船棺葬两类。墓坑排列有序，方向基本一致，均为南北向。葬制、器物特征、纹饰风格、组合关系基本一致，时间较为接近，属战国晚期的巴蜀文化[②]。这 26 座墓葬除 3 座残毁外，5 座为土坑墓，其余均为船棺墓[③]。26 座墓葬中有 16 座出土印章，比例为 61.54%，是迄今发现的巴蜀

① 其中 2 座为同穴合葬的船棺葬。

② 四川省文物考古研究所、荥经严道古城遗址博物馆：《荥经县同心村巴蜀船棺葬发掘报告》，《四川考古报告集》，文物出版社，1998 年。

③ 关于不同墓葬形制的数量，报告文字介绍与墓葬登记表不符。文字介绍无葬具的土坑墓有 3 座，分别为 M5、M11、M25，此外均为船棺葬。但墓葬登记表中，除此三墓外，M8、M12 亦为土坑墓。因报告正文提及 M8 发现腐朽葬具痕，推测为船棺。本处采用报告正文的看法，将 M8、M12 作为船棺葬统计。

文化墓地中，印章出土比例最高的。16 座出土印章的墓葬，13 座为船棺葬，1 座为无葬具土坑墓，2 座葬具不明。

1. 船棺葬

18 座船棺葬中有 13 座随葬印章，比例为 72.22%，是迄今发现的巴蜀墓地船棺葬中，印章出土比例最高的。总体而言，随葬印章的船棺葬墓室面积都比较大，面积排在前 6 位的，均出土了印章；面积在 5 平方米以上的有 10 座，其中 8 座出土印章。而未随葬印章的船棺葬中，面积 5 平方米以上的仅 2 座，且相对较小，分别为 5.7 平方米和 5 平方米。值得注意的是这批船棺葬中面积最小的 2 座也出土了印章：M22（也是同心村墓地面积最小的 1 座）仅 2 平方米；M7 仅 3.3 平方米。据此看来，在同心村墓地船棺葬中，虽然随葬印章的墓也有面积较小的，但总体而言较大，这可能与墓主的身份、地位有关。在葬式方面，无论是否随葬印章，均有仰身直肢葬，暂无规律可循。

从随葬品的数量来看，出土印章的船棺葬，随葬品几乎均在 30 件以上，仅 2 座少于 30 件，一为 M7（24 件）、一为 M22（19 件）。而未出土印章的船棺葬，随葬品无一超过 30 件。从陶器的种类来看，无论是否随葬印章，均以陶豆、陶圜底罐、陶平底罐、陶釜、陶钵等为主。从铜器的种类来看，无论是否随葬印章，均以铜戈、铜矛、铜剑等兵器，铜釜、铜鍪等容器为主。而铁器、漆器等也在两类墓中均有发现，看不出必然的联系。值得注意的是，同心村墓地的铜饰物，如铜瓶形饰、铜桥形饰、铜鸟形牌饰、铜鎏金饰等，均出在印章墓中，未随葬印章的墓则无一发现。据此推测这类铜饰物应与巴蜀印章有关。

综上所述，同心村墓地的船棺葬中，随葬印章的墓总体而言墓室面积较大、随葬品较多且多出土铜饰物。这种现象在土坑墓中也有发生。

2. 无葬具土坑墓

5 座土坑墓中有 1 座出土印章，比例为 20%。随葬印章的土坑墓 M11，墓室面积为 4.8 平方米，出土 17 件器物，是 5 座土坑墓中面积最大、随葬品最多的。其他 4 座墓室面积均小于 4 平方米，随葬品均少于 15 件。M11 也是土坑墓中唯一一座随葬铜器的，除 1 枚铜印章外，还出土 1 件铜手镯。这种现象表明，在同心村的土坑墓中，是否随葬印章与墓主生前的身份、地位、财富等有关。

（二）重庆涪陵小田溪墓群

重庆涪陵小田溪墓群发现于 20 世纪 70 年代，曾经多次抢救发掘，至 2003 年，共清理墓葬 11 座，均为长方形竖穴土坑墓①。对于小田溪墓葬的族属，学界普遍认同发掘者的意见，为巴族墓葬；

---

① 四川省博物馆、重庆市博物馆、涪陵县文化馆：《四川涪陵地区小田溪战国土坑墓清理简报》，《文物》1974 年第 5 期；四川省文物管理委员会、涪陵地区文化局：《四川涪陵小田溪四座战国墓》，《考古》1985 年第 1 期；四川省文物考古研究所、涪陵地区博物馆、涪陵市文物管理所：《涪陵市小田溪 9 号墓发掘简报》，《四川考古报告集》，文物出版社，1998 年；重庆市文物考古研究所：《涪陵小田溪墓群发掘简报》，《重庆库区考古报告集》（2002 卷），科学出版社，2010 年；重庆市文化遗产研究院、重庆市涪陵区博物馆、重庆市文物局：《重庆涪陵小田溪墓群 M12 发掘简报》，《文物》2016 年第 9 期。

对墓地的时代则有争议，综述各家意见，大致在战国末期至西汉初年[①]。

M1的规模较大，长约6、宽约4.2米，虽遭盗掘，仍出土了92件随葬品。其中既有铜罍、铜釜等大型容器，又有铜铺首、鎏金泡钉等小件，但未发现印章，极可能M1并未随葬印章。M2亦遭破坏，出土30余件随葬品，未发现印章。同期发掘的M3保存完好，长4.4、宽2.1米，棺内外涂漆，葬式不明，出土错银铜壶等58件器物，但未发现巴蜀印章。2002年发掘的M12，是小田溪墓地规模最大、随葬品最丰富的。M12椁室以上遭破坏，但随葬品保存完好。墓底长7.6、宽5.66～5.84米；一椁一棺；墓主上肢弯曲、下肢伸直，头向东南；殉1人。M12随葬品158件，包括铜器48件（套），分容器、乐器、兵器、车马器、杂器五类；陶器8件；1套玉组佩及玉璧等。此墓亦未出土印章。鉴于M12是已发现的巴文化墓葬中规模较大、随葬品甚为丰富的墓葬之一，发掘者认为其与M1、M2均为小田溪墓地中身份较高的墓主。M1、M2等几座大墓的墓主应当是当时巴族的上层统治人物，M12的主人可能为巴国王族后裔。

值得注意的是，1980年发掘的小型墓葬M4、M5各出土1枚陶印章。M4长3.2、宽1.15米，M5长3.06、宽1.82米。二墓除少量陶器外，随葬品均以铜器为主，但印章却为陶制，殊为独特。因缺乏更多材料佐证，小田溪墓地出土的陶印章与巴蜀铜印章是否属同一类型的器物、具有同样的功用，仅材质不同；抑或并非同一类器物，尚待考证。但小田溪墓地几座规模最大、等级最高的墓葬均未发现印章，据此推断战国末期至西汉初年，巴族中身份等级甚高的贵族不使用巴蜀印章。印章出自小型墓中，说明使用印章的人群，身份地位未必很高。小田溪墓地出土的陶印可能也是从事某一特殊职业或拥有某种技能的人群标识身份之物。

四、结　语

（一）时　代　性

纵观出土巴蜀印章的墓葬，年代属战国早期的甚少，一是四川大邑县M4，为一坑三船棺的合葬墓，1号棺内出土1枚石印章[②]；二是成都商业街船棺葬，为一座大型的多棺合葬墓，1号棺内出土3枚铜印章、12号棺内出土1枚铜印章[③]。有学者指出大邑五龙M4出土的石质印章及其上的符号（图一，1），质地和刻划均较原始[④]。但年代同为战国早期的成都商业街船棺葬出土的铜印章，既有扁方形，又有纺轮形；前者又有桥形纽和鸟形纽之分，印面刻纹类似巴蜀符号，与战国中晚期的巴蜀印章形制相差无几（图一，2～5）。可见战国早期巴蜀印章发现的虽少，但已较为成熟。即使

① 四川省博物馆、重庆市博物馆、涪陵县文化馆：《四川涪陵地区小田溪战国土坑墓清理简报》，《文物》1974年第5期；四川省文物管理委员会、涪陵地区文化局：《四川涪陵小田溪四座战国墓》，《考古》1985年第1期；宋治民：《略论四川战国秦墓葬的分期》，《巴蜀考古论文集》，文物出版社，1987年；蒋晓春：《试论涪陵小田溪墓地的分期与时代》，《江汉考古》2002年第3期；蒋晓春：《涪陵小田溪墓地时代再探讨》，《重庆·2001年三峡文物保护学术研讨会论文集》，科学出版社，2003年。

② 四川省文管会、大邑县文化馆：《四川大邑五龙战国巴蜀墓葬》，《文物》1985年第5期。

③ 成都文物考古研究所：《成都商业街船棺葬》，文物出版社，2009年。

④ 刘豫川：《巴蜀符号印章的初步研究》，《文物》1987年第10期。

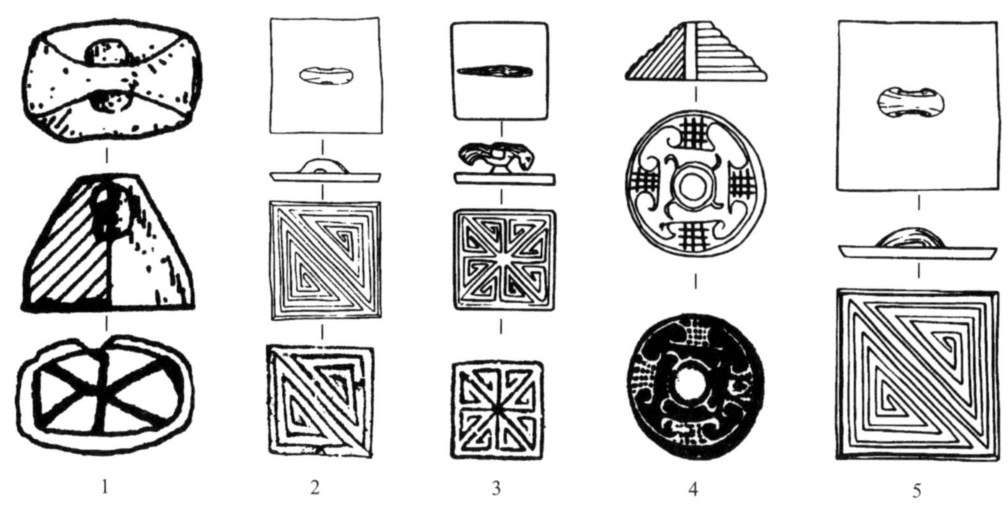

图一　战国早期巴蜀印章

1. 大邑五龙 M4：15 石印章　2～4. 商业街船棺葬 1 号棺：31、1 号棺：36、1 号棺：55　5. 商业街船棺葬 12 号棺：6

巴蜀印章早期使用的材质是石质，但其起源可能更早。

战国中期，随葬印章的巴蜀墓有所增加，如规模甚大的四川省成都市新都区马家公社木椁墓，为带一条墓道的长方形竖穴墓，多次遭盗掘，仍出土 2 枚印章，发掘者推测墓主为蜀王，年代为战国早、中期之际，也可能是秦灭巴蜀以前[①]，总之不会到战国早期。又如蒲江县东北公社 PDM1，为一坑二棺的合葬墓之一，葬具为一独木棺，出土印章 1 枚，年代为战国中期[②]。前文统计的什邡城关墓地 8 座战国早期墓，无一出土印章。43 座战国中期墓中有两墓出土印章，但比例仅为 5%。这说明战国早期印章被使用的较少，战国中期才增多。

到战国晚期，以巴蜀印章随葬的墓远较战国中期普遍。如前文所举荥经同心村战国晚期墓地，随葬印章的比例高达 62%。这虽是孤例，但同期的宣汉罗家坝墓地，时代从春秋晚期到西汉中期，出土印章的墓均为战国晚期以后。在巴蜀地区其他地点也多有战国晚期的随葬印章墓发现。且战国晚期的巴蜀印章与前期相比，形制多样化，有扁长方形、纺轮形、覆斗形、铃形等；印面除方形、圆形外，还有长方形、“山”字形、多边形等形状；印纽有桥形、鸟形、动物形等；印面符号更加丰富、复杂化。

宣汉罗家坝的巴蜀印章墓中，有数座年代或可到西汉初年。而年代为西汉早期的什邡城关 M103，所出的 2 枚印章均为汉字印，可能至此期前后，带有巴蜀符号的印章逐渐消亡，而汉字印开始流行。但巴蜀印章与汉字吉语印的功用有何差别，是值得关注的问题。

（二）地　域　性

巴蜀印章虽在多个地点出土，但大致以成都平原及周边地区为核心区域，在这一区域，有 10 余个地点出土巴蜀印章（图二）。目前出土巴蜀印章的地点中，最北为昭化宝轮院[③]；西南至越西华

---

① 四川省博物馆、新都县文物管理所：《四川新都战国木椁墓》，《文物》1981 年第 6 期。

② 四川省文物管理委员会、蒲江县文物管理所：《蒲江县战国土坑墓》，《文物》1985 年第 5 期。

③ 四川省博物馆：《四川船棺葬发掘报告》，文物出版社，1960 年。

阳①；南至云南昭通②；东南沿长江水系经宜宾向家坝③、巴县冬笋坝④、涪陵小田溪⑤，到云阳李家坝⑥；东北到宣汉罗家坝⑦。在这个范围之间，今内江、遂宁、南充、广安等地，存在一片空白区域。四川宜宾至重庆的长江水系以南，目前也未发现巴蜀印章。这可能与考古发掘的局限性有关，也可能存在更深层的历史原因。

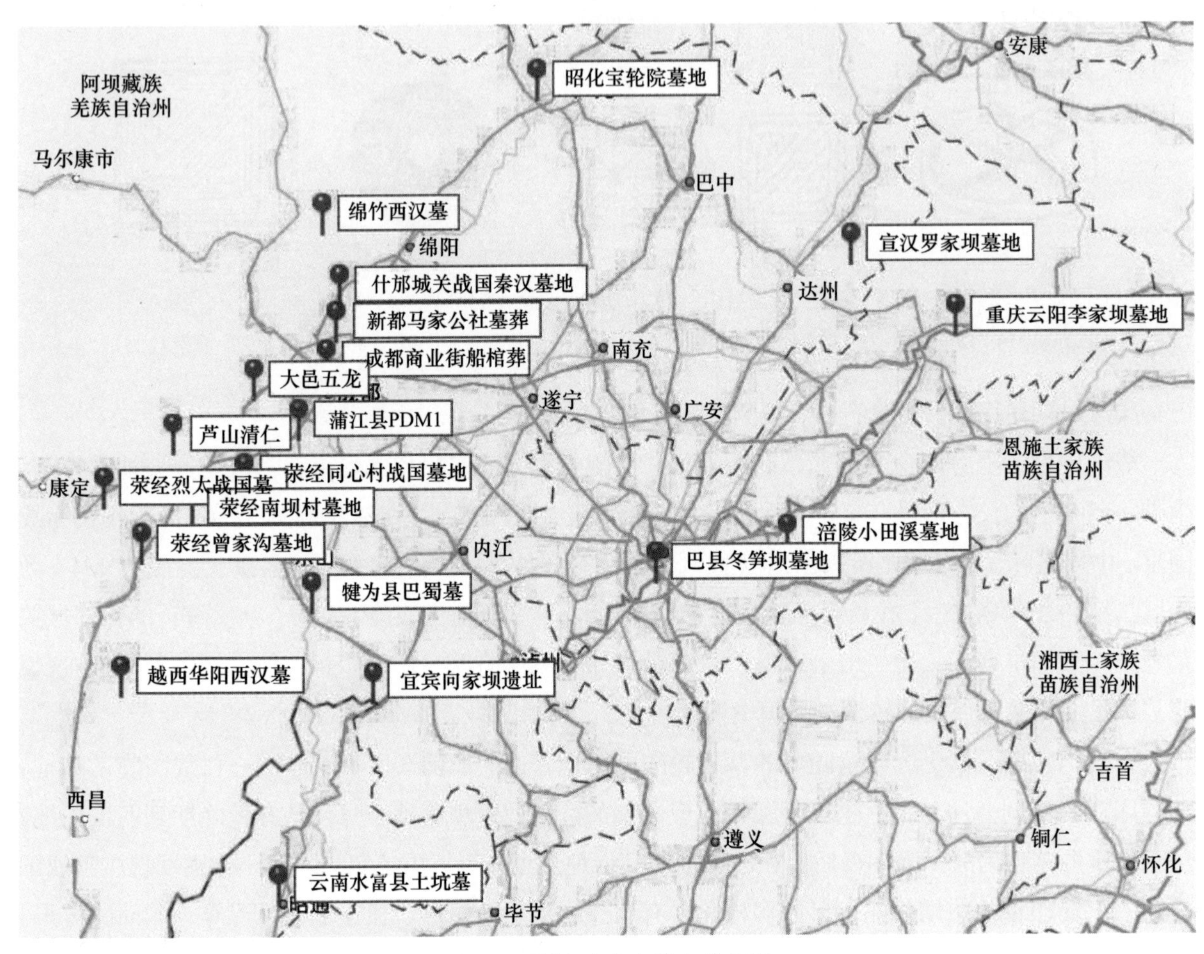

图二　巴蜀印章出土地点分布图

① 四川凉山彝族自治州博物馆、越西县文化馆：《四川越西华阳村发现蜀文物》，《文物资料丛刊》(7)，文物出版社，1983年，第26页。

② 丁长芬：《从昭通巴蜀土坑墓看巴人南迁》，《四川文物》1996年第3期；昭通市文物管理所、水富县文化馆：《云南昭通水富张滩墓地发掘简报》，《文物》2015年第9期。

③ 李万涛：《蜀人南迁留遗踪——四川宜宾石柱地遗址》，《大众考古》2014年第10期。

④ 前西南博物院、四川省文物管理委员会：《四川巴县冬笋坝战国和汉墓清理简报》，《考古通讯》1958年第1期。

⑤ 四川省博物馆、重庆市博物馆、涪陵县文化馆：《四川涪陵地区小田溪战国土坑墓清理简报》，《文物》1974年第5期；四川省文物管理委员会、涪陵地区文化局：《四川涪陵小田溪四座战国墓》，《考古》1985年第1期；四川省文物考古研究所、涪陵地区博物馆、涪陵市文物管理所：《涪陵市小田溪9号墓发掘简报》，《四川考古报告集》，文物出版社，1998年；重庆市文物考古研究所等：《涪陵小田溪墓群发掘简报》，《重庆库区考古报告集》(2002卷)，科学出版社，2010年；重庆市文化遗产研究院、重庆市涪陵区博物馆、重庆市文物局：《重庆涪陵小田溪墓群M12发掘简报》，《文物》2016年第9期。

⑥ 四川大学历史文化学院考古系、云阳县文物管理所：《云阳东洋子遗址考古勘探发掘报告》，《重庆库区考古报告集》(1997卷)，科学出版社，2001年，第206页。

⑦ 四川省文物考古研究院、达州市文物管理所、宣汉县文物管理所：《宣汉罗家坝》，文物出版社，2015年。

（三）性质及功用

通过上文分析可见，在大多数地点，是否随葬巴蜀印章与墓葬的形制、大小、葬式，随葬品数量的多寡及种类，墓主性别等无关。一般认为一个墓地的墓葬属同一族系，上文所举的巴蜀文化墓地，虽墓葬形制及葬具有所不同，但以此即认为墓主不同族，证据不足；且不论采用何种葬具的墓葬，均有印章出土，除荥经同心村墓地甚为特殊外，印章墓在其他各个墓地、各类墓葬中的比例大致相同（表一）。如此则巴蜀印章与族属似亦无关。要言之，巴蜀印章应非墓主身份等级、财富的标志，而可能是表示其所有者从事某种职业或具有某种技能。结合出土印章的墓葬在墓地中并非面积最大、随葬品最多的现象推测，从事这种职业或拥有这种技能的人，在所处的社会群体中的地位并不甚高。

表一　战国时期巴蜀印章墓葬比例统计表

墓地	可统计的墓葬总数	出土印章的墓	占比 /%	船棺葬	出土印章的船棺葬	占比 /%	土坑墓	出土印章的土坑墓	占比 /%	木椁墓	出土印章的木椁墓	占比 /%
什邡城关战国墓地	82	4	4.88	49	1	2.04	31	3	9.68			
宣汉罗家坝战国墓地	50	7	14	2	0	0	39	6	15.38	8	1	12.5
荥经同心村巴蜀墓地	26	16	61.54	20	15	75	3	1	33.33			
重庆涪陵小田溪墓群	11	2	18.18									

值得注意的是，荥经同心村战国墓地 26 座墓葬中有 16 座出土印章，若说这 16 座墓的墓主都是等级较高的贵族，似不足信。可能同心村墓葬代表的这一群体的成员，大多从事某种特定的职业或具有某种特殊的技能。同心村船棺葬 M22 墓室中部略偏南处发现 2 枚印章，此墓长 2.5、宽 8 米，除去墓室两端器物堆放的位置外，中部仅剩 1 米左右的空间，简报据此推测墓主为小孩。这说明巴蜀印章代表的某种职业或技能，可能是家族世代相传的。

（四）巴蜀印章与铜饰件的关系

各地出土巴蜀印章的墓中，比较具有共性的一点是，墓中多见铜饰件，虽形制各异，但此类饰件在未出土印章的墓中甚为少见。

如什邡城关墓地 4 座出土印章的战国墓中，有 3 座出土铜饰件，比例高达 75%；而未出土印章的 78 座战国墓中，仅 2 座出土铜饰件。铜饰件以铜璜形器为主，共 17 件，分别出于 3 座墓葬，其中 2 座为印章墓：M54 出土 9 件（图三，1～5）、M95 出土 4 件（图三，6、7）。出土印章的 M33 随葬的 8 件铜器中，饰件更是占了很大比例，包括铜瓶形饰、铜双鱼饰、铜猪形饰、铜旗形饰各 1 件（图四，1～4）。M33 也是城关墓地唯一出土此类器物者。

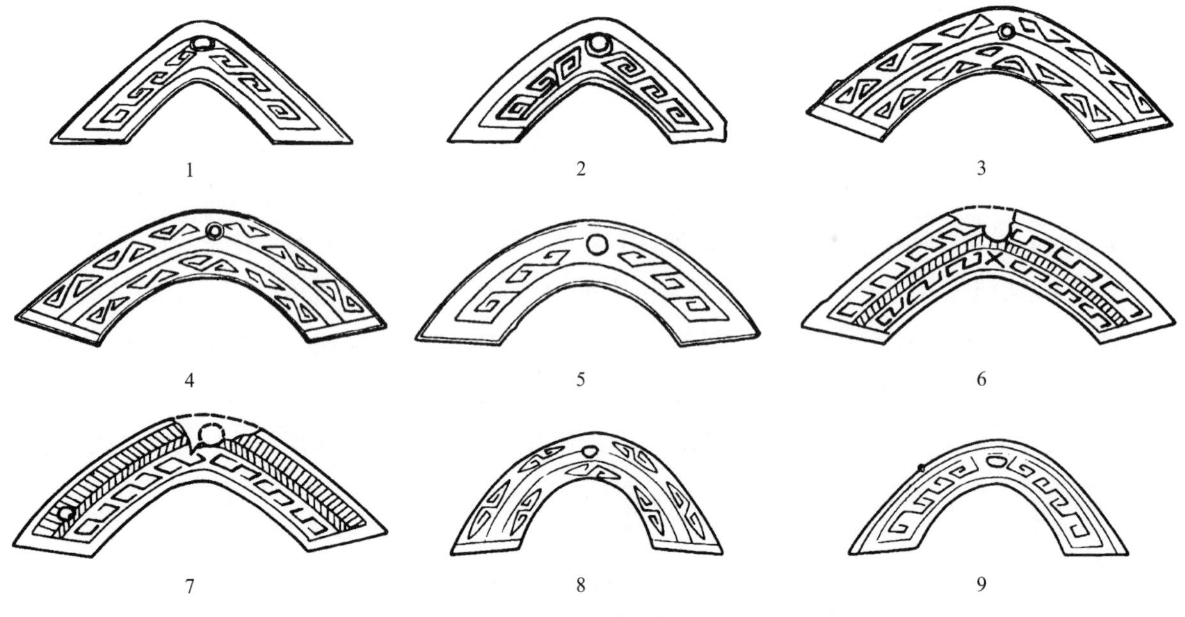

图三　铜璜形饰

1～7. 什邡城关（M54：20-a、M54：20-b、M54：20-e、M54：20-f、M54：20-g、M95：7-a、M95：7-b）
8、9. 荥经同心村（M19：23-1、M19：23-2）

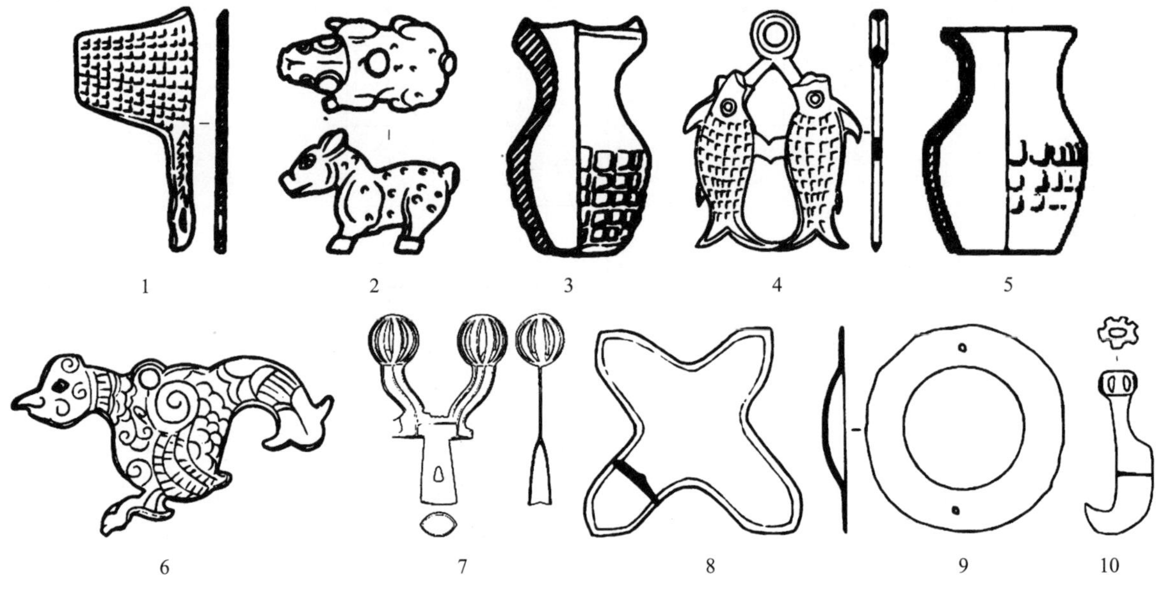

图四　铜饰物

1. 铜旗形饰（什邡城关 M33：2） 2. 铜猪形饰（什邡城关 M33：10） 3、5. 铜瓶形饰（什邡城关 M33：6、荥经同心村 M20：19） 4. 铜双鱼饰（什邡城关 M33：3） 6. 铜鸟形牌饰（荥经同心村 M1-A：41a） 7. 铜叉形镂空铃饰（荥经同心村 M6：17） 8. 铜十字形饰（成都商业街船棺葬 1 号棺：35） 9. 铜圆泡形饰（成都商业街船棺葬 1 号棺：53） 10. 铜钩形饰（成都商业街船棺葬 1 号棺：54）

荥经同心村墓地有 6 座墓葬出土铜饰件，这 6 座墓葬均随葬印章。铜饰件虽仅 10 余件，但种类丰富，有瓶形饰（图四，5）、璜形饰[①]（图三，8、9）、鸟形牌饰（图四，6）、叉形镂空铃饰（图

① 报告称桥形饰。

四，7）、鎏金饰。而同心村未随葬印章的墓葬，无一发现铜饰件。

年代为战国早期的成都商业街船棺葬中，出土印章的1号、12号棺内也发现了铜饰件，如十字形饰（图四，8）、圆泡形饰（图四，9）、钩形饰（图四，10），这类铜饰件不见于同墓地其他未出土印章的棺。

上述铜饰件不论形制如何，形体均较小，长度不超过10厘米。这些形制特殊的铜质饰件，虽在不以印章随葬的墓中偶有出土，但多出于巴蜀印章墓中，应与巴蜀印章有关。

（原载《四川文物》2018年第1期）

先秦时期巴文化的形成与演变研究

赵炳清

（河南大学历史文化学院）

摘　要：巴文化是一个历时性的文化概念，在不同历史时期、不同的地域具有不同的文化指向。夏代的巴文化尚不可蠡测，商代的巴文化应是甲骨文中的“巴方”，在陕西城固、洋县一带的陕南地区，宝山文化是早期巴文化的代表。西周时期，巴人流徙于秦巴山地及峡江地区，建立了宝鸡强国和峡江瓦渣地文化。东周时期，巴文化主要分布于四川盆地东部地区，是巴国文化与巴地文化的融合。那种以晚期巴文化的某些特征去推导早期巴文化的来源的研究范式是不可取的，因为地理环境能改变文化的基因和特征。

关键词：巴文化　宝山文化　強国　瓦渣地文化　巴国文化　巴地文化

文化是人类作用于地理环境的结果，是人类适应自然和改造自然所形成的物质和精神的财富总和。人类在生产活动过程中，不可避免地遗留下了自己的文化痕迹，不管是有意还是无意的。随着时间的流逝，这些人类活动的文化痕迹是我们研究他们的生产、生活状况的基础。考古学就是这样的一门学科。

由于人类空间行为选择的有限性，因而文化总是分布在一定的空间范围之内。考古学文化就是指“考古发现中可供人们观察到的属于同一时代、分布于共同地区、并且具有共同特征的一群遗存”[①]。可见，考古学文化不是一个单一遗址的文化命名，而是一个区域文化的命名。以一个单一遗址来命名一个区域文化，是因为这个遗址在区域内具有典型性。那么，一支考古学文化分布的空间范围，应该可以称为“某文化区”，如三星堆文化区、仰韶文化区。

文化区域是指具有主体功能的文化或文化共同体的空间分布。要判定文化区域之间的差异，主要依据区域内占主体的文化共同体的文化来进行区别，即以主体文化为标志。区域的主体文化一般就是文化区域的代表性文化，可以称为区域文化。区域文化是在特定的文化区域内产生的独特文化现象的总称，它一经形成便会对区域的不同文化共同体产生深刻的影响，形成所谓的主体功能，即共同的文化心理，以维持产生区域文化的文化共生体的稳定和文化区域的特定性。

那么，一定的区域文化是否对应一定的族群文化呢？一般情况下，使用着相同的器物、有着相同的生活和生产方式，甚至相同的思想感情的，应该是同一个族群的人群。但我们也应知道，文化

---

① 安志敏：《考古学文化》，《中国大百科全书·考古学》，中国大百科全书出版社，1986年，第253、254页。

具有传播性、扩散性，文化的交流与融合，可以使不同的族群享用同一的文化成果。而人类具有空间行为的选择，如定居、迁徙等，总是依地理环境最优为原则，因此，族群的同化与被同化、融合与被融合，是不同区域文化之间交流的常态。

“巴文化”就是这样，在不同的历史时期、不同的地域，应该具有不同的文化内涵。晚期巴文化并不能揭示早期巴文化的文化特征，并不能解决“巴人起源”问题。因此，以一种考古学文化来对应一支族群文化时，不能只进行某一类器物单一的文化因素分析，而应是综合地、整体地分析文化的内涵、层次、结构、起源、文化因素、形成原因与发展动力等。

关于“巴文化”的研究，最早和“蜀文化”混在一起的，称为“巴蜀文化”。抗日战争爆发，大批学者内迁四川，在成都白马寺古玩市场上一批具有浓郁地方特色的青铜器引起了他们的兴趣。卫聚贤收集著录了这批青铜器，认为它们属于商末到战国时期的巴蜀古国的器物，提出了“巴蜀文化”这一概念[①]。此说引起了学术界的争论，为此《说文月刊》在1942年还出过专刊进行讨论，掀起了研究巴蜀文化的第一次高潮。

20世纪50年代，兴起了巴蜀文化研究第二次高潮，主要是一些考古遗址的发现，如成都羊子山土台、新繁水观音、彭县青铜器窖藏、昭化宝轮院、巴县冬笋坝等，证实了与“中原文化”有区别的“巴蜀文化”的存在。

第三次高潮出现在20世纪八九十年代，表现为：①四川人民出版社出版了一套“巴蜀文化”研究丛书，如徐中舒的《论巴蜀文化》、童恩正的《古代的巴蜀》、蒙文通的《巴蜀古史论述》等，在学术界引起巨大反响。②广汉三星堆文化的发现和成都十二桥遗址的发掘，得到了世界的瞩目，学术界思考成都平原古蜀文化的形成、发展及演变。这样，“巴文化”与“蜀文化”开始分野。

“巴文化”的首次提出应在昭化宝轮院、巴县冬笋坝的发掘之后，在《四川船棺葬发掘报告》中，发掘者认为巴县冬笋坝是巴人的晚期墓葬[②]。1972年涪陵小田溪遗址的发掘，使人们逐渐认识到巴文化的面貌。随着葛洲坝水利枢纽的建设，20世纪七八十年代，人们在鄂西长江沿岸地区发现夏商时期一支以釜、罐为炊器的考古学文化，其既不同于中原文化，也不同于三星堆文化，遂被命名为“巴文化”。由于春秋战国时期巴国的地域范围十分明确，这支考古学文化被称为“早期巴文化”[③]。

在三峡考古大抢救开展之后，峡江地区众多的考古学文化面貌被揭示出来。晚期巴文化的内涵、面貌及形态是越来越清晰，而早期巴文化即巴文化的起源也越来越被众多学者认定在峡江鄂西地区。尽管如此，也存在着具体起源于何只考古学文化的较大争议。比如，有学者认为巴文化起源于鄂西石家河文化的季家湖类型[④]；有学者认为巴文化起源于渝东地区新石器时代晚期的哨棚嘴文

---

① 卫聚贤：《巴蜀文化》，《说文月刊》1941年第4期、1943年第7期。

② 四川省博物馆：《四川船棺葬发掘报告》，文物出版社，1960年，第89页。

③ 俞伟超：《先楚与三苗文化的考古学推测——为中国考古学会第二次年会而作》，《文物》1980年第10期；杨权喜：《略论古代的巴》，《四川文物》1991年第1期。

④ 杨华：《从鄂西考古发现谈巴文化的起源》，《考古与文物》1995年第1期。

化[①]；有学者认为巴文化起源于湖北长阳清江流域的香炉石文化[②]；也有学者认为早期巴文化是古蜀文化传播到鄂西地区融合当地文化而产生，属于三星堆文化和十二桥文化范畴[③]。

不可否认，我们可以看到在晚期巴文化中具有大量的夏商周时期峡江地区的文化因素，如春秋时期流行的尖底器，炊器中的釜、罐组合等。同时，我们也应看到晚期巴文化中的别的文化因素，如发达的青铜文化，在晚期巴文化之前的各种文化遗存中并没出现，是巴国文化把青铜文化带进了峡江地区，也把生活其中的各个族群带进了国家文明之中。下面我们就先秦时期巴文化的形成、变化作一些探讨。

一、夏代“巴文化”的蠡测

毫无疑问，巴文化应该是巴人这支族群在特定的地域创造的独特的文化，因此，巴文化的分布空间也可以称为巴文化区。

由于文献记载的缺失，关于夏代的巴人已是渺茫不可闻。从秦汉间时人的历史记忆来考察，我们可以看出巴人是生活在苗蛮地区的一支东夷族群的后裔，显然正处于形成状态，他们虽然有自己的分布空间，但没有自己独特的文化符号，其文化面貌与其周边的文化没有明显的区别。从房县七里河文化遗存来看，主要还是石家河文化的一个亚类，尽管存在着拔牙、二次葬等风俗，但并不构成一个独特的文化区。禹征三苗后，中原文化南下，石家河文化发展进程被打断，江汉地区成了夏文化的分布空间。孟涂部族进居丹阳，与先进居此区域而又苗蛮化的东夷族群融合，从而形成巴人[④]。

巴人的名称，应是以地而名族。但“巴”的具体含义是什么？一座山，一条水，还是其他什么，目前已无从考证了。有“巴”的这么个地方，居住于此的族群就叫巴人。巴人的形成中，无疑有两个来源，一是先期迁移而来且苗蛮化的东夷族后裔，二是后期迁移来的孟涂氏部族。孟涂虽是涂山氏的一支，属于东夷支系，但无疑已经夏化。因此，在巴人的形成中，孟涂氏应居于主体地位，而苗蛮化的东夷族后裔居于次要地位。当然，这其中应该也有一些巴地的苗蛮土著。可见，巴人的形成，无疑是处在夏文化的影响下，因此，这一时期的巴人文化应是夏文化的一个分支。

以前，对于鄂西北、豫西南、陕东南这一区域夏商时期的考古学文化面貌，人们的认识并不清楚。随着南水北调中线工程的开展，丹江口库区周围的一系列考古发掘工作的进行，使得我们对这一区域夏商时期文化面貌的认识越来越清晰。特别是湖北省十堰市郧阳区辽瓦店子遗址的发掘，出土了大量新石器时代、夏、商、两周的遗迹、遗物，填补了这一区域文化发展的空白[⑤]。

辽瓦店子遗址位于湖北省十堰市郧阳区柳陂镇辽瓦村三组至八组之间，东北距郧阳区 12.5 千

① 方刚、张建文：《巴文化研究的几点思考》，《重庆·2001 三峡文物保护学术研讨会论文集》，科学出版社，2003 年，第 136～141 页。

② 湖北清江隔河岩考古队：《湖北清江香炉石遗址的发掘》，《文物》1995 年第 9 期。

③ 杨权喜：《略论古代的巴》，《四川文物》1991 年第 1 期。

④ 赵炳清：《略论巴人早期的历史与地望》，《江汉考古》2016 年第 3 期。

⑤ 辽瓦店子考古队：《湖北郧县辽瓦店子遗址考古获重要发现》，《中国文物报》2008 年 1 月 9 日第 2 版。

米，东南距十堰市 10 千米。遗址北临汉江，东、南、西三面有低山环抱，形成一块地势平缓的小盆地，中部有一条季节性河流将遗址划分为东、西两部分，遗址面积约 12 万平方米。2005 年 3 月，武汉大学考古与博物馆学系对此进行了发掘。此次发掘出土了大量夏商时期的文化遗存，器物数量多、种类丰富。陶器主要以夹砂、泥质为主，夹砂陶有釜、鼎、鬲、罐、瓮等；泥质陶有圈足盘、豆、簋、罐、杯、钵、盉等。据他们研究，辽瓦店子夏商时期文化遗存分为三期[①]。其中第一期遗存以釜、鼎、罐、圈足盘为主要器物组合，其中釜形扁足或 Y 足鼎、喇叭形或镂孔圈足盘、盉、刻槽盆、壶、盆等均为二里头文化的典型陶器，据此推测第一期遗存属于二里头时期。第二期遗存以釜、夹砂单耳罐、小口有领罐、圈足盘为主要器物组合，釜形鼎、盆形鼎、盉、刻槽盆、壶等典型二里头文化的器类已经消失，反映了夏文化在本地区的衰弱。第二期出现了大量各样的釜，新出现夹砂单耳罐，反映了夏文化退去后，本地文化以及周边其他文化的兴起和影响。第三期遗存以鬲、假腹豆、大口尊为主要器物组合，这为典型的商文化遗存。

在辽瓦店子遗址夏时期文化遗存中，器物可分为三群：甲群，以釜形鼎、盆形鼎、罐形鼎、深腹甑、小口高领罐、小口高领瓮、圈足盘、圈足碗、敛口钵、单鋬长尖袋足盉、小口鼓腹壶、刻槽盆、折沿盆等陶器为代表的器物组合，其来源为中原的煤山文化以及后来在煤山文化基础上形成的二里头文化。乙群，圜底釜，与鄂西峡江地区关系密切。丙群，B～D 型釜及单耳罐，为本地文化特色。在这三群器物中，第一期主要以甲群为主，尽管其中存在很多的釜。第二期主要以丙群为主，甲群器物消失，说明夏文化退去后，本地文化兴起。

除辽瓦店子遗址外，还有河南淅川的下王冈遗址[②]，湖北省丹江口市的熊家庄遗址[③]等，均反映了夏文化在这一区域的存在，说明在夏代，丹江口库区周围地区应是夏文化的分布区。巴人混迹其中，其文化面貌也应主要表现为夏文化，文化的独特性并不明显。夏文化衰弱后，巴文化的独特性开始显现出来，大量各式釜的出现应是明证。釜这种文化因素是鄂西峡江地区文化的传统，从新石器时代的大溪文化就有大量发现，并一直保存在屈家岭文化、石家河文化之中。在禹征三苗之前，丹江口库区周围地区是石家河文化分布区，属于三苗的地理范围。巴人作为苗蛮化的一支东夷族的后裔，为适应当地的地理环境，继承了釜这种文化因素是十分自然的事。

二、商代宝山早期巴文化及与周边文化的关系

在商代，巴人作为商人的打击对象，被迫迁徙到汉水上游地区，创建了宝山文化。宝山遗址位于陕西省城固县城北 4 千米的宝山镇宝山村，1998 年 1 月西北大学文博学院进行发掘，发掘收获十分丰富，其中商时期遗迹的发现是这次发掘的重大发现之一。商时期出土的陶器数量多，种类丰富。陶质以泥质、夹砂为主。泥质陶以高柄器和圈足器最多，平底器、近尖底器和圜底器次之，以高柄器座和豆数量最多，另有罍、簋、尊、壶、觚、罐、钵等；夹砂陶多为圜底器，另有三足器、

---

① 王然、傅玥：《湖北郧县辽瓦店子夏商时期文化遗存研究》，《石泉先生九十诞辰纪念文集》，湖北人民出版社，2007 年，第 194、195 页；傅玥：《汉水上游地区夏商时期遗存出土陶器研究》，武汉大学硕士学位论文，2006 年。

② 河南省文物研究所、长江流域规划办公室考古队河南分队：《淅川下王冈》，文物出版社，1989 年。

③ 张成明：《丹江口市熊家庄二里头文化时期和楚文化遗址》，《中国考古学年鉴》（2005），文物出版社，2006 年，第 269 页。

圈足器、小平底或近尖底器，以釜数量最多，还有罐、鬲、鼎、尊、杯等。《城固宝山——1998 年发掘报告》[①] 将商时期遗存分为三期四段，Ⅰ、Ⅱ段为第一期，年代为二里冈上层并延续到稍晚时期；Ⅲ段为第二期，年代推定在殷墟一、二期之交至殷墟二期；Ⅳ段为第三期，年代定于殷墟二、三期之交至殷墟三期[②]。第一期的器物主要有豆、高颈小平底尊、小底尊形杯（也称尖底杯）、高圈足尊形杯、有鋬圈足尊、扁腹壶、罍、高柄器座、圈足罐、簋、大口深腹罐、锥足鼎、器盖、釜等陶器；第二段新出现细高柄尊形杯、有柄尊、圆腹罐和小底钵。第二期的器物新出现鬲，而锥足鼎、高圈足尊形杯、有鋬圈足尊消失不见。第三期的器物与第二期相似，但有柄尊、圈足罐和小底钵及器盖已消失不见（图一）。

除了宝山遗址外，陕南地区夏商时期遗址还有阮家坝遗址、马家营遗址和白马石遗址[③]。白马石遗址出土陶器组合主要为釜、豆、簋、大口深腹罐、器盖、小口高领瓮、尖底杯、平底杯、盆、器座等；阮家坝遗址出土陶器组合主要为釜、圆腹罐、小口高领瓮、杯等；马家营遗址出土陶器的组合主要为釜、圆腹罐、大口鼓腹罐、小口高领瓮、壶、钵等。从器物组合上看，这三个遗址基本与宝山遗址为同类遗存，时代基本相当或稍晚。从器物的典型性来看，宝山遗址应处于中心区域，而这三个遗址应处于边缘区域。

由此可见，在商代中晚期，早期巴文化已经产生，并分布在一定的空间范围内，形成了巴文化区。

陕南宝山文化存在期间，在今峡江地区还分布着石地坝文化和路家河文化（也有学者称香炉石文化）[④]，在成都平原分布着三星堆文化和十二桥文化，北部的关中地区主要为晚商文化的老牛坡类型和先周文化，东部的丹江口库区主要为商文化辽瓦店子类型。周邻文化之间的相互传播与交流，使得宝山文化呈现出十分复杂的文化面貌，并为后来大的巴蜀文化圈的形成奠定了基础。

在宝山文化遗存的器物中，可按文化因素分为三组：甲组器物主要有釜、高颈小平底尊、有柄尊、有鋬圈足尊、细高柄尊形杯、小底尊形杯、高圈足尊形杯、扁腹壶、圆腹罐、圈足罐等；乙组主要为高柄豆、高柄器座、小底钵；丙组主要有尖锥足鼎或鬲、罍、豆、簋、尊、大口深腹罐等。

从这三组器物组合来看，甲组具有本地文化特色，占 64.62%。其中陶釜和小底尊形杯无疑是其多数，陶釜占陶器总数的 26.35%，小底尊形杯占 15.11%。由于这类器物在当时汉水上游更早的

---

① 西北大学文博学院：《城固宝山——1998 年发掘报告》，文物出版社，2002 年，第 163～167 页。

② 当然也有学者对于宝山文化的年代有不同意见。梁星彭把宝山文化遗存分为四期，一期年代为二里冈上层，二期为殷墟一期，三期为殷墟二期，四期为殷墟三期至四期，参见梁星彭：《试论陕南城固、洋县地区商时期文化遗存》，《新世纪的中国考古学——王仲殊先生八十华诞纪念论文集》，科学出版社，2005 年，第 344～394 年；豆海锋赞同整理者的三期分法，但认为第一期年代为殷墟文化一期至二期，二期年代为殷墟文化三期，三期年代可判断为殷墟文化四期甚至稍晚，参见豆海锋：《城固宝山商时期遗存相关问题的探讨》，《考古与文物》2010 年第 4 期。

③ 陕西省考古研究所、陕西省安康水电站库区考古队：《陕南考古报告集》，三秦出版社，1994 年，第 264～266、329～342、368～383 页。

④ 路家河文化主要是指峡江鄂西地区存在的以路家河二期后段遗存为典型的考古学文化，存续的时间从商代二里冈下层至殷墟早中期，器物以陶圜底釜、陶尖底杯、陶高柄豆等为代表，参见长江水利委员会：《宜昌路家河——长江三峡考古发掘报告》，科学出版社，2002 年，第 116～122 页；也有学者主张以“香炉石文化”命名，认为清江香炉石文化面貌最单纯、最具代表性，参见江章华：《试论鄂西地区商周时期考古学文化的变迁——兼谈早期巴文化》，《考古》2004 年第 11 期。

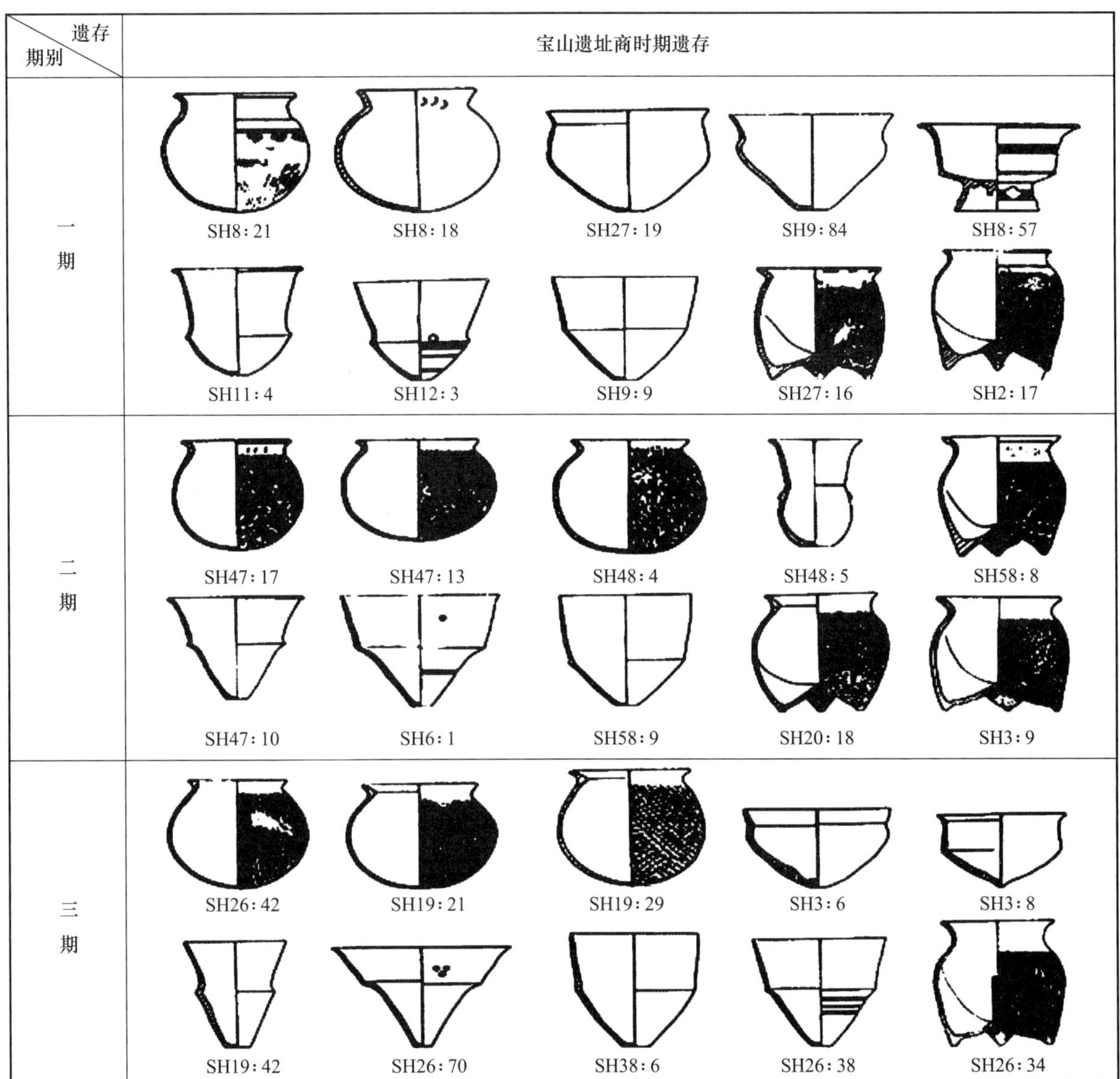

图一　宝山文化遗存演变图

（采自豆海锋：《城固宝山商时期遗存相关问题的探讨》，《考古与文物》2010 年第 4 期）

文化中找不到源头，而陶釜又是路家河文化中的代表性器物，占路家河文化陶器总数的 54%，且路家河文化的起始年代早于宝山文化。因此，学者多认为宝山文化中的这类器物来自于路家河文化[①]。

路家河文化主要分布在峡江的鄂西地区，主要有宜昌路家河[②]、秭归长府沱[③]、巴东黎家沱[④]、长阳香炉石[⑤]等遗址，形成路家河文化分布区。其典型陶器有圜底釜、高领罐、尖底罐、折腹尖底杯、

① 西北大学文博学院：《城固宝山——1998 年发掘报告》，文物出版社，2002 年，第 182 页；豆海锋：《城固宝山商时期遗存相关问题的探讨》，《考古与文物》2010 年第 4 期；赵丛苍：《从考古新发现看早期巴文化》，《华中师范大学学报》2006 年第 4 期。

② 长江水利委员会：《宜昌路家河——长江三峡考古发掘报告》，科学出版社，2002 年。

③ 宜昌市博物馆：《三峡库区秭归长府沱商代遗址发掘》，《三峡考古之发现》（二），湖北科学技术出版社，2000 年，第 400～421 页。

④ 山东大学考古系：《湖北省巴东黎家沱遗址发掘报告》，《三峡考古之发现》（二），湖北科学技术出版社，2000 年，第 239～273 页。

⑤ 湖北省清江隔河岩考古队：《湖北清江香炉石遗址的发掘》，《文物》1995 年第 9 期。

大口缸、灯形器等。比较路家河文化和宝山文化的器物，确有许多相似性。如釜在陶器种类中占最大比例，且多为小口圜底；小底尊形杯和高柄器座为常见器类；二者共有的器类还包括高柄豆、高圈足尊形杯、细高柄尊形杯、圈足罐、大口深腹罐等（图二）。路家河文化东部区受到商文化的影响很大，出土了商文化的器物，根据器物的共生关系，推定路家河文化起始年代为二里冈下层时期，明显地早于宝山文化的二里冈上层或殷墟文化一期。但有学者却认为路家河文化的年代应大致判定在殷墟文化晚期至西周早期，且其中的尖底器发展是受到峡江渝东地区尖底器的强烈影响[①]。

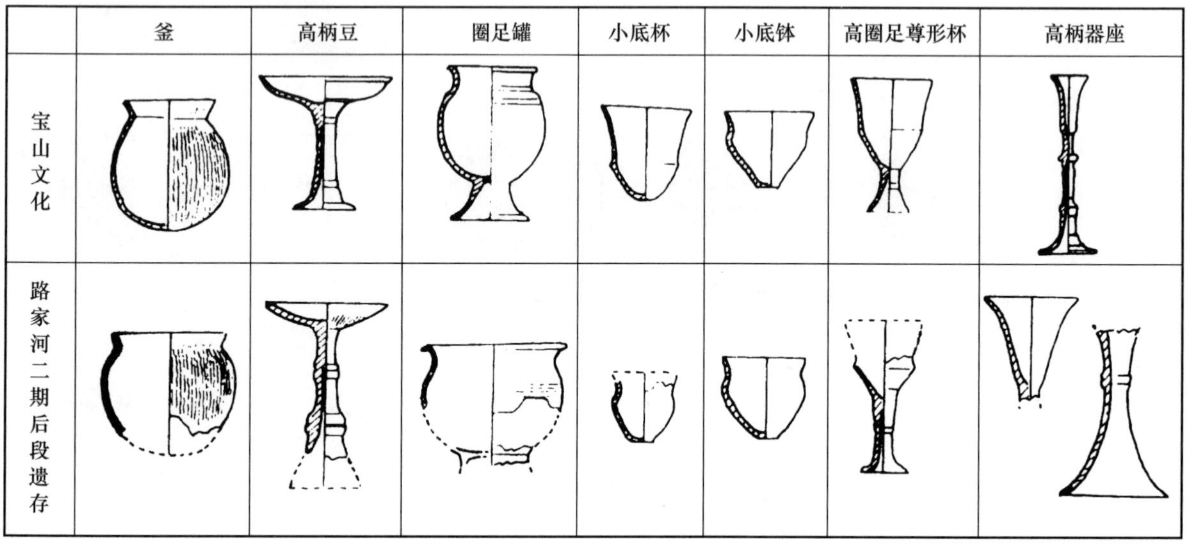

	釜	高柄豆	圈足罐	小底杯	小底钵	高圈足尊形杯	高柄器座
宝山文化							
路家河二期后段遗存							

图二　宝山文化与路家河文化器物对比

（采自赵丛苍：《从考古新发现看早期巴文化》，《华中师范大学学报》2006年第4期）

在峡江渝东地区分布的是石地坝文化，主要有忠县邓家沱[②]、忠县哨棚嘴[③]、丰都石地坝[④]、涪陵镇安[⑤]等遗址，形成石地坝文化分布区，时代为殷商中晚期至西周早期。出土的典型陶器有鼓肩小平底罐、尖底盏、尖底杯、“8”形捏瓣纽器盖、高领圆肩罐、船形杯、圜底釜、侈口圜底罐等，与成都平原的十二桥文化面貌基本一致，因此，有学者认为这些文化遗存应是十二桥文化的一个类型，称其为“石地坝文化”[⑥]。

尖底器是峡江渝东地区的文化传统。在中坝文化就已发现了大量的尖底缸[⑦]，三星堆文化时期

① 于孟洲、夏微：《三星堆文化向十二桥文化变迁的相关问题——从金沙遗址兰苑地点谈起》，《南方民族考古》（第七辑），科学出版社，2011年，176页。

② 李锋：《忠县邓家沱遗址西周时期文化遗存的初步分析》，《重庆·2001三峡文物保护学术研讨会论文集》，科学出版社，2003年，第99～106页。

③ 北京大学考古文博院三峡考古队、重庆市三峡库区田野考古培训班、忠县文物管理所：《忠县㽏井沟遗址群哨棚嘴遗址发掘简报》，《重庆库区考古报告集》（1997卷），科学出版社，2001年，第610～657页。

④ 重庆市文物考古所、丰都县文物管理所：《丰都石地坝遗址商周时期遗存发掘报告》，《重庆库区考古报告集》（1999卷），科学出版社，2006年，第702～737页。

⑤ 北京市文物研究所三峡考古队、重庆市涪陵区博物馆：涪陵镇安遗址发掘报告》，《重庆库区考古报告集》（1998卷），科学出版社，2003年，第850～876页。

⑥ 白九江、李大地：《试论石地坝文化》，《三峡考古与多学科研究》，重庆出版社，2007年，第83页。

⑦ 四川省文物考古研究所：《忠县中坝遗址Ⅱ区发掘简报》，《重庆库区考古报告集》（1998卷），科学出版社，2003年，第614～618页。

的万州中坝子[①]、涪陵蔺市[②]虽发现了少量的尖底杯。但十二桥文化时期，渝东地区出现了大量的尖底杯、尖底盏，并均有多种形制。在峡江鄂西地区，虽三星堆文化时期的朝天嘴文化中出现了尖底杯[③]，但时间明显晚于渝东地区。路家河文化晚期大量出现的尖底器，从数量上看不及渝东地区石地坝文化，表明其不是尖底器出产的中心区。

由此可见，在主要器物类型上（特别是陶器），宝山文化、石地坝文化、路家河文化和成都平原的十二桥文化在文化面貌上基本相似。由于路家河文化可以早到二里冈下层时期，因而，有学者研究后认为，由于香炉石文化（即路家河文化）的西迁，才使四川盆地的三星堆文化与这类文化遗存相融合形成了十二桥文化[④]。宝山文化遗址的发掘者也认为"宝山文化应来自以釜做炊器这一古老文化传统所在的鄂西地区，很可能是由路家河二期后段遗存稍早时期分化出来的一支考古学文化遗存"[⑤]。但是如果从尖底器的发现来看，显然峡江渝东地区应是此类器物的核心区，并可能向东、向西、向北传播和扩散。结合到成都平原上三星堆文化遗址甚少，且夏商时期峡江地区出土大量的三星堆文化器物，而十二桥文化时期，成都平原上遗址的大量增加，并带有峡江地区文化的特色。有学者认为，三星堆文化时期，成都平原三星堆文化人群外迁移至峡江地区；十二桥文化遗址的增多，也可能与峡江地区的人群大量进入成都平原有关[⑥]。

三星堆文化的向外扩散，对宝山文化产生了巨大的影响。在宝山文化中，乙组是三星堆文化的主要器物，占29.15%。豆形器（也称高柄器座或灯形器）在成都平原和峡江地区的夏商遗址中所常见。其最早出现在三星堆文化中，器柄细、没有任何纹饰，传播到鄂西地区的朝天嘴文化，豆柄变高，中间呈竹节状。路家河文化明显继承了朝天嘴文化，只是豆形器的口沿外敞变大。宝山文化中高柄器座与二者又有细微的区别，豆柄中间无竹节，而与豆盘相连处呈竹节状。

宝山文化的丁组是典型的商文化器物，占5.07%。据张天恩研究，商文化因素在相当于二里冈上层时，就已发展到关中西部的偏东地区，西界已至扶风、岐山交界的周原一带，大体经历了二里冈上层、殷墟一期和殷墟二期这样一个较长的发展阶段，殷墟二期之后，商文化从关中西部基本退去[⑦]。在关中东部，早商时期已被商文化占据，晚商时期以老牛坡遗存为代表。宝山文化早期的陶鬲，与老牛坡晚商陶鬲形制极为相似。宝山陶簋与耀县北村陶簋形制近似，可见宝山遗存吸收了老牛坡类型商文化因素。老牛坡墓地所见三角援戈、面具、青铜尖角泡饰，在陕南城洋青铜器群中有大量发现，老牛坡墓地所见该类器物亦反映了该地区与汉中地区的文化交往[⑧]。

宝山文化区东部的丹江口库区周围地区，据学者研究[⑨]，辽瓦店子遗存三期为典型商文化类型，

---

① 西北大学考古队：《万州中坝子遗址发掘报告》，《重庆库区考古报告集》（1997卷），科学出版社，2001年，第361页。

② 重庆市文物考古所：《涪陵蔺市遗址发掘简报》，《重庆库区考古报告集》（1999卷），科学出版社，2006年，第800页。

③ 国家文物局三峡考古队：《朝天嘴与中堡岛》，文物出版社，2001年，第75、257页。

④ 江章华：《试论鄂西地区商周时期考古学文化的变迁——兼谈早期巴文化》，《考古》2004年第11期。

⑤ 西北大学文博学院：《城固宝山——1998年发掘报告》，文物出版社，2002年，第182页。

⑥ 于孟洲、夏微：《三星堆文化向十二桥文化变迁的相关问题——从金沙遗址兰苑地点谈起》，《南方民族考古》（第七辑），科学出版社，2011年。

⑦ 张天恩：《关中商代文化研究》，文物出版社，2004年，第344～347页。

⑧ 豆海锋：《城固宝山商时期遗存相关问题的探讨》，《考古与文物》2010年第4期。

⑨ 傅玥：《汉水上游地区夏商时期遗存出土陶器研究》，武汉大学硕士学位论文，2006年。

器物以折沿尖锥足鬲、假腹豆、大口尊、双耳簋、小口尊、分裆袋足甗、器盖等为代表，来源为中原典型商文化，年代推定为二里冈文化发展到殷墟一期。而从殷墟四期开始，典型商文化则退去，本地文化在其基础上继续发展，并开始受到周文化的影响。

可见，宝山文化受到的商文化影响，主要来自于关中地区的商文化。甲骨卜辞中的“巴方”，在殷墟一期不断与商人作战，其作战的主要方向应在关中西部地区。在巴人的不断打击之下，商人在殷墟二期不得不退回到关中东部地区，老牛坡遗存出现宝山文化的遗物，应是商人带回的战利品。商人的退却，巴人的一部遂占据了宝鸡一带。

通过对宝山文化与周边诸文化的简单梳理，我们认为宝山文化与周边诸文化之间的交流十分密切。在三星堆文化的推动下，宝山文化融合了峡江地区的文化因素而形成自己独特的文化，并与关中商文化的交流具有互动性。因此，从考古学文化上来看，我们可以把宝山文化、石地坝文化、路家河文化以及十二桥文化看成一支考古学文化的地方类型，因为其文化的共相大于其殊相。当然，我们不能简单地认为石地坝文化、路家河文化或十二桥文化就是早期巴文化，因为文化的传播与交流，可以让不同的族群享用相同的文化成果。

一些学者将路家河文化（或香炉石文化）认为是早期巴文化，主要是源于《后汉书·南蛮西南夷列传》中关于“廪君蛮”的记载，认为“廪君蛮”是巴人的源[①]。其实，我们已经论证了“廪君蛮”是巴人的流[②]，故路家河文化不能看成早期巴文化。石地坝文化尽管和宝山文化具有很多相似性，但石地坝文化相比，宝山文化更加纯洁，没有受到商文化影响。从甲骨卜辞“巴方”的记载来看，巴方经常与商人作战，其文化中应该有殷商文化的痕迹，所以石地坝文化也不能看成早期巴文化。而成都平原的十二桥文化，从金沙遗址的发现看来，应主要是继承了三星堆文化，是古蜀文化，非早期巴文化。

十二桥文化是以成都平原十二桥遗址为典型的一支古蜀青铜文化，时代从殷墟三期至春秋前期[③]。十二桥遗址位于成都市西郊，1985年被发现，1988年进行了多次发掘。除十二桥遗址，同类遗址还有成都指挥街、方池街、岷山饭店、抚琴小区、羊子山及新繁水观音等，特别是2001年发现的金沙遗址[④]，极大地丰富了十二桥文化的内涵。从十二桥文化的出土器物来看，主要有高柄豆、小平底罐、盉、鸟头把勺、尖底杯、尖底罐、尖底盏、壶、瓶、盆、高领罐、波浪花边口沿罐、釜、盆形豆等。从十二桥遗址的地层和器物的共生性来看，十二桥文化明显是继承和发展了三星堆文化。

在十二桥文化中，器物明显可以分为两组。甲组为高柄豆、小平底罐、盉、鸟头把勺、壶、瓶、尊形器、细柄豆等，它们属于三星堆文化的器物。乙组为尖底杯、尖底罐、尖底盏、高领罐、

---

① 王善才：《我国古代早期巴人历史考证》，《湖北民族学院学报》（社会科学版）2008年第6期；宋治民：《蜀文化与巴文化》，四川大学出版社，1998年，第192、193页；江章华：《试论鄂西地区商周时期考古学文化的变迁——兼谈早期巴文化》，《考古》2004年第11期。

② 赵炳清：《“巴人起源”问题的检讨》，《江汉考古》2012第4期。

③ 四川省文物考古研究院、成都文化考古研究所：《成都十二桥》，文物出版社，2009年，第129～132页；孙华：《四川盆地的青铜时代》，科学出版社，2000年，第30～32页。

④ 成都文物考古研究所：《成都市金沙遗址“兰苑”地点发掘简报》，《成都考古发现》（2001），科学出版社，2003年，第1～32页。

釜、盆形豆等，尖底器的出现，是三星堆文化和十二桥文化的区别所在。从我们前面的论述来看，尖底器产出的中心在峡江渝东地区。根据学者的研究,尖底器主要为制作盐锭的模具[①]。由于特殊的地质构造，峡江地区具有丰富的盐卤资源，而盐是人类生活的必需品。因此，尖底器有可能随着商品交易而流散，出现在宝山文化、路家河文化或十二桥文化中。有学者就认为，十二桥文化和三星堆文化并无实质上的差别，应为同一系统文化早晚发展的两个阶段[②]。

如此，则十二桥文化、路家河文化和石地坝文化无疑是三星堆文化在不同地域环境的继续发展。从孙华对三星堆文化的分布区域研究来看[③]，整个峡江地区都是三星堆文化的分布区，而陕南地区则是三星堆文化的影响区。三星堆文化是以成都平原广汉三星堆为典型遗存的一支古蜀文化。据学者研究，其为古蜀鱼凫氏王朝时期的文化，距今4000～3200年[④]。路家河文化是继承朝天嘴文化发展而来，而朝天嘴文化是三星堆文化的一支地方类型，即鄂西类型[⑤]。由此可见，在夏商时期，四川盆地包括峡江鄂西地区都沐浴古蜀文化的光辉，而宝山文化则受到古蜀文化的深刻影响。

三、西周时期的㢭国巴文化与瓦渣地早期巴文化

殷墟三期或四期之后，宝山巴文化解体，其原因应与成都平原十二桥古蜀文化的强势北进有关。

根据孙华的研究[⑥]，十二桥文化的分布范围与三星堆文化相比来说，东部退缩到峡江渝东地区，而北部区域却有极大的发展，不仅突破了三星堆文化的四川盆地北缘，分布在汉中、安康等陕南地区，而且沿嘉陵江北上，到了关中西部宝鸡一带。

据《尚书·牧誓》记载，蜀人参与了武王伐纣之战，可见，蜀人的势力进入到了关中地区。而汉中地区是四川盆地进入关中地区的必经之地。因此，陕南巴文化区的解体导致巴文化随着巴人的流徙而传播到不同的地域。其中的一支巴人随着蜀人北上，并参与武王伐纣，在宝鸡一带建立了㢭国。

㢭国是我们以前完全不知道的一个国家。1974～1981年，考古工作者在陕西宝鸡的竹园沟、茹家庄、纸坊头发掘了27座㢭伯及其家族墓葬，年代为周武王至周穆王时期[⑦]。特别是茹家庄的

---

① 白九江:《尖底杯在古代制盐工艺流程中的功能研究》,《盐业史研究》2010年第2期。

② 施劲松:《十二桥遗址与十二桥文化》,《考古》2015年第2期。

③ 孙华:《四川盆地的青铜时代》，科学出版社，2000年，第133页。

④ 孙华:《四川盆地的青铜时代》，科学出版社，2000年，第176、177、342页。学者一般把三星堆文化分为四期，第一期属于宝墩文化，距今4800～4000年；第二、三期为三星堆文化，距今4000～3200年；第四期为十二桥文化，距今3200～2800年。赵殿增:《三星堆考古研究》，四川人民出版社，2004年，第94页。

⑤ 林春:《鄂西地区三代时期文化谱系分析》,《南方文物》1994年第2期。虽然也有学者认为朝天嘴文化是一支独立的考古学文化，陶器中主要以陶釜、陶罐为主，但三星堆文化的强烈影响是显而易见的。于孟洲:《鄂西峡江地区朝天嘴文化研究》,《考古》2010年第3期。

⑥ 孙华:《四川盆地的青铜时代》，科学出版社，2000年，第133页。

⑦ 卢连成、胡智生:《宝鸡㢭国墓地》，文物出版社，1988年，第413～415页。

M1、M2，分别是𢐗伯和其妻子井姬的墓葬[①]，可见𢐗国应是周王室的一个异姓诸侯。在这些墓葬中出土大量青铜器和陶器。其中的青铜礼器可以分为两类：甲类有方座簋、四耳簋、方鼎、戈鼎、甗、觯、卣、尊、壶等，这批青铜礼器数量巨大，是𢐗国墓地青铜器的主流。与西周青铜礼器进行对比，差别不大，但从铭文来看，应是𢐗伯自作用器，说明𢐗国在礼乐制度上接受了周文化的影响，臣服于周王室。乙类有尖底罐、平底罐、浅盘器、曲柄斗形器，这是一组青铜礼器的组合，多摆放在青铜礼器中的显著位置，或带进棺内，放置在墓主的头侧，以表明墓主的身份或族属。

从陶器来看，可以分为三类不同的文化因素。甲类主要是具有周文化特征的鬲、罐、豆等，但数量较少，在整个陶器群中居于从属地位。乙类为马鞍形双耳罐、单鋬双联罐，是寺洼文化安国类型的典型陶器。丙类是以尖底罐和平底罐为代表，几乎每座墓葬都成群出土，是𢐗国墓地陶器的主流。特别各类型的平底罐，占全部陶器总数的4/5以上。

分析𢐗国墓地的出土器物，应该是宝山文化的继续。宝山文化的圈足罐、圆腹罐、大口深腹罐、扁球形平底小陶罐等陶器，都能在𢐗国墓地陶器中找到相同的形制。而𢐗国墓地陶尖底罐与宝山Ⅲ式陶圆腹罐的腹与口、颈部的造型如同一辙。特别是制作方法也基本一致，如圈足器的圈足皆是附加上去的，平底器的底也是轮制好腹后拼接上去的。这些都反映了宝山文化与𢐗国文化的亲缘关系，应是早期巴文化的一支[②]（图三）。尽管其受到了周文化的熏陶，却也受到了古蜀文化和姜戎文化的影响。

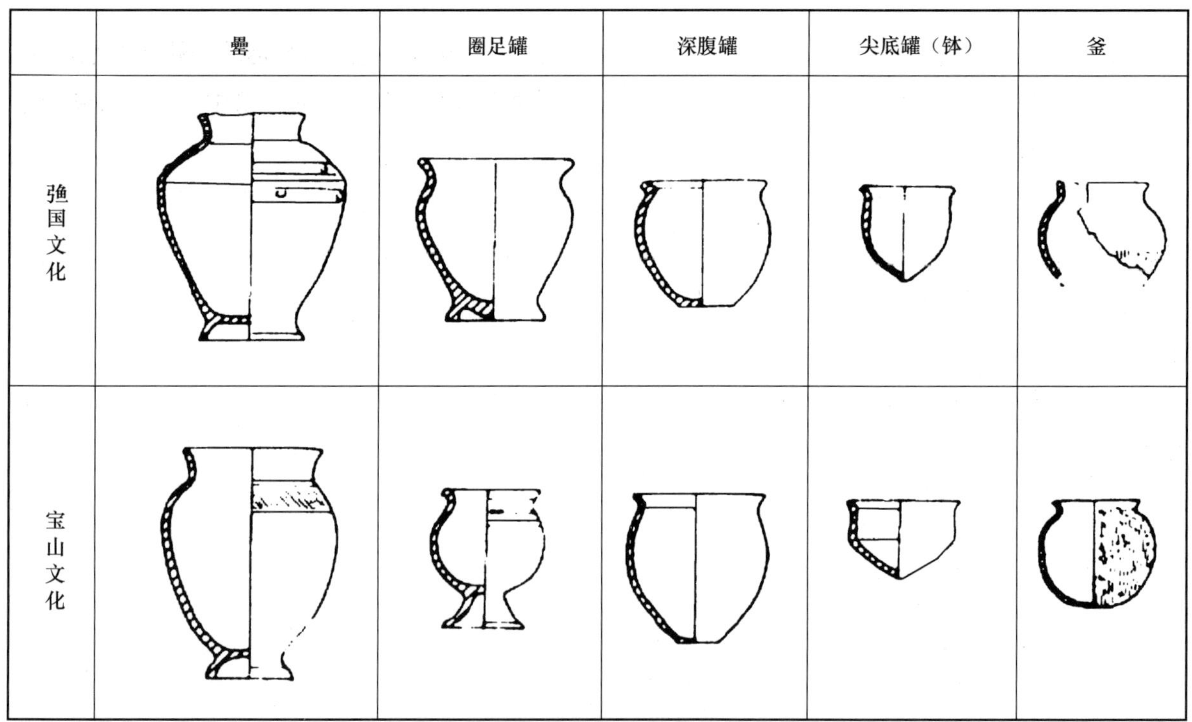

罍
圈足罐
深腹罐
尖底罐（钵）
釜
𢐗国文化
宝山文化

图三　𢐗国文化与宝山文化器物对比

（采自赵丛苍：《从考古新发现看早期巴文化》，《华中师范大学学报》2006年第4期）

① 宝鸡茹家庄西周墓发掘队：《陕西省宝鸡市茹家庄西周墓发掘简报》，《文物》1976年第4期。

② 赵丛苍：《从考古新发现看早期巴文化》，《华中师范大学学报》2006年第4期。

遗憾的是，強国巴文化延续的时间并不长。西周恭王时期，強国解体，強国巴人进入四川渠江流域，归流到巴人大家庭中。因其族以板楯为号，史书称为板楯蛮。在強国墓地出土了由木板制作的12面盾牌，呈上小下大的梯形。我们由此可知，強国巴人族群应是秦汉时期分布在川东北地区的板楯蛮的先民。

除了巴人一支创造了強国巴文化而外，巴人的另几支相继沿着大宁河等孔道进入到峡江渝东地区，创造了早期巴文化。峡江渝东地区成为早期巴文化区。

有学者对峡江渝东地区商周时期的考古学文化进行过研究[①]，将渝东地区商周时期考古学文化大体可以分为两个大的阶段。一期文化为第一阶段，二、三期文化为第二阶段。第一阶段的文化为三星堆文化，与成都平原的三星堆文化基本一致。第二阶段当中的二期文化，在商代晚期至西周早期，与成都平原十二桥文化的同阶段文化面貌相一致（即石地坝文化）。从第三期文化开始，即西周中期以后出现大量圜底器，尤其是大量花边口圜底罐的出现，使得这一时期的文化与成都平原的同时期文化呈现出一定的差异。如果除开花边口圜底罐，其他因素与成都平原同时期文化是基本一致的。成都平原在西周中、晚期开始也出现一定数量的平口圜底罐（釜），但数量没渝东地区大，绝不见花边口圜底罐。渝东地区的古文化在第二阶段尤其是第三期显得较为繁盛与发达。

关于峡江渝东地区第二阶段第三期文化，有学者称为“瓦渣地文化”[②]。瓦渣地遗址位于重庆市忠县县城东北郊的㽏井河口，遗址东临长江，西靠陡崖，北隔选溪沟与哨棚嘴相望，南跨鄂渝公路与杜家院子相连。1997年10月至1998年1月，北京大学考古系三峡考古队对遗址进行了发掘[③]，出土了大量的陶器，主要有羊角杯、平口圜底罐、花边口圜底罐、尖底杯、尖底盏等，特别是花边口圜底罐为陶器的大宗。年代为西周至春秋中期。同时期的文化遗存除了瓦渣地遗址外，还有涪陵镇安遗址[④]、忠县哨棚嘴遗址[⑤]、忠县中坝遗址[⑥]、万州中坝子遗址[⑦]、云阳李家坝遗址[⑧]、奉节新铺

---

① 江章华：《渝东地区商周时期考古学文化研究》，《考古学报》2007年第4期。

② 孙华：《峡江地区的先秦文化》，《国学研究》（第6卷），北京大学出版社，1999年，第491～524页。

③ 北京大学考古学习三峡考古队、忠县文物保护管理所：《忠县瓦渣地遗址发掘简报》，《重庆库区考古报告集》（1998卷），科学出版社，2003年，第649～678页。

④ 北京市文物研究所三峡考古队、重庆市涪陵区博物馆：《涪陵镇安遗址发掘报告》，《重庆库区考古报告集》（1998卷），科学出版社，2003年，第850页。

⑤ 北京大学考古文博院三峡考古队、重庆市三峡库区田野考古培训班、忠县文物管理所：《忠县㽏井沟遗址群哨棚嘴遗址发掘简报》，《重庆库区考古报告集》（1997卷），科学出版社，2001年，第610～657页；北京大学考古文博院三峡考古队、成都市文物考古研究所、忠县文物管理所：《重庆市忠县哨棚嘴商周时期遗存2001年发掘简报》，《成都考古发现》（2001），科学出版社，2003年，第421～438页。

⑥ 四川省文物考古研究所、忠县文物保护管理所：《忠县中坝遗址发掘报告》，《重庆库区考古报告集》（1997卷），科学出版社，2001年，第559～609页；四川省文物考古研究所、重庆市文物局三峡办、忠县文物保护管理所：《忠县中坝遗址Ⅱ区发掘简报》，《重庆库区考古报告集》（1998卷），科学出版社，2003年，第607～648页。

⑦ 西北大学考古队、万州区文物管理所：《万州中坝子遗址发掘报告》，《重庆库区考古报告集》（1997卷），科学出版社，2001年，第347～380页。

⑧ 四川大学历史文化学院考古系、云阳县文物管理所：《云阳李家坝遗址发掘报告》，《重庆库区考古报告集》（1997卷），科学出版社，2001年，第209～243页；四川大学历史文化学院考古系、云阳县文物管理所：《云阳李家坝遗址发掘报告》，《重庆库区考古报告集》（1998卷），科学出版社，2003年，第299～347页。

遗址[①]、巫山双堰塘[②]、巫山跳石[③]等遗址。

关于峡江鄂西地区商周时期的考古学文化，有学者进行了研究，认为第一期主要是三星堆文化（即朝天嘴文化），年代下限为二里冈下层；第二期主要是香炉石文化（即路家河文化），年代为二里冈上层至殷墟二期；第三期由于材料少，文化面貌不清楚；第四期为楚文化，年代上限为西周晚期[④]。第三期的文化遗存，主要为釜形鼎、方格纹大口圜底釜等器物，与周梁玉桥文化遗存相似，年代应从西周早期到西周晚期，甚至春秋前期。考察这一时期活动峡江鄂西地区及其以北的族群，史书记载主要是百濮，而楚人的开疆拓土也最先从濮人开始。因此，我们认为从西周早期至春秋前期，峡江鄂西地区的活动族群应该是濮人。

为什么我们认定瓦渣地文化是早期巴文化呢？从峡江渝东地区考古学文化的变迁来看，主要有两次大的变化。第一次是哨棚嘴文化向三星堆文化的变迁，三星堆文化从成都平原扩展而来，使整个峡江地区的文化产生突变，成为三星堆文化的分布区。第二次是三星堆文化向石地坝文化的变迁，陶器群发生了根本性的改变，出现大量的尖底器和圜底器，并反哺成都平原，使周邻的文化受到影响。石地坝文化之后至瓦渣地文化，再到晚期巴文化，考古学文化进入一个稳定的发展时期，再也没有出现大的文化突变现象，直到战国中、晚期的楚文化、秦文化进入。因此，可以说晚期巴文化是在瓦渣地文化的基础上发展起来。

当然，瓦渣地文化是在石地坝文化的基础上发展起来，但石地坝文化并不能称为早期巴文化。从甲骨卜辞的“巴方”记载来看，巴人应活动在与商人产生接触的地方，而峡江渝东地区尚不在商人的视野之内。宝山文化与石地坝文化虽然陶器类型多同，但从城洋青铜器群中兵器的演变来看，显然与晚期巴文化的巴县冬笋坝出土的兵器有直接的亲缘关系[⑤]。因此，我们认同宝山文化为早期巴文化之说。因为宝山文化和石地坝文化都受到三星堆文化的影响，故而巴人并不排斥石地坝文化，而是与石地坝文化居民融合，发展起了瓦渣地文化，使峡江渝东地区成为早期巴文化分布区。

据《华阳国志·巴志》记载，周武王见巴人骁勇善战，便在巴人故地封建了其宗亲，建立了姬姓巴国。从《左传》的记载来看，这个姬姓巴国应该是存在的，曾和楚人进行过联合作战和结为姻亲。但是关于其地望，因在中原史家的记述视野之外，显得渺茫难寻。

从宝山文化来看，巴人的故地应在汉中城固一带。但从十二桥文化北进之后，汉中盆地一直都被蜀人占据，直到战国时期才被秦人夺占。从《左传》记载的江汉之间的势力集团的地望和巴楚联合以及巴人伐鄾的情势来看，姬姓巴国当离楚国不远。故学者多推定在汉江上游的大巴山以北地

---

① 吉林大学考古学系、奉节县白帝城文物管理所：《奉节新铺遗址发掘报告》，《重庆库区考古报告集》（1997卷），科学出版社，2001年，第160～178页。

② 中国社会科学院考古研究所长江三峡工作队、巫山县文物管理所：《巫山双堰塘遗址发掘报告》，《重庆库区考古报告集》（1997卷），科学出版社，2001年，第31～64页；中国社会科学院考古研究所长江三峡工作队、巫山县文物管理所：《巫山双堰塘遗址发掘报告》，《重庆库区考古报告集》（1998卷），科学出版社，2003年，第58～102页。

③ 南京博物院考古研究所、巫山县文物管理所：《巫山跳石遗址发掘报告》，《重庆库区考古报告集》（1997卷），科学出版社，2001年，第65～99页；南京博物院考古研究所、巫山县文物管理所：《巫山跳石遗址第二次发掘报告》，《重庆库区考古报告集》（1998卷），科学出版社，2003年，第27～57页。

④ 江章华：《试论鄂西地区商周时期考古学文化的变迁——兼谈早期巴文化》，《考古》2004年第11期。

⑤ 黄尚明：《城固洋县商代青铜器群族属再探》，《考古与文物》2002年第5期。

区，约今安康盆地一带[①]。

遗憾的是，安康盆地在两周时期的考古仍是一片空白。因此，我们不能确定姬姓巴国的文化面貌。1986年，考古工作者在紫阳县白马石村发掘了8座战国中期的巴人墓葬，出土了一批典型的巴人器物，如柳叶剑、虎纹戈等[②]。又从湖北襄阳山湾出土的春秋晚期的巴人兵器[③]来看，姬姓巴国应是青铜文化比较发达的国家，以柳叶形剑、柳叶形矛、钺、虎纹戈等为文化特征。

四、春秋战国时期的晚期巴文化

历史进入春秋时期，巴、楚两国竞相向峡江地区发展。春秋中期，巴人助兵楚国，灭掉了庸国，打开了巴国南进的道路。姬姓巴国的南下，使得巴国文化与巴地文化重合。历史进入晚期巴文化阶段。

对于晚期巴文化，学术界的研究比较充分，异议较少。因为从文献的记载来看，春秋中、晚期至战国时期，巴人的活动地域是十分清楚的。巴人在四川盆地东部建有巴国，巴国的范围不仅包括今重庆市，还包括今四川阆中及其以下的嘉陵江流域和支流渠江流域，以及陕南安康盆地一带。

目前已知的晚期巴文化遗存主要以墓葬为主，代表性的遗存有昭化宝轮院、巴县冬笋坝、涪陵小田溪、万州中坝子、开县余家坝、云阳李家坝、宣汉罗家坝等，主要分布在川东北和重庆地区。下面，我们主要以云阳李家坝和宣汉罗家坝为典型来分析晚期巴文化的文化内涵。

李家坝遗址位于重庆市云阳县高阳镇青树村，处在长江北侧支流彭溪河东岸。遗址规模大，保存较好，时间从春秋中、晚期至汉代初期，能反映晚期巴文化的变化情况。四川大学历史文化学院考古学系经过多次发掘[④]，揭示了晚期巴文化丰富的文化面貌。

从墓葬来看，李家坝墓地规模较大，到2001年就已清理了300多座，墓葬分布密集，相互间打破叠压关系较多。墓葬形制为长方形竖穴土坑墓，为一次单人葬，葬式一般是仰身直肢葬。根据墓坑和葬具，可分为大、中、小三类。大型墓一般长超过4米，宽超过3米；有木质葬具，多为一棺一椁；随葬品丰富，除日用陶器和铜兵器外，还有仿铜陶礼器或铜礼器。个别墓葬还有漆器和玉器，墓主应是社会的上层人物。中型墓一般长3～4米，宽约2米；有木质葬具，多为单棺或独木船棺；随葬品比大墓略少，个别墓有单个礼器的陶壶或铜壶，应属于社会的士阶层。小型墓一般长2米，宽1米左右，墓坑较浅，无葬具，随葬品较少，以日用陶器和兵器为主，属于社会下层。

出土的陶器主要有圜底器、平底器、圈足器、三足器等，器形主要有花边口沿釜、小平底罐、釜、鬲、甗、鼎、高领罐、壶、豆、盂、折沿盆、钵、尖底杯、尖底盏等。出土的铜器主要有柳叶

---

① 童书业：《古巴国辨》，《中国古代地理考证论文集》，中华书局，1962年，第121、122页；石泉：《古代荆楚地理新探续集》，武汉大学出版社，2004年，第14页。

② 陕西省安康水电站库区考古队：《陕西紫阳白马石巴蜀墓发掘简报》，《考古与文物》1987年第5期。

③ 湖北省博物馆：《襄阳山湾东周墓葬发掘报告》，《江汉考古》1983年第2期。

④ 四川大学历史文化学院考古系、云阳县文物管理所：《云阳李家坝遗址发掘报告》，《重庆库区考古报告集》（1997卷），科学出版社，2001年，第209～243页；四川大学历史文化学院考古系、云阳县文物管理所：《云阳李家坝东周墓地发掘报告》，《重庆库区考古报告集》（1997卷），科学出版社，2001年，第244～288页；四川联合大学历史系考古专业：《1994～1995年四川云阳李家坝遗址的发掘》，《四川大学考古专业创建三十五周年纪念文集》，四川大学出版社，1998年，第374～422页。

形剑、柳叶形矛、钺、虎纹戈、斧、錾、箭镞、削刀、鼎、壶、杯等。从文化因素来分析，明显地可以分为三组：甲组主要为花边口沿釜、小平底罐、釜、尖底杯、尖底盏等，承袭了早期巴文化因素，主要流行在早期，即春秋时期，到晚期则明显减少，但釜类则始终盛行。乙组主要为柳叶形剑、柳叶形矛、钺、虎纹戈、斧、錾、箭镞、削刀等，以铜兵器为大宗，这是晚期巴文化新出现的因素。比照湖北襄阳山湾出土的春秋晚期的巴人兵器[①]来看，这应是巴国文化的因素。后来随着巴、蜀文化的交流，这组文化因素不仅分布在晚期巴文化中，而且也分布在晚期蜀文化中，以至于造成晚期巴、蜀文化分辨不清。丙组主要为鬲、鼎、壶、豆、盂等，这明显是东部楚文化的因素，从葬式使用青膏泥来看，也受到楚文化的影响。

罗家坝遗址位于四川省宣汉县普光镇，处于中河与后河交界的一级台地上。遗址保存较好，规模较大，是川东北地区渠江流域巴文化的典型遗址。四川省文物考古研究院先后三次对该遗址进行了考古发掘[②]，揭示了巴国的发展状况和文化面貌。

从三次发掘的地层来看，罗家坝遗址主要包含两个时期的文化地层，一是新石器时代晚期的文化层，一是东周时期的文化地层。在东周时期的文化层中，清理出来的主要是墓葬，三次共清理了64座墓葬。这批墓葬均为长方形竖穴土坑墓，南北向，长2～4米，宽约1米，深约1米，大部分为仰身直肢葬，仅少量屈肢葬。随葬品多少不一，铜矛或铜戈放置在墓主人的头骨右侧，腰间佩青铜剑和铜削刀，铜钺一般放置在墓主人右侧或左侧，足下放置陶器和铜鍪、铜釜、铜甑等。在前两次发掘中，均没发现葬具，在第三次发掘中，发现了船棺葬的痕迹，并出现4座合棺葬墓，其中2座为无葬具合葬墓，1座为双棺合葬墓，1座为三棺合葬墓。M50墓主人一具为俯身直肢葬，一具为仰身直肢葬。M44和M64中首次发现了人殉，其中M44的人殉位于墓主人的脚下，与墓主人脚下的陶器杂处在一起，为侧身屈肢葬，面向墓主人。有人殉的墓葬，墓主生前社会地位一般较高。值得注意的是，在前两次的发掘中，在墓葬人骨上有明显的战死的痕迹，特别是M5，其左臂上举，右臂和左腿残，且在右上臂处插有6枚不同形制的箭镞，其右胸部亦有1枚箭镞插入，明显地带有战死的痕迹。因此，发掘者推测有部分墓主应是战死的巴人士兵。

从出土的器物来看，主要是带有“巴蜀符号”的器物为主要特征，年代从战国早期至战国晚期。铜器主要包括柳叶形剑、柳叶形矛、钺、戈、箭镞、凿、刻刀、削刀、锯、印章、鍪、釜甑、盆、釜、手镯等，陶器主要是豆、釜、罐、钵、尖底盏、瓮、器盖等。陶器基本组合为罐、釜、豆，铜器基本组合为剑、钺、矛。从文化因素来看，可以分为两组，甲组主要是以陶豆、陶釜、陶罐、陶钵、尖底陶盏，以及铜鍪、铜釜甑、铜盆、铜釜等为主，继承了早期巴文化的因素。乙组主要为柳叶形铜剑、柳叶形铜矛、铜钺、铜戈、铜箭镞、铜凿、铜刻刀、铜削刀等，为巴国文化因素。尽管罗家坝处于秦、蜀、楚的中间，但由于地理环境的封闭，我们没有看到其他文化特别是楚文化对其产生的影响，因此，罗家坝遗址应该是一处比较纯粹没有受到其他文化影响的巴文化遗存。

三峡考古大发掘以前，发掘的晚期巴文化遗存主要是以巴县冬笋坝、涪陵小田溪两处遗址为代

---

① 湖北省博物馆:《襄阳山湾东周墓葬发掘报告》,《江汉考古》1983年第2期。

② 四川省文物考古研究院:《四川宣汉罗家坝遗址1999年度发掘简报》,《四川文物》2009年第4期；四川省文物考古研究所等:《四川宣汉罗家坝遗址2003年发掘简报》,《文物》2004年第9期；陈卫东、王鲁茂:《四川宣汉罗家坝遗址第三次发掘取得重要成果》,《中国文物报》2008年4月30日第2版。

表。冬笋坝遗址位于重庆巴南区的长江北岸河阶台地上，1954 年修建成渝铁路时发现，前西南博物院进行了四次发掘，清理出墓葬 81 座，时代从战国晚期至西汉时期①。从其战国末的墓葬来看，墓葬多为狭长方形，葬具为船棺，随葬品主要为铜器和陶器，铜器有剑、矛、钺、戈、带钩、印章、鍪、釜、罐等，陶器有罐、豆等，具有晚期巴蜀文化特征。小田溪遗址位于重庆市涪陵白涛镇陈家嘴村乌江西岸一级台地上，1972 年以来先后经过四次发掘，清理墓葬 9 座，发表了 8 座，即 M1～M7、M9②。这 8 座墓葬，除 M7 为狭长方形而外，其余均为长方形竖穴土坑墓葬，出土物较为丰富，最有名的是一架 14 枚的编钟。据文献记载，涪陵为巴国王陵所在地，所以小田溪出土的器物较其他遗址的器物规格较高。在随葬品中，铜器比例较大，如带小四足的釜甑、釜、勺、盆、鍪等生活用具，斤、削刀、凿等工具，剑、钺、戈、矛等兵器，还有印章及各类饰件，部分墓葬有编钟、錞于等乐器。玉器、琉璃器等较丰富，而陶器则很少。小田溪遗址的年代从战国晚期至西汉初期③。

比较四地的文化遗存，我们可见晚期巴文化的文化特征。在器物方面，其兵器为柳叶形铜剑、柳叶形铜矛、铜钺、虎纹铜戈的基本组合，在炊器上主要是以铜鍪、陶釜为传统的炊器。从墓葬上看，主要流行长方形竖穴土坑墓葬，多为仰身直肢葬式，葬具有棺椁和船棺两种，随葬品为成套的铜兵器和日用陶器。在墓地的选择上，多为临江而葬，面向大江。很显然，晚期巴文化在继承早期巴文化的基础上，融合了巴国文化，特别是巴国的青铜文化，使得巴地文化与巴国文化融合为一体。尽管由于地理环境的作用，在不同的地域晚期巴文化存在着一定的差别，但其文化的共性特征是比较明确的。

在商周时期，峡江渝东地区青铜文化并不发达，青铜器物只是零星出土，并且是铜鱼钩和铜箭镞等小件物品④。所以，有学者认为当时渝东地区处于酋邦向国家转变的过渡阶段，没有出现能聚合区域内各族群的政治力量⑤。东周时期，巴国文化的南移，使得青铜文化遍布峡江地区。在万县麻柳沱Ⅰ区不仅出土了铜钺、削刀、镞等，还有柳叶形剑的石范⑥，说明这是当时的一个青铜器制造作坊。从李家坝出土的青铜器来看，基本为范模铸造，兵器均为双范合铸，并且纹饰精美，如铜剑、矛、戈上常铸有虎、人头、人形、水鸟、蝉、手臂纹、心形纹、云雷纹等凹线纹饰图案，也有浅浮雕加阴刻线的纹饰图案，铜斧钺上有各种几何形凸线纹饰图案，这些都显示出晚期巴文化比较精熟

① 西南博物院、四川省文管会：《四川巴县冬笋坝战国和汉墓清理简报》，《考古通讯》1958 年第 1 期；四川省博物馆：《四川船棺葬发掘报告》，文物出版社，1960 年，第 2 页。

② 四川省博物馆、重庆市博物馆、涪陵县文化馆：《四川涪陵地区小田溪战国土坑墓清理简报》，《文物》1974 年第 5 期；四川省文物管理委员会、涪陵地区文化局：《四川涪陵小田溪四座战国墓》，《考古》1985 年第 1 期；四川省文物考古所等：《涪陵市小田溪 9 号墓发掘简报》，《三峡考古之发现》(二)，湖北科学技术出版社，2000 年，第 520～527 页。据新华网报道，2002 年重庆文物考古队对涪陵小田溪又进行了发掘，清理出战国中晚期墓葬 11 座。参见：http://news.sina.com.cn/s/2003-02-14/085250266s.shtml.

③ 蒋晓春：《试论涪陵小田溪墓地的分期与时代》，《江汉考古》2002 年第 3 期。

④ 西北大学考古队、万州文物管理所：《万州中坝子遗址发掘报告》，《重庆库区考古报告集》(1997 卷)，科学出版社，2001 年，第 347～380 页。

⑤ 段渝：《渝东长江干流青铜文化的几个问题——兼论渝东与川东渠江流域青铜文化的关系》，《考古与文物》2011 年第 5 期。

⑥ 重庆市博物馆、复旦大学文博系：《万县麻柳沱遗址考古发掘报告》，《重庆库区考古报告集》(1999 卷)，科学出版社，2006 年，第 498～524 页。

的青铜器制作技术和高超的工艺水平。同时，巴文化的南进，也将峡江地区及川东北地区带入到文明国家阶段。从李家坝遗址就可以明显看出社会上出现阶级、阶层的分化。而涪陵小田溪出土的礼器、乐器以及玉器，反映巴国严密的等级秩序。

据《华阳国志•巴志》记载，在巴国境内，分布着“濮、賨、苴、共、奴、獽、夷、蜑之蛮”[①]八个族群。在这八个族群中，“賨”是巴人的一支，又称“板楯蛮”，之所以称“賨”，是因为他们缴纳的税钱被称为“賨钱”。宝鸡強国的解体，这支巴人向南沿嘉陵江而下进入了川东北地区，罗家坝遗存应是板楯蛮文化的体现。“蜑”也是巴人的一支，为“廪君蛮”的先民，他们沿江河而生，冬笋坝遗存应是其文化的体现。涪陵小田溪为巴国王墓所在，应是巴国王室文化的体现，由于为周宗室所封，故也体现出了一定的礼乐文化。

文化虽是人类作用于地理环境的结果，总是分布在一定的空间范围之内，但文化空间并不是隔绝的，作为文化载体的人群总是处于不断的流动中，因而文化也就随之传播扩散，从而产生交流与融合，形成一个占主导地位的文化共同体文化的结果。在巴国境内，晚期巴文化无疑占据着主导地位，是巴国各族群文化交流融合而形成的。尽管巴国各族群没有结成稳定的政治共同体或文化共同体，但从文化面貌和特征来看，还是文化的共相大于其殊相。

附记：本文为2015年国家社会科学基金项目“楚国疆域变迁研究”（编号：15BZS032）系列成果之一。

---

① （晋）常璩撰、刘琳校注：《华阳国志校注》，巴蜀书社，1984年，第27页。

周之南土：巴国与巴文化刍议

徐良高

（中国社会科学院考古研究所）

摘　要：巴国是指具有明确疆域、权力核心和各级政治组织的政治实体，巴文化是指一种基于对“我者”认同和与“他者”区分意识的文化认同体，巴地文化是指分布在后来一般所认同的巴人地域内的不同时代、不同族群的所有文化，三者既相关又不同，在概念上应予以厘清。通过分析相关文献记载，并结合安康出土的史密簋及其铭文研究，推测巴国源于周初的分封，属姬姓，早期位于今陕南安康一带。后来迫于东侧庸的压力而向西南发展，再后来联合秦、楚灭庸，政治势力和文化影响获得较大发展。巴国的南迁促使战国秦汉巴地复杂社会的形成。

关键词：巴国　巴文化　巴地文化　南迁

据《左传·昭公九年》记载，周景王派大臣詹桓伯对晋人说：“我自夏以后稷，魏、骀、芮、岐、毕，吾西土也。及武王克商，蒲姑、商奄，吾东土也；巴、濮、楚、邓，吾南土也；肃慎、燕、亳，吾北土也。”据此可知，在西周王朝的南方有一个巴国，它如同楚、邓、芮、燕等诸侯封国一样，承认周王的统治权威，接受周王朝的政治控制，因此，巴国所在的巴地成为周王朝南土的一部分。

近年来，随着重庆、川东和陕南一带两周考古广泛而深入地开展，学术界兴起利用新资料探索古代巴国和巴文化的热潮，学者提出了许多新的观点，极大地推动了巴国、巴文化的历史研究，使我们对东周时期巴国的社会面貌、组织结构，巴文化的特征、演变过程，巴文化与周边文化的互动关系及其在“多元一体”中华民族文化形成过程中的作用与地位等方面都有了更为具体而深入的了解，大大超越了传统的依据文献记载对巴国、巴文化历史的认识。

另外，随着从考古学角度研究巴国、巴文化历史的深入，许多深层次问题日益显现，比如研究中所涉及的一些基本概念与理论是否清晰、明确？如何看待相关的文献记载？如何处理文献记载与考古发现的关系？最早的巴国何时出现？最早的巴国可能在哪里？下一步的考古学工作方向是什么？等等。本文拟就这些问题展开讨论，以就正于方家。

一、巴国、巴文化与巴地文化

从学理上讲，任何学术讨论，首先必须对所使用的基本概念有一个清晰而准确的界定，关于

"巴"的讨论，也应如此。我们认为应该将巴国、巴文化和巴地文化三者区分开来，分别予以清晰的界定。唯有在此基础上，方可对巴国与巴文化历史展开深入的讨论。

那么，什么是巴国、巴文化与巴地文化呢？我们认为，巴国是具有明确疆域、权力核心和各级政治组织的政治实体，从文献等方面的记载看，巴国的出现应该源于周初的分封。

巴文化，在某种意义上讲，应该是一种族群文化，是一种基于对"我者"认同和与"他者"区分意识的文化认同体，犹如当代的民族。在这一认同体内的成员之间存在某些一致的主观认同，如共同祖先、共同历史、共同习俗、共同信仰等，这些认同使群体成员自认为彼此属于一个不同于其他人群的集体，进而形成一种族群意识和内在向心力、凝聚力。从文献的记载来看，当时周边人群如周人、楚人等是认可"巴"的存在的，但在当时的周人、楚人眼中，这种"巴"是指"巴国"呢？还是指"巴族"呢？似乎很模糊。

考虑到巴族认同和自觉意识的形成时间和存续时间段问题，未形成巴族认同和自觉意识的新石器时代及其以前的巴地文化，已融入华夏文化的汉以后的巴地文化能否称为巴文化，就很值得怀疑。我们认为不应称它们为巴文化，分布在湖北西部、重庆地区和四川东部地区的自新石器时代以来的各支考古学文化，更准确地讲应该称为"巴地文化"，它们与巴国、巴文化是什么样的关系，要具体分析讨论，不能简单地一概而论，统统将它们都称为巴文化。反之，我们也不能将巴文化无限前推，将后来才形成的具有自我主观认同和自觉意识的巴文化上溯到当地新石器时代，甚至旧石器时代的文化上。

作为政治体的巴国和作为主观认同体的巴族如何表现在物质文化上，或者说哪些古代物质文化遗存象征这种政治体或认同体，可以被视为巴国或巴文化的代表，在学理上同样有深入讨论的必要。日用陶器、铜礼器、兵器是否都能体现这种政治体和主观认同体？或者礼器、兵器更能代表这种象征或认同？这类学理问题不仅仅是深化巴文化研究必须面对的问题，也是整个考古学和当代人类学理论研究必须要回答的基本理论问题。巴文化考古学研究不应简单化地处理这一问题，仅仅以某些陶器、兵器或个别种类的青铜礼器来界定巴文化及其范围。实际上，考古学文化所表现出来的文化面貌也反映了这种复杂性，比如，巴蜀在物质文化面貌上就非常接近，"以成都平原为代表的蜀国和以川东地区为代表的巴国，不仅地缘上接近，其文化上亦相似，史学界历来将巴蜀并举，就说明其文化上趋同。"[①] 针对这种复杂性，我们认为，在巴国、巴文化的考古学研究中，虽然考古学资料提供了全新的、重要的史料，但文献与铭文等文字记载仍是我们界定巴国与巴文化并探讨其起源的重要考量依据。

巴地文化概念更多的是一种地域概念，是指分布在后来一般所认同的巴人地域，即《华阳国志·巴志》所谓"其地，东至鱼复，西至僰道，北接汉中，南极黔涪"[②]，大致相当于当今重庆、川东、陕南和鄂西一带的不同时代、不同族群，甚至是不同部族方国的所有文化。从新石器时代，甚至旧石器时代的考古学文化到历史时期，如秦汉，甚至当代这一区域内人类所创造的一切文化成果都可以称之为巴地文化。

---

① 四川省文物考古研究院、达州市文物管理所、宣汉县文物管理所：《宣汉罗家坝》，文物出版社，2015 年，第 342 页。

② （晋）常璩撰、刘琳校注：《华阳国志校注》，成都时代出版社，2007 年，第 6 页。

巴国、巴文化和巴地文化三个概念之间存在巨大差异，但在当代学术研究的实践中，我们却常常将三者混淆，很多情况下，我们所用的“巴文化”概念，其内涵可能与巴国或巴地文化更相关，而不是巴族文化。

另外，以陶器为标准划分的巴地考古学文化未必代表巴国政治体，巴国的政治疆域未必与巴文化的分布范围完全吻合，巴国的上层文化与下层文化也未必完全一致，正如我们在三代文化大传统与小传统理论中所讲到的，三代礼乐文化以中原文化为核心，更趋于一致，而日常生产生活方面的物质文化面貌却具有明显的区域性和个性①，巴文化似乎也同样如此。例如，宣汉罗家坝遗址33号大型墓出土铜器180多件，与等级相近的涪陵小田溪巴王墓、成都羊子山172号蜀侯墓、新都马家蜀王大墓等王侯级贵族墓葬出土的青铜器组合类似。“这充分说明战国时期这个区域已显示出巴文化为主导，又与蜀文化为亲缘关系的文化，同时又与相邻的东楚、北秦互相影响，也体现了巴文化的开放和包容。”②这种一致性就是具有共同礼乐文化大传统的表现，而以圜底罐为代表的日常生活文化面貌却有自己的区域独特性。这些都是我们在使用考古学资料来讨论巴国、巴文化时必须要首先考虑的学理问题。

另外，三者之间也存在一定的关联性，如巴国包括巴部族文化，当然也包括其他部族文化，正如《华阳国志·巴志》所记载，巴国“其属有濮、賨（cong）、苴（ju）、共、奴、獽（rang）、夷、蜑之蛮”③。同样，巴地文化包括巴国和巴文化，当然，它不仅仅只有巴国和巴文化，还有其他不同时期、不同部族的文化。

总之，只有我们明确了以上三个基本概念的内涵、外延及彼此之间的异同，才可能对巴国、巴文化历史有一个科学的考古学讨论。

二、巴国起源及其早期地域蠡测

关于巴国的起源，根据文献记载主要有以下两说：

第一种说法来自神话传说。据传说，最早的巴国是由五个氏族部落联合而成的一个大型部落集团，其中巴人以武力和船技上的优势，获得了集团的领导权，巴人首领务相成为首任领袖，称廪君。他们以白虎为图腾。这种说法也许包含了巴国历史形成时期的某些历史记忆，但由于神话传说色彩浓厚，我们难以从中窥测到巴国起源的历史状况。

第二种说法为西周封建说。据《华阳国志·巴志》载：“昔武王既克殷，以其宗姬封于巴，爵之以子。”巴国由此而来。

中国考古学兴起后，出现了第三种说法。根据考古发现，有学者认为宝鸡强国墓地、城固铜器

① 徐良高：《中国三代时期的文化大传统与小传统——以神人像类文物所反映的长江流域早期宗教信仰传统为例》，《考古》2014年第9期。

② 刘婷、周夏：《“巴文化”研讨会举行，文史学专家齐聚四川达州》，www.chinanews.com/sh/2016/11-06/8054415.shtml，2016年11月6日。

③（晋）常璩撰、刘琳校注：《华阳国志校注》，成都时代出版社，2007年，第8页。

群是巴人的早期遗存[①]，也有学者提出鄂西三峡地区的路家河二期后段遗存和以城固陶器群为代表的宝山文化属于早期巴文化[②]。我们认为宝山文化和宝鸡強国墓地所代表的文化应是以三星堆遗址为代表的蜀文化向北发展的分支，而不是早期巴国遗存。

关于巴国为姬姓，源于周初分封的记载，我们认为可以从以下两个方面来解读：

第一，西周分封巴国说是东周时期巴国的冒荫和附会，即通过对自己国家历史记忆与叙事的构建，为自己在华夏文化认同主导的东周世界体系中获取合法性和话语权提供历史依据，犹如东周的吴国自称是太伯、仲庸之后，越国自称是大禹之苗裔，汉时匈奴自称为夏后氏之苗裔等一样。

第二，西周时，周王确实分封过巴国，但在文献中失去了准确记载，迄今考古也还未发现直接证据。

我们选择第二种解读，即相信巴国为姬姓，源于周初分封建国。理由如下：第一，从文献记载看，商末有蜀、濮等，也可能有称“巴”的部族，但应该没有巴国。据《尚书·周书·牧誓》记载，参与周人灭商的牧野之战的方国部族有：庸、卢、彭、濮、蜀、羌、微、髳等，未提及“巴”。但到了西周之后，文献则明确记载在周的南部有巴国，如《左传·昭公九年》记载詹桓伯对晋人说：“巴、濮、楚、邓，吾南土也”，与楚、邓一样，这个“巴”应该也是一个诸侯国。第二，从周初“封邦建国，以屏周室”的国策来看，周王在南方分封自己的亲戚功臣以监视、控制周边部族方国符合周初的基本国策和周王朝的政治架构设计[③]。

不过，在我们认同以上说法的时候，必须对以下文献记载有个交代。据《华阳国志·巴志》记载：“巴师勇锐，歌舞以凌殷人，前徒倒戈，故世称之曰：‘武王伐纣，前歌后舞’也。”我们如何解释这一文献中所记载的参与伐纣灭商之役的“勇锐巴师”呢？大家知道，《华阳国志》为东晋时期的常璩所写，时代很晚，这类记载明显是后世的追述。我们认为，参与伐纣的“巴师”可能指的是早期文献中所记的参与伐纣的一些巴地部族军队，因巴建国后，这些参与伐纣的部族属于巴国统辖，故后人统称之为“巴师”。

虽然，迄今我们尚未见到与早期巴国明确相关的重要考古发现，但安康出土的史密簋还是给我们带来了某种线索。

1986年安康汉滨区关庙镇王家坝遗址出土了西周中期偏晚的铜器史密簋，簋底有93字的长篇铭文，记载了周王命令师俗率领齐国的军队、族徒和遂人等，史密率领族人、莱伯、僰、夷等一起征伐反叛的东夷、南夷诸国，围攻长必这一事件[④]（图一、图二）。对于这篇铭文如何断句、释读，相关国族和地名位于何处，学术界争议甚大[⑤]，但铭文中所提到的卢、虎、僰、夷等与西周时期的西

① 尹盛平：《略论巴文化与巴族的迁徙》，《文博》1992年第5期。

② 赵丛苍：《从考古新发现看早期巴文化——附论巴蜀文化讨论中的相关问题》，《华中师范大学学报》（人文社会科学版）2006年第45卷第4期。

③ 徐良高：《西周时期侯、伯性质与大东地区政治格局的考古学观察》，《青铜器与山东古国学术研讨会论文集》，上海古籍出版社，2017年。

④ 李启良：《陕西安康市出土西周史密簋》，《考古与文物》1989年第3期。

⑤ 张懋镕、赵荣、邹东涛：《安康出土的史密簋及其意义》，《文物》1989年第7期；吴镇烽：《史密簋铭文考释》，《考古与文物》1989年第3期；李学勤：《史密簋铭所记西周重要史实考》，《中国社会科学院研究生院学报》1991年第2期；沈长云：《由史密簋铭文论及西周时期的华夷之辨》，《河北师院学报》（社会科学版）1994年第3期。

南方与南方地区诸部族密切相关，如参与牧野之战的卢，以虎为图腾、盛行白虎崇拜的巴以及《华阳国志·巴志》所记的巴国所属的夷，等等。出土史密簋的王家坝遗址面积约15万平方米，文化层厚约2米，夹杂大量西周至秦汉时期遗物。

图一 史密簋

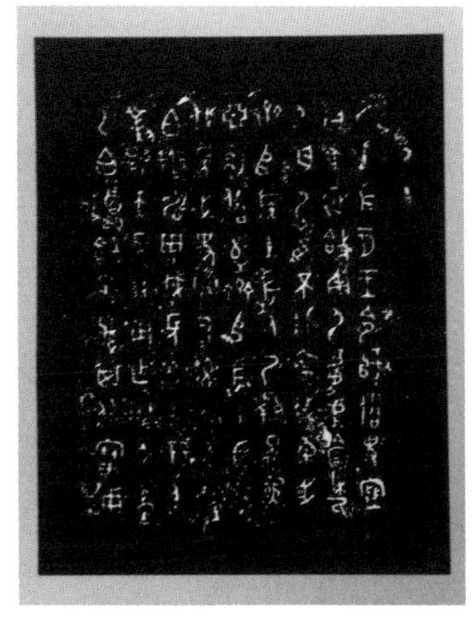
图二 史密簋铭文

考虑到史密簋的出土地点以及巴、蜀、庸之间的相对位置和彼此关系，我们是否可以推论，史密簋铭文所记载的内容可能就是姬姓巴国的贵族史密受命率领自己的家族武装和巴国所辖的一些部族武装参与对东方一些反叛部族的战争，围攻长必，最终获胜的历史事件？如果这个推论成立的话，那么，出土史密簋的陕西安康一带可能就是西周时期的巴国所在地。

从相对地理位置来说，如果我们以关中为周之京畿，中心之所在，安康恰恰在王畿之南，符合所谓“巴在周之南土”的记载。

由此，我们是否可以进一步推测，原来在陕南、川东北地区有多个部族，如濮、夷、苴等，其中在安康一带的部族可能称“巴”。这些部族由来已久，但无国家政权，姬姓周贵族被分封到此地后，以封地名为国名，称“巴”，巴国由此出现，巴国统领巴地及其周边的多个部族。

当然，现在这个观点还只是一种根据文献记载和相关青铜器铭文记载的推论。从科学研究的角度来说，巴国在西周时期是否已经存在？巴国是周人分封的姬姓国家，还是当地土著巴人受到周边周、蜀、庸、楚等国家的影响而自我独立发展起来的国家？巴国始于周王室的传说是不是巴人为赋予自己政权合法性和提升自我文化优越感而建构的一种历史叙述与历史记忆？所有这些问题都有待于安康及其以南的巴地西周时期考古新发现来回答。因此，寻找这一地区的西周时期文化遗存，尤其是具有政治中心性质的聚落遗址和居于统治地位的高等级贵族墓葬，分析它们的文化面貌及其与周边文化的关系，弥补从夏商以来的土著文化到东周时期巴国之间的考古学文化缺环，既是巴文化考古，也是陕南、重庆、川东和鄂西一带区域考古的重要课题。

三、巴国南迁与战国秦汉巴地复杂社会的形成

基于以上推论，我们可以看出，早期巴国北隔秦岭而毗邻周之京畿，东与庸、楚毗邻而居，西

方和西南方向则与以宝鸡強国墓地、成都金沙遗址为代表的蜀文化国家相邻，南侧毗邻更南的土著文化人群。

西周时期，庸在东，巴在西，两者毗邻而居，但似乎庸强而巴弱。从文献记载看，庸国国君世代为侯伯，而巴仅为子爵。进入东周以后，庸国不断扩张，春秋时期，庸国称雄于楚、巴、秦之间，曾几次入侵、打败楚国，以至于给楚国造成迁都的威胁。直到公元前611年，楚与秦、巴三国联军伐庸，才最终灭庸。

北有周王室，西有强蜀，东方受到庸国的压迫后，巴国唯一的发展方向只能是组织松散，力量更弱的土著人群所居的南方。因此，我们推测，正是庸的扩张可能将巴国挤出安康及其附近地区，迫使巴向南发展。

从考古学发现来看，巴政权中心似乎也存在由北向南转移的现象，如从春秋晚期至战国早期的罗家坝M33等遗存到战国至汉初的李家坝墓地、涪陵小田溪墓地等，显示政治中心不断南移。

随着巴国向南的发展与迁徙，巴统治区域和巴文化也不断向南方扩展，最终，南方原来的非巴文化区成为巴文化区的一部分，该地域也被称为巴地。

随着巴国在新地区统治的稳固与庸国的灭亡，巴国与巴文化迎来发展良机，与国家政权和复杂社会相关的考古遗存纷纷出现。这也就解释了为什么迄今考古发现的重要巴国遗存都是比较晚的。尽管该地区偶有更早时期的尊等青铜器出现，但反映与之同时的国家等复杂社会的相关遗存并未发现。

概而言之，巴人的发展历程可能是：西周时期立国于陕南安康一带，后来迫于庸的压力而向西南发展，再后来联合秦、楚灭庸，政治势力和文化影响获得较大发展。晚期，东侧迫于楚人势力，西侧与蜀相争，最终亡于秦。

最后，我们要特别强调的是，以上观点只是根据现有材料的一种推测，有待考古新发现的检验。不过，这也正是巴国、巴文化研究对陕南、川东、重庆等地区今后考古工作提出的重要课题。与之相关的，有关早期庸国的考古调查与探索也是两周考古的重要课题，亟待有所突破。

附记：本文为国家社科基金重大项目“多卷本《西周史》”（项目批准号：17ZDA179）阶段性成果之一。

（原载《四川文物》2018年第4期）

巴文化研究回顾与再思考

罗二虎
（四川大学历史文化学院考古学系）

摘　要：本文首先针对巴文化研究中可能存在的某些问题或不足之处，对20世纪30年代以来有关巴文化的历史学和考古学研究进行了简略的回顾，然后就"巴文化"和"巴人"等概念进行了讨论。认为在巴文化研究中，无论持有何种观点，研究什么专题，学界对于有关巴文化的一些基本概念取得共识仍是十分必要的。

关键词：巴文化研究　回顾　思考

与巴蜀文化相关的发现始于1929年广汉真武宫玉石器的出土，以及20世纪30年代前期在当地进行的考古发掘①，至今已有近90年历史。以20世纪40年代成都白马寺发现一批巴蜀青铜器和抗日战争爆发初期大批学者云集川渝地区为契机，巴蜀文化研究得以进一步发展。如今，巴蜀文化和巴文化相关的研究蓬勃发展，成果丰硕。

本文的目的并非是对此前的研究进行全面的回顾与评述，而仅是通过有目的的回顾来探讨目前关于巴文化研究中可能存在的某些问题或不足之处，以此引起研究者的注意，并对今后如何将研究引向深入进行一些思考。

一、巴文化研究中的史学贡献

回顾巴文化研究中的史学成就，其主要经历了四个阶段。

第一阶段，从1930年吴致华发表《古巴蜀考略》一文为契机②，在20世纪30年代前期有一批研究古代巴蜀历史的学术成果出现③。这表明近代学术史意义上的巴蜀史研究开始起步。

第二阶段，20世纪40年代，由于抗日战争的爆发，大批的学者如顾颉刚、董作宾、徐中舒、童书业、缪凤林、卫聚贤、郑德坤、商承祚、傅振伦等都云集川渝地区，他们积极推动了巴蜀史的

---

① D. C. Graham, A Preliminary Report of the Hanchow Excavation, *Journal of the West China Border Research Society*, Vol. 6(1934), pp. 129-130.

② 吴致华：《古巴蜀考略》，《史学杂志》1930年第2期。

③ 马培棠：《巴蜀归秦考》，《禹贡》第2卷1934年第2期；钟凤年：《论秦举巴蜀之年代》，《禹贡》1935年第4卷第3期；张公量：《张仪入秦续辨——附马培棠、钟凤年二先生秦灭巴蜀在惠文王初元说的商榷》，《禹贡》1935年第4卷第6期。

研究。这一时期发表了大量关于巴蜀古史方面的研究著述，其中代表性的研究先后有顾颉刚的《古代巴蜀与中原的关系说及其批判》[①]、童书业的《古巴国辨》[②]、郑德坤的《巴蜀始末》[③]、黄少荃的《秦灭巴蜀考》[④]等。

第三阶段，20世纪50年代再次掀起了巴蜀古史研究的热潮，以徐中舒的《巴蜀文化初论》[⑤]、《巴蜀文化续论》[⑥]，缪钺的《〈巴蜀文化初论〉商榷》[⑦]，蒙文通的《巴蜀史的问题》[⑧]等文章为代表。这一阶段的部分研究开始吸收考古发现的某些成果。

第四阶段，20世纪70年代末至80年代，随着童恩正的《古代的巴蜀》[⑨]、顾颉刚的《论巴蜀与中原的关系》[⑩]、徐中舒的《论巴蜀文化》[⑪]、蒙文通的《巴蜀古史论述》[⑫]、邓少琴的《巴蜀史迹探索》[⑬]、董其祥的《巴史新考》[⑭]、任乃强的《四川上古史新探》[⑮]等一系列著作的出版，掀起了巴蜀史研究的高潮。其研究的深度和广度都达到了一个新高度。在这一阶段的一些史学研究中，都不同程度地吸收了考古学的成果，并且出现了专门研究巴史的著作。

在中国的上古文献中有关巴的记载零星而分散，经过数代学者大量的辛勤劳动，对巴国与巴人的基本史实进行了辨识和梳理。通过这些研究大体可以厘清巴史上的一些基本史实。在这些成果的基础上，我们可以就以下问题得到一些认识。

（一）古文献成书年代

在早期的古文献中，有关先秦时期巴国活动的记载可以分为两类。第一类是成书于先秦时期的文献中有关巴国的直接记载，主要见于《春秋左传》《战国策》等文献。这是同一时代人关于巴国的描述记载。第二类是成书于西汉中期以后的文献中有关巴国的描述，如《史记》的《西南夷列传》和《张仪列传》以及《汉书·西南夷两粤朝鲜传》《后汉书·南蛮西南夷列传》《华阳国志·巴志》等文献。虽然在第二类文献中的相关记载应该都是有所依据的，但毕竟属于后代人追记的范畴。这是我们在使用时应该加以注意的。

---

① 顾颉刚：《古代巴蜀与中原的关系说及其批判》，《中国文化研究汇刊》1941年第1卷；顾颉刚：《论巴蜀与中原的关系》，四川人民出版社，1981年。

② 童书业：《古巴国辨》，《文史杂志》1942年第2卷第9、10期。

③ 郑德坤：《四川古代文化史》，华西大学博物馆，1946年，第14～23页。

④ 黄少荃：《秦灭巴蜀考》，《狂飙月刊》第1卷1947年第1期。

⑤ 徐中舒：《巴蜀文化初论》，《四川大学学报》1959年第2期。

⑥ 徐中舒：《巴蜀文化续论》，《四川大学学报》1960年第1期。

⑦ 缪钺：《〈巴蜀文化初论〉商榷》，《四川大学学报》1959年第4期。

⑧ 蒙文通：《巴蜀史的问题》，《四川大学学报》1959年第5期。

⑨ 童恩正：《古代的巴蜀》，四川人民出版社，1979年。

⑩ 顾颉刚：《论巴蜀与中原的关系》，四川人民出版社，1981年。该书主要收录其20世纪40年代发表的论文。

⑪ 徐中舒：《论巴蜀文化》，四川人民出版社，1982年。

⑫ 蒙文通：《巴蜀古史论述》，四川人民出版社，1981年。

⑬ 邓少琴：《巴蜀史迹探索》，四川人民出版社，1983年。

⑭ 董其祥：《巴史新考》，重庆出版社，1983年。

⑮ 任乃强：《四川上古史新探》，四川人民出版社，1986年。

（二）巴国存在时间

在文献中有关巴国的直接最早记载是《春秋左传》，其记载的桓公九年（前703年）巴国联合楚国对邓国和鄾国的战争，结果以前者的胜利而告终[①]。根据这些文献的相关记载，我们可以确知的巴国存在于东周时期。但是在《左传》有关巴国的记载中常将其称为“巴子”。我们知道，周代初年曾分封天下诸侯，共有“公、侯、伯、子、男”五等爵，就是周代诸侯的五个等级[②]。因此，巴国很可能在西周初年已立国，为周初分封的诸侯国之一。

其次，《华阳国志·巴志》：“周武王伐纣，实得巴、蜀之师，著乎《尚书》。巴师勇锐，歌舞以凌殷人，前徒倒戈，故世称之曰‘武王伐纣，前歌后舞’也。”[③]如果我们根据《华阳国志·巴志》的这段记载，可以认为在《尚书》中记载巴参与了西周建国前的周武王伐纣的战争。但是，在《尚书·牧誓》中明确记载参加伐纣战争的仅有“庸、蜀、羌、髳、微、卢、彭、濮人”[④]，这里并未直接出现“巴”。因此，有学者推测巴可能隐于后几种国名或族群之中。笔者认为，根据这段记载可以得到以下信息，即此处并没有直接出现巴人或巴国这一名称，即使这其中包括有后期活动于巴国范围内的族群，但他们在当时并没有被直接视为“巴人”或被冠以“巴人”这一称呼。因此，巴人是否参加过周武王伐纣的战争应该有再讨论的余地。笔者认为，根据这段记载可以推测在商代时巴国可能并没有作为一个国家而存在。

总结以上，明确可知巴国存在于东周时期，公元前316年被秦国所灭，但是巴何时建国并不十分清楚，但推测也许可能会早到西周初年。

（三）巴国地域与活动范围

根据《左传》中的相关记载，巴国主要与楚、邓、庸、申、鄾等江汉地区的国家发生关系，并常与楚发生战争。这说明在东周时期，尤其是春秋至战国早期巴国的东界至少应到达江汉地区边缘，其东边的活动范围比较明确，只是由于春秋后期楚国的日渐强大才逐渐向西退却。至战国时期，在强大楚国的压迫下，巴的疆域范围不断向西，然后向北萎缩。例如，《战国策·燕策》记载“楚得枳（鲍本注：属巴郡）而国亡”[⑤]。另见《华阳国志·巴志》记载：“巴子时虽都江州（今重庆），或治垫江（今合川），或治平都（今丰都），后治阆中（今阆中），其先王陵墓多在枳。”[⑥]

---

① 《左传·桓公九年》记载：“巴子使韩服告于楚，请与邓为好。楚子使道朔将巴客以聘于邓。邓南鄙鄾人攻而夺之币。杀道朔及巴行人。……夏，楚使斗廉帅师及巴师围鄾。邓养甥、聃甥帅师救鄾。三逐巴师，不克。斗廉衡陈其师于巴师之中以战，而北。邓人逐之，背巴师而夹攻之。邓师大败，鄾人宵溃。”（《春秋左传集解》第二，上海人民出版社，1977年，第99、100页）。

② 《左传·襄公十五年》记载周代的列位等级：“王及公、侯、伯、子、男、甸、采、卫、大夫，各居其列，所谓周行也。”（《春秋左传集解》第十五，上海人民出版社，1977年，第922页）《国语·周语》中也记载周襄王说：“昔我先王之有天下也，规方千里以为甸服……其余以均分公、侯、伯、子、男、使各有宁宇。”（《国语》，商务印书馆，1935年，第18页）《逸周书·职方》说：“凡国，公、侯、伯、子、男，以周知天下。”（《逸周书集训校释》，商务印书馆，1937年，第137页）

③ （晋）常璩撰、刘琳校注：《华阳国志校注》，巴蜀书社，1984年，第21页。

④ 《尚书正义》，上海古籍出版社，2007年，第421页。

⑤ 《战国策》卷三十《燕策》，商务印书馆，1958年，第265页。

⑥ （晋）常璩撰、刘琳校注：《华阳国志校注》，巴蜀书社，1984年，第58页。

关于巴的地域范围，《华阳国志·巴志》有较为明确的记载："其地东至鱼复，西至僰道，北接汉中，南极黔涪"[①]。鱼复为今重庆奉节县，僰道为今四川宜宾市，汉中即今陕西汉中市。黔为战国时期的黔中郡，大体为今湖南西北部，以及重庆、湖北和贵州的相邻地区。涪为三国蜀汉至两晋时期的涪陵郡，今重庆涪陵区。这应该是战国时期巴的大致范围。但是东周时期以前，并无明确记载。

廪君蛮为巴人的一支，早期活动于夷水（今清江流域），后逐渐迁徙到盐阳（约今三峡地区）活动，但是其具体时代并不明了。《后汉书·南蛮西南夷列传》记载[②]：

> 巴郡南郡蛮，本有五姓：巴氏、樊氏、瞫氏、相氏、郑氏，皆出于武落钟离山。其山有赤黑二穴，巴氏之子生于赤穴，四姓之子皆生黑穴。未有君长，俱事鬼神，乃共掷剑于石穴，约能中者，奉以为君，巴氏子务相乃独中之，众皆叹。又令各乘土船，约能浮者，当以为君，余姓悉沉，惟务相独浮。因共立之，是为廪君。乃乘土船，从夷水至盐阳。盐水有神女，谓廪君曰："此地广大，鱼盐所出，愿留共居。"廪君不许。盐神暮辄来取宿，旦即化为虫，与诸虫群飞，掩蔽日光，天地晦冥。积十余日，廪君伺其便，因射杀之，天乃开明。廪君于是君乎夷城，四姓皆臣之。廪君死，魂魄世为白虎。巴氏以虎饮人血，遂以人祠焉。

如果将这段记载中神话的成分去掉，我们大体可知有一支巴人最早居住在湖北西南部清江流域一带的山区，以后溯长江而上，并且活动于川东鄂西的三峡一带。

（四）巴国境内族群

《华阳国志·巴志》记载巴境内多族群，"其属有濮、賨、苴、共、奴、獽、夷、蜑之蛮"[③]。未明确说明其时代。《华阳国志》为东晋时期成书，因此可知有关这些族群在巴国境内活动的年代下限应在汉晋时期，但上限时代却并不明确。"濮"人为一支古老的族群，其支系众多，分布广泛，据记载商西周时已与中原地区发生关系，如在《尚书·牧誓》中就记载"濮"人参加了周武王伐纣的战争。"濮"人从江汉地区至四川盆地内都多有分布。"賨"人根据《后汉书·南蛮西南夷列传》记载又称为"板楯蛮夷"，主要分布在嘉陵江流域[④]。"苴"，据《华阳国志·蜀志》记载苴侯封于葭萌（今广元昭化），因此可能主要活动在今川北广元市一带[⑤]。苴与蜀为邻。《史记·张仪列传》记载"苴蜀相攻击"。《索引》说"苴音巴。谓巴、蜀之夷自相攻击也。"[⑥]"共、奴、夷"具体活动区域不

---

① （晋）常璩撰、刘琳校注：《华阳国志校注》，巴蜀书社，1984年，第25页。

② 《后汉书》卷八十六《南蛮西南夷列传》，中华书局，1965年，第2840页。

③ 在刘琳校注的《华阳国志》卷一中"夷蜑"之间无顿号，将两者视为一个族群，与笔者观点不同。（晋）常璩撰、刘琳校注：《华阳国志校注》，巴蜀书社，1984年，第28页。

④ 《后汉书》卷八十六《南蛮西南夷列传》，中华书局，1965年，第2842、2843页。

⑤ （晋）常璩撰、刘琳校注：《华阳国志校注》，巴蜀书社，1984年，第191页。

⑥ 《史记》卷七十《张仪列传》，中华书局，1959年，第2281页。

详，"獽、蜑"在巴郡内的具体活动区域也不详，但是在《华阳国志·蜀志》"广都县"（为原蜀地，今成都双流）下记载其境内有"獽、蜑"[①]。

此外，如前所述《后汉书·南蛮西南夷列传》还记载有廪君蛮，其早期主要在巴境的东部活动。

（五）巴国的某些重要历史事件、巴人文化某些特征

在先秦时期的文献记载中，有关巴国的重要历史事件大多都与战争相关，如巴与楚联合对邓、鄾的战争，巴与楚、巴与庸、巴与申、巴与蜀的战争等，以及最后秦灭巴国的战争等。在汉代以后的有关文献中，也记载或追记了巴人的某些文化特征，如板楯蛮勇武善射，廪君蛮善舟船、掷剑，巴人善制盐、采丹砂等。

历史学的研究成果，是从考古学视角对巴文化进行研究的重要基础，并以此为巴文化的研究做出了重要贡献。

二、巴文化研究中的考古学贡献

通过实物资料对古代巴蜀文化进行考古学研究，大体经历了四个发展阶段。

第一阶段，20 世纪 30～40 年代，也是巴文化研究的起点。其起步可以上溯到 1929 年四川广汉真武宫玉石器的出土和 1934 年华西大学博物馆葛维汉（Graham）主持对真武宫遗址（即三星堆遗址）的发掘[②]以及相关的研究[③]。到了 20 世纪 40 年代，在成都白马寺出土了一批青铜器，除了有青铜容器之外，大量的是青铜兵器。以这批青铜器的出土为契机，推动了川渝地区对考古学文化研究的探索，尤其是卫聚贤在《巴蜀文化》一文[④]中以白马寺出土的铜器窖藏为主，将这些物质文化遗存与历史上这一区域内的古国相联系，提出"巴蜀文化"的概念以及采用出土文物来探索巴蜀古史的研究方法，对其后的研究产生了较大的影响。应该说当时提出的巴蜀文化可以视为是一种广义的地域性考古学文化。

第二阶段，20 世纪 50～70 年代。这一阶段是真正运用科学考古的田野发掘工作方法，对古代巴文化遗存进行考古发掘和对巴文化进行探索的开始。标志性的事件是 20 世纪 50 年代前期的重庆巴县冬笋坝墓地和广元昭化宝轮院墓地的发掘和报告的编写[⑤]。发掘报告编写者在结语中将这两处墓地都视为战国后期至西汉时期巴人的考古学物质文化遗存，其判断的依据主要还是其所在的地域。

---

① （晋）常璩撰、刘琳校注：《华阳国志校注》，巴蜀书社，1984 年，第 249 页。

② D. C. Graham, A Preliminary Report of the Hanchow Excavation, *Journal of the West China Border Research Society*, Vol. 6(1934), pp. 114-131.

③ D. S. Dye, Some Ancient Circles, Squares, Angles and Curves in Earth and in Stone in Szechwan, *Journal of The West China Border Research Society*, Vol.4(1934), pp. 97-105；龚熙台：《古玉考》，《成都东方美术专科学校校刊》1933 年第 1 卷第 1 期；林名均：《广汉古代遗物之发现及其发掘》，《说文月刊》1942 年第 3 卷第 7 期。

④ 卫聚贤：《巴蜀文化》，《说文月刊》1941 年第 3 卷第 4 期。

⑤ 四川省博物馆：《四川船棺葬发掘报告》，文物出版社，1960 年。

第三阶段，20 世纪 80～90 年代。随着四川盆地内先秦时期遗存的不断发现，尤其是广汉三星堆遗址的大规模发掘和对商代前后存在的三星堆文化认识的不断深入，以及陕西南部商至西周时期相关遗存的发现，有学者相继提出了“早期巴蜀文化”和“晚期巴蜀文化”[①]以及“早期蜀文化”[②]“三星堆文化”[③]等概念。

第四阶段，20 世纪 90 年代至今。随着湖北省和重庆市范围内三峡库区大规模的地下文物抢救性发掘的开展，大量的科学考古资料不断积累，研究的步伐也不断加快，形成了一个巴文化研究的高潮。这时又有学者提出了“巴文化”[④]和“早期巴文化”[⑤]等概念。与此同时，在过去人们称之为的晚期巴蜀文化中也就出现了“晚期巴文化”的概念[⑥]。进入 21 世纪后，关于早期巴文化或者早期巴人文化的概念一直又延伸到新石器时代晚期，有学者甚至将早期巴人文化的概念延伸到这一区域内发现的距今 7000 年前的新石器时代中期文化遗存[⑦]。

考古学研究的基础是考古学文化的识别与区域考古学文化基本发展序列的建立。这一阶段考古学发现与研究的最重要成果就是初步在这一区域内已经建构起一个区域考古学文化发展的粗略时空框架，并且在这一区域内还初步划分为三个小的区域，即湖北西部、重庆和川东北、陕西南部。

（1）湖北西部地区：这一小区域主要包括鄂西的三峡地区和清江流域，其中以三峡地区的考古学文化发展序列比较系统，其从早到晚经历了城背溪文化、大溪文化、屈家岭文化、白庙文化（或白庙类型）、朝天嘴文化、路家河文化、楚文化。在清江流域主要有香炉石文化。

（2）重庆和川东北区：在这一小区域中以 20 世纪 90 年代以来三峡库区大规模地下文物抢救发掘为契机，在重庆长江沿岸的三峡库区范围内初步建立起一个考古学文化发展的粗略框架，其从早到晚有玉溪下层文化、玉溪坪文化、中坝文化（或哨棚嘴文化）、三星堆文化丝栗包类型、石地坝文化（或十二桥文化）和双堰塘类型、晚期巴文化。在晚期巴文化中，还可以初步分为冬笋坝类型、李家坝类型（包括宣汉罗家坝遗址）、盔甲洞类型等不同类型。此外，在湘渝鄂黔边区一带以青铜錞于集中分布为代表的区域也富有地方特色。

（3）陕西南部地区：这一小区域的考古学文化从早到晚有老官台文化、仰韶文化、龙山时期文化遗存、三星堆文化时期遗存（或称“宝山文化”）、晚期巴蜀文化。

---

① 赵殿增：《巴蜀文化的考古学分期》，《中国考古学会第四次年会论文集》，文物出版社，1985 年，第 214 页。

② 林向：《周原卜辞中的“蜀”——兼论“早期蜀文化”与岷江上游石棺葬的族属之二》，《考古与文物》1985 年第 6 期；沈仲常、黄家祥：《从新繁水观音遗址谈早期蜀文化的有关问题》，《巴蜀考古论文集》，文物出版社，1987 年，第 23～32 页；李伯谦：《城固铜器群与早期蜀文化》，《巴蜀考古论文集》，文物出版社，1987 年，第 33～39 页；宋治民：《早期蜀文化分期的再探讨》，《考古》1990 年第 5 期。

③ 四川省文物管理委员会、四川省博物馆、广汉县文化馆：《广汉三星堆遗址》，《考古学报》1987 年第 2 期。

④ 管维良：《巴文化及其功能浅说》，《巴渝文化》（第 3 辑），西南师范大学出版社，1994 年，第 154～165 页；宋治民：《蜀文化与巴文化》，四川大学出版社，1998 年；林向：《四川盆地巴文化的探索》，《中华文化论坛》2005 年第 4 期。

⑤ 段渝：《论“早期巴文化”——长江三峡的古蜀文化因素与“早期巴文化”》，《巴渝文化》（第 3 辑），西南师范大学出版社，1994 年，第 185～194 页。

⑥ 罗二虎：《初论晚期巴文化的类型》，《重庆·2001 年三峡文物保护学术讨论会论文集》，科学出版社，2003 年，第 162～174 页。

⑦ 方刚、莫骄、张庭良：《早期巴文化与先前“石家河文化”的关系》，《巴人巴国巴文化》，文物出版社，2013 年，第 51～62 页。

三、“巴文化”概念再检讨

（一）作为地域文化的“巴文化”

就笔者的个人理解，目前学术界普遍所言的“巴文化”并非是一种完整意义上的考古学文化概念，而在实际使用这一概念时，应该说更多的学者将其默认为是一种主要存在于巴国地域范围内的地域文化。

在延续时间方面。对其下限的认识比较统一，基本都认为是在西汉中期前后，也就是随着晚期巴蜀文化或晚期巴文化的消失而结束。但对其上限的认识则较为模糊，多有歧义，有学者认为可以上溯至西周时期，也有学者认为可以上溯至夏商时期，还有学者将其上溯至新石器时代。

在分布空间方面。学者主要都是参照《华阳国志·巴志》记载中关于巴国的地域覆盖范围。在《华阳国志·巴志》中对巴的范围有比较明确的记载，“其地东至鱼复，西至僰道，北接汉中，南极黔涪”。如前所述，这应该是指巴国在东周时期，尤其可能是战国时期的主要活动区域，但是有相当部分的巴国周缘区域仍是比较模糊的。

如果基于这种地域文化概念下对“巴文化”理解，实际上我们通常所言的巴文化其内涵就会涉及该区域内存在的多种考古学文化。

此外，如果我们从严格意义上的考古学文化的视角观察，先秦时期巴地的文化与蜀地的文化关系始终非常密切，在相当一部分时段内两地的文化都可以视为是同一考古学文化。

下面，我们将巴文化再分为两个时期分别加以讨论。

（二）关于晚期巴文化

晚期巴文化是巴文化研究的原点，因此，在巴文化研究中占有极其重要的位置。晚期巴文化应该主要是指春秋晚期至战国中期巴国境内巴人的文化，不过公元前316年巴亡国后其境内的巴人仍在延续这种文化，并一直持续到西汉中期前后才消亡。

目前所知的晚期巴文化遗存主要都是墓葬，居住聚落发现不多，而其中发表了的有关聚落的考古资料就更少。笔者曾依据已发表的墓葬资料对晚期巴文化的文化类型进行了初步研究，将其分为冬笋坝类型、李家坝类型和盔甲洞类型[①]。近年来宣汉罗家坝遗址的发掘，对于巴文化的研究，又提供了大量的新资料，并在一定程度上填补了巴文化分布上一个重要区域的空白，具有十分重要的意义。罗家坝遗址出土的东周时期遗存十分丰富，笔者初步观察认为虽然该遗址发现的大量东周时期墓葬有不少自己的特点，但总体上讲还是与李家坝类型的文化面貌更为接近，可以将其归入李家坝类型。

从考古学文化角度进行观察，晚期巴文化与蜀地同一时期的考古学文化遗存的面貌总体上讲十

① 罗二虎：《初论晚期巴文化的类型》，《重庆·2001年三峡文物保护学术讨论会论文集》，科学出版社，2003年，第162～174页。

分相近，应该属于同一考古学文化。在20世纪40年代成都白马寺出土的以兵器为主的青铜器群发现之初，有学者就将其命名为“巴蜀文化”①。虽然当时的这一命名既大胆又带有较多的史学或地域文化因素，但经过了半个多世纪，巴蜀文化的内涵不断得到充实，巴地与蜀地这一时期两地文化的相似性这一基本性质并未改变，因此将其视为同一种考古学文化具有很大的合理性。

在晚期巴文化中，冬笋坝类型的文化遗存不但发现较少，仅有重庆巴县冬笋坝墓地和广元宝轮院墓地两处，而且分布区域都与蜀地相邻或较为邻近。这种文化类型的一个突出特征是流行船棺葬俗，而基本相同的船棺葬俗也在蜀地，尤其是成都平原附近大量发现。巴地与蜀地这类墓葬的文化面貌和丧葬习俗具有很大的一致性，应该可以视为是同一考古学文化下的同一文化类型。该类型分布的中心区域应该在蜀地。

李家坝类型的文化遗存发现相对较多，具有代表性的除了李家坝遗址②之外，还有罗家坝遗址③、余家坝墓地④等。主要分布在重庆和四川东部。

在晚期巴文化中，盔甲洞类型显示的丧葬习俗也比较特殊，都为崖葬。该类型墓葬都分布在渝东至鄂西的峡江区域内。这种崖葬是一种在特殊地理环境中才能出现的葬俗。

鄂西地区除了盔甲洞类型的人群之外，东周时期是否还有大量的巴人在此活动？根据《春秋左传》等文献的记载，巴国这一时期在鄂西甚至江汉平原活动较为频繁，那么巴文化的遗存是什么？仍然是有待于今后继续探索的问题。

（三）关于早期巴文化

现在学术界所言的“早期巴文化”概念因人而异，其理解的内涵可能存在较大差异。不过，通常所说的早期巴文化更多的是指夏商西周时期巴地的考古学文化遗存。目前大体可分为三个阶段或前后两个阶段。如果以三阶段划分法，如下所述。

第一阶段：年代大体为夏代前期（约相当于二里头文化一、二期）。在渝东地区为中坝文化，在鄂西地区为白庙文化。

第二阶段：年代大体为夏代晚期至商代中晚期。在渝东地区为丝栗包类型（包括万州中坝子遗存），与三星堆文化的关系非常密切，甚至应该就是属于三星堆文化中的一种类型，不过也有人认为渝东地区这一时期的考古学遗存不属于三星堆文化。在鄂西地区为朝天嘴文化，与三星堆文化关系密切。

第三阶段：年代为商代末期至西周时期。在重庆西部地区的长江沿岸地区为石地坝文化，该文化的面貌与主要分布在川西蜀地的十二桥文化关系密切。这种文化究竟是属于十二桥文化的一种地

---

① 卫聚贤：《巴蜀文化》，《说文月刊》1941年第3卷第4期。

② 四川大学历史文化学院考古系、重庆市文化局、云阳县文管所：《重庆云阳李家坝东周墓地1997年发掘报告》，《考古学报》2002年第1期；四川大学历史文化学院考古系、云阳县文物管理所：《云阳李家坝遗址发掘报告》，《重庆库区考古报告集》（1997卷），科学出版社，2001年，第209～243页；四川大学历史文化学院考古系、云阳县文物管理所：《云阳李家坝巴人墓地发掘报告》，《重庆库区考古报告集》（1998卷），科学出版社，2003年，第348～388页。

③ 四川省文物考古研究院、达州市文物管理所、宣汉县文物管理所：《宣汉罗家坝》，文物出版社，2015年。

④ 山东大学考古系：《四川开县余家坝战国墓葬发掘简报》，《考古》1999年第1期；山东大学考古学系、重庆市文化局、开县文物管理所：《重庆开县余家坝墓地2000年发掘简报》，《华夏考古》2003年第4期。

方类型还是一种独立的考古学文化？在目前已发表的考古资料范围内仍无法准确作出判断。在重庆东部地区，分布有双堰塘类型的文化遗存，其文化面貌与十二桥文化存在某些相似之处。在鄂西地区属于这一时期的考古学文化有路家河文化。另外，有学者认为在鄂西南的清江流域还存在一种不同于路家河文化的另一种考古学文化——香炉石文化，两者的分布区域相邻但又各不相同。不过，也有学者认为这两者是同一种考古学文化。

这一时期所言的巴文化，学者设定的分布范围仍然基本是以东周时期巴国曾经统治管理的区域为基础。但是，巴国何时立国，是否是西周初年的封国之一？这种周人封国文化在考古学的巴文化中有无体现或如何体现的？西周时期如果巴国已经存在，那么其活动范围在哪里？巴国立国之前，其活动范围在哪里？存在先巴文化吗？这些问题都是需要再做进一步讨论的。

四、巴文化与“巴人”

巴文化应该是巴人的文化，这是毋庸置疑的。但是“巴”是否为族名？“巴人”是单一族群还是多个族群的合称？这些还是需要我们谨慎对待的。

应该说巴人是个比较复杂的族群概念，也是一个较为模糊的概念。笔者认为巴为国名，并很可能是因为有了巴国之后，也就是“巴”建国之后，才有了巴人的称呼。因此，“巴人”当是泛指居住在巴国境内的居民，更可能是对东周时期巴国境内居住人群的泛称，而非是针对某一特定族群的称谓。巴文化也就是指所有居住在巴国境内的巴人的文化。

东周时期巴国境内究竟居住有多少族群，其具体称呼是什么，在同时期的文献中几乎没有记载，但成书于东晋时期的《华阳国志》却对巴地居住的族群有较详细的记载。《华阳国志·巴志》言巴境内多族群，“其属有濮、賨、苴、共、奴、獽、夷、蜑之蛮”[①]。《华阳国志》作者虽未明言这些族群的居住时间，但根据其语境分析应该是包括巴境内早期的土著居民。例如，“濮”就是一个十分古老的族群，在《尚书·牧誓》中明确记载濮人曾参加周武王伐纣的战争[②]。“苴”也应是秦灭巴蜀之前就已居住在巴境内的族群[③]。在古代文献中对于族群的称谓并不严格，时有转换。例如，“賨”在《华阳国志》中又被称为“板楯蛮”“白虎复夷”等[④]。专称有时也可转变为泛称，如根据文意“夷”在这里似为专称，但在古代“夷”又常作为泛称使用。《史记·西南夷列传》中就将西南地区的各个族群都泛称为“西南夷”，又将巴蜀南面的各族群称为“南夷”，巴蜀西面的各族群称为“西夷”，这里的夷都属于泛称。

由于巴人作为族群本身具有的复杂性和不确定性，因此要将考古学发现的相关物质遗存（晚期巴文化）与巴人族群相对应，也是十分复杂的。关于东周时期的巴文化与巴国境内各族群的关系，

---

① （晋）常璩撰、刘琳校注：《华阳国志校注》，巴蜀书社，1984年，第28页。

② 《尚书今古文注疏》，中华书局，1986年，第285页。

③ 《华阳国志·巴志》：“周慎王五年，蜀王伐苴侯，苴侯奔巴，巴为求救于秦。”源自（晋）常璩撰、刘琳校注：《华阳国志校注》，巴蜀书社，1984年，第32页。

④ （晋）常璩撰、刘琳校注：《华阳国志校注》，巴蜀书社，1984年，第35页。

笔者曾撰文做过初步的讨论[①]，认为李家坝文化类型的居民族属可能与板楯蛮（賨人）有关，依据的主要是两者的时空关系相近。冬笋坝文化类型的居民族属可能与廪君蛮或鳖灵氏，依据的主要是两者共同具有的某些文化因素的相似性。盔甲洞文化类型的居民族属可能与獽（瀼）人、蜑人有关，依据的主要是两者的地域和共同具有的某些文化要素的相似性。《华阳国志·巴志》记载巴东郡内有“奴、獽、夷、蜑之蛮民”[②]，又记载汉发县“诸县北有獽、蜑，又有蟾夷也”[③]。《太平寰宇记》卷七十六记载该县内的獽人有将木棺置于山中岩洞内的葬俗[④]。当然，这些只是很初步的认识，目前仍然缺乏充分的依据，因此有待于今后考古材料进一步积累和检验。

早于东周时期以前的情况就更为复杂。笔者认为要确定东周时期以前的巴人和巴文化，前提是应该先确定巴国何时建国。

五、结　　语

对巴文化的研究，无论持有何种观点，研究什么专题，学界对于巴文化的一些基本概念的加深理解和共识的取得仍然是十分必要的。正是基于这一认识，笔者才在此对巴文化的研究进行回顾和再思考，并希望能通过大家不断讨论、探索与相互交流以尽量达成共识。

① 罗二虎：《初论晚期巴文化的类型》，《重庆·2001年三峡文物保护学术讨论会论文集》，科学出版社，2003年，第162～174页。

② （晋）常璩撰、刘琳校注：《华阳国志校注》，巴蜀书社，1984年，第76页。

③ （晋）常璩撰、刘琳校注：《华阳国志校注》，巴蜀书社，1984年，第89页。

④《太平寰宇记》卷七十六记载：“有獽人，言语与夏人不同，嫁娶但鼓笛而已，遭丧，乃立竿悬布置其门庭，殡于别所。至其体骸燥，以木函盛，置于山穴中。”（《太平寰宇记》，中华书局，2007年，第1537页）

战　与　国

——略论川东地区的古代巴国

陈卫东　周科华

（四川省文物考古研究院）

摘　要：春秋战国时期，巴国主要活动在长江干流、嘉陵江流域和汉水中上游地区，本文利用历史文献、出土文献和考古材料，初步理清在春秋战国时期巴的活动范围，并进而论述其国家形态应为部落联盟，巴国的国家形态对了解早期国家形态的多样性提供了新的视角。

关键词：巴国　川东　春秋战国　国家形态　活动范围

四川地处我国的西南部，古代称为“巴蜀”，巴与蜀即是地域名称，亦是民族和国家名称。秦代，以成都和重庆为中心分别设立蜀郡和巴郡。20世纪40年代，成都出土了一批地域特色鲜明的青铜器（主要包括铜釜、铜剑、铜钺、铜矛），当时的部分学者以此将其命名为巴蜀文化，70多年以来，巴文化的研究在历史与考古方面成绩显著，但相对于春秋战国时期其他诸侯国来说，则显得还相当薄弱，一些重大的问题依旧悬而未决：巴在不同的历史时期活动范围和文化内涵有何变化？巴到底是一种什么样国家形态？巴为何不断的对外战争并不断的迁徙？巴是如何从帝国的边缘被纳入帝国的？廪君的传说是否属实，其与賨到底是何种关系？等等。在众多的问题中，巴的活动范围和国家形态无疑是其中最重要的问题。解决这两大问题，对推动巴文化的深入研究具有重要意义。

而要解决这两个问题，我们只能利用文献和考古材料较为丰富的区域，故此我们将研究的视角放在川东这一区域。这一区域在行政区划上大致包括四川的广元、巴中、达州、广安、南充五地市和绵阳地区的一部分以及重庆地区（图一）。从地理位置上看，该区域地处川西平原和汉水流域之间，主要为山区丘陵区，长江和嘉陵江及其支流渠江、涪江流经该区域，各流域与山体之间往往分布着诸多一级阶地或台地（当地俗称“坝”），先秦两汉时期的遗址主要分布在这些阶地上。这一区域不仅历史文献材料相对较为丰富，而且地下文物资源极其丰富。特别是1999年以来，川东地区经过数次的考古发掘，获得了一批重要的考古资料，对于完善川东北地区巴的历史具有重要意义，也为我们进一步的探讨巴的活动范围和国家形态提供了新的材料。

从时间的角度来看，这一区域的巴文化主要以“春秋战国时期至汉初”为主，春秋战国时期，各诸侯国之间相互征伐，但是像巴国这样基本由战争构成的历史极其罕见。鉴于此，我们将利用历史文献、出土文献和考古材料来略论川东北地区的古代巴国。不足之处，望方家斧正。

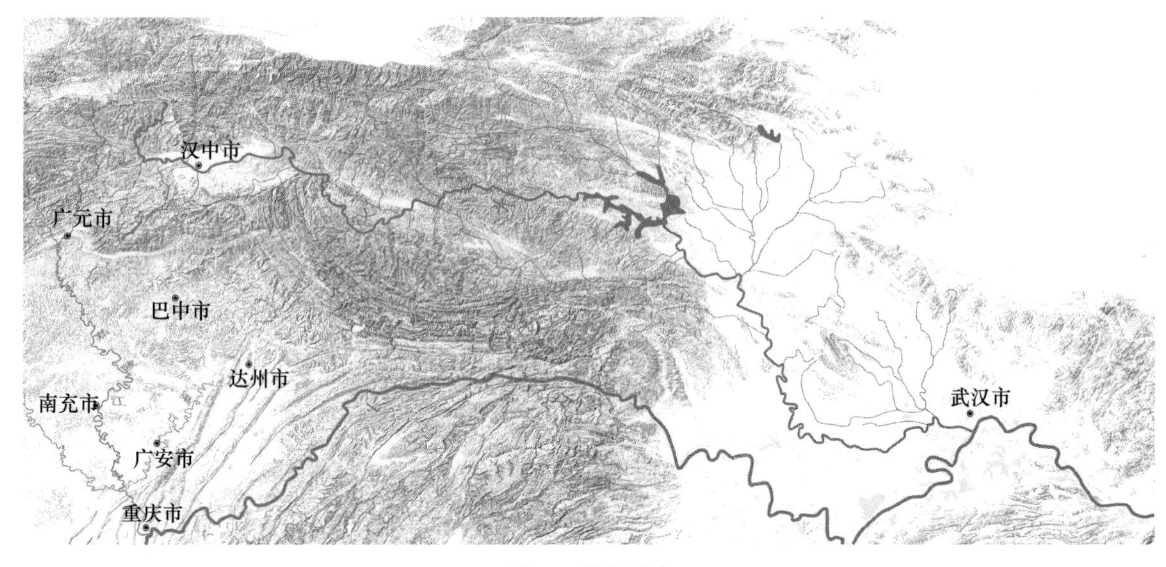

图一 研究区域

一、巴的活动范围

“巴”即是民族和国家名称，又是地域名称，巴国在不同的历史时期，有着不同的活动范围。本文所涉及的“巴”是指春秋战国时期巴国。这一时期文献材料和考古材料相对较为丰富，这也是我们进一步分析其活动范围的基础。但历史文献与出土文献和考古材料并不一致，因此，有必要从历史文献、出土文献和考古材料三方面重新进行梳理。

（一）历史文献中的巴

在历史文献中关于“巴”的历史只言片语，因其与楚秦的邻近关系，我们可通过这两国的相关史料，简单地梳理春秋战国时期巴的活动范围。

春秋时期，巴与楚的关系密切，时敌时友。最早关于巴国的记载，见于《春秋左传》中。《左传·桓公九年》：“（前703年）巴子使韩服告于楚，请与邓为好，楚子使道朔将巴客以聘于邓。邓南鄙鄾人攻而夺之币……楚师斗廉帅师及巴师围鄾……邓师大败，鄾人宵遁。”[①]《左传·庄公十八年》：“（前676年）及文王即位，与巴人伐申而惊其师，巴人叛楚而伐那处，取之，遂门于楚，……十九年，春，楚子御之，大败于津。”[②]《左传·文公十六年》：“（前611年）楚大饥……庸人率群蛮叛楚……楚伐庸……秦人、巴人从楚师，群蛮从楚子盟。遂灭庸。”[③]《左传·哀公十八年》：“（前477年）巴人伐楚，围鄾，楚公孙宁、吴由于、薳固败巴师于鄾。”[④]这四处记载中所涉及的巴在今湖北荆门市，津在江陵县，鄾在襄阳市，庸在竹山县，这些地方均处于从江陵至襄阳的汉水流域，似乎说明春秋时期汉水流域是巴人主要活动区域。

① （周）左丘明：《春秋左传正义》，《十三经注疏》，北京大学出版社，1999年，第189页。
② （周）左丘明：《春秋左传正义》，《十三经注疏》，北京大学出版社，1999年，第260页。
③ （周）左丘明：《春秋左传正义》，《十三经注疏》，北京大学出版社，1999年，第565、566页。
④ （周）左丘明：《春秋左传正义》，《十三经注疏》，北京大学出版社，1999年，第1071页。

到了战国时期，巴国的政治中心已经似乎转移到今重庆地区，势力范围遍布四川盆地的东部和周边地区，《华阳国志·巴志》中载巴的地域为“其地东至鱼复，西至僰道，北接汉中，南极黔涪”[①]。“鱼复”即今之重庆奉节，“僰道”即今之宜宾，“汉中”即今陕南汉中盆地，“黔涪”即今彭水、酉阳一带。这一时期巴依旧与东面的楚时战时和，《华阳国志·巴志》：“巴楚数相攻伐。”[②]《战国策·燕策》：“楚得枳而国亡。”[③] 并被迫不断迁都，《益部耆旧传》：“巴为楚所逼，迁居阆中。”[④]《华阳国志·巴志》：“虽都江州，或治垫江，或治平都，后治阆中。”[⑤] 从上述的文献记载来看，巴因受到楚的打击压迫，从汉水流域开始向长江流域和嘉陵江流域迁徙。

巴的不断西迁必然与川西的蜀发生关系，故在战国中晚期，巴蜀战争变得频繁，《华阳国志·巴志》：“巴蜀世战争”；并直接导致了巴蜀的灭亡，《华阳国志·巴志》：“周慎王五年（前316年），蜀王伐苴侯，苴侯奔巴，巴为求救与秦，秦惠王遣司马错伐蜀，灭之，并取苴及巴，执王以归。”[⑥] 自此以后整个巴蜀领地成为秦国统一六国的大后方。

（二）出土文献中的巴

上述是历史文献中关于巴的记载，而出土文献也显示这一时期巴与楚之间的关系。李学勤曾基于包山楚简中的“郙”的记载，将“郙”考证为“巴”。这一认识对我们了解汉水上游地区的巴提供了重要的依据。包山楚简中关于“郙”的记载主要见于226、228、230、232、234、236、239、243、244、247、249等简中的“大司馬悼滑將楚邦之師徒以救郙之歲”和简267、牍1中的“大司馬悼滑救郙之歲”记载，这些记载表明公元前316年楚国曾出兵救巴[⑦]。

除了楚出兵救郙（巴）的楚简以外，还出现了与“郙客”有关的楚简。如曾侯乙简卷首的“大莫敖陽為適豧（巴）之春，八月庚申，冑軞執事人書入車。”则表明公元前433年，战国早期的郙客事宜[⑧]。同时望山楚简卜筮简5“郙客困刍昏耳（问）王于郢之歲”，简7“郙客困刍昏耳（问）王于栽郢之歲，刑尸之月，癸未之日”，简8“郙客困刍昏耳（问）王于栽郢之歲，爨月，癸丑（之日）”等，刘信芳认为望山楚简纪年简中的“郙客困刍”之年为公元前331年[⑨]。而包山楚简145“郙客望于蒦”，说的是公元前316年郙客事宜。这也就是说在战国中期，郙（巴）国依旧存在。

部分铜戈上的文字可能亦与巴人有关，目前所见的这类器物有3件，包括湖北荆门出土的战国晚期的“大武”铜戈[⑩]（图二，2）、河南固始县出土的战国早期“郙王□自作承鋥”的铜剑[⑪]（图二，

① （晋）常璩撰、刘琳校注：《华阳国志校注》，巴蜀书社，1984年，第25页。

② （晋）常璩撰、刘琳校注：《华阳国志校注》，巴蜀书社，1984年，第58页。

③ 缪文远：《战国策新校注》，巴蜀书社，1987年，第1056页。

④ （宋）王象之：《舆地纪胜》引《益部耆旧传》，中华书局，1992年，第4332页。

⑤ （晋）常璩撰、刘琳校注：《华阳国志校注》，巴蜀书社，1984年，第58页。

⑥ （晋）常璩撰、刘琳校注：《华阳国志校注》，巴蜀书社，1984年，第32页。

⑦ 李学勤：《包山楚简“郙”即巴国说》，《中国文化》2004年第21期。

⑧ 李学勤：《包山楚简“郙”即巴国说》，《中国文化》2004年第21期。

⑨ 刘信芳：《楚系简帛释例》，安徽大学出版社，2011年，第294页。

⑩ 俞伟超：《“大武□兵”铜戚与巴人的“大武”舞》，《考古》1963年第3期；俞伟超：《“大武”舞戚续记》，《考古》1964年第1期。

⑪ 信阳地区文管会：《固始白狮子地一号和二号墓清理简报》，《中原文物》1981年第4期。

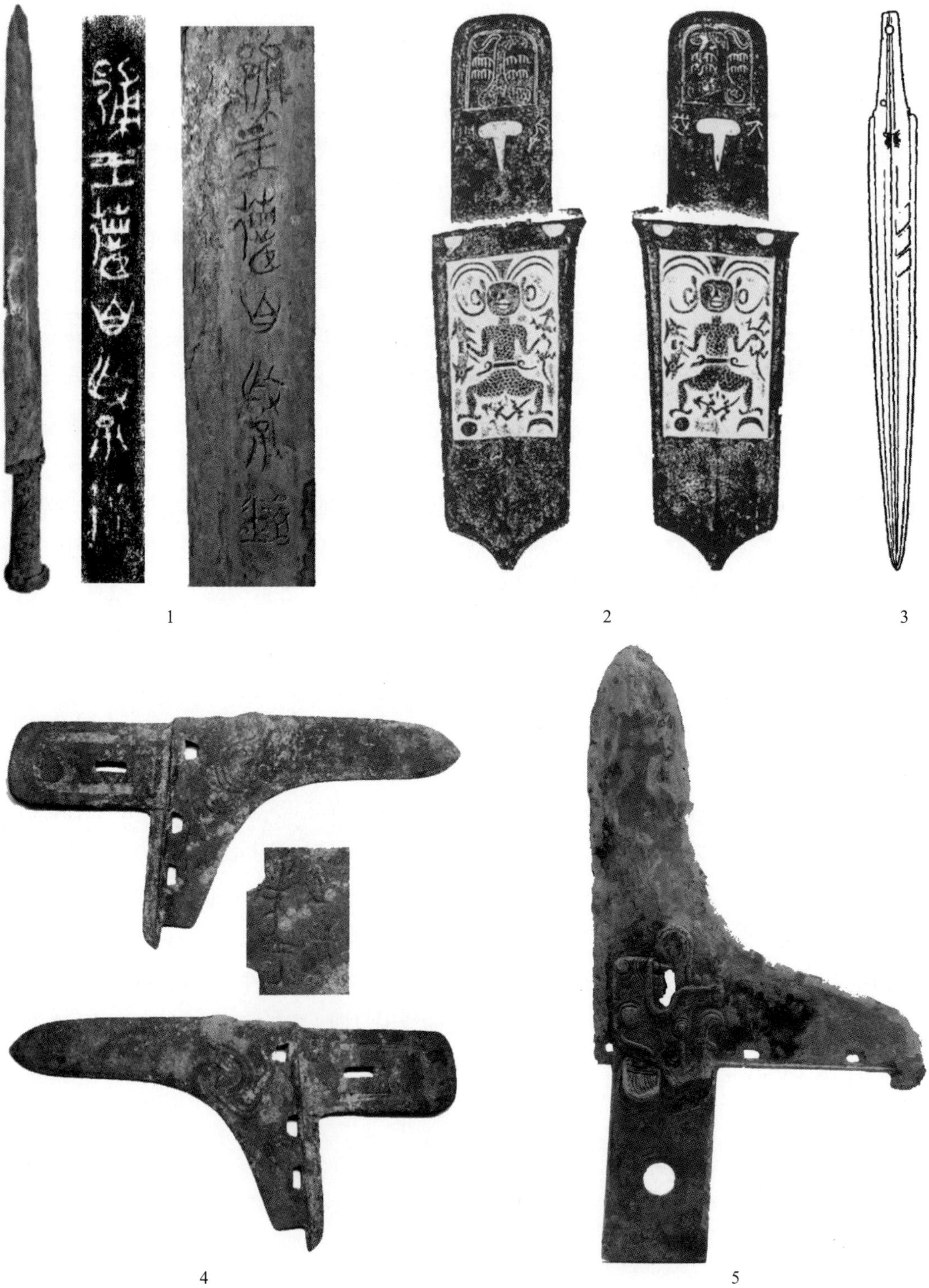

1 2 3

4 5

图二 出土文献中的巴

1. 河南固始出土铜剑 2. 荆州征集的“大武”戈 3. 荆州征集的铜剑 4. 私人藏品中的“郙王之戈” 5. 罗家坝M33出土铜戈（1、4. 董珊先生提供；2. 采自李学勤《“大武□兵”铜戚与巴人的“大武”舞》；3. 采自俞伟超《“大武”舞戚续论》）

1）和一件私人藏品“甫王之戈”的铜戈（图二，4）。其中“大武”铜戈与冬笋坝、涪陵小田溪M9出土的铜戈较为接近，与此铜戈伴出的还有一件典型的战国中晚期的巴蜀式铜剑（图二，3），说明其可能为巴人墓葬。河南固始县出土的郙王铜剑，与其伴出的还有铜矛、铜戈和陶方豆等器物，与楚墓出土的器物较为相似，应是受楚文化影响较深的巴人墓葬。而私人藏品中的“甫王之戈”的铜戈，器身两面均铸刻有虎头纹，属于典型的战国时期的巴蜀式铜戈，其上的铭文也表明“甫王”即“郙王”，进一步证实了李学勤关于“郙王”就是“巴王”看法。这些器物大部分出土于汉水中上游的楚墓或巴蜀墓葬[①]中，这也说明汉水中上游地区在战国时期依旧存在着众多巴人。

（三）考古视野中的巴

上述我们从文献的角度看到巴国的活动范围主要集中在汉水流域、长江干流和嘉陵江流域。那么考古学文化上是否有所反映？很遗憾，目前我们还没有在汉水流域确认与春秋战国时期巴国相关的遗存，这一方面反映了该区域楚化程度很高，另一方面也反映了考古学文化在物质文化层面上尚无法区分出该区域的巴文化。但是战国时期的遗存却在长江流域和嘉陵江流域发现较多。长江流域目前发现的与巴国有关的遗存主要是墓地，包括云阳李家坝[②]、开县余家坝[③]、巫山秀峰[④]、万州大坪[⑤]、忠县崖脚[⑥]、万州中坝子[⑦]、涪陵小田溪[⑧]等墓地，这些墓葬均受楚文化影响较深，而嘉陵江流域目前发现的与巴国相关的遗存主要包括宣汉罗家坝[⑨]、渠县城坝[⑩]、北碚庙嘴[⑪]墓地，则表现出较强的巴文化特征。

通过以上分析可以看出，春秋时期，巴人主要活动于汉水中上游地区，战国以来，其主要活动

---

① 与“大武”铜戈伴出的是一件巴蜀式铜剑，因此推测该墓葬为巴人墓。参见俞伟超：《“大武”舞戚续记》，《考古》1964年第1期。

② 四川大学历史文化学院、云阳县文物管理所：《云阳李家坝东周墓地发掘报告》，《重庆库区考古报告集》（1997卷），科学出版社，2001年；四川大学历史文化学院、云阳县文物管理所：《云阳李家坝巴人墓地发掘报告》，《重庆库区考古报告集》（1998卷），科学出版社，2003年；四川大学考古学系、重庆云阳县文物管理所：《云阳李家坝巴文化墓地1999年度发掘简报》，《南方民族考古》（第七辑），科学出版社，2011年。

③ 山东大学考古系：《四川开县余家坝战国墓葬发掘简报》，《考古》1999年第1期；山东大学考古系等：《重庆开县余家坝墓地2000年发掘简报》，《华夏考古》2003年第4期；山东大学考古学系、重庆市文化局、开县文物管理所：《重庆市开县余家坝墓地2002年发掘简报》，《江汉考古》2004年第3期；山东大学考古学系、重庆市文化局、开县文物管理所：《开县余家坝墓地2001年发掘简报》，《重庆库区考古报告集》（2000卷），科学出版社，2008年。

④ 河南省文物考古研究所、重庆市文物局、巫山县文物管理所：《巫山秀峰一中战国两汉墓地发掘简报》，《重庆库区考古报告集》（2000卷），科学出版社，2007年。

⑤ 重庆市文物局、重庆市移民局：《万州大坪墓地》，科学出版社，2006年。

⑥ 北京大学考古文博学院三峡考古队：《忠县崖脚（半边街）墓地发掘报告》，《重庆库区考古报告集》（2001卷），科学出版社，2008年。

⑦ 西北大学考古队：《万州中坝子遗址第三次发掘简报》，《重庆库区考古报告集》（1999卷），科学出版社，2006年。

⑧ 四川省博物馆：《四川涪陵地区小田溪战国土坑墓清理简报》，《文物》1974年第5期；四川省文物管理委员会、涪陵地区文化局：《四川涪陵小田溪四座战国墓》，《考古》1985年第1期；四川省文物考古研究院、涪陵地区博物馆、涪陵市文物管理所：《涪陵市小田溪9号墓发掘简报》，《四川考古报告集》，文物出版社，1998年；重庆市考古研究所等：《涪陵小田溪墓群发掘简报》，《重庆库区考古报告集》（2002卷），科学出版社，2010年。

⑨ 四川省文物考古研究院、达州市文物管理所、宣汉县文物管理所：《宣汉罗家坝》，文物出版社，2015年。

⑩ 四川省文物考古研究院、渠县博物馆：《城坝遗址出土文物》，上海古籍出版社，2014年。

⑪ 重庆市文化遗产研究院等：《北碚区庙嘴墓地考古发掘简报》，《嘉陵江下游考古报告集》，科学出版社，2015年。

于长江干流及其嘉陵江流域，但是汉水上游地区依旧是其主要的活动地点之一，虽然从考古学文化上我们尚不能完全区分出汉水上游地区的巴人墓葬，但是出土文献揭示出战国时期这一区域仍有大量的巴人活动。结合文献材料和考古材料，我们认为嘉陵江流域在战国时期一直秉承着巴人的传统（如墓葬中随葬大量的陶圜底罐和巴蜀式铜兵器、生产生活用具）。而长江干流区域的巴人则受楚文化影响较深（如大量的陶器与楚墓基本相似，铜兵器却以巴蜀文化为主），这也印证了史书上“江州以东，滨江山险，其人半楚”[①]的记载。而汉水上游地区的巴人可能在这一时期已完全楚化，可能与史书上所说的姬姓之巴[②]有关（图三）。

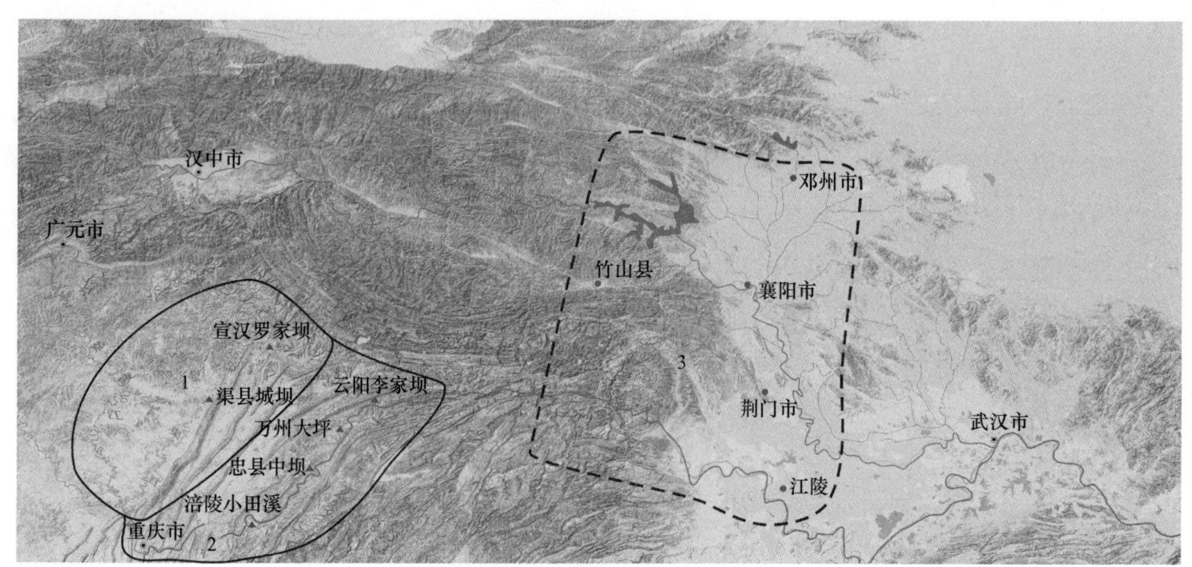

图三 春秋战国时期巴的活动范围

1. 嘉陵江流域 2. 长江干流 3. 汉水中上游地区

二、巴的国家形态

弄清了巴的活动范围，接下来我们关注巴的国家形态，而要弄清巴的国家形态，首先应该明确巴是不是完整意义上的国家？关于国家的定义很多，相对于其他的定义，马克斯·韦伯关于国家的定义更浅显易懂，亦被更多的学者接受。他将国家定义为“在一个既定范围领土内合法垄断武力使用权的组织”[③]，对此，英国学者安东尼·吉登斯进一步指出马克斯·韦伯的定义凸显出国家的“领土权”和“合法暴力”的两大特征[④]。我们就依据这两大特征，对巴是不是一个完整的国家进行讨论。

关于领土权，《华阳国志·巴志》中载巴的地域为“其地东至鱼复，西至僰道，北接汉中，南极黔涪。”虽然在巴的历史上，巴国的领土范围不断变化，但在春秋战国时期巴的管辖范围主要集

① （晋）常璩撰、刘琳校注：《华阳国志校注》，巴蜀书社，1984年，第49页。

② “初，共王无冢适，有宠子五人，无适立焉，乃大有事于群望，而祈曰：请神择于五人者，使主社稷。乃遍以璧见于群望曰：当璧而拜者，神所立也，谁敢违之，既乃与巴姬埋璧于大室之庭。”（周）左丘明：《春秋左传正义》，《十三经注疏》，北京大学出版社，1999年，第1318页。

③ 转引自易建平：《文明与国家起源新解》，《中国社会科学报》2011年8月11日。

④ 〔英〕安东尼·吉登斯著，胡宗泽、赵力涛译：《民族—国家与暴力》，生活·读书·新知三联书店，1998年，第19页。

中在嘉陵江、长江干流和汉水中上游地区，因此从领土权这一方面考察，巴在春秋战国时期具有固定的领土。

接下来我们再看国家构成的另一个主要因素——合法暴力，这一因素可以通过历史文献和考古发掘两方面来反映。上述在论述巴的对外战争中已引用了大量的历史文献，说明巴国存在着军队。同时巴国的军队不仅对外作战，对内也进行了镇压。《华阳国志·巴志》："周之季世，巴国有乱，将军有蔓子请师于楚，许以三城。楚王救巴，巴国既宁，楚使请城"。就是巴国请楚国军队镇压国内叛乱的证据。而从考古发掘来看，分布于嘉陵江和长江干流区域的巴人墓葬，大部分随葬有铜兵器（主要包括铜戈、铜剑、铜矛），也说明了其全民皆兵。因此，从合法暴力的角度来看，巴国存在着对内镇压、对外战争的军队。

从上述对于国家的定义来看，巴应是一个完整意义上的国家。那么巴这一国家到底是什么时候产生的？目前学术界还没有一致的看法。虽然殷墟甲骨文中的"巴方"，但它到底是一个族群还是一个国家，我们知之甚少。西周时期，虽然有零星的文献资料和考古发现，但尚未发现与巴国有关的大型遗存，因此，对商周时期的巴国，不仅文献资料匮乏，考古材料亦很少，在这种情况，我们很难探讨商周时期的巴国。春秋战国时期情况会好一些，虽然巴国的材料夹杂在《左传》等历史文献之中，但是通过梳理战国及其以后的文献材料，我们大致能够了解其国家形态，同时出土文献和考古材料为进一步了解巴国提供了实物资料，这样春秋战国时期巴国的国家形态就有了分析的基础。

本文所谓的国家形态是指国家的对外表现形式。古往今来的国家，在形态上是各异的，就国家的规模及其结构来讲，有幅员辽阔的泱泱大国，也有方五六十里的蕞尔小国；有各部分完全听命于中央的集权国家，也有地方各自为政的松散联邦。造成国家在形态上的种种差异，是基于各民族的具体的社会历史条件的不同。获取生活资料的生产方式、自然地理条件、民族的传统心理因素、从外部发生作用的历史影像等方面的不同，决定了不同的国家表现形式[①]。那么巴国是一种什么样的国家形态？我们可从以下三方面来分析巴的国家形态。

（一）特殊的地理环境

川东地区主要地貌特征为平行岭谷，是典型的褶皱山区，以背斜成山、向斜成谷为特征，山谷相间，彼此平行，河流从山谷穿过，各河流与山体之间往往分布着诸多一级阶地或台地（当地俗称"坝"），这些阶地或台地面积均较小，且相互之间相距较远。秦汉以后的县城多建立在这些坝上，即使在明清以来，这些县城彼此之间还相距100～180千米，故有"县过县，一百八"之语。而考古发现进一步证实了春秋战国时期，巴文化遗存亦主要分布在这些坝子中。特殊的地理环境造就了该区域的小聚居的特点，这样的地理条件，也是造成了巴国不能形成统一的集中专制的国家。

（二）历史文献中的国家形态

检阅史书，我们会发现巴国境内除巴族以外还存在着众多的民族，《华阳国志·巴志》："其属有濮、賨、苴、共、奴、獽、夷、蜑之蛮"，这些民族应与巴族形成了共同的国家认同，且一起构

① 赵伯雄：《周代国家形态研究》，湖南教育出版社，1990年，第5页。

成了巴国。这些民族是否形成了自己的部落，目前还不太清楚。但是在战国时期，廪君所代表的巴族和板楯族已成了主要的两大部族。童恩正基于《华阳国志》中的不同民族，指出巴国内的廪君族和板楯族明显存在着不同，前者生活在长江干流、崇拜白虎，并拥有五大姓（巴、樊、瞫、相、郑），后者主要生活在嘉陵江及其支流渠江流域，以射杀白虎为业，并拥有七大姓（罗、朴、杜、鄂、度、夕、龚）①。这些所谓的“五大姓”和“七大姓”应是以血缘关系构成的氏族，而构筑在氏族之上的所谓“廪君族”和“板楯族”应是两个大的部落，这两大部落和其他部族联盟共同构成了春秋战国时期的巴国。当然这种部落联盟极其松散，因此我们才能在史书上看到两大部落的相互争斗。《后汉书·南蛮西南夷列传》：“板楯蛮夷者，秦昭襄王时有一白虎，常从群虎数游秦、蜀、巴、汉之境，伤害无数。昭王乃重募国中有能杀虎者，赏邑万家，金百镒。时有巴郡阆中夷人，能作白竹之弩，乃登楼射杀白虎”，就是板楯部落平定廪君部落的直接反映。

战国中晚期的两次灭巴，也可以看出巴国内存在两个不同的部落。为大家所熟知的是秦灭巴蜀，事发公元前316年，蜀王伐苴侯，苴侯奔巴，巴为求救于秦，秦惠文王遣司马错伐蜀，灭之，并取苴及巴，并执王以归。而其所灭之巴应为阆中之巴②。除了秦灭巴外，还有楚灭巴。《舆地胜记》卷一五九引《益部耆旧传》：“昔楚顷襄王灭巴子，封庶子于濮江之南，号铜梁侯。”《太平御览》卷一七一引唐梁载言《十道志》：“故老云：楚子灭巴，巴子五兄弟流入黔中。汉有天下，名曰酉、辰、巫、武、沅等五溪，为一溪之长，故号五溪。”宋乐史《天平寰宇记》卷一二〇：“五溪，谓酉、辰、巫、武、沅等五溪，古老相传云：楚子灭巴，巴子五兄弟五人流入五溪，各为一溪之长。”《蜀中名胜记》卷一八引《郡国志》：“巴城在汉南江，是楚襄王灭巴，封其子为铜梁侯，故有此城。”《战国策·燕策》：“楚得枳而国亡。”均表明楚曾灭过巴，其所灭之巴应为江州之巴③。为什么文献中会出现两次灭巴，我们认为这是以嘉陵江和长江干流所代表的两个不同的大型部落，其中，阆中所代表的嘉陵江流域的部落和江州所代表的长江干流的部落不同，因此才会在文献中出现两次不同的灭巴。

（三）考古材料视角下的国家形态

除历史文献中记载巴国的国家形态以两大部落联盟为主以外，考古材料也反映了这两大部族，在长江干流的诸多遗存中，云阳李家坝遗址和涪陵小田溪最有代表性，而嘉陵江流域的诸多遗存中，宣汉罗家坝和渠县城坝遗址最有代表性，它们不仅是这两大部族的典型代表，而且也反映了不同时期这两大部族的发展与演变。因此，以下的分析以时间为序将这四处墓地进行对比分析。

战国早中期，以长江干流的云阳李家坝墓地和嘉陵江流域的宣汉罗家坝墓地为代表。首先，从墓葬的排列来看，两者均表现出一致性，墓葬均排列整齐，叠压打破关系较少，墓主人均头朝河流。其次，从单个墓葬来看，李家坝墓地以长方形墓葬为主，使用木椁或木棺较为普遍，且殉人现象较多，而殉人现象被认为与廪君有着直接的关系（《华阳国志·巴志》载：“廪君死，精魂化为白

---

① 童恩正：《古代的巴蜀》，重庆出版社，1998年，第50页。

② 孙华、沈仲常：《楚国灭巴考》，《贵州社会科学》1984年第6期。

③ 周集云：《巴族史探微》，四川省社会科学院出版社，1989年，第112页。

虎，故巴人以白虎饮人血，遂以人祀。”）；而罗家坝墓地以狭长方形较多，使用葬具的情况少见，殉人现象罕见。最后，从随葬品来看，李家坝墓地随葬的陶器以平底器为主，主要包括陶壶、陶罐、陶豆、陶鼎、陶甗、陶釜等（图四），出土的陶器与楚文化较为接近，应是受楚文化影响较深。而罗家坝遗址出土的器物以圜底器为主，主要包括陶罐、陶釜、陶圜底罐、陶豆、陶釜甑等（图五），这些器物与传统上认为的巴文化有着直接的关系。从出土的铜器来看，两者也极为接近，器物组合均为铜剑、铜戈、铜钺、铜矛、铜斤、铜斧、铜釜、铜鍪等，这也是巴文化区别于其他文化的典型器物（图六）。从以上的论述中可以看出，至迟在战国早期，长江干流地区和嘉陵江流域分别形成了两个不同的部落，这两个部落的共同因素表明其有共同的国家认同，而相异的因素表明其分属不同的部落。

在秦和楚两次灭巴之后的秦至汉初，在嘉陵江流域和长江干流依旧存在着巴的两个不同部落，考古学对这两个部落有着更直接的反映。渠县城坝遗址和涪陵小田溪墓地无疑是这两大部落的直接反映。城坝遗址20世纪80年代征集了一批秦至汉初的铜器，这批器物主要包括铜錞于、铜钟、铜钲、铜罍、铜浴缶等礼乐器和铜剑、铜戈、铜钺、铜矛等兵器（图七）。这批器物与涪陵小田溪出土的同类器物极其相似。如果说涪陵小田溪墓地所代表的是巴王侯一级的墓葬，那么城坝遗址出土的这批青铜器亦当为巴王侯一级。还有一个很有意思的现象是城坝遗址目前尚存一座两汉时

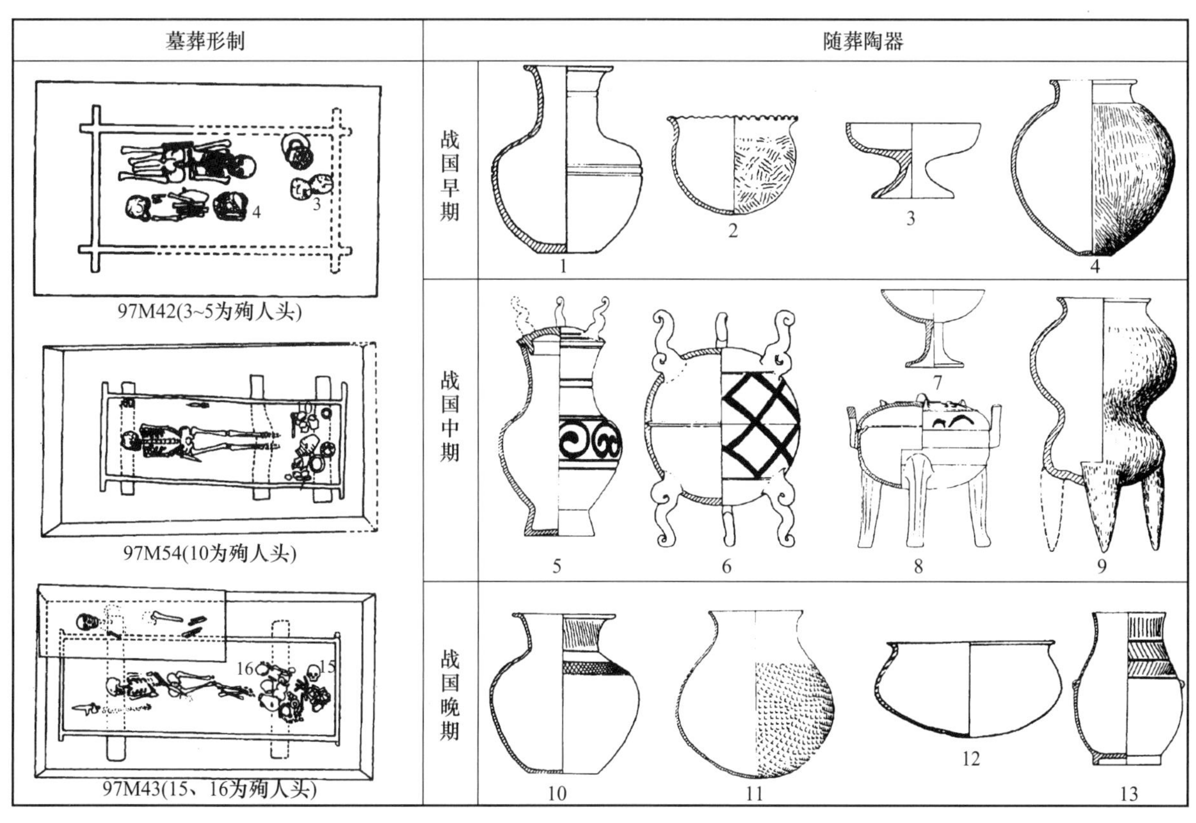

图四　云阳李家坝墓葬形制和随葬陶器

1、5、13. 壶（M48：6、M33：6、M45：6） 2、11. 釜（M48：5、M24：4） 3、7. 豆（M48：4、M28：6）
4. 瓮（M48：1） 6. 敦（M33：4） 8. 鼎（M33：2） 9. 甗（M43：8）
10. 罐（M19：2） 12. 圜底罐（M34：3）

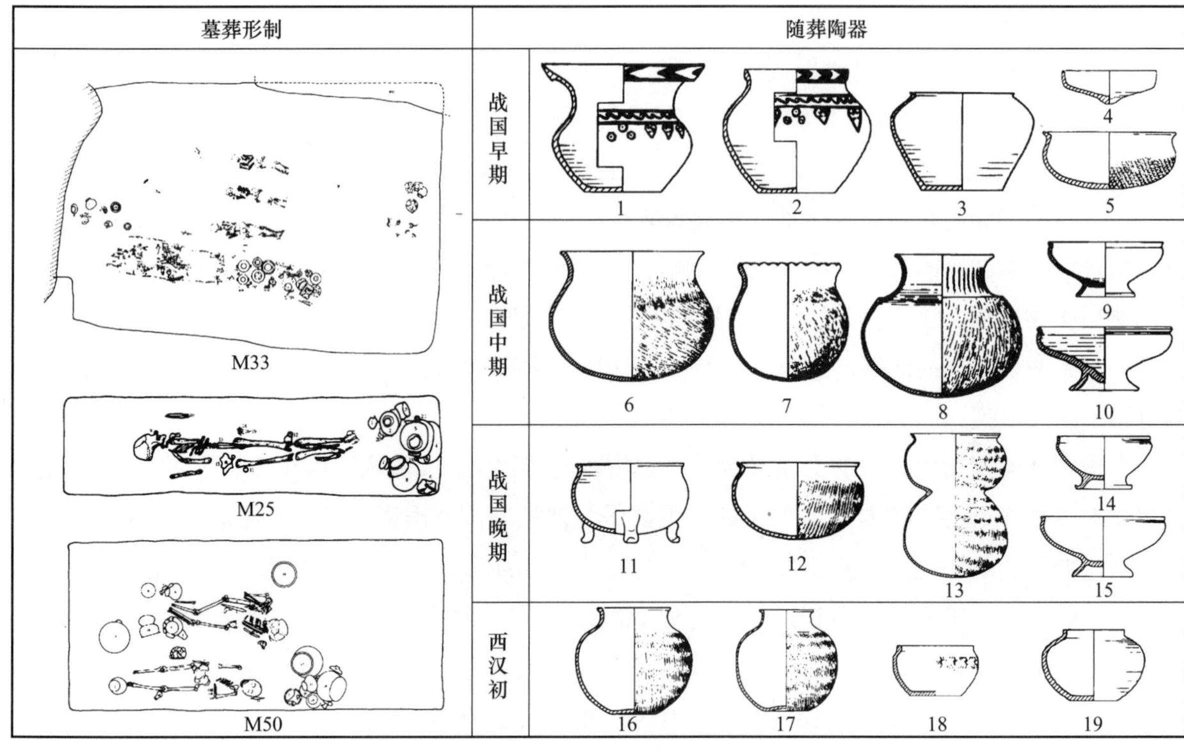

图五　宣汉罗家坝墓葬形制及随葬陶器

1. 喇叭口罐（M33：4） 2. 盘口罐（M33：3） 3. 平底罐（M33：147） 4. 尖底盏（M33：206） 5. 釜（M33：145） 6～8、12. 圜底罐（M50：20、M30：6、M30：26、M30：2） 9、10. 豆（M50：27、M50：28） 11. 鼎（M30：10） 13. 釜甑（M30：9） 14、15. 豆（M30：21、M30：15） 16、17. 高领罐（M32：2、M32：1） 18. 盆（M30：7） 19. 盂（M30：6）

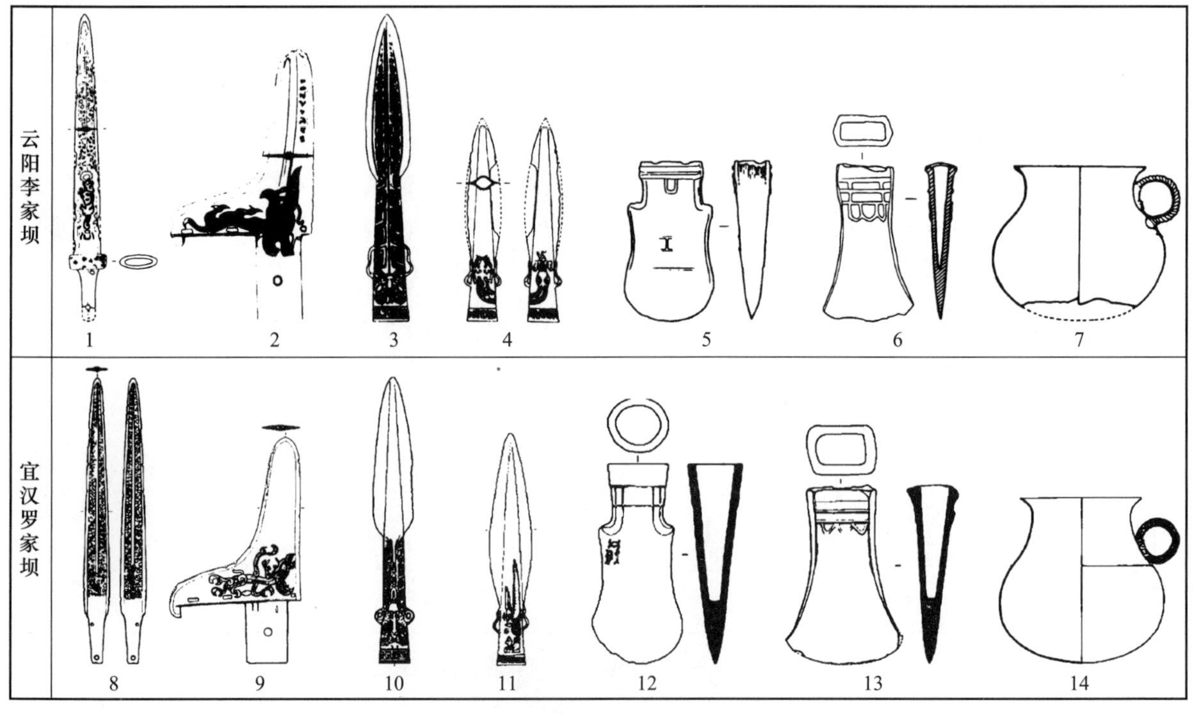

图六　云阳李家坝和宣汉罗家坝遗址出土铜器对比

1、8. 剑（M9：2、M31：12） 2、9. 戈（M25：1、M33：100） 3、4、10、11. 矛（M12：4、M14：1、M64：8、M61-2：2） 5、12. 钺（M23：2、M65-1：7） 6、13. 斧（M12：3、M31：14） 7、14. 鍪（M20：1、M17：5）

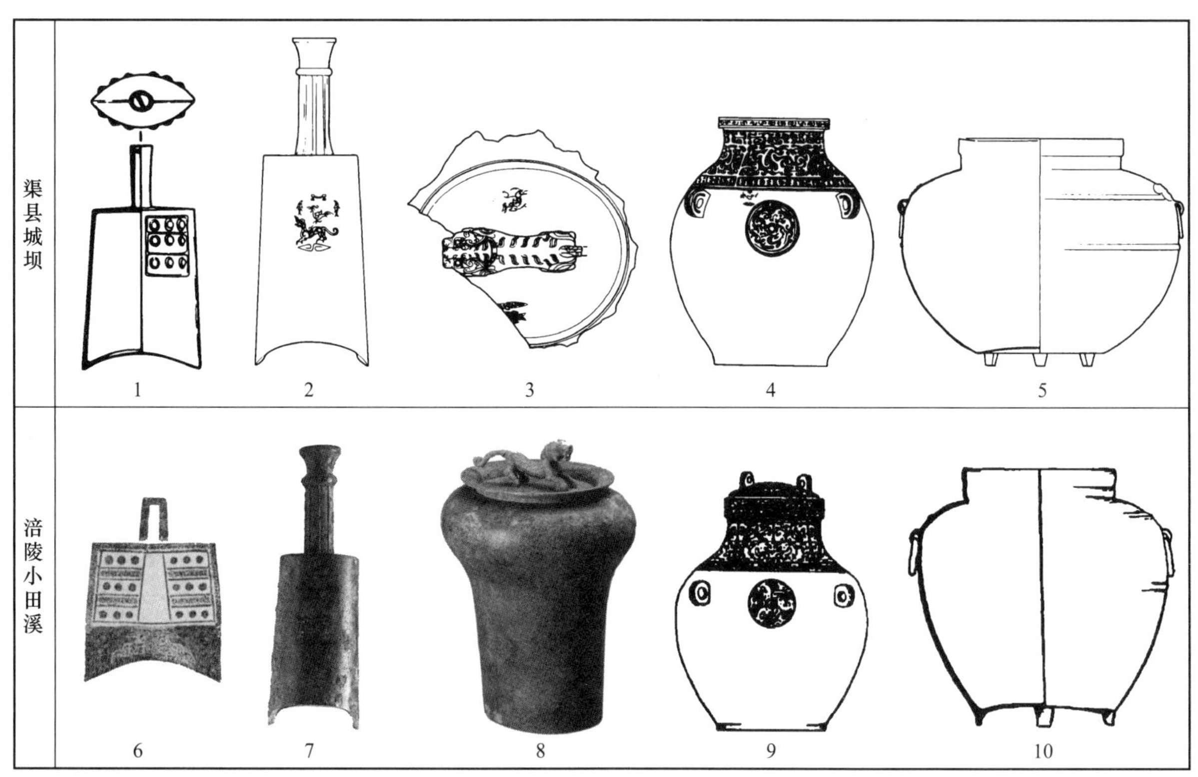

图七　涪陵小田溪与渠县城坝遗址出土铜器对比

1、6. 钟（01768、M1：81）2、7. 钲（01123、M2：16）3. 錞于盖（01845）4、9. 罍（01873、M1：25）5. 浴缶（01132）8. 錞于（M2：20）10. 缶（M1：78）

期的城址，2017 年的考古发掘在城址内发现了两枚“宕渠”瓦当，证实该城即为宕渠城[①]，《华阳国志·巴志》中在介绍该城时说：“长老言：宕渠盖为古賨国，今有賨城、卢城。”说明了宕渠城当为早期的賨城，而賨城就是板楯部落建立的城址。两个不同的区域均出土高等级的器物，说明嘉陵江和长江干流区域分别存在巴的两个不同部落。

上述从历史文献和考古材料两方面说明，嘉陵江和长江干流在战国至汉代分别存在巴的两个不同中心，这两个不同的中心应代表不同的部落，两者之间可能因为战争的需要，通过部落联盟的方式结合在一起。

三、结　语

通过对历史文献、出土文献和考古材料的分析，我们得出如下结论。

（1）巴的活动中心从春秋战国时期的汉水流域有逐渐向长江流域和嘉陵江流域移动的趋势，但汉水流域依旧是其主要的活动区域。

（2）巴的国家形态应是一种部落联盟式的国家，这不仅因为所处的川东地区的褶皱地带，阶地面积较小，无法形成统一的大型部落，而且也因为战争的需要，容易促成不同部落的相互结合，并

① 陈卫东、周科华：《宕渠与賨城——城坝遗址的考古发掘与研究》，《四川文物》待刊。

最终形成了部落联盟。而巴国作为早期的国家之一，却最终未能走向集中专制的郡县制国家。这为我们了解早期国家的多样性提供了重要材料。

（3）从方法论来看，考古学在解释国家形态、社会形态等社会发展规律时，劣势明显。特别是考古类型学在划分民族、族属等方面，具有很大的不确定性。因此，在分析有史料记载以来的文化遗存时，更应该关注历史文献、出土文献和人类学、社会学的相关成果，并将其与考古材料有机的结合，具体问题具体分析。

（原载《四川文物》2018年第4期）

巴史新探

王　平

（达州市博物馆）

胡昌钰

（四川省文物考古研究院）

摘　要：本文依据历史研究、传说并结合考古学所取得的成果对巴的名称由来、巴人族源、巴文化起源以及巴人最初的迁徙路线进行研究。提出了巴应源于蛇图腾，“巴”字，应该是“蛇”的象形字，是巴氏族的图腾标志，释“巴”为蛇，可能更符合“巴”字的真实寓意；认为巴人既不是东方太皞的后裔，也不是西方黄帝的后裔，巴人的先祖“蜑”，应为南方一支古老的民族，从“越”到“蜑”再到“巴”，蛇是他们拥有的共同图腾标志，他们源于同一图腾——蛇；虎，应是巴人崇拜的自然神。就目前考古学资料看，巴文化的起源还有待进一步考察，认为廪君最初并未顺清江而下向东迁徙，而是向西迁徙；提出了巴发展史大概经历了四个大的发展阶段，即初始的野蛮时期阶段、向文明社会迈进的阶段、进入文明社会却成为附属国阶段和独立发展阶段。

关键词：巴史　巴名称　巴人族源　图腾崇拜　野蛮时期　文明社会

一、巴文化研究概况

关于巴名称由来的说法颇多。古人有三种说法：第一种说法，释为蛇。据《山海经·大荒北经》载：“西南有巴国，有黑蛇。”许慎《说文·巴郡》：“巴，虫也。或曰食象蛇。”第二种说法，释为芭蕉或大麻。据《史记·张仪列传》载：“苴、蜀相攻击。”司马贞《索隐》：“苴音巴。……巴人，巴郡，本因芭苴得名，所以其字遂以苴为巴也。”第三种说法，释为河流形。据《元和郡县图志》卷三十四“渝洲”条：“(渝州为)《禹贡》梁州之域，古之巴国也。阆、白二水东南流，曲折如巴字，故谓之巴。”今人也有三种说法：第一种说法，徐中舒《巴蜀文化·续论》说：“巴之本义为坝。《广韵》巴在麻韵，坝在祃韵，巴、坝同音，惟平去稍异。……《广韵》坝下云：‘蜀人谓平川为坝。’”主张巴族是古代居住在平坝的一种民族。第二种说法，童恩正《古代的巴蜀》：“考虑到巴族的祖先廪君有生于石穴的传说，而在川东的方言中，又长期地呼石为巴，那么巴最初的含义，可能就是指‘石’或‘石穴’而言。”主张巴氏族可能因其居住环境而得名。第三种说法，李恕豪《试论巴的得名之由》认为因巴人崇尚白色，巴是白的意思，主张巴是因白色而得名。

关于巴人的族源，也众说纷纭，主要有三种族源说。第一种为太皞后裔说。依据为《山海经·海内经》："西南有巴国，太皞生咸鸟，咸鸟生乘厘，乘厘生后照，后照是始为巴人。"第二种为黄帝后裔说。依据为《华阳国志·巴志》："华阳之壤，梁岷之域，是其一囿。囿中之国，则巴蜀矣……五帝以来，黄帝、高阳之支庶，世为侯伯。"第三种为"廪君种"说。依据为《后汉书·南蛮西南夷列传》，其曰："巴郡南郡蛮，本有五姓：巴氏、樊氏、瞫氏、相氏、郑氏，皆出于武落钟离山。其山有赤黑二穴。巴氏之子生于赤穴，四姓之子皆生黑穴。未有君长，俱事鬼神，乃共掷剑于石穴，约能中者，奉以为君。巴氏子务相乃独中之，众皆叹。又令各乘土船，约能浮者，当以为君，余姓悉沉，惟务相独浮。因共立之，是为廪君。……廪君死，魂魄世为白虎。巴氏以虎饮人血，遂以人祠焉。"

随着考古事业的发展，也有学者以考古资料为据提出了三种巴文化起源说。第一种看法认为巴文化起源于鄂西长江沿岸。第二种看法认为巴文化起源于川北嘉陵江上游地区。第三种看法认为巴文化起源于峡西长江沿岸。

关于巴人最初的迁徙路线也有两种不同意见。第一种为东向说。据《水经注·夷水》："(廪君)乃乘土舟，从夷水下至盐阳"，"廪君乘土舟下及夷城"，认为廪君是顺夷水而下向东迁徙的。第二种为西向说。据《世本》"(廪君)从夷水至盐阳"，再联系巴人自从离开鄂西南地区以后，主要活动在重庆、四川东部、湖北西北部和陕西汉中一带，故认为廪君是向西迁徙的。

对于上述问题，笔者试图从历史研究、传说并结合考古学所取得的成果来做一些探讨，如果在阐述中有不确切的地方，还望方家指正。

二、巴名称源于蛇图腾

巴名称的出来说法很多，并且均持之有故。但笔者认为，还是应该以巴人的图腾崇拜为出发点，对巴名称的由来进行深一步探索，只有这样才能真正理解"巴"字的含义。

众所周知，世界上绝大多数民族都曾经存在过图腾文化。"图腾"包含了图腾是血缘亲属、图腾是祖先、图腾是保护神三个方面的含义。所以，我们可以从巴人奉崇的图腾中去寻找其图腾祖源。在原始社会，各氏族为了相互区别，他们往往会在自己的居住地、氏族所拥有的物件上描绘或雕刻自己的图腾形象。时间长了，表示自己的图腾和氏族的最早的象形文字于是就产生了。

《后汉书·南蛮西南夷列传》注："廪君之先，故出'巫诞'"。据应劭："夷水出巫，东入江。"《水经注·夷水》"廪君之族，以虎为崇奉，分布清水流域"之说，"巫"为地名，应在今湖北省长阳清江流域。《太平寰宇记》写"巫诞"为"巫蜑"。"蜑"为族名。《类篇·虫部》"蜑，亦作蜒"，"蜒，蜕蜒，龙儿。"《大戴礼·赤雅》："蜑人神宫画蛇以祭，自云龙神。""蜑"字，今天又写作"疍"。徐松石《粤江流域人民史》亦载："潮洲疍人所奉神宫皆为蛇像"。《后汉书·南蛮西南夷列传》注："廪君之先，故出巫诞。""故"有根源之义。以上说明廪君是清江流域以蛇为始祖崇拜的诞民的后裔，巴子务相即廪君，所以"巴"字，应该是"蛇"的象形字，是巴氏族的图腾标志。笔者认为，释"巴"为蛇，可能更符合"巴"字的真实寓意。

三、巴人为百越族的后人

我们首先来分析巴人为太皞后裔说。据《惜诵》载："令五帝以折中兮。"王逸注："五帝，五方神也。东方为太皞……"。《淮南子·时则训》载："东方之极……东至日出之次……太皞、句芒之所司者万二千里。"所以我们知道太皞为居住在黄河下流一带的东方民族。与太皞关系极其密切的是少昊。《楚辞·天问》："九天之际，安放安属？"王逸注："九天，东方曰皞天……皞一作昊"。"太"有表示辈分最高的意思，而"少"相对于"老"，表示辈分要低一等。如按近代称东家的儿子为少东家来理解，则少昊理应为太皞之子（亦可理解成少昊为太皞的分支）。据"太皞生咸鸟"之说，少昊就应该为咸鸟。所以，《左传·昭公十七年》载："少昊挚之立也，凤鸟适至，故纪于鸟，为鸟师而鸟名。"也许有人会提出，据《左传·昭公十七年》："太皞氏以龙纪，故以龙师而龙名"，即太皞的图腾为龙。太皞的图腾既为龙，其子少昊的图腾怎么会是鸟呢？实际上在图腾时代，图腾的传承有三种形式：母系继承法、父系继承法和感生继承法。因少昊出生时，正好有凤鸟飞临，所以少昊继承图腾的形式为感生继承法，于是图腾就变为了鸟。《山海经·西次三经》载："长留之山，其神白帝少昊居之……实惟员神磈氏之宫，是神也，主司反景。"郭璞注："日西入则反景东照，主司察之。"说明少昊是西部"主司反景"的神。按巴人始于太皞后裔后照，"照"亦有反射影像的含义[①]，后照是相对少昊最早成为"主司反景"之神而言，说明巴人应始于少昊成为"主司反景"的神之时。

据神话传说，太皞曾经到过四川。《山海经·海内经》有这样的记载："南海之内，黑水、青水之间有木，名曰建木。太皞爰过，黄帝所为。"《淮南子·坠形训》："建木在都广。"高诱注："众帝之从都广山上天还下，故曰上下。"关于都广为今之成都，都广山应为岷山，即古之昆仑山，这点前人早有论述，这个观点已被学术界普遍接受。这个传说告诉我们，太皞也曾沿黄帝在昆仑山上建的通天建木，上下于天地之间。

在距今5000年左右，时逢全球气候处于小间冰期，气温上升，导致出现了"天倾西北""洪水横流，泛滥于天下"的特大洪灾。由于大量洪水涌入大海，导致海水上涨[②]，形成"地不满东南"的大海侵。海侵迫使部分少昊族民西迁。《春秋传》载："少昊以主西方，一号金天氏，亦曰金穷氏。"说明少昊族一支不仅来到了西部，还主司了"西方之极"，成了西方的天帝少昊族一支"丹鸟氏（又称为'益'）"，从川西北进了川西岷山地区后，与原居住在这一地区的黄帝系、蚕丛系联盟即古籍所载的蚕丛氏蜀国发生了剧烈碰撞，导致"蚕丛国破"，"颛顼死"。由于"蚕丛氏国破，民亦随王而去"，绝大多数蜀民南逃到了今天的云南大姚、四川凉山州一带，于是少昊族与留下的蜀人组成了以少昊族为主的新联盟并建立了鱼凫氏蜀国。《山海经·大荒西经》中所载的"风道北来，天乃大水泉，蛇乃化为鱼……颛顼死复苏"正是这段历史的真实记录[③]。在三星堆遗址出土文物中，我们可以看到不少与鸟和太阳崇拜有关的文物，可证少昊族的一支不仅来到了西部，还成了蜀国统治

---

① 《汉语大字典（缩印本）》，四川辞书出版社、湖北辞书出版社，1993年，第930页。

② 赵希涛、耿秀山、张景文：《中国东部20000年来的海平面变化》，《海洋学报》1979年第2期。

③ 胡昌钰：《古蜀史新探》，《成都文物》2014年第3期。

集团中最重要的一员。在蜀国政教合一的政治体系中，少昊身为蜀国的最高统治者，当然也就成了神。笔者认为《山海经·海内经》所载："(建木)太皞爰过，黄帝所为"，可能应为少昊爰过，因为太皞并未在蜀国当过统治者。

那巴人是否真的就是少昊的后裔呢？以少昊族为主的鱼凫氏蜀国的建立，从时间上看，不会早于距今4000年，因为鱼凫氏蜀国时期的文化遗存即考古学上的三星堆文化的年代在距今约4000～3200年。而巴人自清江西迁，辗转从乌江进入长江沿岸后所创的哨棚嘴文化始于距今约4600年。在时间上，巴人稍后所创的哨棚嘴文化比少昊成为西方之神的年代要早。前面说过，巴人始于后照，起始时间当在少昊成为神（统治者）之时，所以说巴人是少昊的后裔不太可能。另外，少昊族为鸟系，行农耕，崇拜太阳，崇尚白色。而巴人为蛇系，行渔猎，崇拜虎，崇尚赤色。综上所说，少昊后为巴人起源说是不合情理的。

在少昊族所创的大汶口文化的文化遗存中，典型的陶器主要有陶鬶、陶鼎、陶觚、彩陶钵和黑陶高柄豆等。这些器物在巴人于距今约4600年时，在峡江地区所创的哨棚嘴文化一期中，是寻不到一点蛛丝马迹的。放眼川西平原，由少昊鸟系与黄帝系、蚕丛系联盟的后裔鱼系共创的三星堆文化，在该文化中，大汶口文化因素举目可见，与崇拜太阳有关的文物甚至占据了显著位置。可见，巴人为太皞后裔的说法不成立。

之所以有巴人为太皞后裔的说法，可能是源于太皞在《山海经》神话传说中是几位族群始祖之一，加上在巴人的早期历史发展进程中，少昊族的后裔又确实与巴人之间发生过密切交往，所以后人误认为巴人出自于太皞。

下面我们分析巴人为黄帝后裔说。大巴山西接岷山，东连三峡，为黄帝族东迁至鄂西提供了条件。黄帝族、巴人又同为蛇系，看起来巴人是黄帝族后人是有可能的。

据《世本·帝系篇》："太昊伏羲氏。"由此，我们知道伏羲即太皞。《春秋世谱》："华胥生男子为伏羲。"进而知道伏羲为华胥所生。晋代郭璞说，江东人把"华"读成"敷"。徐铉在《说文》中注"夏"音为"胡雅切"。古音也读成"敷"。所以"华"与"夏"同音，"华"就是"夏"。照此说，伏羲即太皞成了夏的后人，也就是说成了黄帝后裔。难怪《世本·帝系篇》(清张澍稡集补注本)说："少昊，黄帝之子，名契，字青阳。"既然伏羲为华胥所生，是黄帝的后人，少昊也成了黄帝的儿子，当然巴人也就成了黄帝的后裔。但是，我们知道，黄帝族是辫发[①]、行农耕、崇尚青色的族群，与巴人为椎髻、行渔猎、崇尚赤色相左。看起来两者间的差异又如此之大，说巴人为黄帝后裔又似乎不太可能。

《世系·帝系篇》有载："黄帝娶西陵氏之子，谓之嫘祖。"西陵氏就是蚕丛氏，说明位于岷山地区的蚕丛氏蜀国为黄帝系、蚕丛系族群联盟所建。与该历史时期对应的考古学文化是岷山地区的营盘山文化。营盘山文化是一支既含甘青地区马家窑文化因素又有当地土著文化因素的考古学文化。据此，可以说地处甘青地区的黄帝族是考古学中马家窑文化的主人[②]。在距今5500年左右，黄帝系一支就进入了与其相邻的川西岷山地区，与蚕丛系族共创了蚕丛氏蜀国。其后该联盟的一支又

① 胡昌钰：《古蜀国辫发蜀人族属探》，《成都文物》2015年第1期。

② 胡昌钰：《古蜀国辫发蜀人族属探》，《成都文物》2015年第1期。

与入川的少昊系结成联盟进入成都平原，创建了辉煌的古蜀文明。马家窑文化以彩陶著称，所以营盘山文化也有许多彩陶，而巴人所创的哨棚嘴文化一期却不见彩陶。哨棚嘴文化与营盘山文化之间虽有一点点相似因素，如瓦棱纹的黑皮陶、菱格绳纹、夹砂陶器多深腹罐和箍带纹风格等，但两文化的内涵主体相去甚远。由此可见，巴人为黄帝后的说法也不太可能。

少昊族所创的大汶口文化，分布在黄河下游地区，距今6300～4500年。黄帝族所创的马家窑文化，分布在黄河上游甘青地区，距今5300～4100年。在地域上，一个位于东，一个处于西。在时间上，大汶口文化比马家窑文化还略早。所以说太皞为华胥所生，是黄帝后裔，此说很难成立。

巴人为黄帝后裔的说法，可能是出于华胥感应生伏羲传说，更有可能是出于一个文化中心说的需要，而将各少数民族的传统，全部纳入一个文化中心体系中来而造成的。

再看“廪君种”说。巫地廪君五姓，应理解为五个原始部落。五姓之子争为君长，实际上是争当部落联盟的首领。巴子务相因掷剑中穴、泛舟不沉而争得了部落联盟的领导权，于是共立为“廪君”。据《素问·皮部论》“廪于肠胃”王冰注：“廪，积也，聚也。”可见“廪”有聚积、联合之意。“廪君”即部落联盟的最高领导。

由于巴部落成了五姓联盟的盟主，“巴”的含义也就发生了变化，它不再仅仅代表原来的巴部落，而成为整个联盟的称谓，最后还上升成了一个民族的名称。

荆人鳖灵为巴人，这一学术观点已为学术界普遍接受。《蜀王本纪》载：“鳖灵即位，号曰开明。”《山海经·海内西经》：“开明兽身大类虎……东向立昆仑上。”看来崇拜虎是廪君与鳖灵的共同点。据《华阳国志·蜀志》载：“九世有开明帝，始立宗庙，以酒曰醴，乐曰荆，人尚赤。”看来崇尚红色是两者的又一共同点。宋陈师道《后山谈丛》卷四：“二广居山谷间，不隶州县，谓之傜人，舟居谓之蜑人。”廪君以渔猎为生与开明氏蜀人葬俗以船棺为葬具似乎也有千丝万缕的关联。所以，源自鄂西清江流域古老的以蛇为图腾，以虎为自然神，并以舟楫为家，从事渔业的水上居民廪君才极有可能是巴的先祖。故“廪君种”传说，可能是巴人自己对古代历史的追忆。

因为巴人既不是东方太皞的后裔，也不是西方黄帝的后裔，所以《说文新附》曰：“蜑，南方夷也。”巴人的先祖“蜑”，应为南方一支古老的民族。据《隋书·南蛮传》载：“南蛮杂类，与华人错居，曰蜒，曰儴，曰俚，曰僚，日㐌，俱无君长，随山洞而居，古先所谓百越是也。”《隋书》所载，非常明确地告诉我们，“蜒”是百越的后人。《说文》：“东南越，蛇种。”说明越族是以蛇为图腾崇拜的。“蜑”字从“延”从“虫”。《山海经·海内经》：“南山在其东南。自此山来，虫为蛇……”，可见古人把蛇又视为虫。“蜑”表示为爬行中的头部较大的毒蛇[①]。从甲骨文、金文、汉印上的“虫”字演变，直至今天的“巴”字（[illegible]→[illegible]→[illegible]→巴），我们不仅可以看到“虫”字的演变过程，还可以看到“虫”实为昂首的眼镜蛇。“巴”字正是昂首眼镜蛇形象的最终描写。可见，从越到蜑再到巴，蛇是他们拥有的共同图腾的标志，他们源于同一图腾——蛇。虎，应是巴人崇拜的自然神。犹如少昊族人的图腾标志为鸟，崇拜的自然神却为太阳一样。综上所述，巴人应为百越一支的后人。

过去，一般人认为巴人有两源，一为清江廪君种虎巴，二为大巴山的蛇巴。笔者认为，之所以

---

① 《汉语大字典（缩印本）》，四川辞书出版社、湖北辞书出版社，1993年，第1188页。

造成两源说，根源在于把图腾神与自然神混为一谈。大巴山的巴，应为“廪君种”蛇巴在大巴山繁衍的结果。

四、用考古学资料证巴文化起源显不足

认为巴文化起于鄂西长江沿岸的观点，其根据是因为长阳香炉石遗址是夏末到东周时期的巴人遗址[①]，而新石器时代晚期的宜都石板巷子遗址[②]与介于河南龙山文化晚期和二里头文化之间的宜昌三斗坪白庙遗址[③]，又与香炉石遗址之间“有一定的继承发展关系”[④]。

实际上，上述三处遗址的文化内涵所反映的它们之间的相互关系却并非“有一定的继承发展关系”。

湖北省博物馆的杨权喜在通过对长江西陵峡及峡口以东一带所发掘的一批时间在夏代前后至商末周初的遗址资料进行研究后认为：“以三斗坪为代表的一类夏商文化遗存……它与荆楚地区的其他夏商周文化具有根本区别……（它）包含有十分浓厚的巴蜀文化因素……还保留有明显的土著文化因素……中原文化的影响……土著与中原两种文化因素均处于次要地位。相反，巴蜀文化的陶器，不但成组出现，而且出土数量大，并有明显的变化系列，巴蜀文化显然为三斗坪类型文化的主体。三斗坪类型文化并非当地土著文化或中原文化的直接延伸，而是巴蜀文化在峡江地区的发展。”[⑤]湖北省文物考古研究所的王劲在对西陵峡沿岸地区夏商时期的文化遗存进行研究后也认为：“这类文化遗存，不可能是由当地早于夏商时期的石板巷子类型的文化遗存发展而来。看来其文化源头不是峡江沿岸的龙山时期文化遗存，其文化渊源似不在西陵峡区。……鄂西峡江沿岸夏商时期的文化遗存，应属川东至成都平原上的巴蜀文化范畴。”[⑥]

笔者赞同两位先生的看法。笔者认为，上述鄂西峡江沿岸夏商时期文化遗存，从文化内涵及遗存存在的时间段来看，应属哨棚嘴文化第二期范畴。哨棚嘴文化第二期，实际上已经演变成了三星堆文化在三峡地区的一种地方类型，所以三星堆文化因素在这些遗址中占据了主导地位。长阳香炉石遗址出土陶器以圜底陶罐、釜、直领瓮、尖底杯等器物为代表，与同时期峡西长江沿岸、川东北渠江流域的遗址所出陶器一致。所以，长阳香炉石遗址文化内涵，应属哨棚嘴文化范畴。以上说明，石板巷子遗址、白庙三斗坪遗址之间没有直接继承关系，巴文化起源于鄂西长江沿岸说是不成立的。

认为巴文化起源于川北嘉陵江上游地区的观点，其根据该地区从20世纪80年代以来的考古调查与发掘所展示出的“嘉陵江上游广元中子铺……绵阳边堆山……渠江流域通江擂鼓寨……等一脉相承的土著史前文化为代表”[⑦]。

在该区域所发现的遗址中，时间最早的要数广元市中子铺细石器遗址，其次是广元市张家坡新

① 湖北省清江隔河岩考古队：《湖北清江香炉石遗址的发掘》，《文物》1995年第9期。
② 宜都考古发掘队：《湖北宜都石板巷子新石器时代遗址》，《考古》1985年第11期。
③ 湖北宜昌地区博物馆、四川大学历史系考古专业：《湖北宜昌白庙遗址试掘简报》，《考古》1983年第5期。
④ 马幸辛：《川东北考古与巴文化研究》，西南交通大学出版社，2010年，第18页。
⑤ 杨权喜：《荆楚地区巴蜀文化因素的初步分析》，《三星堆与巴蜀文化》，巴蜀书社，1993年，第233、235页。
⑥ 王劲：《鄂西峡江沿岸夏商时期文化与巴蜀文化关系》，《三星堆与巴蜀文化》，巴蜀书社，1993年，第222页。
⑦ 马幸辛：《川东北考古与巴文化研究》，西南交通大学出版社，2010年，第222页。

石器时代遗址。张家坡遗址因受资料局限，其文化面貌并不十分清楚。在这方面做了较多工作的中国社会科学院考古研究所王仁湘、叶茂林认为："张家坡遗存与中子铺文化遗存有些联系，但差别很大"，"中子铺的另一类遗存，即磨制石器与夹砂灰褐陶……或许可以同张家坡遗址的年代相当，不过性质似不同"。"它（张家坡遗存）是后来邓家坪和边堆山遗存的渊源之所在，则是比较清楚的，是否有直接发展关系，现在还不能确定"，"邓家坪遗存和张家坡、边堆山遗址都有一些联系"①。

由此可见，该区域内较早的各遗址文化面貌尚不十分清楚，而且还有文化向南扩展至绵阳的趋势。经过对在时间上与绵阳边堆山遗址大致相当的通江擂鼓寨遗址、宣汉罗家坝遗址的发掘，我们可以清楚地看到，上述两处遗址的文化面貌不仅与川北地区同时期的考古学文化较为相似，还与分布在三峡长江沿岸的哨棚嘴文化之间的关系十分密切，它们之间存在一种千丝万缕的联系。据此可以说，这一时间段在该区域的考古学文化，到目前为止还未发现中子铺、张家坡、邓家坪遗址文化内涵有直接的发展关系，它们应是三峡地区考古学文化向嘉陵江上游扩散的结果。所以说，巴文化起源于川北嘉陵江上游的观点还缺乏根据。

认为巴文化起源于峡西长江沿岸的说观点，根据在于重庆忠县哨棚嘴文化遗存的发现②。"哨棚嘴文化"从时间和空间上看，应为巴人于距今约4600年左右始创的文化，所以该考古学文化的确认，给我们研究巴文化的起源及发展提供了极其重要的资料。但是，我们必须看到该文化与早于它的大溪文化和屈家岭文化之间只有地层叠压关系而无文化继存关系，说明哨棚嘴文化是一支外来文化。它是巴文化发展过程中的文化遗存，而不是巴文化的源。要说巴文化起源于峡西长江沿岸，目前还缺乏考古学依据。

结合巴人为清江武落钟离山"廪君"后裔、巴人向西迁路线、巴人后来的主要活动区域等综合分析，正好说明在清江流域、乌江流域一带应有早于哨棚嘴文化的巴人早期文化遗存有待我们去发现。最初，巴子五姓均居住在洞穴中，在上述地区靠近河流的洞穴中也许会找到巴人遗留的早期遗存。如果要探索"廪君"的根，在东南沿海、贵川等早期越人生活的地区去寻觅，也许能有所收获。

五、巴人初时向西迁

巴人离开武落钟离山迁徙所到的第一站为"盐阳"，所以要弄清巴人最初是顺清江而下向东迁徙还是逆清江而上向西迁徙，关键在于首先要弄清楚"盐阳"的位置。盐阳应指盐水北岸一带地方。

隋代时，在今湖北恩施境内置有清江县。《后汉书·南蛮西南夷列传》李善注引盛弘之《荆州记》："案今施州清江县水一名盐水，源出清江县西都亭山。"北周时期，又曾在清江上游设盐水县。可见隋代时清江县和北周时期的盐水县应在古时的夷水上游"盐阳"一带。又据《华阳国志·巴志》："（巴）先王墓在枳"。"枳"指涪陵，古涪陵在今彭水县郁山镇（《四川郡县志》），以上说明巴人是溯夷水西向，越七曜山进入今重庆黔江。结合巴人活动区域，可知巴人再顺郁水下至乌江，最

① 王仁湘、叶茂林：《四川盆地北缘新石器时代考古新收获》，《三星堆与巴蜀文化》，巴蜀书社，1993年，第261页。

② 马幸辛：《川东北考古与巴文化研究》，西南交通大学出版社，2010年，第25页。

后沿长江、嘉陵江发展。所以巴人先后在涪陵、丰都、合川、重庆、阆中建都与其向西再向北发展是一致的。

从考古学的角度看，如前所述，哨棚嘴文化是一支外来文化，是巴人在距今约4600年进入峡江地区时始创的。1990～2003年，四川省文物考古研究所曾对通江擂鼓寨遗址、宣汉罗家坝遗址进行了发掘，发掘结果证明上述遗址的文化遗存与川北地区同时期的考古学文化较为相近，与忠县哨棚嘴遗址第一期遗存有十分密切的关系。这与巴人从乌江入长江，再溯嘉陵江发展也是一致的。

相反，在西陵峡沿岸直至清江口一带所发现的夏商时期文化遗存，却属哨棚嘴文化第二期文化范畴，比其还早的如距今4200年左右的宜都石板巷子文化遗存无论在陶系、纹饰、器物组合上都与哨棚嘴文化第一期遗存不尽相同。可见巴人进入鄂西长江沿岸一带的时间不会早于距今约4200年。说明廪君最初并未顺清江而下向东迁徙。

六、巴经历了四个大的历史发展阶段

巴的发展史大概经历了四个大的发展阶段，即初始的野蛮时期阶段、向文明社会迈进的阶段、进入文明社会却成为附属国的阶段和独立发展阶段。

（一）野蛮时期阶段

这一发展阶段为巫地五姓联盟以前的历史发展阶段。因缺少资料，仅知其从百越的一支到蜑，再到最初穴居的巴，最后到巫地五姓联盟这一发展脉络。

（二）向文明社会迈进的阶段

这一发展阶段为巫地五姓联盟确立至“夏后启之臣孟涂，是司神于巴”这一历史发展阶段。

在父系氏族社会的晚期，随着私有制的不断发展，阶级正在形成之中。这时，不少相邻部落，为了自卫和掠夺的需要，纷纷结成部落联盟。这一时期在社会发展史中又称为军事民主主义时期。巫地五个部落组成联盟，说明当时其社会发展阶段正处于原始社会末期的军事民主主义时期。伴随部落联盟的成立，自身力量的壮大，于是其开始向外扩张。如果说以前的战争纯属血族复仇性质，那么从这时起战争就成了掠夺财产的重要手段。盐，从古到今都是人类赖以生存的重要生活物质，占领盐产地，这也许是廪君巴人最初向西迁徙的原因。

（三）沦为附属国的阶段

这一发展阶段为孟涂治巴到巴人叛楚（距今4000～2700年）这一时间段，这一历史时期，巴因面临强邻，曾先后沦为鱼凫氏蜀国、西周及楚的附庸国。

1. 距今4000～3100年沦为鱼凫氏蜀国的附属国

鱼凫氏蜀国把蜀文化的发展推上了一个崭新的高峰，以成都平原为中心创造了一个灿烂的古代文化中心。反映在与其对应的考古学文化三星堆文化上，其东已影响到鄂西清江流域。如果说距今

4600～3800 年的哨棚嘴文化是一支极具地方特色的考古学文化，但紧随其后，我们可以清楚地看到具有三星堆文化特征的新文化因素强烈地表现了出来，使该区域的考古学文化，从性质上讲，实际上已演变成了三星堆文化在三峡地区的一种地方类型。忠县中坝等遗址的发掘就充分地证明了这一事实。联系到川东地区许多地名和河流名称都与鱼或凫有关，如奉节县春秋时为鱼邑，从秦汉直到晋都称为鱼复县。乌江下游称涪水，据《南中八郡志》载："犍为有鱼凫泮。"《续汉书·郡国志》在记南溪有鱼凫事时，却写作"鱼涪泮"。可见"涪"与"凫"有一定关系。从上，我们可以看出是鱼凫氏蜀人的一支曾到过三峡地区与土著巴人一起共同创造了一种极具地方特色的文化。"三星堆文化"东进，并在三峡地区形成新的地方类型，与《山海经·海内南经》所载的"夏后启之臣曰孟涂，是司神于巴"在时空上应是相吻合的。在这里，考古学文化纠正了一个重要的神话传说内容，即巴不是夏（启）王朝的属国，应为鱼凫氏蜀国的附属。鱼凫氏是由以少昊鸟系后人凫为主和禹的后人鱼组成的联盟，《山海经》作者误将禹的后人即鱼凫联盟之鱼认为是禹的后人启，故出现上述"夏后启之臣曰孟涂"的错误。"涂"为嬴姓，是少昊鸟系的后裔[①]。鱼凫氏蜀国统治集团以鸟系为主，《山海经》说是孟涂"司神于巴"，又有它正确的一面。

这一时期的巴，在高度文明的鱼凫氏奴隶制王国的直接影响下，应该迈入了文明社会。

2. 距今 3100～2800 年为西周王朝的封国

商周之际，天下大乱。周武王率八国之众灭了商。《华阳国志·巴志》："周武王伐纣，实得巴蜀之师……武王既克殷，以其宗姬封于巴。"正如《左传》所说："自武王克商以来，巴、濮、楚、邓，吾南土也。"这时的巴国应为周封的子国。巴自从成了西周的属国以后，与周王朝保持着一定的贡纳关系。据《逸周书·王会篇》的记载，西周成王时期，大会诸侯于洛邑时，巴国还派专人贡献了比翼鸟。

在整个西周时期，巴国似乎都在经营自己的领土，与周边邻国没有发生什么冲突，国力得到了一定发展。

3. 距今 2800～2700 年沦为楚的附属国

西周时期，天子保持着"天下宗主"的权威。自宗周灭亡，平王迁都洛阳，王室衰弱，侯国互相兼并，大国开始陆续出现。据《史记》记载，这时的楚征服了不少江汉间的小国，由于"蛮夷皆率服"，楚成了南方一大国。

据《华阳国志·巴志》载："周之季世，巴国有乱。""季"有表示某朝代末期的意思[②]。东周末年为公元前 221 年，而巴被秦所灭在公元前 316 年，显然"周之季世，巴国有乱"是指在西周末期，巴国发生了内乱。长时期内乱导致了巴国国力的削弱。刘琳《华阳国志校注》载："将军有蔓子请师于楚"，于是楚国在巴国请求下出兵平乱。楚国利用这次大好机会，不仅征服了巴，还吞并了巴的黔中地区。《十道志》记："楚子灭巴，巴子兄弟五人，流入黔中五溪，各为一溪之长，号五溪蛮。"我们知道，这里讲的巴子兄弟五人，实际就是最初在武落钟离山结盟的廪君联盟五姓，这

---

① 邓少琴：《巴蜀史迹探索》，四川人民出版社，1983 年，第 104 页。

② 《汉语大字典（缩印本）》，四川辞书出版社、湖北辞书出版社，1993 年，第 426 页。

五姓是巴在以后发展的核心力量。如果说这个核心集团都被击溃了，巴国当时的情况就可想而知了。这里虽未说明楚人灭巴的时间，但自楚国出兵平定巴国内乱后、巴国就沦为了楚的附庸这却是不争的事实。《左传》所载，公元前 703 年，“巴子使韩服告于楚，请与邓为好。楚子使道朔将巴客以聘于邓……”。公元前 689 年，楚国派斗廉率兵攻打申国，巴人还须出兵随征。从以上我们不难看出，当时巴国想与邓国交好还须征得楚国的同意，并且由楚国派人带领前往。楚国对外用兵，巴人还必须随从。所以说，最迟在东周初期，巴就沦为了楚国的附庸国。正如《华阳国志 • 巴志》所说:“楚主夏盟，秦擅西土”，巴不得与之会盟。巴沦为楚附庸的时间与楚出兵平定巴内乱的时间是相吻合的。

4. 鳖灵巴为蜀的附庸

《蜀王本纪》载：“荆有一人名鳖灵，其尸亡去，荆人求之不得。”“灵”可释为“神”[①]。在政教合一的时代，最高统治者就是神。可见鳖灵实为巴王。“亡”有“逃亡”之意。“鳖灵，其尸亡去”意指巴王鳖灵带众人溯长江逃亡了。鳖灵出逃应与东周初年楚灭巴的事件有关。

正因为鳖灵率部投靠了杜宇氏蜀国。所以蜀国才会同意鳖灵在蜀的势力范围内，在乐山一带建国。《水经注 • 江水》有这样的记载：“(南安)县治青衣江会……即蜀王开明故治也”。《蜀王本纪》载：“鳖灵尸随江水上至郫，遂活，与望帝相见。望帝以鳖灵为相……”。鳖灵立国而为蜀相，恰好说明鳖灵巴为蜀的附庸。

《华阳国志 • 蜀志》载：“(杜宇)教民务农，巴亦化其教而力务农”。应指追随鳖灵来到川西乐山一带的巴人，在蜀国的统治下，放弃了原来以渔猎为主的传统生产方式，改为注重农业生产。他们在接受了当地蜀人的先进农业生产经验后，再加上得天独厚的自然环境，使生产力很快得到极大提升，为鳖灵的发展提供了坚实的物质基础。

鳖灵在随后消除成都平原的水害过程中，由于有较大贡献，又得到人民的支持。“遂活”，有逐渐更具活力的含义[②]。换句话即势力越来越大。随着势力的增长，最终于公元前 660 年左右逐走了杜宇，建立了开明氏蜀国，统治了川西地区。

与开明氏蜀国相对应的考古学文化，我们暂时将其称为“晚期巴蜀文化”，包含有成都市青羊区古蜀船棺合葬墓等文化遗存。这一时期的蜀，由于开明氏带来的新的文化因素，而与以前三代蜀王时期文化有极大差异，进而形成了传统意义上的“巴蜀文化”。

（四）距今 2700～2370 年独立发展阶段

这一发展阶段为距今 2700～2370 年，是从楚文王元年巴叛楚开始至巴灭于秦的历史时期。

公元前 689 年，楚文王即位。同年，巴随楚国攻伐申国时叛楚，从此摆脱楚国控制。公元前 674 年，秦、楚、巴三国联手灭了庸国后，三分庸地，从此巴国国力大增，随后开始向外扩张。西线，据《华阳国志 • 巴志》载：“巴、蜀数战争”，《太平寰宇记》卷一三六引李膺《益州记》说：

---

① 《汉语大字典（缩印本）》，四川辞书出版社、湖北辞书出版社，1993 年，第 1699 页。
② 《汉语大字典（缩印本）》，四川辞书出版社、湖北辞书出版社，1993 年，第 676、1608 页。

“昔巴、蜀争界，久而不决”。说明巴与蜀沿涪江一带形成拉锯战。北线，据《战国策·燕策》：“汉中之甲，乘舟出于巴”，可知汉中地区曾为巴所有。东线，“巴、楚数相攻伐”，并于公元前672年大败楚国于津，将东部边界一直推到今湖北荆门附近。南面以长江为界隔江与楚相望。

到楚庄王时（前613～前591年），《韩非子·有度》说：“荆庄王并国二十六，开地三千里”，其国力已相当雄厚。但在公元前551年，巴人却错误地判断了形势，再次挥师向东，伐楚围鄾，结果巴人大败。从此，巴在东线节节败退，相继丢失了鄂西即今重庆东部部分地区，被逼将都城向西迁到重庆。据《益部耆旧传》：“昔楚襄（应作威）王灭巴子，封废子于濮江之南，号铜梁侯”。可知在公元前339～前328年，巴再次被楚国打败。“废”可当灭讲[①]。“废子”即指灭国的巴王。这一仗巴王被擒，被楚封为铜梁侯。巴人不得不另立新王并将都城向北迁到了嘉陵江中游的阆中。这时的巴已被楚挤压到了嘉陵江中上流一带，仅剩川东北一隅之地了。

据《华阳国志·巴志》载：“巴子时虽都江州，或治垫江，或治平都，后治阆中。其先王陵墓多在枳。”一般认为，巴国建都先后顺序是先重庆，再合江，又到丰都，最后迁阆中。但据楚国先吞并巴的黔中地，把巴压到长江以北，再攻占巴东部土地的情况，结合巴国所建几个都城的地理位置看，笔者认为巴人建都的先后顺序是先涪陵，再丰都，再合江，又到重庆，最后是阆中。

公元前316年，苴侯由于与巴国交好而疏远蜀国，蜀王因此发兵攻伐苴侯。苴侯在逃往巴国的同时向秦国求援。鉴于蜀国的富饶，秦国早有灭蜀之心。于是秦国借此良机出兵灭了蜀国。同年十月，在蜀地基本平定后，张仪等挥兵东指，占领了巴国，并俘虏了巴王，巴国灭亡。

公元前314年，秦“置巴郡”，“分其地为县”。

---

① 《汉语大字典（缩印本）》，四川辞书出版社、湖北辞书出版社，1993年，第380页。

试论“巴蜀青铜器”的族属

冉宏林

（四川省文物考古研究院）

摘　要：蜀族墓葬的墓口为窄长方形，葬具为船棺；巴族墓葬的墓口为宽长方形，葬具以单棺、单椁和一棺一椁为主。二者随葬陶器的种类相近，但组合各有不同。属于蜀族的“巴蜀青铜器”主要有柳叶矛、柳叶剑、三角援戈、无胡戈、双胡戈、荷包钺、斤、凿、凸刃环首削和直刃无首削；属于巴族的“巴蜀青铜器”主要有鍪、釜、虎纹单胡戈、斧形钺和斧。鍪、釜、柳叶矛、柳叶剑、虎纹单胡戈和凸刃环首削虽然族源不同，但在蜀族墓葬和巴族墓葬中随葬均较多，已成为蜀族和巴族共用之物，不分族别。

关键词：巴蜀青铜器　墓口形状　葬具　器物组合　战国至秦代

“巴蜀青铜器”主要指四川盆地战国至秦代墓葬（图一）中常见的具有典型地方特色的青铜

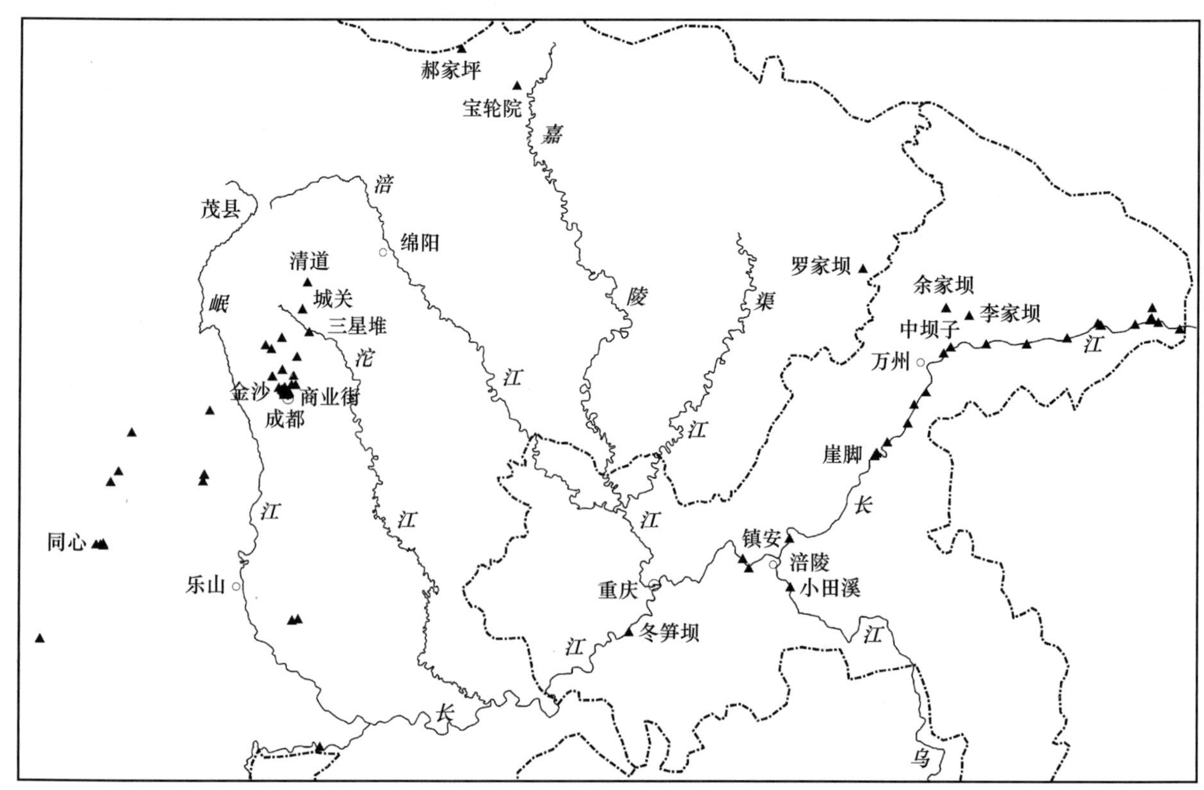

图一　四川盆地战国至秦代墓地分布图

器，包括鍪、釜等容器，柳叶剑、柳叶矛、三角援戈等兵器以及斧、斤、凿、削等工具[①]。由名称可知“巴蜀”是这类青铜器的文化归属和族群归属，但巴文化和蜀文化是两支不同的考古学文化[②]，属于这两支考古学文化的主要族群——巴族和蜀族也是两支不同的族群，可见“巴蜀青铜器”究竟属巴还是属蜀仍旧是未解的难题。由于“巴蜀青铜器”出土数量众多，分布地域广阔，延续时间持久，明确其所属族群对于探讨战国至秦代四川盆地历史、文化、民族等领域的相关问题能够起到极大的促进作用，我们尝试在前人研究的基础上，对“巴蜀青铜器”所属族群进行初步的探索。

一、蜀族、巴族墓葬辨别

判断墓葬所属族群，墓葬本身特征和随葬品组合较之于单件随葬品更能反映其所属族群。原因在于，在某些特殊情况下可能会出现以其他族群或考古学文化的器物代替本民族器物随葬的现象[③]。如果单纯以随葬品判定墓葬所属族群，可能就会出现偏差。根据文献记载和前人研究成果可知，蜀族的活动区域主要集中在成都平原，巴族则分布于川东、重庆及鄂西地区。分布于上述两大区域内的战国至秦代墓葬[④]应该包含蜀族墓葬（以下简称“蜀墓”）和巴族墓葬（以下简称“巴墓”）。下文我们将从墓口形状、葬具和随葬品组合入手进行辨别。

（一）成 都 平 原

从墓口形状和尺寸公布较为齐全的138座墓葬来看，成都平原墓葬的墓口形状基本为长方形，大致可分为宽长方形和窄长方形两类，前者长宽比值小于3，后者大于3。宽长方形墓30座，占21.7%，窄长方形墓108座，占78.3%。若结合年代来看，战国早期至战国晚期窄长方形墓占据绝大多数，至秦代转而以宽长方形墓为主（表一）。

表一　成都平原宽长方形墓和窄长方形墓统计表

年代 墓口形状	战国早期		战国中期		战国晚期		秦代		不明		合计
宽长方形	1	4.2%	3	6.5%	8	24.2%	15	71.4%	3	21.4%	30
窄长方形	23	95.8%	43	93.5%	25	75.8%	6	28.6%	11	78.6%	108
合计	24		46		33		21		14		138

成都平原葬具较为明确的墓葬共有130座。以船棺[⑤]为主，共计108座，所占比例为83.1%

① 四川省博物馆：《四川船棺葬发掘报告》，文物出版社，1960年，第36～61页。

② 宋治民：《蜀文化与巴文化》，四川大学出版社，1998年，第1～3页。

③ 这种情况在西周时期的中原地区较为常见，如琉璃河遗址西周晚期的殷遗民墓葬的陶器组合为“鬲—簋—罐”，但其中的陶簋却来自不同的族群。参见冉宏林：《琉璃河遗址西周时期的文化、聚落与社会》，北京大学硕士学位论文，2013年。

④ 下文涉及的墓葬材料若无特殊说明，其年代均为战国至秦代。

⑤ 宋治民将巴蜀文化墓葬分为船棺、独木棺和无葬具竖穴土坑墓（《四川战国墓葬试析》，《四川文物》1990年第5期）。虽然我们也认为船棺和独木棺在形制上存在区别，但这些区别远远大于二者与中原文化系统棺椁之间的区别，更何况船棺和独木棺在制作方法上较为相似，而与中原文化系统的棺椁差别明显，故本文暂不区分船棺和独木棺，合称为船棺。

（图二）；其次为木板墓，共计 11 座，占 8.5%；再次为单棺、单椁和一棺一椁墓，共计 10 座，仅占 7.7%；另有 1 座墓葬较为特殊，即马家 M1①，该墓虽然有椁和分箱，但棺为船棺，故其葬具似也可归为船棺一类。因此，船棺应该是成都平原战国至秦代墓葬使用最为广泛的葬具。

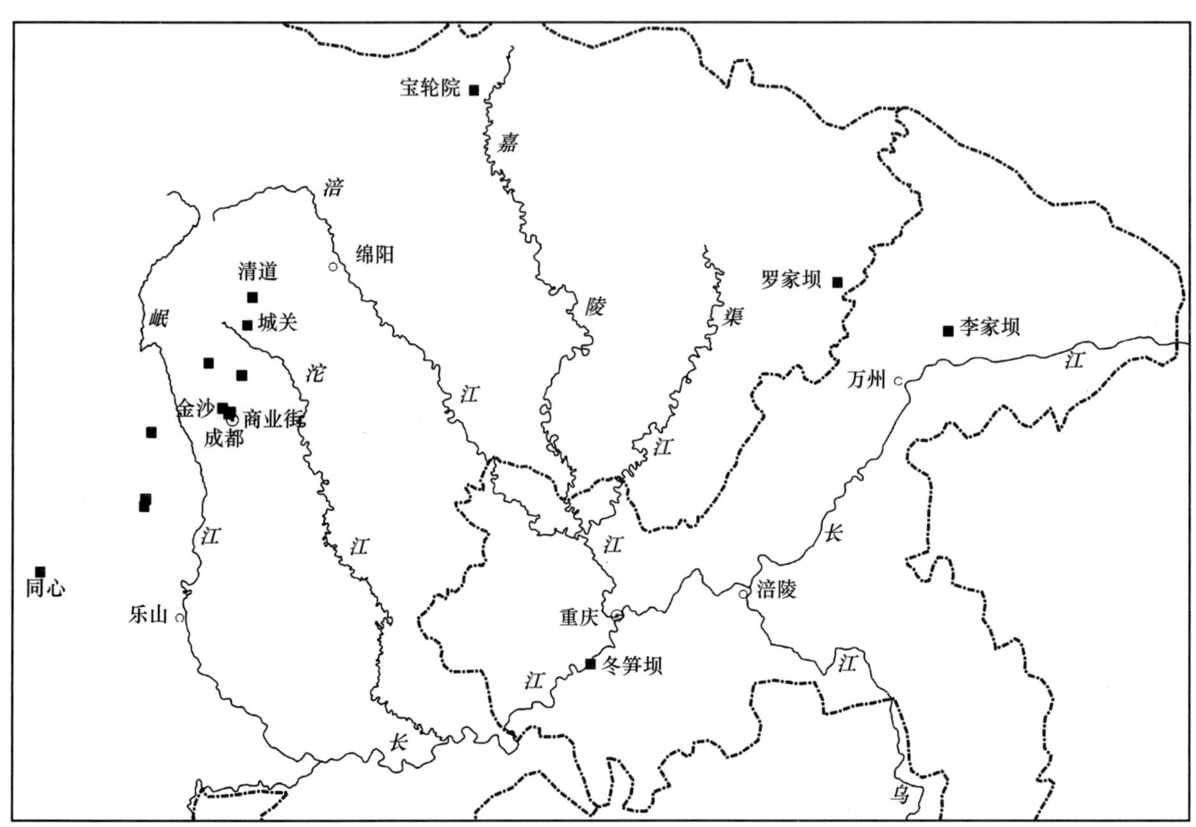

图二　四川盆地含船棺葬墓地分布图

表二　成都平原出土各类器物墓葬数量统计表

器类＼年代		战国早期	战国中期	战国晚期	秦代	不明	总计
出土陶容器墓葬数量	墓葬总数	18	48	33	28	14	141
	陶釜	11	22	23	19	4	79
	陶豆	4	21	23	23	6	77
	陶罐	4	35	16	24	9	88
	陶瓮	10	1	4	4		19
	尖底盏	14	8	4		2	28
出土铜容器墓葬数量	墓葬总数	6	18	15	13	8	60
	铜釜	1	6	4	7	2	20
	铜鍪	3	17	15	6	3	44
	铜盘	1	6	2	8	1	18

① 四川省博物馆、新都县文物管理所：《四川新都战国木椁墓》，《文物》1981 年第 6 期。

续表

器类＼年代		战国早期	战国中期	战国晚期	秦代	不明	总计
出土铜兵器墓葬数量	墓葬总数	16	49	30	21	9	125
	铜矛	12	27	13	11		63
	铜剑	9	25	21	9	6	70
	铜戈	9	21	16	10	3	59
	铜钺	6	27	18	7	9	67
出土铜工具墓葬数量	墓葬总数	9	30	14	11	6	70
	铜斧 / 斤	3	13	8	4	2	30
	铜凿	5	11	1	2	2	21
	铜削	6	23	9	6	4	48

成都平原共141座墓葬随葬陶容器，其中79座随葬釜，77座随葬豆，88座随葬罐。半数左右的墓葬随葬上述陶器，可见这些陶器应该是相对固定的随葬器类。瓮见于19座墓，尖底盏见于28座墓，也较为常见（表二），其他陶器随葬较少。结合年代来看，战国早期以釜、瓮和尖底盏最为常见；从战国中期开始，瓮和尖底盏急剧减少，而罐成为主要随葬陶器，釜和豆次之；战国晚期与战国中期类似，依旧以釜、豆、罐为主；秦代与战国晚期大致相同，不过釜的比例稍低，而豆、罐比例略增。随葬铜容器的墓葬共60座，战国时期鍪的随葬比例一直较高，到秦代下降为50%以下，而之前随葬较少的釜、盘的比例升为50%以上。战国时期矛、剑、戈、钺一直是主要的随葬铜兵器，比例大多超过50%，秦代除了矛外均未超过50%，但与矛差距不大。随葬铜工具之中，削的随葬比例一直较高，而斧 / 斤和凿比例普遍较低，其中斧 / 斤只在战国晚期超过了50%，凿只在战国早期超过了50%。由此可见，成都平原墓葬随葬的陶容器和铜器相对较为固定，战国早期以陶釜、陶尖底盏、陶瓮、铜鍪、铜矛、铜剑、铜戈、铜钺、铜削和铜凿为主，战国中期则以陶釜、陶豆、陶罐、铜鍪、铜矛、铜剑、铜戈、铜钺和铜削为主，战国晚期与战国中期相比多了铜斧 / 斤，秦代则以陶釜、陶豆、陶罐、铜釜、铜盘、铜矛、铜剑、铜戈、铜钺和铜削为主。

综上所述，成都平原墓葬的墓口形状以窄长方形居多，葬具多为船棺，陶器以釜、豆、罐为主，尖底盏和瓮次之，铜容器以鍪为主，釜、盘亦占一定比例，铜兵器多见矛、剑、戈、钺，铜工具主要有斧 / 斤、凿和削。上述三方面特征之间具有较强的关联性，表现在：其一，窄长方形墓的葬具绝大多数为船棺。葬具为船棺的墓葬，墓口形状几乎均为窄长方形。其二，各个时期船棺葬的随葬器物构成及比例与上文总结的成都平原墓葬的随葬器物构成及比例基本一致。

既然窄长方形墓、船棺葬和上述器物随葬情况关联如此密切，那么，可以认为包含这三方面特征的墓葬属于一个特定的族群。有学者认为船棺葬是蜀人的葬俗①，笔者表示赞同。此外，陶尖底盏从晚商时期就开始大量出现于三星堆、金沙等古蜀国都城中，应该是蜀族较为常用的陶器之一。因此，墓口为窄长方形，葬具为船棺，随葬品多陶釜、陶豆、陶罐、陶瓮、陶尖底盏、铜鍪、铜矛、

① 陈云洪：《成都金沙遗址船棺葬的分析》，《南方民族考古》（第十辑），科学出版社，2014年，第45～59页；陈云洪：《四川地区船棺葬的考古学观察》，《边疆考古研究》（第17辑），科学出版社，2015年，第241～268页。

铜剑、铜戈、铜钺和铜削的墓葬，其所属族群当为蜀族。为便于下文分析，我们将各时期蜀墓较为常见的器物组合统计如下（表三）。

表三 蜀墓随葬器物组合统计表

器类＼年代	战国早期	战国中期	战国晚期	秦代
陶容器	瓮（6）；尖底盏（3）；釜、尖底盏（4）	罐（10）；釜、罐（5）；豆、罐（4）；釜（4）；釜、豆（3）；罐、尖底盏（3）；釜、豆、罐（3）；豆（2）	釜、豆（4）；釜、豆、罐（2）；罐（2）	釜、豆、罐（8）
铜容器	无固定组合	鍪（8）；釜、鍪（2）	鍪（4）；釜、鍪（4）	无固定组合
铜兵器	矛、剑（3）；矛、剑、戈、钺（2）；矛、戈、钺（2）	矛、剑、戈、钺（12）；矛（3）；钺（3）；矛、剑（2）；矛、剑、钺（2）；矛、戈、钺（2）	剑（3）；矛、剑、戈、钺（2）；剑、戈、钺（2）	无固定组合
铜工具	无固定组合	削（13）；斧/斤、凿、削（6）；斧/斤（4）；凿（2）	削（2）	斧/斤（2）；削（2）

注：器物组合之后的数字代表该器物组合出现次数

（二）川东、重庆及鄂西地区

在该区域墓口形状明确的337座墓葬中，宽长方形墓有250座，占74.2%，窄长方形墓只有87座，占25.8%（表四）。由此可见，川东、重庆及鄂西地区墓葬的墓口形状以宽长方形为主，窄长方形很少，尤其战国早期最为明显。战国中期的窄长方形墓主要集中在冬笋坝[①]和罗家坝[②]，两个墓地的材料发表较为齐全，故而其比例略微偏高，窄长方形墓的实际比例可能要低于29.9%。

表四 川东、重庆及鄂西地区宽长方形墓和窄长方形墓统计表

年代	战国早期		战国中期		战国晚期		秦代		不明		合计
宽长方形	19	90.5%	89	70.1%	44	81.5%	32	88.9%	66	66.7%	250
窄长方形	2	9.5%	38	29.9%	10	18.5%	4	11.1%	33	33.3%	87
合计	21		127		54		36		99		337

川东、重庆及鄂西地区明确有葬具的墓葬共计192座，其中单棺墓70座，一棺一椁墓93座，单椁墓20座，船棺葬只有9座。由此可见，川东、重庆及鄂西地区墓葬的葬具以单棺或一棺一椁为主，单椁、船棺较为少见且相对集中，单椁墓主要见于李家坝[③]，船棺主要见于罗家坝、李家坝和

① 四川博物馆：《四川船棺葬发掘报告》，文物出版社，1960年。

② 四川省文物考古研究所等：《四川宣汉罗家坝遗址2003年发掘简报》，《文物》2004年第9期；四川省文物考古研究院等：《四川宣汉罗家坝遗址1999年度发掘简报》，《四川文物》2009年第4期；四川省文物考古研究院等：《宣汉罗家坝》，文物出版社，2015年，第52～289页。以下所用罗家坝墓葬材料若无注释均引自该报告，不再另注。

③ 四川大学历史文化学院考古系、云阳县文物管理所：《云阳李家坝东周墓地发掘报告》，《重庆库区考古报告集》（1997卷），科学出版社，2001年，第244～288页；四川大学历史文化学院考古系、云阳县文物管理所：《云阳李家坝巴人墓地发掘报告》，《重庆库区考古报告集》（1998卷），科学出版社，2003年，第348～388页。下文引用的李家坝墓地材料均来自上述两篇发掘报告，不再另注。

冬笋坝（图二）。由于单椁墓在葬具形制和制造方法上与单棺、一棺一椁没有太大的区别，可以将三者视为同一类葬具。

表五　川东、重庆及鄂西地区出土各类器物墓葬数量统计表

器类＼年代		战国早期	战国中期	战国晚期	秦代	不明	合计
出土陶容器墓葬数量	墓葬总数	22	118	57	36	71	304
	陶釜	10	33	20	18	15	96
	陶豆	18	74	30	17	48	187
	陶罐	19	90	30	27	45	211
出土铜容器墓葬数量	墓葬总数	4	44	15	6	42	111
	铜鍪	2	40	11	4	31	88
	铜鼎		4	2	3	4	13
	铜壶	1	4		4	9	18
	铜盘		10	2	3	18	33
出土铜兵器墓葬数量	墓葬总数	11	80	27	19	66	203
	铜矛	7	46	15	5	27	100
	铜剑	7	57	16	5	33	118
	铜钺	4	46	15	3	31	99
出土铜工具墓葬数量	墓葬总数	4	46	15	3	31	99
	铜斧 / 斤	3	26	9		7	45
	铜削	1	29	12	3	23	68

304 座随葬陶容器的墓葬中，211 座随葬罐，187 座随葬豆，可见罐和豆是最主要的随葬陶器，釜见于 96 座墓葬，亦是较为常见的器类，其余陶器均不多见。战国时期随葬的陶容器以豆和罐为主，釜低于 50%；秦代依旧以罐多见，但豆比例降为 50% 以下，釜升至 50%。随葬铜容器的墓葬有 111 座，其中 88 座随葬鍪，鼎、壶和盘在战国时期均较少随葬，秦代随葬比例为 50% 以上。随葬铜兵器的 203 座墓葬中，118 座随葬剑，100 座随葬矛，99 座随葬钺，三者应该是主要的随葬铜兵器。战国早期随葬矛、剑的比例相当，钺不足 50%；战国中期剑和钺的比例上升而矛比例下降；战国晚期三者比例均有所下降；秦代变化较大，随葬兵器的墓葬急剧减少。战国早期随葬的铜工具以斧 / 斤为主；战国中期和晚期斧 / 斤的随葬比例仍较高，但不及削；秦代随葬的铜工具只有削一种（表五）。综上所述，川东、重庆及鄂西地区战国早期墓葬的随葬器物以陶豆、陶罐、铜鍪、铜矛、铜剑和铜斧 / 斤为主，战国中期和战国晚期以陶豆、陶罐、铜鍪、铜矛、铜剑、铜钺、铜斧 / 斤和铜削较为多见，秦代则主要以陶釜、陶豆、陶罐、铜鍪、铜鼎、铜壶、铜盘和铜削为主要随葬器物。

经过分析，川东、重庆及鄂西地区墓葬的上述三方面主要特征之间具有较强的关联性，其地区墓葬应该属于同一个族群。上文我们已经辨别出蜀墓，那么在巴族活动的川东、重庆及鄂西地区发

现的与蜀墓明显不同的墓葬，其所属族群很有可能是巴族。巴墓的典型特征是墓口形状为宽长方形，葬具为单棺、单椁或一棺一椁，随葬器物以陶豆、陶罐、铜鍪、铜矛、铜剑、铜戈、铜钺为主，但是秦代有所不同，之前随葬较多的陶豆、铜剑、铜戈和铜钺减少，而之前随葬较少的陶釜、铜釜和铜盘增多（表六）。

表六 巴墓随葬器物组合统计表

年代 器类	战国早期	战国中期	战国晚期	秦代
陶容器	釜、豆、罐（5）；豆、罐（5）；豆（2）；罐（2）	罐（23）；豆、罐（18）；豆（15）；釜、豆、罐（4）；釜、罐（4）；釜（2）	釜、豆、罐（6）；罐（6）；豆、罐（4）；釜、罐（2）；釜、豆（2）；豆（2）	罐（6）；釜、罐（6）；豆、罐（5）；釜、豆（3）；釜、豆、罐（3）；釜（3）
铜容器	无固定组合	鍪（20）；鍪、鼎（2）；鍪、鼎、壶（2）	釜、鍪（3）；鍪（2）	无固定组合
铜兵器	矛、剑（3）；剑（2）	矛、剑、戈、钺（7）；矛、剑、钺（9）；剑（7）；矛、剑（5）；矛、剑、戈（5）	矛、剑、钺（3）；矛、剑、戈（3）；剑（3）	矛（3）
铜工具	斧 / 斤（4）	斧 / 斤（9）；削（7）；斧 / 斤、削（3）	斧 / 斤、削（4）；斧 / 斤（2）；削（2）	不明

注：器物组合之后的数字代表该器物组合出现次数

二、两族墓葬出土青铜器考察

在辨认出蜀墓和巴墓之后，我们可以详细考察两族墓葬出土的青铜器。虽然蜀墓和巴墓在不同时期的铜器组合各有不同，但器类基本一致。铜容器主要有鍪、釜和盘，铜兵器有矛、剑、戈和钺，铜工具有斧 / 斤、凿和削。

（一）铜 容 器

铜鍪最早见于战国早期的蜀墓和巴墓（图三，1），虽然各个时期铜鍪的形制有所不同，但整体来看应该属于同一类（图三，2～7）。铜釜的情况与铜鍪相似（图三，8～14）。从随葬情况来看，铜鍪和铜釜似乎是蜀、巴共有的铜器。不过，我们认为铜鍪、铜釜这类圜底的铜器最初应来自巴族。理由有以下三点。

其一，战国早期之前巴地墓葬已经开始随葬铜鍪和铜釜。罗家坝 M33 是目前为止罗家坝遗址发现最早的东周墓葬，发掘者将其年代定为春秋晚期至战国早期，或曰春秋战国之际。该墓随葬铜鍪、铜釜各 1 件，应该是目前为止四川盆地所见最早的随葬铜鍪和铜釜。

其二，战国早期之前蜀地不见铜鍪和铜釜。成都平原从出现铜器的晚商时期到春秋时期，流行的铜容器多为圈足器，如尊、罍、瓿等，不见鍪、釜一类圜底器。

其三，从夏商时期开始，巴地已流行使用圜底陶器。峡江地区的夏商时期遗址，如香炉石[①]、杨

① 湖北省清江隔河岩考古队：《湖北清江香炉石遗址的发掘》，《文物》1995 年第 9 期。

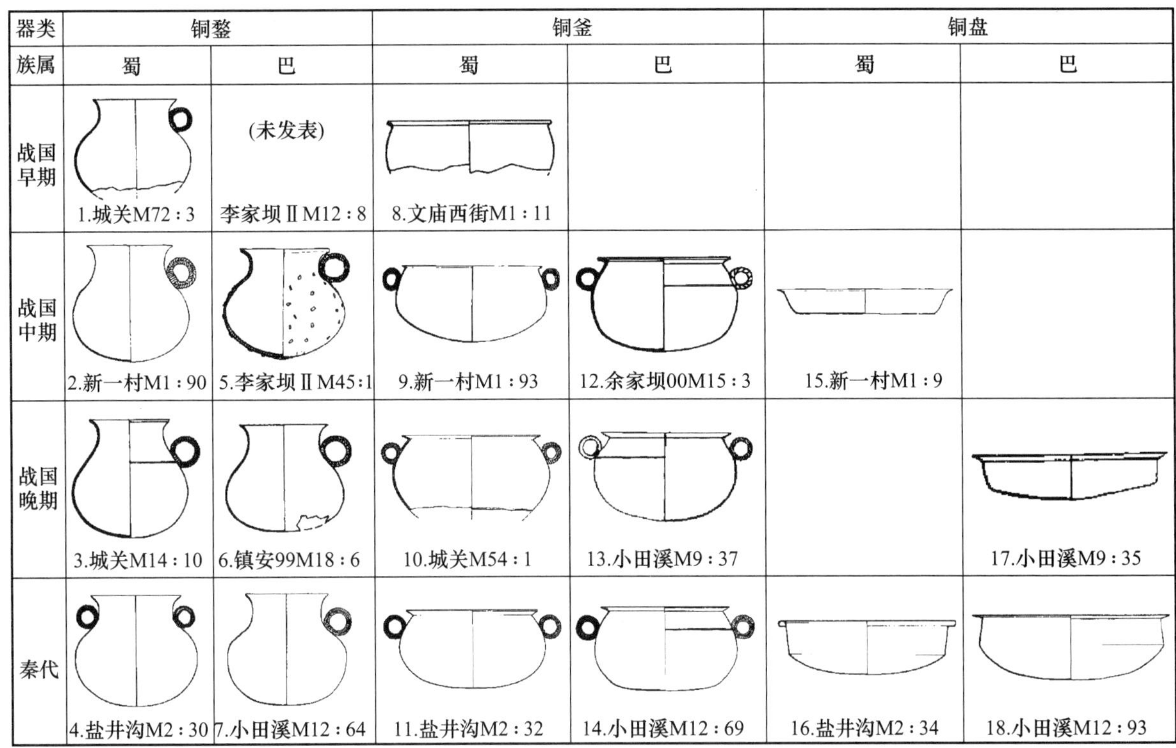

器类
铜鍪
铜釜
铜盘
族属
蜀
巴
蜀
巴
蜀
巴
战国早期
(未发表)
1.城关M72：3
李家坝ⅡM12：8
8.文庙西街M1：11
战国中期
2.新一村M1：90
5.李家坝ⅡM45：1
9.新一村M1：93
12.余家坝00M15：3
15.新一村M1：9
战国晚期
3.城关M14：10
6.镇安99M18：6
10.城关M54：1
13.小田溪M9：37
17.小田溪M9：35
秦代
4.盐井沟M2：30
7.小田溪M12：64
11.盐井沟M2：32
14.小田溪M12：69
16.盐井沟M2：34
18.小田溪M12：93

图三　蜀墓和巴墓随葬典型铜容器

家嘴[①]等，出土陶器的器类以圜底的陶釜为主，应该是该地区较为流行的陶器器类。

铜盘最早见于战国中期的蜀墓，仅有2座，即新一村M1[②]（图三，15）和马家M1，与之共存的除了鍪、釜等巴族青铜器之外，主要是铜鼎、铜敦和铜壶等典型楚式青铜器。因此，我们倾向于认为铜盘属于楚文化器物，而与蜀族和巴族无关。

（二）铜　兵　器

蜀墓和巴墓随葬的铜矛多数为柳叶矛[③]，根据骹部长短可分为长骹矛和短骹矛，两种矛从战国早期开始在蜀墓和巴墓随葬（图四，1～15）。单从战国时期的蜀墓和巴墓本身难以判断柳叶矛的族属。不过，春秋时期甚至西周晚期蜀国都城金沙遗址的部分墓葬已经开始随葬这类铜矛，如人防地点M271[④]和黄河地点M651[⑤]即各自随葬1件短骹矛（图五，3、5），前者年代为西周晚期至春秋时期，后者年代为春秋中期偏晚至战国早期；黄河地点M350和M535各自随葬1件长骹矛（图五，

① 三峡考古队第三组：《湖北宜昌杨家嘴遗址发掘简报》，《江汉考古》1994年第1期。

② 成都市文物考古研究所：《成都十二桥遗址新一村发掘简报》，《成都考古发现》（2002），科学出版社，2004年，第172～208页。

③ 李健民：《论四川出土的青铜矛》，《考古》1996年第2期。

④ 成都市文物考古研究所：《金沙村遗址人防地点发掘简报》，《成都考古发现》（2003），科学出版社，2005年，第89～119页。

⑤ 成都文物考古研究所：《成都市金沙遗址“黄河”地点墓葬发掘简报》，《成都考古发现》（2012），科学出版社，2014年，第177～217页。以下所用该地点墓葬材料均引自该简报，不再另注。

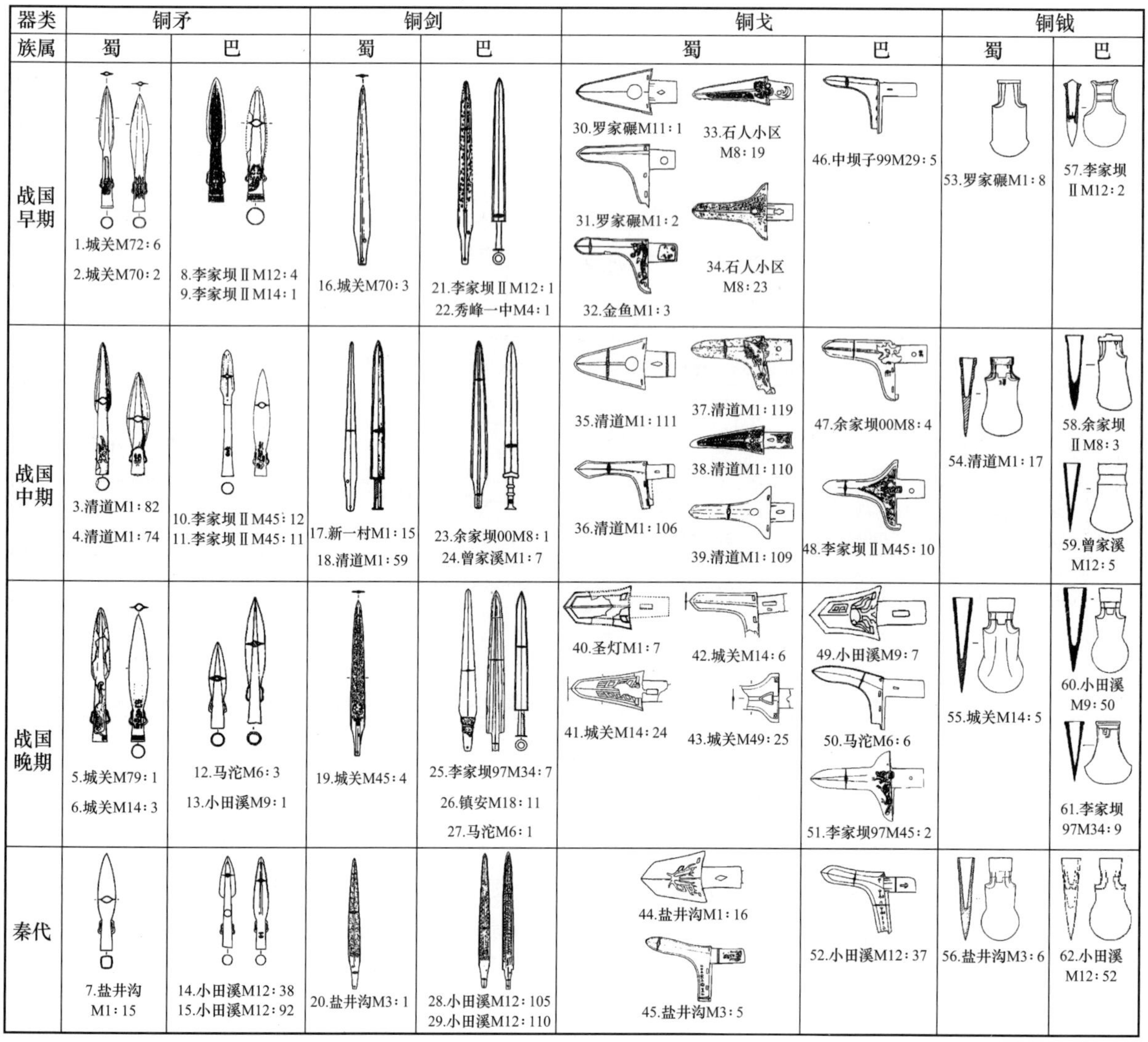

器类	铜矛		铜剑		铜戈		铜钺	
族属	蜀	巴	蜀	巴	蜀	巴	蜀	巴
战国早期	1.城关M72∶6 2.城关M70∶2	8.李家坝ⅡM12∶4 9.李家坝ⅡM14∶1	16.城关M70∶3	21.李家坝ⅡM12∶1 22.秀峰一中M4∶1	30.罗家碾M11∶1 33.石人小区M8∶19 31.罗家碾M1∶2 34.石人小区M8∶23 32.金鱼M1∶3	46.中坝子99M29∶5	53.罗家碾M1∶8	57.李家坝ⅡM12∶2
战国中期	3.清道M1∶82 4.清道M1∶74	10.李家坝ⅡM45∶12 11.李家坝ⅡM45∶11	17.新一村M1∶15 18.清道M1∶59	23.余家坝00M8∶1 24.曾家溪M1∶7	35.清道M1∶111 37.清道M1∶119 38.清道M1∶110 36.清道M1∶106 39.清道M1∶109	47.余家坝00M8∶4 48.李家坝ⅡM45∶10	54.清道M1∶17	58.余家坝ⅡM8∶3 59.曾家溪M12∶5
战国晚期	5.城关M79∶1 6.城关M14∶3	12.马沱M6∶3 13.小田溪M9∶1	19.城关M45∶4	25.李家坝97M34∶7 26.镇安M18∶11 27.马沱M6∶1	40.圣灯M1∶7 42.城关M14∶6 41.城关M14∶24 43.城关M49∶25	49.小田溪M9∶7 50.马沱M6∶6 51.李家坝97M45∶2	55.城关M14∶5	60.小田溪M9∶50 61.李家坝97M34∶9
秦代	7.盐井沟M1∶15	14.小田溪M12∶38 15.小田溪M12∶92	20.盐井沟M3∶1	28.小田溪M12∶105 29.小田溪M12∶110	44.盐井沟M1∶16 45.盐井沟M3∶5	52.小田溪M12∶37	56.盐井沟M3∶6	62.小田溪M12∶52

图四　蜀墓和巴墓随葬典型铜兵器

15、7），年代均为春秋中期偏晚至战国早期[①]，西周早期竹瓦街窖藏（图六，4）以及与蜀有密切关系的宝鸡竹园沟墓地（图六，6）亦分别出土1件形制较早的同类器[②]。可见，无论是长骹矛还是短骹矛，都可能是春秋时期乃至更早的西周早期由蜀人最先使用。

从战国早期开始，蜀墓和巴墓随葬的铜剑可分为两类，其一为无格柳叶剑，其二为有格剑（图四，16～29）。后者为包括楚文化在内的中原文化典型器物，前者在蜀墓和巴墓随葬较多，单从随葬情况难以判断其族属，故以往多被笼统视为巴蜀青铜器，仅有少数学者认为其为蜀族[③]或巴族[④]器物。由于柳叶剑在金沙遗址黄河地点部分墓葬中与铜矛共出，在西周早期的宝鸡竹园沟墓地[⑤]

① 有学者对黄河地点墓葬的年代进行了重新研究，将M350的年代定为春秋晚期，M535和M651的年代为春秋末期至战国早期（杨振威、左志强、陈云洪：《成都金沙遗址"黄河"地点二层下墓葬年代及相关问题》，《四川文物》2017年第4期）。

② 王家祐：《记四川彭县竹瓦街出土的铜器》，《文物》1961年第11期。

③ 江章华：《巴蜀柳叶形剑渊源试探》，《四川文物》1992年增刊；江章华：《巴蜀柳叶形剑研究》，《考古》1996年第9期。

④ 朱世学：《巴式柳叶剑的考古发现与研究》，《三峡大学学报》（人文社会科学版）2015年第5期。

⑤ 宝鸡市博物馆：《宝鸡弓鱼国墓地》，文物出版社，1988年。

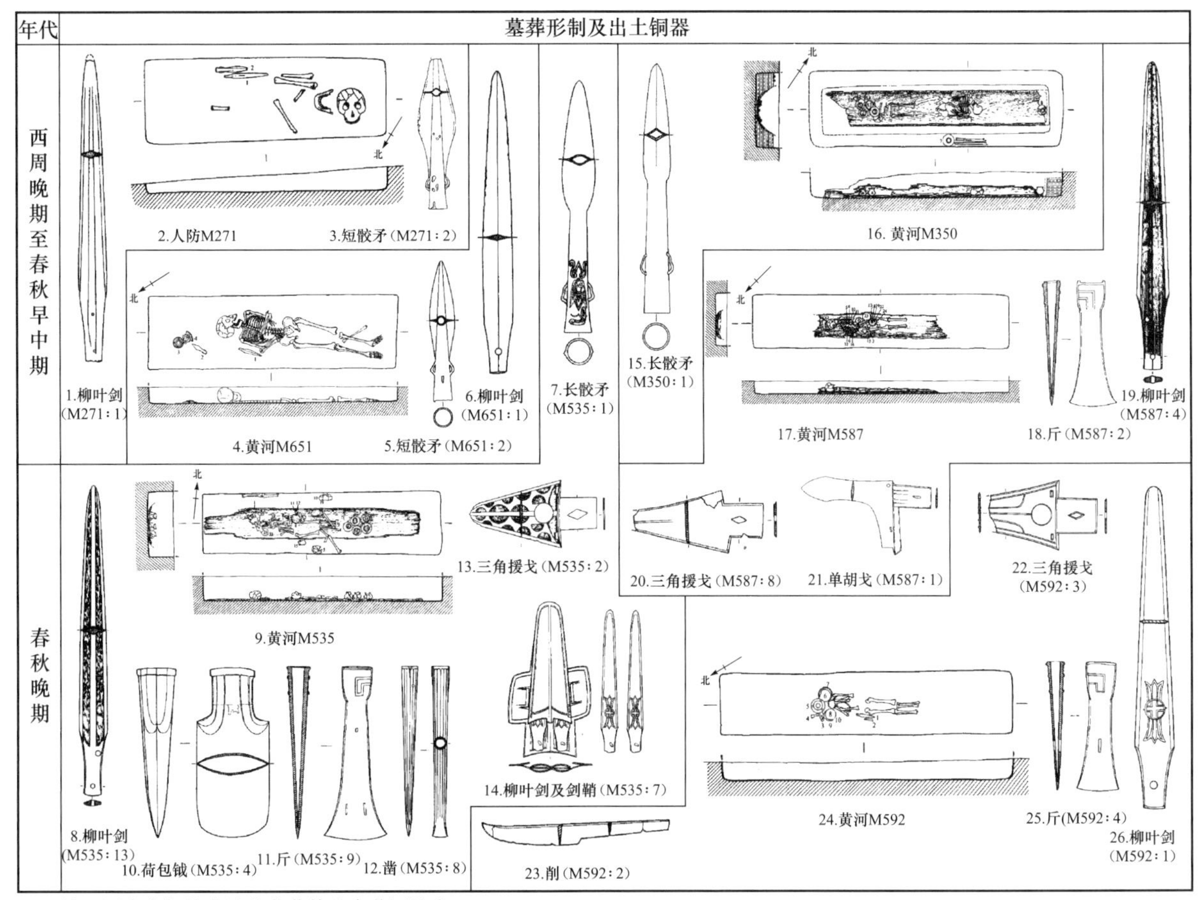

注：图中未标注墓地的墓葬均来自黄河地点

图五　金沙遗址部分墓葬出土铜器

（图六，7）也有大量出土，个别的甚至与剑鞘同出（图六，10），故柳叶剑所属族群应该与柳叶矛相同，即为蜀族。

蜀墓和巴墓随葬的铜戈种类较多，可按照整体形制分为三角援戈、无胡戈、单胡戈和双胡戈（图四，30～52），其中三角援戈、无胡戈和双胡戈几乎仅见于蜀墓，巴墓随葬极少。因此，结合随葬情况来看，三角援戈①、无胡戈②和双胡戈③应该是蜀族兵器。单胡戈从形制和纹饰来看，可细分为两类：一类为素面，胡末端较直，可称之为素面单胡戈；一类在援末和胡部饰虎纹，胡末端向内部有一个小突起，暂称为虎纹单胡戈。前者广泛见于蜀墓和巴墓，是典型的中原式铜戈，后者在战国早期、中期的蜀墓和巴墓均有随葬。由于较早的罗家坝M33随葬2件同类器，故虎纹单胡戈的族属似有可能为巴族。

---

① 有学者系统研究了三角援戈的起源和流布，西周早期之前主要见于中原地区，西周早期集中分布在关中地区，尤以宝鸡强国墓地（图六，8）为主，到西周中期已经基本消失（沈融：《试论三角援青铜戈》，《文物》1993年第3期）。強国墓地与蜀具有密切关系已属学界公论，而西周早期的竹瓦街窖藏也出土三角援戈（图六，1），春秋时期开始见于部分墓葬之中（图五，13、20、22）。由此可见，三角援铜戈最早起源于中原地区，西周早期被蜀人引入而成为本族固有器物。

② 无胡铜戈最早见于西周早期竹瓦街窖藏（图六，2）和竹园沟墓地（图六，9），故从无胡铜戈的起源来看，其所属族群也应为蜀族。

③ 尽管战国早期之前没有出现双胡铜戈，但已经有其雏形，如竹瓦街窖藏出土的一类无胡铜戈（图六，3）。可见双胡铜戈应该是蜀族创造的铜器。

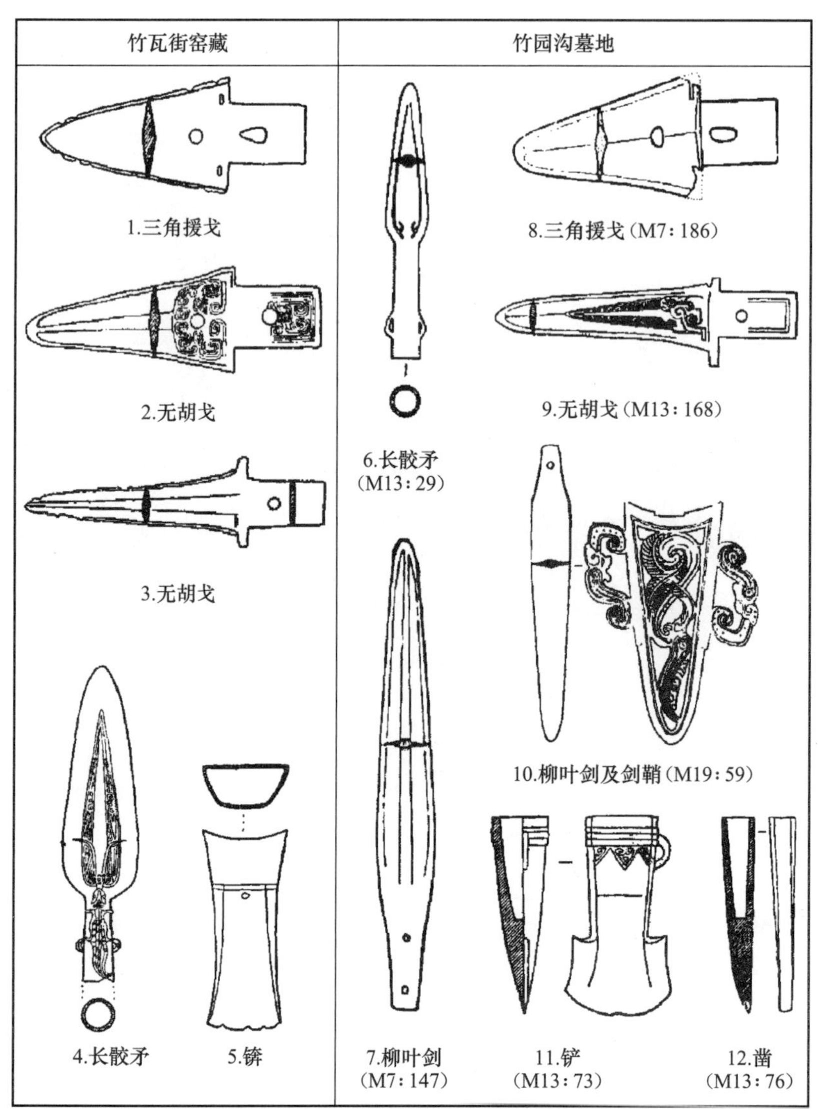

图六 竹瓦街窖藏和竹园沟墓地出土铜器

学界习称的荷包钺最早见于战国早期的蜀墓（图四，53），直至秦代亦有随葬，相对而言巴墓随葬较少。春秋时期的金沙遗址黄河地点M535随葬有一件同类器（图五，10），而西周早期与蜀人关系密切的竹园沟墓地出土的一种铜铲（图六，11），其形制特征与荷包钺较为相似，可能为其祖型。因此，荷包钺可能在战国以前就在蜀地出现并使用。结合荷包钺的随葬情况考虑，其所属族群可能与柳叶矛、柳叶剑等同样为蜀族。与此同时，巴墓主要随葬另一类铜钺，其形制特征与荷包铜钺明显不同（图四，57、59、61），暂称之为斧形钺，其年代一直延续至战国晚期，几乎不见于蜀墓，故这类铜钺有可能是巴族器物。

（三）铜 工 具

铜斧和铜斤是巴墓和蜀墓较为常见的随葬工具（图七，1～10），二者形制较为接近，以往的报告或简报对二者的判断标准不一，称谓较为混乱，故本文将二者合称为“斧/斤”进行统计。铜斧/斤从战国早期开始见于蜀墓和巴墓，一直延续至秦代。蜀墓多随葬窄长形铜斧/斤，巴墓多随

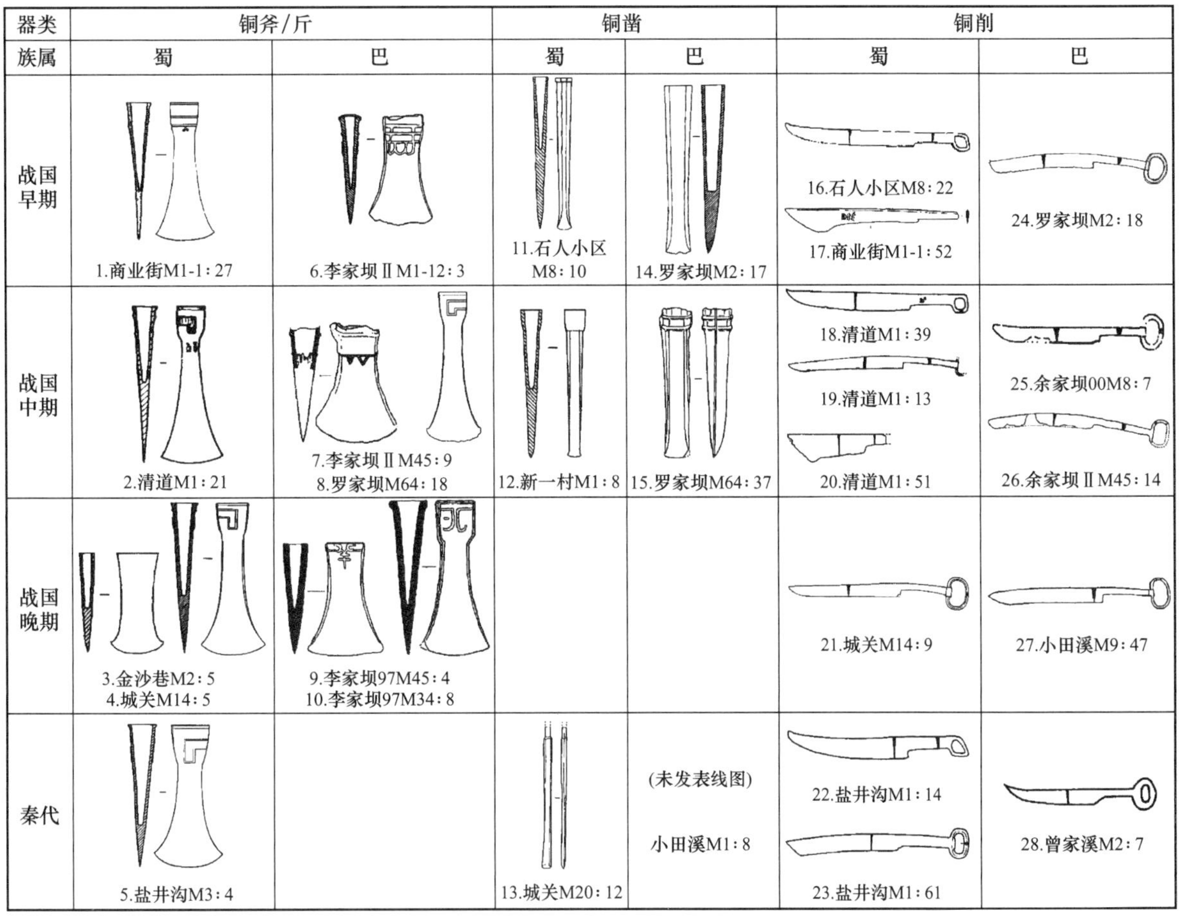

器类	铜斧/斤		铜凿		铜削	
族属	蜀	巴	蜀	巴	蜀	巴
战国早期	1.商业街M1-1∶27	6.李家坝ⅡM1-12∶3	11.石人小区 M8∶10	14.罗家坝M2∶17	16.石人小区M8∶22 17.商业街M1-1∶52	24.罗家坝M2∶18
战国中期	2.清道M1∶21	7.李家坝ⅡM45∶9 8.罗家坝M64∶18	12.新一村M1∶8	15.罗家坝M64∶37	18.清道M1∶39 19.清道M1∶13 20.清道M1∶51	25.余家坝00M8∶7 26.余家坝ⅡM45∶14
战国晚期	3.金沙巷M2∶5 4.城关M14∶5	9.李家坝97M45∶4 10.李家坝97M34∶8			21.城关M14∶9	27.小田溪M9∶47
秦代	5.盐井沟M3∶4		13.城关M20∶12	(未发表线图) 小田溪M1∶8	22.盐井沟M1∶14 23.盐井沟M1∶61	28.曾家溪M2∶7

图七　蜀墓和巴墓随葬典型铜工具

葬宽短形铜斧 / 斤，前者更接近铜斤而后者更接近铜斧，只有战国晚期的蜀墓和巴墓均随葬铜斧和铜斤。由此可见，铜斧和铜斤应该来自不同族群。由于春秋时期的金沙遗址黄河地点 M535、M587、M592 随葬有铜斤（图五，11、18、25），结合铜斤的随葬情况，我们认为铜斤应该是蜀人之物，西周早期竹瓦街窖藏出土的 1 件铜锛有可能是其原型（图六，5）。而与铜斤形制明显不同且流行于巴墓的铜斧，其所属族群有可能为巴族。

铜凿随葬数量不多，以蜀墓多见，巴墓较少（图七，11～15）。蜀墓和巴墓所见铜凿形制基本一致，二者应该属于同一族群之物。由于春秋时期的金沙遗址黄河地点 M535 随葬有铜凿（图五，12），西周早期的竹园沟墓地亦有出土（图六，12），其形制与战国时期同类器相似，故这类铜凿是蜀人最早使用的。

铜削，亦有学者称之为铜刀，根据形制可分为三类：其一为凸刃环首削，背凹，前端上翘（图七，16、18、22、25、28）；其二为凹刃环首削，背凸，前端下垂（图七，19、21、23、24、26、27）；其三为直刃无首削，直背，前端变宽（图七，17、20）。根据目前的随葬情况来看，凸刃环首削和凹刃环首削最早分别出现于战国早期和战国中期的蜀墓和巴墓，直刃无首削目前只见于战国早期和中期的蜀墓，巴墓基本不见。有学者对四川盆地所见的铜削进行了系统的梳理，并对其文化因素来源进行了探讨，其中凸刃环首削和直刃无首削虽然受到中原文化和新疆地区文化的影响，但应该是本地器物，凹刃环首削来自包括楚文化在内的中原文化[①]。由此可见，除了凹刃环首削为外来物外，其余二者都应该属于蜀族或巴族的器物。由于金沙遗址黄河地点M592随葬有1件凸刃环首削，故我们倾向于认为凸刃环首削的族属为蜀族。直刃无首削主要见于蜀墓，其族属也有可能是蜀族。

综上所述，属于蜀族的铜器主要有柳叶矛、柳叶剑、三角援戈、无胡戈、双胡戈、荷包钺、斤、凿、凸刃环首削和直刃无首削，属于巴族的铜器主要有鍪、釜、虎纹单胡戈、斧形钺和斧。鍪、釜、柳叶矛、柳叶剑、虎纹单胡戈和凸刃环首削虽然源自不同族群，但在蜀墓和巴墓中随葬均较多，已成为蜀族和巴族共用之物，不分族别。

三、余　　论

以上我们简单探讨了以往所谓"巴蜀青铜器"的族属，将其所属族群分别定为蜀族和巴族，对于蜀族和巴族本身的情况我们并没有进行过多讨论。事实上，在上文分析随葬器物的过程中我们已大致认识到蜀墓在春秋时期前后发生了较大的变化，春秋以前船棺葬较少，墓口形状也多为宽长方形，随葬器物极少，春秋时期才开始零星随葬战国时期较为常见的铜兵器和铜工具。关于出现这种现象的原因，有学者将其归结于蜀国统治阶层所属族群的更替，即由之前的杜宇族变为开明氏[②]。由此可见，蜀族本身在春秋时期已经发生了更替，因而在墓葬方面也有所体现。成都平原的秦代墓葬与之前相比亦发生了明显的变化，一是墓口为宽长方形的墓葬增多，二是葬具开始较多使用棺椁，三是随葬品组合及随葬品本身与之前相比发生了明显的改变，如陶豆、陶罐、铜釜、铜盘数量较之前明显增加，而之前较为常见的陶釜、铜鍪、铜剑、铜戈和铜钺等均显著减少。究其原因，应该与秦文化的影响以及蜀族人群大量流失有关，而荥经同心船棺墓葬[③]、宜宾沙坝墓地[④]的发现，或许为蜀族的去向提供了很好的线索。巴族的情况更加复杂，无论是文献记载还是考古发现均表明所谓的巴族其实是由多支人群构成的。既然人群不同，反映在墓葬上的特征也会有所区别，只不过由于随葬器物较为相似而不易辨别。随着考古材料的积累和研究的深入，在上文所谓巴墓中辨别出不同人群的墓葬应该是可行的。

关于柳叶剑的族属，我们虽然同意前人的观点，即认为柳叶剑来自于蜀族而非巴族，但对于十二桥遗址出土柳叶剑的年代我们仍然存疑。以往学者多根据十二桥遗址第12、13层出土部分陶器与三星堆祭祀坑相似，将二者年代定为晚商时期。事实上，十二桥遗址第12、13层出土的陶器，除了有与三星堆祭祀坑同时的，也有早于三星堆祭祀坑的，更有晚于三星堆祭祀坑的，可见其出土

① 向明文：《巴蜀文化墓葬出土铜刀类型、分区与分期研究——兼谈环首刀的来源问题》，《边疆考古研究》（第20辑），科学出版社，2016年，第239～263页；向明文、滕铭予：《巴蜀文化墓葬出土铜刀文化因素分析——兼及巴蜀文化发展进程管窥》，《考古与文物》2017年第2期。

② 陈云洪：《四川地区船棺葬的考古学观察》，《边疆考古研究》（第17辑），科学出版社，2015年，第241～268页。

③ 四川省文物考古研究所、荥经严道古城遗址博物馆：《荥经县同心村巴蜀船棺葬发掘报告》，《四川考古报告集》，文物出版社，1998年，第212～280页；四川省文物管理委员会、荥经严道古城遗址博物馆：《四川荥经同心村巴蜀墓发掘简报》，《考古》1988年第1期；荥经严道古城遗址博物馆：《四川荥经县同心村巴蜀墓的清理》，《考古》1996年第7期。

④ 四川省文物考古研究院等：《四川宜宾沙坝墓地2009年发掘简报》，《文物》2013年第9期。

遗物混杂较为严重[①]。由发掘报告可知，十二桥遗址的堆积并非原生堆积，而是经洪水扰动过的次生堆积[②]。如此一来，出土于12层的柳叶剑的年代就不能以该层共出的陶器来判断，还需借助其他材料进行论证。目前看来，三星堆祭祀坑出土的玉质柳叶剑[③]很有可能是四川盆地柳叶剑的最早原型。

需要说明的是，本文暂未对墓葬的分期与年代进行详细的讨论，原因在于：①经过前人数次研究，多数墓葬的分期与年代已较为明确；②本文考察的是大范围、长时段内墓葬与随葬铜器的相关特征及其变化，即便个别墓葬的分期与年代存在偏差，对整体结论并不会产生太大的影响；③最主要的是，目前所见各类简报和报告对于“巴蜀青铜器”的分类、定名没有形成统一的标准，较为混乱，在此情况下开展墓葬分期与年代研究可能会事倍功半。由于马家M1随葬的铜器或2件一套，或5件一套，应该是当时人们对这些铜器分类的最好证据，据此可以对“巴蜀青铜器”进行详细的分类和定名，这也是我们下一步开展“巴蜀青铜器”及东周墓葬分期断代研究之前要做的基础工作之一。

附记：本文写作过程中，重庆市文化遗产研究院邹后曦先生给笔者提出了诸多重要意见，在此表示诚挚感谢！

（原载《四川文物》2018年第1期）

① 四川省文物考古研究院、成都文物考古研究所：《成都十二桥》，文物出版社，2009年。

② 详细研究参见本人即将发表的《十二桥遗址再分析》。

③ 四川省文物考古研究所：《三星堆祭祀坑》，文物出版社，1999年。

最后的巴国

——渠县城坝遗址考古发现与研究

郑禄红　陈卫东

（四川省文物考古研究院）

摘　要：城坝遗址是目前川东地区晚期巴文化遗存中功能分区最为明确的大型遗址，也可以说是研究晚期巴文化中“賨人”的最主要遗存。本文基于考古发现和历史文献记载，分析战国晚期至秦汉时期城坝遗址文化因素的复杂性，进而尝试勾勒秦汉时期以来在地理空间和政治空间内复杂的族群关系。此种嬗变关乎地理环境，更是历史背景下的使然。对城坝遗址的持续性发掘和探寻，不仅对全面认识川东地区巴文化，尤其是晚期巴文化具有重要意义，也将为该区域族群复杂化的历史研究提供新的丰富资料。

关键词：城坝遗址　巴文化　宕渠　賨人　族群关系

城坝遗址又名宕渠城遗址，秦汉以前这里是巴人聚居之地，秦灭巴蜀后在此设宕渠道来管理当地土著民族“賨人”，汉初由道改县，并建起夯土城址，东汉车骑将军冯绲增修城墙，俗称“车骑城”，“东晋末，地为‘蛮獠’所侵而廨，遂以荒废”，其间屡为州、郡、县治，兴废长800余年，是川东地区目前尚存的历史最早、历时最长、规模最大的古城遗址。

为探寻以城坝遗址为代表的嘉陵江中上游地区巴文化及其历史进程，2014年至今，四川省文物考古研究院已连续四年对该遗址开展系统性的考古调查勘探与发掘工作。随着考古工作地逐步深入开展，取得了一系列的重要考古收获。

一、考古发掘概况

城坝遗址位于四川省渠县土溪镇之渠江东岸，遗址海拔约330米，属浅丘平坝区。其北、西、南三面环水，东靠佛尔岩，呈依山傍水之势。

自20世纪70年代以来，文物部门在遗址范围内陆续征集到大量战国秦汉时期遗物，包括虎纽錞于、钲、罍、缶、编钟、剑、戈、钺等具有典型巴文化特征的青铜器。其后，为配合农业生产和基本建设，文物部门抢救性清理了多座汉砖室墓、西汉木椁墓和巴蜀土坑墓葬，并发现遗址东北的郭家台城址。2014年，四川省文物考古研究院、渠县博物馆出版《城坝遗址出土文物》[①]一书，对

① 四川省文物考古研究院、渠县博物馆：《城坝遗址出土文物》，上海古籍出版社，2014年。

这一系列考古工作进行了较为全面的总结与研究。

城址的发现，高规格巴蜀青铜器的出土，在一定程度上揭示出该区域应当为一处规模庞大的晚期（战国秦汉时期）巴文化遗址。然囿于考古资料的缺乏，仍然难以确定其具体文化内涵和属性。

2014年，国家文物局批准实施《城坝遗址2014至2018年度考古工作计划》，是年至今，四川省文物考古研究院按年度开展系统性的大遗址考古工作，取得了一系列重要的考古收获。

经过考古调查，确认遗址分布范围超过560万平方米，功能分区明确，大致由“郭家台城址区、窑址区、水井区、墓葬区、一般聚落区”等部分组成。根据调查勘探结果，项目组有计划地进行分区域考古发掘。目前已分别对墓葬区、水井区、一般聚落区及郭家台城址区开展工作，出土大量战国晚期至魏晋时期铜、铁、陶、漆木器物，对遗址文化内涵及其空间结构布局有了较为深入的了解。

遗址东北的郭家台城址平面略呈方形，但东及北部城墙向内曲折。其南北长约250米，东西最宽处约240米，面积近5万平方米。墙体宽4～13米，部分城墙暴露于地表，残高约1米。2017年，通过南城墙清表及解剖，其城墙结构及夯筑方式已基本明晰。城墙采用版筑技术，夯层厚度0.1～0.2米，部分区域夯窝明显。城墙后期为有增修部分，系在早期城墙的两边分别开挖基槽后夯筑，上部再用包含大量瓦片、石块的灰黑土进行堆夯，夯层不明显。同时，在城墙的上部和城墙内堆积着大量的瓦片、砖块等建筑材料，也说明附近可能存在较大型建筑遗迹。在城内居址区，开口于第7层下的H155中还出土了1件“宕渠”文字瓦当（后在城墙区又出土了1件残“宕渠”瓦当），成为城坝遗址作为秦汉“宕渠城”最为直接的文字证据。

目前，已发掘墓葬44座，形制主要包括带头龛的土坑墓和木椁墓两种类型。已发掘的这两类墓葬位于同一墓葬区，互相少见打破关系，时代相差不远，应属于战国晚期至西汉时期。其中，土坑墓数量较少，形制规模较小，长一般不超过3米，宽1～2米，带有壁龛及生土二层台。墓室内仅单棺，出土器物少且仅为陶器，均放置于头龛内。木椁墓数量较多，其形制较普通土坑墓规模更大，长度为3～6米，宽2～4米，墓室内有使用青膏泥封填习惯，有的墓室底部有鹅卵石铺就的渗井或延伸至墓室外的排水沟。其墓室内的木椁整治规整，以榫卯相接，椁内多分箱，放置木棺及随葬品。相较于普通土坑墓，木椁墓随葬品种类及数量也更为丰富，包含铜、铁、陶、漆木器等。而东汉时期的砖室墓、崖墓虽尚未经科学发掘过，但其数量最多，遗址内也随处可见丢弃的东汉花纹砖，20世纪60～70年代，当地村民甚至将之采集来修房造物，而通过早些年的文物征集及其对周边地区的抢救性发掘，其具体形制及内涵已较为明晰。

此外，在一处水井密集分布的发掘区中，约150平方米范围内共清理水井6口，即土井5口、陶圈井1口。其深浅不一，浅者3米多，深者14米尚未及底，部分水井并未使用就已废弃。井内均出土有较多的汉魏六朝时期陶、瓦残片，其中J6出土1件六朝时期青瓷四系壶，也表明其废弃年代为六朝时期。而当地一直有“48座车子井”的传说，这一方面反映了水井遍布遗址的事实，另一方面也说明可能跟当时农业灌溉有关。

二、文化因素分析

城坝遗址延续时间较长，功能分区明确，文化因素复杂。通过近年来持续性的考古工作，我们对该遗址年代和性质的了解愈加深入。从遗址所发现的遗物和遗迹来看，呈现出渠江流域晚期巴文化的复杂性和交融性，以及与周边地区的文化互动。这为探究渠江流域巴文化的发展与变迁，以及在地理空间和政治空间内讨论族群和文化关系提供了基础资料。

已出土器物中，以铜器最具代表性，其中若干带有鲜明巴蜀文化风格的青铜器，尤其是带有文字符号的虎纽錞于、钲、罍、编钟及青铜兵器等，与涪陵小田溪贵族墓葬[①]出土器物高度相似，是晚期巴人礼乐制度的体现。小田溪贵族墓地出土遗物丰富，青铜器等级较高，结合墓葬形式与规格，可确定其性质为秦汉时期巴王族后裔的墓地。城坝遗址与小田溪墓群出土器物高度相似，在一定程度上能够反映出，战国晚期至秦汉时期，这里极可能也是一处巴王族后裔的聚居地区。

从墓葬遗存看，城坝遗址已发掘的土坑墓多带有壁龛及生土二层台，且随葬品带有多元的文化因素，其形制最早见于中原地区商周时期墓葬，而同时期巴蜀地区则以狭长形土坑墓为主要的墓葬形制，少见壁龛及二层台，可见此类遗迹并非本土文化风格墓葬。城坝遗址已发掘木椁墓数量最多，其形制常见于楚文化墓葬中，随葬品则表现出多元文化杂糅的特征，既有釜、甑、鍪等巴文化风格器物，也包括大量陶罐、陶壶、陶仓、陶井、陶灶、铜镜、铜带钩等同时期汉代墓葬常见器物，以及铜蒜头壶等秦文化典型器物。至东汉时期，出现砖室墓、崖墓之类新的墓葬形制，随葬品中极具巴蜀文化风格的釜已基本消失，更多的是表现汉代人"事死如生"观念的生活化器物。要之，城坝遗址墓葬形制由土坑墓、木椁墓转变为砖室墓、崖墓，既遵循着时代发展脉络，也反映出巴文化逐步融入汉文化的动态历史发展过程。秦汉时期带有巴文化、先秦中原文化、楚文化、秦文化及汉文化因素的随葬品，则充分显示出该区域内族群文化的交融与复杂性。

从郭家台城址规模看，面积不过5万平方米，与同时期其他地区城址相较，明显偏小，不过这却是目前川东地区发现唯一保存完好的汉代城址。据现有考古调查与发掘工作，目前尚未发现确认有先秦时期巴文化城址。究其原因，或与川东地理环境及巴人的生活习性相关，抑或巴人未有修筑夯土城墙习俗。尽管如此，就城坝遗址而言，至迟在汉代就已出现夯土城墙。从发掘情况看，城墙夯筑年代为两汉时期，后期有增修痕迹，或可与《太平寰宇记》载"车骑将军冯绲增修车骑城"一事相证。

通过对城坝遗址文化因素的初步分析，可知在战国晚期至西汉早期，城坝遗址存在一定数量的巴文化贵族墓葬，且是巴人重要的聚居区域。至西汉早中期，仍有巴文化因素的器物，如釜、甑等仍然存在，但却已不占优势地位，反之，大量外来文化因素的墓葬形制及器物开始出现。及至东汉时期，釜、甑等巴蜀文化器物难觅踪迹，砖室墓、崖墓形制已全面推广，标志着一种新的地域文化开始产生。

这一现象与当时的历史背景，以及政治、军事的攻伐有着莫大关联。由于川东地区地处多种文化的接触地带，且存在政治军事上的交接攻伐，致使其深受蜀、楚、秦及中原等强势文化的影响，因此在物质文化方面表现出多种文化杂糅的特质。而至秦汉时期，在汉文化的强势介入下，该地区不仅被纳入国家政治框架内，也逐渐接受汉文化，致使巴文化传统不断消亡嬗变，形成一种新的地域文化。

---

① 四川省博物馆、重庆市博物馆、涪陵县文化馆：《四川涪陵地区小田溪战国土坑墓清理简报》，《文物》1974年第5期；重庆市文化遗产研究院、重庆市涪陵区博物馆、重庆市文物局：《重庆涪陵小田溪墓群M12发掘简报》，《文物》2016年第9期。

三、宕渠与“賨城”

城坝遗址发现的城址、墓葬以及带有多重文化因素的遗物，尤其是“宕渠”文字瓦当，为推测该遗址性质提供了基础资料，也为在地理空间和政治空间内勾勒出川东族群关系提供了可能性。笔者基于考古资料、历史文献，试图明晰宕渠与“賨城”在地理空间、政治空间和文化空间的差别与重叠，进而探究该区域族群与文化的嬗变。

先秦时期，川东地区是巴人聚居的区域，然“巴人”实为对聚居于川东地理空间内多元、复杂族群的统称，如《华阳国志•巴志》所载，“其属有濮、賨、苴、共、奴、獽、夷、蜑之蛮”[①]。从传世文献看，城坝遗址所在区域，应是秦汉时期巴人中一支——“賨人”（或曰“板楯蛮”）的势力活动范围。因此，城坝遗址不仅是目前川东地区晚期巴文化遗存中功能分区最为明确的大型遗址，也可以说是研究晚期巴文化中“賨人”最主要的遗存。

“宕渠”文字瓦当的发现为探究城坝遗址的性质提供了最为直接的物质资料。“宕渠”为秦汉时期所设之县级行政区划，东汉建安末为宕渠郡治。《汉书・地理志》记载秦置巴郡，下辖 11 个县中就有宕渠县。《水经注》载：“汉水又东南径宕渠县，又东南合宕渠水。”[②]《华阳国志》载：“长老言：‘宕渠盖为古賨国。今有賨城、卢城。’”[③]《水经注・潜水》亦载：“县以延熙中分巴立宕渠郡，盖古賨国也，今有賨城。县有渝水，夹水上下，皆賨民所居。”[④] 显然，宕渠为賨人世代聚居的区域。

学术界曾就宕渠城的地望进行考证。任乃强认为：“其故治为今渠县之三汇，即巴、渠二水汇流处”，“而賨城应在渠县与营山、广安交接的山上”[⑤]。而校注《华阳国志》的刘琳则认为宕渠与賨城是一体的，“据唐宋地志，其城皆云在流江县东北七十里的城坝，即今渠县土溪公社南岸之城坝”[⑥]。《蜀碑记补》记有“渠县城坝碑”，“字原云在渠州……蜀人谓之城坝碑。末有‘方三百里’、‘围二尺’字及用人用日数，似是记版筑事。盖益州太守筑城坝以卫民，故立此碑以颂其功德也”[⑦]，从文献记载及碑刻内容看，该碑很可能就出土于城坝遗址附近，记载的也极可能是郭家台城址筑城之事。

此外，出土文献中，《里耶秦简》与张家山汉简《二年律令•秩律》均有“宕渠”的相关记载[⑧]。根据记载分析，秦灭巴蜀后，曾于此设宕渠道来管理当地的土著民族，也就是“賨人”，这个时间段可与城坝遗址出土的巴蜀青铜器相对应。西汉初年，由于统治的稳固，宕渠再经历了“道”改“县”的变迁。

随着城坝遗址的发现和系统发掘，揭示出其从战国中晚期（约公元前 300 年）延续至六朝时期（约 500 年），约 800 年，这也与史料记载宕渠城郡县的设置与废弃年代基本相符。已出土的高规格

---

① （晋）常璩撰、任乃强校：《华阳国志校补图注》，上海古籍出版社，2007 年，第 5 页。
② （北魏）郦道元著、陈桥驿校证：《水经注校证》卷二十《漾水、丹水》，中华书局，2007 年，第 485 页。
③ （晋）常璩撰、任乃强校注：《华阳国志校补图注》，上海古籍出版社，2007 年，第 49 页。
④ （北魏）郦道元著、陈桥驿校证：《水经注校证》卷二十《漾水、丹水》，中华书局点校本，2007 年，第 682 页。
⑤ （晋）常璩撰、任乃强校注：《华阳国志校补图注》，上海古籍出版社，2007 年，第 50 页。
⑥ （晋）常璩撰、刘琳校注：《华阳国志校注》，巴蜀书社，1984 年，第 99 页。
⑦ （宋）王象之撰、（清）李调元补编、胡凤丹考校：《蜀碑记补（附辨伪考异）》，商务印书馆，1939 年，第 25 页。
⑧ 郑威：《里耶秦简牍所见巴蜀史地三题》，《四川师范大学学报》（社会科学版）2015 年第 2 期。

巴蜀文化风格青铜器，很可能出土于当地賨人贵族墓葬。同时，这里还发现了目前川东地区唯一保存的汉代城址，城址有过增修痕迹，出土“宕渠”文字瓦当，凡此种种，莫不与史料记载相契合。据此推断，城坝遗址就是秦汉时期的宕渠城，也是賨人世居的“賨城”。

賨人以勇武闻名，骁勇善战的賨人为秦汉政权的巩固做出了极大的贡献，获得世代减赋的优待，“賨”也成了聚居于宕渠之族群的别称，“賨人”由此而来。据《后汉书·南蛮西南夷传》载：“板楯七姓，以射杀白虎立功，先代复为羌人。其人勇猛善战。昔安帝永初中，羌入汉川，郡县破坏，得板楯救之，羌死败殆尽，故号为神兵。至桓帝建和二年，羌复大入，实赖板楯连摧破之。前车骑将军冯绲南征武陵，亦倚板楯以成其功。”[①] 直至东汉末年，周边地区的平叛多有赖“賨人”，换句话说，这里也一直是汉军优质的兵源地，这或许亦是宕渠又名“车骑城”的原因。

《后汉书·吴汉传》李贤注：“宕渠，山名，用以县名。故城在今流江县东北，又名车骑城。”《太平寰宇记》载：“汉宕渠郡……其城后汉车骑将军冯绲增修，俗名车骑城。李寿乱后，地为诸獠所侵，郡县悉废。”文献中提到的冯绲，《后汉书》有传，乃东汉名将，本为宕渠人，延熹五年（162 年）拜车骑将军，率军大破武陵蛮，纳降十余万人，平定荆州。其死后归葬故里，乡民感念其志行功绩，每年三月均有祭祀。宋代对其屡次被加封，由侯进公，再进王，至宋孝宗乾道八年（1172 年）封为惠应昭泽王，被县人尊为“土主”，立庙祀之不绝，其庙址今仍存于城遗址西岸的大神山，清乾隆年间在庙前还建有冯公石牌坊。冯绲墓虽然至今未发现，但墓碑内容却被金石学家的著作完整记录存下来，宋代金石学家赵明诚于《金石录》中即已考证其事[②]。而城坝遗址对岸，冯绲父亲冯焕之墓及其墓阙仍然保存完好。当地至今流传甚广的“燕王坟”传说，也与冯焕曾为幽州刺史，世俗每幽燕同称有关[③]。

由此可见，冯绲父子在宕渠的历史发展中有着深远的影响，这也可以看作是汉王朝政治军事的影响。因此，宕渠城的设置，带有浓厚的政治军事色彩。冯绲在城坝增修车骑城，可能更具有军事堡垒性质。这也能够解释秦汉以来，遗址范围内族群文化因素多元，巴文化因素逐渐消失的原因，而秦汉政权的影响力正也是借此向周边地区展开辐射，最终实现融合。

结合文献与考古，从遗址时空布局来看，城坝遗址主体为秦汉时期宕渠城，它是秦灭巴蜀后，统治“賨”民的核心地带，此时期的巴文化因素尚占据主导地位，但已开始有多元文化涌入。汉代以来，随着中央政权对该地区的经营巩固，本土巴文化因素逐渐弱化、消退、融合。东汉时期，先秦巴文化因素完全消失，以郭家台城址及其周边大量分布的砖室墓、崖墓全面兴起，形成一种新的地域文化。六朝时期，因“蛮僚”入侵，城址荒废，该区域逐渐走向衰落。

四、结　　语

“巴文化”以川东地区和渝东峡江地区为中心。因三峡库区考古的开展，目前峡江地区的巴文

① 《后汉书》卷八十六《南蛮西南夷列传》，中华书局，1962 年，第 2842 页。

② 何如月：《汉车骑将军冯绲碑志考释》，《考古与文物》2006 年第 1 期。

③ 清同治三年《渠县志》卷四十四《陵墓志》。

化序列已基本建立。相对而言，川东地区因为考古工作开展较晚，尚存在大量空白。位于城坝遗址上游的宣汉罗家坝遗址是川东地区目前发现的东周时期最大的巴文化遗存，近年来的考古发掘[①]使川东地区巴文化研究拨开云雾，初现曙光。但是，该区域遗址年代主要集中于战国早中期以前，并不能完全呈现出川东地区巴文化的整体面貌。而城坝遗址的年代主要集中在战国晚期至东汉时期，不仅包含丰富的巴文化因素，而且包含大量中原文化、楚文化、秦文化和汉文化因素，是探索巴文化融入汉文化过程的一处典型遗址。

通过对城坝遗址文化因素分析，结合历史文献的相关记载，本文尝试在地理空间和政治空间内呈现族群文化景观。基于历史文献和出土文献分析，城坝遗址应为秦汉时期所置的宕渠城，其为地理、政治和文化空间的复合体。“宕渠”即因山水得名，并且自秦代至东汉经历了由“道”改“县”、改“郡”的过程，使“宕渠”具有地理和政治空间的双重意味。随着秦汉时期政治、军事扩张，以及对周边地区和民族的治理，不仅加剧了川东地区族群关系之间的内在张力，也加速了巴文化的嬗变，形成一种新的地域文化。

城坝遗址的考古调查、发掘与研究是一项长期任务和系统工程，目前的考古工作尚处于起步阶段，虽然为建立川东地区巴文化序列提供了大量有价值的信息，但是围绕城坝遗址开展的考古工作还相当有限，现有的考古发掘和发现远远没有显示出城坝遗址的完整面目。尤其是先秦时期的遗存发现极少，除20世纪征集的若干器物外，经考古发掘的区域目前仅揭露少量战国时期的遗存。因此，对城坝遗址及其周边地区持续性的发掘和研究，不仅对全面认识渠江乃至嘉陵江中上游地区文化面貌、建立古文化年代序列、寻找巴文化及巴国都邑具有重要价值，也将为该区域族群复杂化的历史研究提供新的丰富资料，进一步推动巴文化研究的发展。

---

① 四川省文物考古研究院、达州市文物管理所、宣汉县文物管理所：《宣汉罗家坝》，文物出版社，2015年。

巴文化开发与打造现状及对策研究

刘长江 ①

（四川文理学院）

摘　要：达州市一直是古代巴人活动的中心区域之一。目前，达州市境内主要有宣汉罗家坝遗址与渠县城坝遗址两处巴文化遗址。2012 年以来，达州市政府启动了巴文化开发前期工作，取得了一定成绩，但也存在一些问题。对此，笔者认为，今后应加强领导，强化组织保障；提高认识，加大宣传力度；统一规划，分步实施；构建巴文化品牌；整合资源，形成合力，将巴文化与地方文化、红色文化、土家族文化融合发展；与地方旅游产业和文化产业开发融合；打造以巴文化为符号的特色产品；在莲花湖打造巴城——“巴国水乡”；以巴国水乡为核心，打造更多的巴文化项目；组织专家团队，建立巴文化学术研究基地，从而为达州市巴文化研究打开一种更高平台的全新局面，进一步促进达州市文化产业开发和城市形象塑造。

关键词：达州市　巴文化　罗家坝遗址　城坝遗址　巴国水乡

引　　言

一般认为，巴蜀的分界是以合川、射洪、涪水为界，东为巴，西为蜀。达州位于四川省东北部，历史上正是古代巴人的主要活动区域。巴文化是达州历史最悠久的文化。这以宣汉罗家坝巴人遗址为代表，20 世纪 80 年代被当地村民偶然发现，后来经过 4 次考古发掘，出土了大量珍贵文物，是我国 20 世纪发现面积最大的先秦巴人文化遗址，其有距今 5300 年左右的历史。它被认为是巴人的发祥地，其重要价值不亚于广汉的三星堆。从地理位置看，罗家坝正位于巴人活动的腹心地带。罗家坝遗址的发现震惊了世界。中国考古学会常务理事、国家文物局考古专家组成员徐光冀认为，罗家坝遗址的发现对研究巴文化具有非常重要的意义，为我国研究巴文化起到了一个非常好的开端。甚至有学者认为，它的发现将改写长江上游的文明史，巴文化的起源很可能也要重新定义。

达州作为“巴人故里”的核心地位当之无愧。可以说，巴文化是达州文化的直接源头，是达州文化的血脉所在。在几千年历史的风雨中，巴人培植了几乎能够与中原文化等量齐观的物态文化、符号文化和观念文化，达州市理应承担起传承和弘扬巴文化的责任。巴文化所具有的勇毅坚韧、刚

① 刘长江，男，四川省渠县人，1965 年 3 月生，现系四川文理学院四川革命老区发展研究中心主任、教授，巴文化研究院兼职研究员，主要从事川陕苏区历史文化、巴文化的研究。

强坚定、豪迈乐观的品质，千百年来深深地影响了达州，从远古的“巴师勇锐”到成汉的揭竿而起，再到清朝的白莲教起义，及至现代人民革命形成的“智勇坚定、排难创新、团结奋斗、不胜不休”的红军精神，达州市人民一直秉承着这伟大而悲壮、豪放而进取的精神文化，在民主主义革命时期和社会主义建设时期，前赴后继，战天斗地，改造河山，建设家园，用勤劳的双手和智慧的头脑，让这片古老而充满生机的大地旧貌换新颜，发生了翻天覆地的变化。

一、达州市巴文化开发的现状

巴文化的开发主要是指对巴文化资源的开发，即如何利用古老而充满生机的巴文化资源来为今天达州“文化强市”发挥应有的作用。达州市巴文化的开发主要应体现在文化事业和文化产业两个方面。

2012 年，达州市人大做出了《关于加快推进文化强市建设的决定》[①]，提出了要重视包括巴文化在内的地域文化的研究和开发。2014 年，达州市人民政府市长包惠在达州市第三届人民代表大会第五次会议上提出了“加强文化遗产传承保护，启动宣汉罗家坝巴人文化遗址、渠县城坝遗址开发前期工作”。足见，达州市委市政府领导对巴文化的开发和打造有了明确的认识和要求，并有了一定的行动和成效。具体来说，体现在以下几方面。

（1）在遗址考古方面。宣汉罗家坝遗址于 1999 年第一次正式发掘到 2016 年，共经历了 4 次考古发掘，共计揭土面积 1530 平方米，其最大收获是发现并确认了距今约 5300 年的地层和文化器物，显示出罗家坝遗存是巴人文化的一个缩影。2005 年、2015 年，先后两次对渠县巴賨文化遗址城坝遗址开展了正式发掘，证明这里在春秋战国时期曾为巴人重要部族的賨人国都。

（2）在旅游开发方面。2011 年，渠县将龙潭河打造成了作为古巴人重要部族賨人曾栖息过的“賨人谷”，这是占地 41 平方千米的国家 AAAA 级的旅游风景区。2013 年，达州市通川区人民政府在达州市凤凰山修建了巴人文化广场，并规划设计了一组巴人历史的主题浮雕。此外，宣汉的百里峡旅游，在漂流、探险中融进了传说为巴人后裔的土家族的风情文化元素。

（3）在理论研究方面。2010 年，渠县县委宣传部组织编辑并出版了《賨人与賨人文化》一书。2011 年，达州市文物管理所所长马幸辛出版了《川东北考古与巴文化研究》，他在对川东北先秦的考古调查以及发掘资料分析的基础上，结合相关文献资料，对巴文化的起源、巴文化的多元发展、巴蜀青铜文化的形成进行了初步的探讨。四川文理学院的老师们也在省市级和校级课题中就巴文化的研究进行立项，《四川文理学院学报》还专门开辟了“巴文化研究”的专栏。四川文理学院 2014 年成立了巴文化研究院。

（4）在教育研究方面。近年来，达州市中小学教育科学研究所指导渠县土溪小学和宣汉普光中学、宣汉县南坝镇第二中心小学等，立项研究汉阙文化、巴人文化、土家文化与学校文化建设。通川区第七小学还编辑了一套《国学教材》，将巴文化作为其中的重要内容予以讲授。

---

① 2012 年 6 月 27 日达州市第三届人大常委会第七次会议通过。

二、巴文化开发存在的问题

（1）没有总体性的开发规划，未能形成齐抓共管的思路。尽管达州市委、市政府制定了有关巴文化开发与打造的相关政策，但是还缺乏巴文化开发的统一规划，导致形成分散的各自为政的局面，如渠县重点打造了賨人文化、宣汉重点打造了巴文化和土家族文化，而其他县市区与巴文化究竟是什么关系，如何结合本地的历史文化、民俗文化，找到与巴文化的“对接处”？这都是亟待研究的问题。

（2）没有翔实的研究成果，未能理清基础理论的问题。巴文化的起源、流变和现状，巴文化与华夏文化、中原文化是什么样的关系，巴文化与周边的蜀、楚、渝、秦文化是什么关系，巴文化内部与賨、濮、苴、共、奴、夷等部族是什么样的关系；就达州而言，渠县的賨人文化与巴文化是怎样的关系，宣汉的土家文化与巴文化是怎样的关系，等等。还有巴文化的现代转换和如何走出去，巴文化与达州的民俗文化、红军文化如何形成合力，巴文化的产业开发、市场营销、传媒打造、文艺创作等，都有待深入而翔实的研究。

（3）没有典型性的文化符号，未能实现广泛的传播效应。历史上巴文化的图腾是虎，还是蛇，抑或是其他什么，目前尚未形成定论，这也给我们设计巴文化的文化符号留下了空间，然而，迄今为止还没有设计出既被大家认可，又具有良好传播效应的文化符号。这个文化符号还应包括巴文化的主题语言、呈现形象和推介口号等。因此，未能在报刊、电视和网络等媒体上形成强劲的视听冲击力和强大的传播影响力。

（4）没有代表性的旅游景点，未能吸引全国游客的游览。达州既然号称“巴人故里”，却没有能够代表巴国历史、巴人风貌和巴族风情的景点，现有的賨人谷还不能成为巴文化的典型景点；宣汉的罗家坝巴人遗址由于种种原因，还没有得到更好的开发，实现其旅游价值；通川区的巴人文化广场，不但规模尚小而且没有历史积淀。由于没有历史详尽、布局完整、功能齐备、特色突出的巴文化旅游景点，就很难给全国各地的游客形成强烈的吸引力。

（5）没有经典性的文艺作品，未能产生深远的文化意义。达州的文艺创作和表演，如“巴山作家群”“巴山画派”“巴山戏剧”在全国有一定的知名度，现代诗歌和乡土文学也涌现出了像梁上泉、贺享雍等一批大家，但极为缺乏有关巴文化方面题材的文艺作品，更谈不上流传广泛、艺术上乘且有一定系列性的精品了，尤其是利用现代传媒制作的影视作品。2005 年为配合中华人民共和国第十届运动会而全力打造的大型民俗歌舞《梦里巴人》，由于还未实现与市场的接轨，因而未能产生深远的文化意义，连续举办了五届的全国新农村文艺展演，也没有巴文化方面的作品呈现。

（6）没有系列性的文化产品，未能开发潜在的经济效益。由于以上原因的存在，直接导致巴文化的文化产业阙如。未能通过考古发掘、历史研究、民俗转换、艺术呈现等方式，开发出与巴文化相关的工艺制作、民间编织、民俗展示、情景体验和文艺表演等，做成产品，形成品牌，推向市场，获取社会与经济效益，更没有有关巴文化的文化产业园区。除了在达州市和个别县城出售“一县一品”[①]外，还要在巴文化旅游景区推销开发有关巴文化资源做成的标志产品。

① “一县一品”是以县城为行政范围，地方特色文化资源，在一定时期内重点培育和推出一个文化品牌。

三、巴文化开发与打造的对策建议

（一）加强领导，强化组织保障

巴文化开发、打造和研究是一项长期而浩大的系统工程，必须健全组织保障、政策支撑和经费投入等。巴文化研究领导机构建设不但有利于正确反映和执行领导意识、领导决策和科学规划等，而且对于巴文化开发与研究的持续和深入开展具有重要意义和作用，也有利于更好地发挥巴文化研究的导向性、科学性、系统性。因此，当务之急，主要应抓好以下三个方面的工作：

（1）建立负责组织协调各级政府及业务部门的相关机构，配备相关的主要负责人和责任工作人员。确立相关的组织协调小组，以各县（市、区）人民政府作为责任主体，加强与四川省文物考古研究院、省市博物院、各市县级社科联、文化局、专业学术科研机构及高校的业务合作。在此众多部门协同工作中，加强领导建设至关重要，领导机构的建立在很大程度上能保障各项工作的顺利开展并有效推动巴文化考古发掘、田野调查、文物保护与展馆建设、学术研究、产业开发等基础性工作。

（2）健全制度保障，要求各县市区各级政策研究室开展相关的政策研究。在国家及省级文物保护法和已出台文化产业政策及法规等基础上，制定出台文物发掘与考古规定和保护的相关办法，各相关单位编制关于遗址保护、考古发掘、学术研究、重大人文工程项目、文化产业综合开发等工作规划，增强巴文化开发与研究工作的科学性、计划性和规范性；同时允许各县市区政策研究室配合职能机关制定相关的文化产业发展优惠政策，鼓励建立学术团体和学术奖励机制，引导对文化的社会性关注，从制度上保障巴文化开发与研究的可持续性发展。

（3）利用各种渠道，加强经费投入。首先，利用政府渠道，争取财政拨款，加大力度争取中央及省级文物保护经费和其他专项经费投入，有计划地逐年增加地方性财政投入；其次，积极争取各级项目、课题经费支持；最后，设立相关账户吸引社会资金和捐助，利用民间善款，加大文化公益性融资。资金的使用既要利于加强巴文化产业开发投入，同时必须按计划按比例适度增加巴文化学术性研究投入。

只有加强巴文化开发与研究的领导，正确认识巴文化研究与开发在全域产业发展中的地位和作用，协调发挥巴文化研究的整体性与系统性，以及巴文化的产业集群效应和品牌策略优势等；建立健全制度和组织机制，不断培养和引进相关学术研究人才，建立学术团队和学术基地，与高校和各类科研机构等平台合作，提升学术研究层次和开发利用的深度，才能形成持续的良性互动。

（二）提高认识，加大宣传力度

达州市有历史悠久而文化厚重的巴文化资源，处于“养在深闺人未识”的状态，和周边的重庆、南充、遂宁等地比较，独特的文化优势未能彰显，特色还不鲜明，亮点也不突出。为此，就要进一步提高认识，加大宣传力度。

（1）领导重视，全民知晓。为了提高各级党委和政府对巴文化的开发与打造的认识，要利用党代会、人代会和政协会议，阐释巴文化的含义和价值。同时，还要开展广泛的宣传工作，让全市人民都知晓巴文化，懂得巴文化对于达州市“文化强市”战略的意义，能感觉到巴文化的开发对普通民众带来的实际意义。

（2）举办活动，新闻造势。各级政府除了利用中国西部国际博览会“新农村文艺展演”等活动外，还要举办像“元九登高”“巴山艺术节”“川陕鄂渝民歌节”和市电视台的各种选秀节目一类的活动，融入巴文化的因素，并在这个过程中，联动各级各类媒体，制造传媒热点，发现新闻话题，努力做好巴文化资源的现代开发和转换。

（3）多种媒体，一齐上阵。鉴于巴文化对人们只有印象而无实际体验和感受的现状，就要实行报纸刊物、广播电视、网络手机、微博微信和车载户外等媒体扬长避短、分工合作的联动机制，将巴文化的含义、特色、意义等，通过不同的媒体广为传播，使之家喻户晓，深入人心。

（4）市内市外，广而告之。首先要设计出能体现巴文化丰富的内涵、鲜明的特色、深刻的印象的视觉徽标，选取经典的图片和视频，提炼出言简意赅、朗朗上口的主题语言和推介口号。然后在市内外的各种媒体和媒介上广而告之，如进入中央电视台和四川卫视的天气预报节目、在成都和周边城市中心地带和交通集散地和枢纽处作户外广告宣传等。

（三）统一规划，分步实施

认清发展现状，明确发展思路，做到整体规划，因地分步实施，是发掘打造利用巴文化的重要环节。各级政府和各文化职能部门要细化目标任务，明确工作责任，一级抓一级、层层抓落实，确保人员到位，资金及时投入、项目及时落地。

目前，我市巴文化产业园已列入全省 26 个重点文化特色园区规划[①]，这是一个极好的发展机遇。各级政府要按照科学规划、合理开发、持续发展的原则，高起点、高标准做好《达州巴文化发展专项规划》的修编和旅游精品景区、线路的规划编制工作，在规划中注重体现有达州特色的巴文化内涵。各县市区在发掘打造过程中，既要注重开发利用与保护并重的原则，又要结合实际，打造出特色品牌，切忌千篇一律。各县市区结合各自巴文化资源实际情况，在达州市政府统筹安排和专家的指导下，各自打造特色化的巴文化景观和文化产品。注重达州全域巴文化品牌构建作为一个整体和各区县或各景区巴文化作为该品牌的一部分的关系，不能各自为政，更不能无序恶性竞争。宣汉应以罗家坝和土家文化为主题，着力打造遗址公园和土家风情寨；渠县应以賨人文化和汉阙文化为核心，以历史文化与民俗文化相结合，打造出特色品牌；万源应以“红色”为基调，把红色文化与绿色旅游相结合；达州主城区应以莲花湖片区打造文化演展综合体；开江、达川、大竹以民俗文化为主打造地方文化品牌，诸如具有民俗文化为特色的主题餐厅、主题广场等。各县市区的巴文化品牌要凸显自身内涵，打造出让人记得住、自身叫得响的牌子，使人们看到这个品牌就会想起这座城市，回味这个地方，给人们留下一个深刻的印象。

（四）巴文化的开发与打造

（1）构建巴文化品牌。品牌建设有利于凝练达州特色的旅游资源和文化产业资源，增加达州人

---

① 四川省人民政府关于重点文化产业发展实施方案。

民对本土文化的了解和文化凝聚力，同时有利于向外传播达州的旅游及文化产业，提升知名度和美誉度，促进达州整体文化形象和旅游产业及文化产业的发展。

通过对达州旅游资源和文化资源的深度分析，笔者认为达州构建旅游和文化产业品牌应该以巴文化为核心，也就是说要构建巴文化品牌。其具体做法是，首先提炼出巴文化的内涵及主要的表征形式，构建出达州巴文化的品牌，通过各种途径大力传播这一品牌。构建一地的文化品牌和市场营销中构建商品的品牌是一样的，品牌包含标识系统和品牌内涵两大部分。达州要想重点发展巴文化就应该考虑构建达州的巴文化这一品牌，同时把达州的巴文化品牌作为母品牌，在旗下的各个领域构建更多的基于达州巴文化某一方面的子品牌，形成品牌系列，既有利于推广又有利于增加母品牌的内涵。其思路是首先需要为达州的巴文化品牌设计标识系统，包括品牌名称、品牌 logo 以及该品牌表示系统在不同地方的表现方式等。当前，宣汉基于巴文化构建的品牌名称是"巴人故里"，渠县是"賨人故里"，达州市应该为达州全域的巴文化提出一个合适的品牌名称。品牌 logo 分为标志物、标志色、标志字、标志性包装等，它们同品牌名称等都是构成完整的品牌概念的基本要素。达州基于巴文化品牌也应该设计合适的 logo。设计完成后迅速在国家商标主管部门注册，获得法律保护。同时，应加强对该商标的维护和管理，对商标侵权行为要实施相应的措施。建议在构建这一 logo 时应该考虑加入达州巴文化中的某些典型标志物，使别人看到该标志就能够联想到达州的巴文化。其次，为该品牌构建和注入品牌内涵。建议政府应成立专门的机构来负责达州巴文化品牌打造及开发，并将其列入政府优先处理的问题。

在打造达州巴文化品牌及开发的过程中，还应该注意构建新闻事件，加大力度宣传和推广，不过宣传和推广应该突出主线。品牌构建的关键就是宣传和推广，没有人知道的品牌很难说是一个成功的品牌，更别说基于这个品牌取得效益了。传统的观点认为只有当品牌构建好了之后才开始推广，但是另一种思路是，边构建边推广边传播，也就是达州巴文化品牌在构建过程中的任何一个阶段都应该使用合适的传播手段就行对外传播，这样，当这个品牌构建完成之后，这个品牌的推广也就已经有了一定的效果了。在这个过程中，通过构建新闻事件的方式是一个不错的选择，但是，需要注意的是，整个推广过程中应该有一个统筹的安排，而不是临时起意，这样可以围绕该品牌的核心去进行，避免前后不统一甚至矛盾。

（2）整合资源，形成合力，将巴文化与地方文化、红色文化、土家族文化融合发展。一方面，达州各种文化资源丰富，既有深厚的巴文化，又有多种多样的地方民俗文化、现代以来形成的红色文化、多种少数民族文化特别是宣汉的土家族文化以及其他各种外来文化。另一方面，达州又面临着各种文化资源在更大范围上的稀缺，也就是单个文化资源的价值不够大的问题。同时，达州上述各种文化资源的分布呈现出分散的状态，也就是说，达州所辖各区县的各种文化资源呈现出小而全的状态，这很不利于发展特色化的旅游和文化产业。为了解决这一问题，笔者认为，达州市应该站在全市的高度，整合各区县分布的零散资源，形成合力，共同打造融合地方民俗文化、红色文化、土家文化和其他各种文化的巴文化这一龙头文化品牌。这样有利于集中打造达州巴文化这一品牌，让达州的巴文化品牌的内涵更加丰富，同时充分发掘其他文化的价值。

达州各区县应结合各自巴文化资源等情况，在达州市统筹安排下，各自打造特色化的巴文化景观和产品。已如前述，应该特别注意达州全域巴文化品牌构建作为一个整体和各区县或各景区巴文化作为该品牌的一部分的关系，不能各自为政，或者内部恶性竞争。宣汉应以罗家坝和土家族文化为核心；渠县应以賨人文化和汉阙文化为核心；万源应以红色文化和绿色旅游为主；通川区应以莲花湖巴国水乡为核心；开江、达川、大竹以民俗文化为主。各地的巴文化子品牌以一种或两种为主要内容，其他的作为支撑。而各区县的子品牌的内容共同构成了达州巴文化这一母品牌的主要内容，这样就会各自差异化发展，同时形成合力，共同使达州的旅游内容变得丰富，更具有吸引力。

（3）与地方旅游产业和文化产业开发融合。达州巴文化的开发与打造的主要目的既要发掘和保护尘封已久的厚重的巴文化，还应该充分开发巴文化在城市文化建设的经济价值。发展以巴文化为核心的旅游产业和文化产业是实现巴文化经济价值的主要途径。

旅游产业和文化产业是当下的朝阳产业，污染少，回报多，产业链长，带动相关产业多，是能够很好地实现产业集聚效应的产业。而一地的旅游产业，特别是文化旅游产业和文化产业对当地的某种特殊的文化资源的依赖比较强。因此，这就形成了一个双向依赖的局面，达州要想实现巴文化开发与打造的经济价值需要借助于旅游业和文化产业。反过来，达州要想真正地将旅游产业和文化产业做大做强又必须依赖于达州对深厚的巴文化的开发。

同时，达州开发利用巴文化在旅游业和文化产业的过程中应该注意它们之间的相互联系与依赖的关系，不能够单独发展两个产业，而应该将两个产业基于巴文化而实现联动，将两个产业融为一体来进行。另外，应加强这两个产业的产业链的构建，形成产业集聚，让更多的巴文化要素可以融入其间并发挥价值形成产值。

（4）打造以巴文化为符号的特色产品。发展旅游产业和文化产业的核心之一就是产品的构建。当前，各地的旅游商品和文化产业产品存在同质化倾向严重的问题，这种问题致使消费者对特色化产品的需求很难被满足。因此，达州要想很好地实现旅游产业和文化产业的良好发展就需要构建以巴文化为内涵特色旅游商品和文化产业产品。在旅游产业领域，特色产品开发含义有二，其一是特色旅游线路的开发；其二是特色旅游相关商品的开发。基于此，达州首先应开发建设多种巴文化旅游线路，这种特色化的巴文化旅游线路既要与巴文化其他区域的旅游景区结合形成大的旅游线路，达州应该将区域内的巴文化景区尽可能地融入到区域外的巴文化旅游线路的链条中去。其次，在达州区域内部也应该形成特色化的巴文化旅游线路。其他的特色旅游商品开发应该与文化产业结合起来，将文化产业产品变成旅游商品。特色化的途径是将巴文化的内涵或者符号和文化产业产品进行充分的融合。因此，寻找出巴文化的特殊的内涵和巴文化典型的符号表征是构建特色化的文化产业产品的第一步。

（5）在莲花湖打造巴城——“巴国水乡”。达州巴文化的开发与打造是将逝去的或者碎片化了的巴文化记忆重新复原出来，供人们了解和感知，这就需要构建起一个能够充分表现巴文化的平台或者项目来表现达州深厚而神秘的巴文化。笔者认为，构建一个能够表现巴文化的平台或项目，这个平台或项目应该具有如下特征：平台或项目本身能够表现巴文化；巴文化的各方面能够容纳其中而不感觉是堆砌的；平台或项目本身应该可以成为巴文化的产品之一；平台或项目能够带动的相关产业较多；平台或项目能够形成一个独立的同时又能够支撑达州巴文化这一品牌。基于以上考虑，这一平台或项目可以构建成巴城或巴文化产业园或巴人村落等形式，但最好的形式是，构建一座巴城，在巴城里加入巴文化产业园的功能，在巴城的外围构建巴人村落。作为新农村演展基地的产业链延伸，达州市选择莲花湖风景区来构建基于巴文化的旅游项目，建议这一项目做成巴城这样的平台，但是这座巴城既要具有旅游的功能，又要承担成为巴文化产业化的孵化基地的功能，同时成为达州巴文化品牌的核心产品。因此，在构建这个项目时应注意构成这座城的所有要素应该都具有两种功能：一是这些要素能够整体构建、烘托该城的巴文化氛围；二是这些要素要考虑它的产业化价值。只有真正打造出地道的、与众不同的巴城才会成为有价值的、有市场潜力的巴文化景区；只有构建起了基于巴文化的旅游产品、形成了产业链，这个项目或者达州的巴文化产业才会发展起来。

（6）以巴国水乡为核心，打造更多的巴文化项目。一地旅游产业和文化产业需要具有强大吸引力的核心项目，但是，单有核心项目会显得很单薄，因此需要基于本地资源的禀赋和旅游线路构建的需要来建设一批与核心项目互补的项目。达州在进行巴文化的发掘过程中应该首先考虑构建达州巴文化旅游线路这一产品，基于这些旅游线路产品的需求来建设达州区域内其他的巴文化项目。同时，考虑到区域内巴文化的资源，宣汉罗家坝遗址、渠县城坝遗址应该进行特色化、差异化建设，两处遗址开发的思路应该互补而不应该雷同。渠县賨人谷应重点呈现巴人的重要部族賨人与自然融为一体的生活状态，在整个景区内应该加强賨人文化的多样化呈现，同时增加賨人文化的体验式项目。宣汉应重点打造百里峡与土家族文化。在达州区域内选择神剑园或石桥古镇或其他红色文化集中的地方整合达州域内所有的红色文化资源打造出一个体验式项目，克服现在分散着力的缺陷。将达州域内各种民俗资源恰当地融入“巴国水乡”项目中去，特别是达州近百项非物质文化遗产应该用合适的方式将其经济价值表达出来。建议达州在现有的全国新农村演艺节之下设置一个达州“非遗节”，在这个时候集中推出达州的非物质文化遗产。充分利用万源得天独厚的自然风景资源，推出“风景游”或“养生游”，但是需要加入巴文化的内涵。也就是说，必须让达州的所有旅游项目都是巴文化旅游，只是巴文化的不同方面罢了。

（7）组织专家团队，建立巴文化学术研究基地。巴文化研究由于长期处于巴蜀文化研究、巴渝文化研究、巴楚文化研究的附属领地而渐被边缘化，因而缺乏真正致力于巴文化研究的大量专家型人才。达州对于巴文化研究具有得天独厚的地理优势，其居于古代巴国的中心腹地，其民风深受巴文化的传统熏染，秦楚、汉晋、唐宋代有颖异之辈，其地下文物极众。但就本土巴文化研究状况来看，无论是就学术研究，还是其产业开发方面，都明显缺乏较有影响力的专家人才和学术领军人物，更缺乏相应的研究团队和组织机构。这种研究团队不是一种松散的组织，而是致力于巴文化研究中的热点、难点和巴文化产业开发的重大工程项目研究等方向较为集中的一种合作研究团队，有明确的研究方向、研究目标和科学的研究方法以及较高层次的研究成果。虽然目前部分县市成立了一些自愿形式的巴人研究会或賨人研究会，但基本上属于各自为政的状况，就传统文化的学术性研究而言还具有很大的局限性，很难就文化产业开发中的“文化性”进行聚敛和深度发掘。因此，为了扩大巴文化影响，提升巴文化研究水平，目前最紧迫的任务之一就是组织专家团队，引进专业人才，培养本土的研究工作者，以学术研究带动文化产业开发，形成良性的生态链结构。因此，不但要积极筹备四川省巴文化研究会的成立，更要利用本地高校的学术资源，如四川文理学院已成立的巴文化研究院，着力于巴文化的学术性研究和巴文化产业开发研究，如果真正实现校地结合，达州市可以将四川文理学院巴文化研究院作为重要的学术研究基地，极好地整合全校和全国其他高校的学术研究力量，对巴文化研究的各个领域进行攻坚克难，并能以该科研基地为平台，尽早地申报开办巴文化相关专业，培养巴文化研究的专门人才，从而也使该研究院成为巴文化研究的人才储备基地。在一定时期内，该研究院还可以进一步申报巴文化研究的相关硕士或博士学位点，成为全国巴文化研究的重要学术研究中心和基地。以此基地为依托，联合各地巴文化研究会和县市社科联及县市文化发展研究会等学术团体，适时组织全国性巴文化研讨活动，这样才能使达州市的文化及产业研究达到更高层次和具有更深的内涵，从而也为达州市巴文化研究打开一种更高平台的全新局面，进一步促进达州市文化产业开发和城市形象塑造。

巴文化的精神内涵及传承价值

成良臣
（四川文理学院）

摘　要：巴文化历史厚重，精神内涵丰富，主要表现为：忠勇爱国，秉持信义；勤劳智慧，自强不息；开放包容，向往统一。由此，巴文化的传承弘扬，具有广泛而重要的历史和现实价值。大力传承弘扬巴文化，能对当地的思想文化建设和经济社会发展产生积极的推动作用。

关键词：巴文化　精神内涵　传承价值

巴文化是始源于巴人、巴国，植根于巴地，由巴地各族人民共同创造的全部物质文化、精神文化及其社会结构的总和。巴文化“是一种时空范围非常广袤，根深叶茂，特色鲜明的族群和地域文化”[①]。它是古代巴国和巴地人民勤劳智慧的结晶，是多元一体的中华民族文明发展史的重要组成部分。随着时代的演进和社会的变革，巴文化得以不断充实更新，因而具有十分丰富的精神内涵和极其重要的传承价值。

一、巴文化的主要精神内涵

巴人先民们在极为艰难的生存环境中，以无畏的勇气，战天斗地，自强不息，创造了厚重灿烂的巴文化，其精神内涵丰富，意蕴深刻，主要表现在以下方面。

（一）忠勇爱国，秉持信义

崇尚勇武，忠于国家，是古巴人的突出人格。《舆地纪胜》说巴人“勇健，好歌舞”。《华阳国志·巴志》云：“南浦县……人多劲勇”，“涪陵郡……人多戆勇”。《华阳国志》引《尚书》说：“賨人天性劲勇。”《后汉书·南蛮西南夷列传》亦说：“板楯蛮七姓……其人勇猛，善于兵战。昔永初中，羌入汉川，郡县破坏，提板楯救之，羌死败殆尽，故号为‘神兵’。”[②]从已有的考古材料看，巴人考古遗存兵器颇多，但凡男子墓葬都有兵器，具有一定的葬式，从兵器的普遍性看，具有“全民

---

① 彭邦本：《巴文化历史地位与核心价值》，《中华文化论坛》2016年第12期。

② 中共渠县县委宣传部：《賨人与賨人文化》，中国科学文化出版社，2012年，第34页。

皆兵”的意义[①]。例如，在宣汉罗家坝遗址墓葬出土的剑、戈、矛等青铜兵器上，主要包括虎形纹、虎头纹、虎斑纹。虎纹铸于大量兵器之上，这与巴人崇虎的习俗有着密切联系，是罗家坝遗址巴人勇武的象征[②]。有学者研究，认为早期巴人尚武精神表现在：①巴人人物群落多具强烈武性，如廪君、盐神、巴蔓子等；②巴人歌舞的浓郁武性；③巴人的白虎崇拜也是武性甚浓[③]。

巴人这种勇武精神更多地表现在征战、平乱和反暴的斗争中。著名的战例有武王伐纣：“凭巴师勇锐，歌舞以凌殷人，前徒倒戈。”浮江伐楚：板楯蛮成为勇武之师，功不可没，战后论功行赏，“薄其税赋”。平定三秦：賨人为汉军冲锋陷阵，所向披靡，立下赫赫战功。南征平乱：车骑将军冯绲率10万之众，用賨人充当主力出击，很快平息“长沙蛮”“陵零蛮”之叛乱。参加反对暴政：东汉末年，宕渠賨人响应黄巾军起义，攻打城邑，杀死官吏，攻无不克，战无不胜，沉重打击了东汉统治者。

更为可贵的是，古巴人之勇武是与对国家、民族的忠诚密切相连，是对国家和民族利益的维护，如“武王伐纣”“平定三秦”等，本身就体现了一种正义，为正义而战，理当勇武，这种勇武并非天性的野蛮和暴戾，而是充满着正义与正气，是为了除暴安良，拥正伐邪，维护国家的统一，推动社会的进步。这种反分裂、求统一，拥护中央政权，维护国家利益的爱国思想，理应充分肯定。

同时，这种勇武还与秉持信义联系在一起的，即所谓“义勇”，指的是正义的或符合民族利益、人民利益的英勇行为。这一点在《华阳国志·巴志》所载巴蔓子的感人事迹中可见一斑。巴蔓子为平定内乱，向楚国请军，许诺平乱后，以城池作谢。乱平，巴蔓子无法给城，为不失约定，果决自刎，以头谢楚，可谓感天动地。历史上评价他：应变以权是智，自刎授头是勇，杀身偿城是信，舍身爱国是忠[④]。巴蔓子所表现出的既是坚守信义的典范，更是忠勇爱国的英雄。在他身上正集中反映了巴族的忠烈品行和崇高气节。这也是巴文化核心价值即“忠勇信义”的具体体现。

（二）勤劳智慧，自强不息

巴族不仅是一个“忠勇信义”的民族，也是一个勤劳智慧、不畏艰难、勇于进取、善于创造的民族。他们曾在商、周、楚、秦等强大政权的包围中，征战突围，求得生存。他们长年生活在大山大川之间，险恶的自然环境和艰苦的生活条件，练就了一种顽强、坚毅、剽悍的性格。他们坚信自我，敢于拼搏，在荒莽的大巴山、秦岭中，斩蛇蟒，射虎豹，猎牧捕鱼，垦荒种田，兴修水利，发展农业，繁养禽畜，开凿道路，发展交通。尤其在制盐、酿酒、纺织、烧陶、青铜铸造、玉器制作、建筑技术等方面，都取得了很高的成就，推动了社会经济的快速发展。单就现存于秦巴境内的米仓道巴人遗址，便是例证。其古道绵延米仓山脉，纵贯秦巴山区，穿越崇山峻岭，沟壑急流，形

---

① 李禹阶等：《巴族社会组织的一般性与特殊性》，《巴渝文化》，西南师范大学出版社，1994年，第175页。

② 四川革命老区发展研究中心：《巴文化典型文化元素研究》，“新常态下革命老区发展暨巴文化研究”学术研讨会，2015年，第527页。

③ 曾超：《巴人尚武精神研究》，中央民族大学博士学位论文，2005年。

④ 李万斌：《巴文化内生力及其现实意义研究——兼论对川东北特色文化旅游发展的激活作用》，《中华文化论坛》2015年第12期。

成了古巴人历史上的交通网络奇观。它既是沟通川陕的经济命脉，也是南北军兵往来的通道。在这一蔚为大观的交通网络线路中，其悬崖栈道的搭建，各种类型的桥梁津渡，众多关隘要塞的构筑等，其施工难度和技术均堪称奇迹。而在这一遗址所发掘、遗存下来的内容丰富、特色鲜明的各种石刻、石器、陶器、兵器，以及众多的古寨、古镇、古桥等，其制作和建造技术，也令人惊叹，所有这些众多物质文明成果的取得，无不表现出古巴地人民与生俱来的惊人智慧和直面现实，敢于征服自然、改造自然、战胜困难的巨大勇气和力量。更足见古巴地人民勤劳勇敢、不畏艰辛、吃苦耐劳、奋发有为、乐观进取、自强不息的精神品质。这种勇于开拓、不断进取、自强不息的精神，正是中华民族所共同具有的可贵品格。

（三）开放包容，向往统一

作为中华文化重要组成的巴文化，其发展固然是从自身的基础上开始，但是也更离不开周边外来文化的推动。由于地理位置、生活习俗、战争、移民和族群迁徙等原因，在巴地，外来移民和土著之间相互包容，和睦相处，互通有无，成为常态。因而，不同时期的巴文化也就或多或少地吸收了其他多种文化的因子。诸如中原文化、蜀文化、楚文化、秦文化、吴越文化、滇文化、百濮文化等，从而形成了巴文化较为突出的迁徙融合、开放包容的文化特质。

巴文化与周边文化的交流互动，加快了巴文化自身的发展进步，同时对周边文化也产生了重要影响，更对早期多元一体的中华文化的形成做出了贡献。巴文化的进步发展离不开对外来文化的吸收借鉴。例如，巴人的青铜铸造，其铸造工艺和青铜样式就深受外来文化的影响，青铜乐器中的编钟仿于楚，其代表性的虎纽铜錞于更是经过融合了中原和楚地样式所创。青铜兵器中的巴式铜剑早先流行于中原，后来传入巴蜀地区，巴式铜矛也来源于外。巴人的陶器制作也吸收了外来文化因素。巴地农业进步亦是如此。尤其是铁器的传入，大大加速了巴人经济生活由渔猎为主转向以农业生产为主。到西汉前期，巴地基本上融入到了华夏文化之中[①]。巴人在勇于吸收、借鉴优秀外来文化因子的同时，也不自觉地将自己独有的文化因子传播给他者。例如，独具特色的巴渝舞以及巴文化中的巫文化及其优美的神话传说等，不仅影响了当时的楚文化、蜀文化，更因其独特的魅力，分别以不同的形式深深地融入到了中华文明的肌体之中，为中华文化的多元一体增添了光彩，贡献了一分力量。

由此可见，巴文化的开放包容特色十分鲜明，这是一种可贵的文化品格。因为一个地域是开放的，其人民来自四面八方，又从这里走向四面八方，所以这个区域必然充满活力。从系统理论角度而言，这就是一个开放的系统。因为按照系统理论，封闭的系统是没有生命力的，所以巴蜀文化之所以能够源远流长，充满活力并形成传统，其根本原因就在于此[②]。

同时，巴文化所具有的开放包容品格是与其顾全国家、民族大局，向往统一安定的开明意识密切相关的。

---

① 张明杰：《互动中的巴文化：巴文化的开放性体系研究》，西南大学硕士学位论文，2013 年。

② 李万斌：《巴文化内生力及其现实意义研究——兼论对川东北特色文化旅游发展的激活作用》，《中华文化论坛》2015 年第 12 期。

从追随旨在建立华夏一统秩序的周武王开始，巴人就长期认同华夏——中华文明。巴地则一直是追求历史上我国多元一体国家的坚定“一元”。正如不少学者所总结的那样，在后来的历史上，巴蜀往往成为古代王朝追求统一的“王业之基”。例如，秦举巴蜀，“秦益强，富厚轻诸侯”，终并六国；刘邦任萧何，“留收巴蜀，东定三秦”，消灭项羽，威加海内；晋用王濬，楼船东下，扫平孙吴，复归统一；“隋人席巴蜀之资，为平陈之本”；宋亦先取四川，然后才略定江南；而自秦汉开发经营西南夷以来，巴蜀又是历代中央政权经营西南边疆，维护巩固国家统一的重要据点和依托①。

即使与古代巴人相融合的族群后裔土家人，也同样具有这种国家至上、顾全大局的理念。在清代“改土归流”时，历经八百多年的土司制度土家人无条件地接受了清廷的改革政策，各土司王，在不动一个兵、不流一滴血的情况下，自愿“纳士”，丢弃了土司王的世袭宝座，维护了土司辖区的社会安定，服从了中央王朝的统一政治，因而也促进了土家族经济文化的发展②。

这些都说明，巴地人民自古以来就是维护和追求中华大一统的主要力量，崇尚民族团结和睦，向往国家统一安定，服从大局需要，一直是此地人民的精神传统和文化基因，也是他们发展自我、开拓进取、追求幸福人生的美好愿景所在。

二、巴文化的传承利用价值

（一）为认识巴族的历史与社会提供形象化材料

巴文化的产生，历史悠久，内涵丰富，意蕴深邃。具有代表性的巴地民歌，包括巴人很早就创造出的举世闻名的通俗民歌“下里巴人”“竹枝词”以及起源于农事活动的民歌演唱“薅草锣鼓”等；巴人神话，包括自然神话“比翼双飞”“巴蛇吞象”“白虎神话”，巴人英雄神话“廪君传奇”，巴人神女传奇“巫山神女”“盐水神女”等；巴国符号文字、青铜文化、巴渝舞、巴文化雕塑等民间艺术，以及大量种类繁多的物质文化遗产，都是植根于社会，产生于民间，集中地反映了当时的社会生活、军事政治、时代风情、民族特征、文明成果、艺术成就以及巴地人民的思想情绪、文化心理、审美要求和他们在同自然、社会斗争中所表现出来勇敢智慧、精湛技艺。这些都为今人全面、深入了解古巴人民族的历史与社会生活提供了大量不可多得的形象化材料，具有很大的社会历史认识价值。

（二）为当代社会的精神文明建设增添了宝贵财富

无论是从广义还是从狭义的角度来看，文化现象都不可能脱离精神内涵而孤立存在，而是与其密切相连、互为表里的。因此，透过巴文化的种种表现形式及其所反映的多方面内容，我们不难体味出其丰富、深邃的精神内涵，或者称为巴人精神，那就是忠勇爱国，团结和谐，开放包容，精明刚强，顺应自然，奋发向上，勇往直前，不屈不挠，永不言败，不胜不休。这些充满正能量的精神

① 彭邦本：《巴文化历史地位与核心价值》，《中华文化论坛》2016年第12期。

② 中共渠县县委宣传部：《賨人与賨人文化》，中国科学文化出版社，2012年，第35页。

内涵和可贵的文化品格，恰是当今社会培育和弘扬社会主义核心价值所需要的优秀文化元素。习近平曾指出“中华优秀传统文化是中华民族的精神命脉，是涵养社会主义核心价值的重要源泉，也是我们在世界文化激荡中站稳脚跟的坚实根基。”[①] 因此，传承优秀的巴人文化，恰好为当地精神文明建设增添了不可多得的宝贵财富，也为当地思想教育领域“以文化人，以文育人”提供了十分珍贵的教育资源。

（三）为推动当地社会发展提供精神动力

古代巴地一带，现多属革命老区，其自然环境较差，各种灾害频繁，交通不变，信息闭塞，经济发展相对滞后，一部分区域仍处在贫困状态。这些不利因素，严重地制约着社会的快速发展和全面建成小康社会的进程。要改变这一现状，除了国家的大力扶持和外界力量的支持外，更需要当地人民群众自身的努力，其中精神的力量更显重要。而巴文化所体现的精神品质，以及在革命战争时期在巴人精神基础上高度凝练而成的“智勇坚定、排难创新、团结奋斗、不胜不休”的红军精神，正是这一地区人民战胜自然、改造社会，改变生存状态，实现脱贫致富伟大梦想所需要的精神动力。因此，传承巴文化，弘扬巴人精神在内的伟大的红军精神，对于激发当地人民群众在困境中前行，在落后中奋进，具有巨大的鼓舞作用。

（四）为丰富基层群众文化生活提供文化资源和艺术借鉴

巴人文化不仅具有丰富、深邃的精神内涵，而且其中的不少文艺类型，在长期的传承、流变过程中，与其他民族文化融合，取得了相当高的艺术成就，产生了广泛的影响力。这些具有生命力的文学艺术类型恰为当今的城乡文化建设尤其是基层群众文化活动的开展，提供了大量极为丰富的文化资源和颇有价值的艺术借鉴。

就巴文化的艺术层面而言，可谓形式多样、丰富多彩，极具民族特色和民间色彩。产生较早流传甚广的巴地民歌，是巴地人民的生活之歌、劳动之歌、爱情之歌、民族之歌。它贴近生活、质朴清新、通俗流畅、含思宛转，极具巴地风情，深受民众喜爱。其中的《竹枝曲》，在巴渝地区广为流行，不断发展，经与其他民间曲艺融合，显示出很强的适应性和应用性，有论者称其为“诗之《国风》，辞之《九歌》”[②]。起源于农事活动的民歌演唱——薅草锣鼓被认为是土家族的劳动进行曲。它集山歌、民歌和地方戏曲为一体，其音域宽广、浑厚、高亢、激越，加之锣鼓穿插、帮衬，人声与乐器交相辉映，诙谐幽默，场面壮观，气势磅礴，唱词生动活泼，歌声韵味悠长。经过文化工作者的挖掘、整理，薅草锣鼓已走出偏僻的土家山寨而传遍大江南北，进入国家级非物质文化遗产名录。还有富于盛名的巴渝舞，更是巴文化中的一朵艺术奇葩。它有“舞蹈的活化石”之称，是古巴人在同猛兽、部族斗争中发展起来的一种集体武舞，在我国古代舞蹈艺术中占有较重要的地位。其舞风刚烈、劲勇有力，音乐铿锵，演舞场面气势恢宏，蔚为壮观，极富震撼力。如司马相如在《上林赋》中所描绘：“千人唱、万人和，山陵为之震动，山谷为之荡波。”由此足见其所能产生的惊心

① 习近平：《坚持以人民为中心创作导向　创作更多无愧于时代的优秀作品》，《人民日报》2014年10月16日第1版。

② 陈正平：《巴渝〈竹枝歌〉与文人拟作的〈竹枝词〉》，《达县师范高等专科学校学报》2002年第3期。

动魄的艺术效果。

上述巴人歌舞，虽然表现和反映的内容有所不同，风格各异，但都是古代巴人聪明智慧、艺术才华的集中体现。它承载着巴人民族的记忆，凝聚着巴人民族的智慧，蕴含着巴人民族的灵魂。因此，这些歌舞类型除具有很强的观赏性外，同时更具有人民性、民间性、普世性和通俗性，因而也最能为广大人民群众喜闻乐见，传承和发展，也就自然成为当代社会文化建设中丰富、活跃基层群众文化生活的精神食粮和宝贵资源。

同时，这些歌舞，在其流传、演变的过程中，随着时代的发展，不断更新，创造出了不少新的表现形式，赋予了许多新的时代内容，显示出永久不衰的艺术魅力，这也能为现代音乐、舞蹈等艺术的发展和创新，提供有益的借鉴。

（五）为地方的城市建设和经济发展增添活力

无可讳言，一种优秀的传统文化，一旦融入当地的城市建设和经济发展的大潮中，将会产生意想不到的社会效益和经济效益。巴文化也是如此，作为一种历史文化品牌和文化符号的象征，将其精神内涵和艺术成就，用于城市的硬件建设和软件建设，都会加强城市的厚重感，提高城市的品位，从而为经济发展和城市繁荣奠定坚实的基础，提供有利的条件。

同时，把巴文化的元素直接融入地方产业（如旅游业、服务业、房产业等）以及大型文化活动（如节日盛会、艺术展演、体育竞技等），也能直接或间接地产生实质性的经济效益。

（六）为当代文艺创作提供思想和题材

巴文化历史厚重，思想深邃；巴人生活，情趣盎然，多姿多彩；巴人故事，充满想象，奇谲浪漫；巴人技艺，精湛卓异。这些恰好为当代文学艺术创作，提供了宝贵的思想和丰富的题材。通过作家、艺术家的再度创作，以不同的新的文艺形式，包括诗歌、小说、戏剧、电视、电影、绘画、雕塑、歌舞等，讲述巴文化故事，提炼巴人生活、重塑巴族英雄形象，深化巴文化主题，创新巴文化符号，展示巴文化魅力，构筑堪与大巴山顶媲美的文艺高峰，从而使更多的当代读者（或观众）从全新的文学艺术作品中，体味到古巴人的生活情趣、理想愿望和精神追求，感受到巴文化永不衰竭的艺术生命力。

（七）为开展对外交流搭建平台

开放包容是巴文化的重要元素之一。古代巴地人民生活在信息闭塞的巴山丛岭之中，但他们并不因险山恶水的阻隔而自闭于外界，而是不畏艰难，奋力拼搏，劈山凿道，搭栈架桥，发展交通，连接南北商贸、文化、军事之道，显示出巴地各族人民渴望交流、融入世界的美好信念、坚强意志和宽广胸怀。而巴文化也正是在这种相互容纳、互通有无、和睦相处、共生共长的文化构架中充满活力，得以流布。时至今日，这种开放、包容性文化特征，正与当代我国坚持对外开放国策，实施“一带一路”战略的合作共赢理念十分合拍。加之巴地正好位于南北丝绸之路和长江经济文化带之间的枢纽位置上，这种枢纽位置，无疑使古老的巴地迎来了一次空前的发展机遇。因此，以底蕴厚重的巴文化为载体，搭建对外交流平台，对于加强跨地区、跨行业深度合作，形成全方位开放格局，促进地方经济和社会发展必将发挥出十分重要的作用，显示出独特的文化魅力。

（八）具有不可忽视的审美价值

除上所论，巴文化的传承还具有不可忽视的审美价值。在整个巴文化的构成中，无论是物质文化还是非物质文化，除具有很大的认识价值、实用价值外，同时还具有一定的审美价值。具体表现在歌舞、神话、各类器物和建筑艺术之中。在歌舞艺术中，《竹枝歌》和巴渝舞最具代表性。它们不仅是巴人时代生活的反映，更是巴人内心世界的展示。《竹枝歌》清快宛转，情趣盎然，能激起人们心灵的颤动，故有诗云："巴人夜唱竹枝后，断肠晓猿声渐稀"。至于誉称"舞蹈活化石"的巴渝舞更有美好的描述："剑弩齐列，戈矛为之始。进退疾鹰鹞，龙战而弱起"，"退若激，进若飞。五声协，八音谐"。其舞姿雄威，歌声豪放，能给人以心灵的震撼。这些歌舞从内容到表演形式，都能产生强烈的美感效应，都能给人以斗志的鼓舞、情感的磨砺和艺术美的欣赏。巴人神话传说是巴人文学中的奇葩。无论是自然神话还是英雄传说，都充满了美的想象，它们所展现的虽然是一幅幅带有夸张成分、充满奇幻色彩的非现实图画，但却能透露出远古巴人勤劳奋进、忠诚勇武、追求理想的种种信息，同样能给人一种真善美的情感熏陶。

巴文化中的器物美表现得十分充分。从巴文化遗址出土和采集到的大量器物包括石器、陶器、青铜器、玉器、兵器等，其种类繁多，形状各异，色彩多样，可谓精致无比，美不胜收。这些数不胜数的器物的制作，包括样式的设计、形状的打磨、纹饰的刻划、色彩的调染、烧制火候的把控等无不显示出古巴人的匠心独运和高超技术。这些精致的器物，在今人的眼里，已不再是实用之物，而是一件件珍贵的艺术品，它们不仅具有外形上的观赏价值，而且还能透过其本身窥见古代巴人智慧的大脑、坚强的毅力、通透的心灵和灵巧的双手。这种内在的审美价值比外在的观赏价值更具意义。

巴文化中的建筑艺术是巴文化中最富审美价值的类型。它主要包括具有美学价值的古道、古桥（栈道）、古镇以及大量的古巴人民居等。例如，秦汉以来形成的翻越米仓山脉进入四川盆地的古道——米仓道，堪称古代巴人交通史上的奇观，它自成线路体系，有其自身的主线、支线，陆路和水路，是多线交合的南北交通网络。并且，米仓道交通网络与相关的政治、经济、军事、文化设施和由此产生的物质文化与非物质文化是密不可分的整体系统，充分体现了人地合一的人文精髓，具有较高的美学价值。巴文化遗址中的古镇及其巴人民居，更是特色鲜明、别具一格。例如，位于巴中市的恩阳古镇，它不仅具有交相辉映、浑然一体的"山、水、城、镇"的格局，而且空间尺度宜人，屋面错落有致，街道依山就势，宛如迷宫，整个建筑群体现了典型的川东北民居特色的古镇风貌[①]。尤其是充满诗意的古巴人民居，更体现出古巴人的建筑美学理念。无论是巴岩房、土墙卵石房，还是各种各样式的干栏之居——"吊脚楼"，其外部造型特征都与大巴山自然环境密切相融。特别是形式多样的"吊脚楼"，或依附于河滩溪水之旁，或镶嵌在奇峰怪石之间，其结构布局，体态自然，错落有致，装饰简约，工艺精致，适应气候，环保安全。它集适用美观于一体，充分体现

① 李先国：《米仓古道线路文化是蜀道申遗最重要的文化支撑》，《巴中日报》2017年3月4日第4版。

了古巴人在建筑上的许多进步观念。例如，“天人合一”的自然观，人与自然和谐相处的生态观，真善美统一的审美观，以及节约用地、保护环境、注重安全等观念。这些独具特色的民居可以说是我国古代较早出现的符合环境科学和环境美学的房屋建筑，就其建筑艺术而言，显然具有重要的认识和审美价值。

综上，巴文化的传承，无论其历史价值还是现实价值都显而易见，毋庸置疑。因此，传承巴文化，既是全面贯彻落实中央办公厅、国务院办公厅《关于实施中华优秀传统文化传承发展工程的意见》的需要，也是增强地方文化软实力，推动秦巴革命老区振兴发展的需要。据此，我们必须用文化自信的担当和定力，以矢志不渝的决心，用切实有效的行动，大力推进巴文化的创造性转化和创新性发展，使古老厚重的巴文化焕发生机，在革命老区脱贫致富、全面建设小康社会的伟大事业中发挥更大的潜能。

附记：本文属于达州市社会科学研究规划项目“巴文化的当代价值及传承创新研究”的阶段性成果（2017）。

賨人与賨文化

廖 娟

（宣汉县文化馆）

摘 要：巴人是内部包含着不同图腾崇拜的部落联盟，賨人是生活在川东北嘉陵江和渠江流域的土著巴人，是巴人的一支，賨人名称历经板楯蛮、賨人、白虎复夷三个阶段。賨文化和廪君文化共同构成了巴文化，賨文化主要表现为尚武精神和鬼神、信奉道教、能歌善舞、初具美学观等。

关键词：賨人 賨文化

在我国民族发展史上，巴人是生活在我国西南地区重要的族群，由于巴人文字未形成系统，对巴人的认识未形成统一的认识，本文拟从梳理賨人历史发展和賨文化特点，以期对后面巴文化研究提供一些基础资料。

一、賨 人

巴人是内部包含着不同图腾崇拜的部落联盟，賨人是巴人的一支，《华阳国志·巴志》中记载当时的巴民族由濮、賨、奴、獽、苴、共、夷、蜑组成[①]。学界对廪君和賨人是否为同一民族一直存有争议，有学者认为廪君族和賨人是同一民族，笔者认为廪君族和賨人是巴人部落中的不同分支，是图腾信仰、生活习俗有所差异的部落。賨人是生活在川东北嘉陵江和渠江流域的土著民族“阆中有渝水，賨民多居水左右，天性劲勇”[②]，廪君族是起源于清江流域，后来随着势力的发展逐渐扩大到川东地区，廪君族势力扩及川东后，由于掌握着渔盐之利，居于主导地位，统治賨人，两族之间逐渐融合，统称为巴人，共同创造了巴文化，賨人族称大致历经板楯蛮、賨人、白虎复夷三个阶段。

（一）板 楯 蛮

板楯蛮的称呼大约殷商时期，胡三省《通鉴释文辩误》卷二载“板楯蛮以木板为楯，故名”，

---

① （晋）常璩撰、刘琳校注：《华阳国志校注》，巴蜀书社，1984年，第28页。

② （晋）常璩撰、刘琳校注：《华阳国志校注》，巴蜀书社，1984年，第28页。

说明早期的賨人擅长以木板作为武器，他们是善战的民族。

（二）賨　人

许慎在《说文解字》中称“賨”是南蛮的一种赋税，是板楯蛮在秦汉时期的一种称呼。“賨人”一词最早记载于《华阳国志·巴志》，“秦昭襄王时，白虎为害，自秦、蜀、巴、汉患之。秦王乃募国中：‘有能杀白虎者，邑万家，金帛称之。’于是夷朐忍廖仲药、何射虎、秦精等乃作白竹弩于高楼上，射虎，中头三节。……秦王嘉之曰：‘虎历四郡，害千二百人，一朝患除，功莫大焉’……盟曰‘秦犯夷，输黄龙一双；夷犯秦，输清酒一钟。’夷人安之。汉兴，亦从高祖定秦有功。高祖因复之，专以射白虎为事，户岁出賨钱口四十，故世号‘白虎复夷’一曰‘板楯蛮’，今所谓‘弜头虎子’者也”[①]，板楯蛮因射虎有功，与秦王订立盟约，后又帮助高祖平定三秦有功，盟曰“复除民罗、朴、昝、鄂、度、夕、龚七姓不供租赋”[②]，部落中其他姓氏缴纳的赋税称为賨。东汉时，賨人地位下降，赋税沉重，“长吏乡亭。更赋至重，仆役过于奴婢，箠楚隆于囚虏。乃至嫁妻卖子或自颈割。陈冤州郡，牧守不理，去阙廷遥远，不能自闻。喊冤呼天，叩心穷谷。愁于赋役，困乎刑酷。邑域相聚，以致叛戾”。曹魏时期，賨人多次发生叛乱，《三国志·魏志·武帝纪》记录建安二十年“巴七姓夷王朴胡、賨邑侯杜濩举巴夷来附”。朴、杜两人同为板楯蛮，一个称夷王，一个称賨邑侯，那是因为在板楯蛮帮助刘邦平定三秦时约定罗、朴、昝、鄂、度、夕、龚七姓不交纳赋税，板楯蛮中其他姓氏需交纳賨钱。賨人秦汉时政治上受到优待，东汉到曹魏期间地位不断下降，处于被统治的地位。

（三）白虎复夷

白虎复夷是賨人战国后期的别称，《华阳国志·巴志》中详细记载了板楯蛮因射虎和汉初定三秦有功，称为白虎复夷，又称板楯蛮。近年来有学者认为白虎夷指代廪君族，白虎复夷指代板楯蛮[③]，《水经注》中将廪君部落称为“浮夷”[④]，浮夷和复夷音调一样，加上廪君族图腾为白虎，“廪君死，魂魄世为白虎”[⑤]，后世学者在传抄时将廪君族也记成白虎复夷，因此，笔者认为白虎复夷、白虎夷都是賨人的别称。

二、賨　文　化

“巴文化”有广义和狭义概念，广义巴文化是廪君、賨人等族群共同创造的文化，本文论述的为川东地区土著民族賨人的狭义巴文化。

---

① （晋）常璩撰、刘琳校注：《华阳国志校注》，巴蜀书社，1984 年，第 35 页。

② （晋）常璩撰、刘琳校注：《华阳国志校注》，巴蜀书社，1984 年，第 37 页。

③ （晋）常璩撰、任乃强校注：《华阳国志校补图注》，上海古籍出版社，1987 年，第 44、45 页。

④ （北魏）郦道元撰、陈桥驿校：《水经注》卷三十四《江水》，中华书局，2013 年，第 755 页。

⑤ （南朝）范晔：《后汉书》卷八十六《南蛮西南夷列传》，中华书局，1962 年，第 2840 页。

（一）尚武精神

賨人性情耿直，天性勇猛，彪悍善战，文献记载武王伐纣时賨人曾派兵参加“周武王伐纣，实得巴蜀之师，著乎《尚书》。巴师勇锐，歌舞以凌殷人，前徒倒戈”[①]。春秋战国时期，賨人就多次与邓国、申国、楚国发生战争，“《春秋》鲁桓公九年，巴子使韩服告楚，请与邓为好，楚子使道朔将巴客聘邓，邓南鄙攻而夺其币。巴子怒，伐邓，败之。其后，巴师、楚师伐申，楚子惊巴师。鲁庄公十八年，巴伐楚，克之。鲁文公十六年，巴与秦、楚共灭庸。哀公十八年，巴人伐楚，败于鄾”，楚国国力强，賨人曾两次伐楚国，可见当时的賨人武力强盛，和楚国在军队作战能力可相抗衡。汉初随刘邦平定三秦都立下了汗马功劳，东汉随冯绲平息“武陵蛮”，西晋随李特参加流民起义，西晋末年协助李雄建立的成汉国等。賨人英勇善战，多次被统治者征调，充当先遣部队，“巴有将，蜀有相”。现在考古发现出土大量武器（图一），也反映賨人尚武之风。

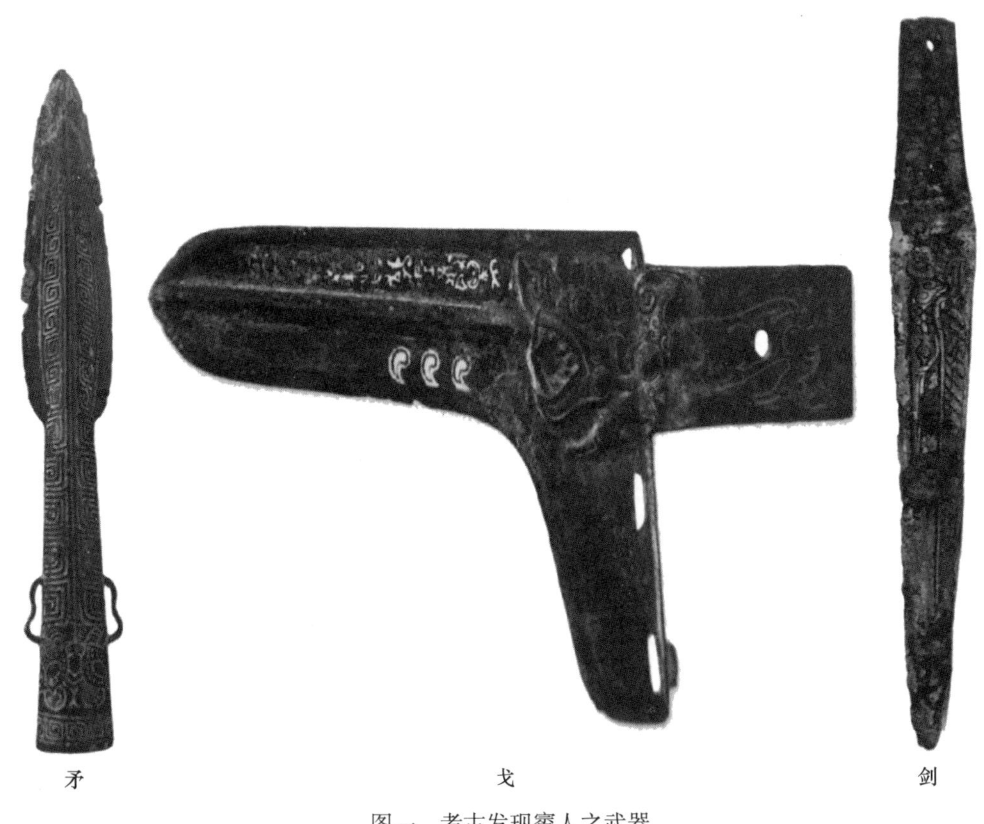

矛　　戈　　剑

图一　考古发现賨人之武器

（二）崇奉道教和鬼神

賨人最初是信奉鬼神之说，东汉末，张陵、张修在巴郡一带传播五斗米道，賨人开始信奉道教。《华阳国志》中记载李特时说“李特字玄休，略阳临渭人也，祖世本巴西宕渠賨民。种党好勇，

① （晋）常璩撰、刘琳校注：《华阳国志校注》，巴蜀书社，1984 年，第 21 页。

俗好鬼巫。汉末，张鲁居汉中，以鬼道教百姓，賨人敬信巫觋”，说明賨人一族信鬼神和道教。李雄建立成汉政权也能反映出道教在賨人心中地位，李雄在攻破成都时，不是自己称帝，而是准备将青城山天师道首领范长生迎回来做皇帝，范长生认为不可。后来李雄称帝后，封范长生为丞相，号为“天地太师”，这其中可能和范长生的博学、盛德有关，但也在一定程度上反映了当时作为宗教首领的范长生在李雄等賨人心中的地位，自己辛苦打下的江山，却要邀请一位宗教首领来做统治者，正说明賨人信奉道教。

（三）能 歌 善 舞

賨人善习歌舞古来有之，武王伐纣时賨人前歌后舞，气势上就压倒了纣王军队，其创造了著名的巴渝舞，巴渝舞是賨人阵前的军舞，起到鼓舞士气，打压敌人的作用。“阆中有渝水，賨民多居水左右，天性劲勇，初为汉前锋，数陷阵。俗喜歌舞，高祖观之，曰：‘此武王伐纣之歌也。’乃命乐人习之，所谓巴渝舞也”[①]，巴渝舞是一种集体舞，《汉书》卷二十二《礼乐志第二》中记载丞相孔光等向皇上奏请“巴俞鼓员三十六人……凡鼓十二，员百二十八人，朝贺置酒陈殿下，应古兵法”，巴渝舞人数众多，主要是鼓作为伴奏，巴渝舞由最初的战舞，后编入乐府，对巴渝舞进行不同的改编。不少史籍中曾记录賨人擅长歌舞，《后汉书·南蛮西南夷列传》说賨人“俗善歌舞”，《舆地纪胜》载“勇健好歌舞”。賨人还擅长民歌，如《竹枝歌》，《太平寰宇记·巴渠风俗篇》载“其民俗聚会则击鼓踏木牙，唱竹枝歌为乐”[②]，《竹枝歌》是賨人聚会时，手拿竹枝，边击鼓踏木乐的表演形式。巴人在田园劳作、婚礼、丧礼等不同场合都会唱民歌，民国二十年石印本《宣汉县志》卷四《物产禽类》中记载“按《词谱》有《祝英台》，近吾乡田歌亦喜唱‘梁山伯祝英台’事”。今四川宣汉一带，土家族流行的“薅草锣鼓”也是田间劳作时唱的民歌。《宣汉县志》卷十五《礼俗·丧葬》中“唱孝歌：临终及深葬或有嫌其寂寞者，则唱孝歌。歌牌子数人，皆乡农之略识之，无者以‘二十四孝’为材料，且鼓且唱，至天明而止”，今川东地区依然保留着这些习俗。

（四）初具美学观

賨人生活各方面讲究美感，已具备一定的审美能力，包括生产工具和生活中发型、服装都讲究色彩鲜艳、穿着讲究。生产工具的制作讲究美感，出土的賨人考古遗址中发现不少陶器形状讲究，还有出现全部磨光用于佩戴的钻孔石斧，在武器制作上都雕刻花纹等装饰品。生活中賨人头上梳着两弓相叠的头髻，賨人被称为“弜头虎子也”[③]。族人不分男女，穿戴讲究色彩，喜欢穿色彩鲜艳的服饰，“妇人横布两幅，穿中贯其首，号曰统裙。美发髻，垂于竹筒三节，斜穿其耳，贵者饰以珠珰”[④]，社会上层妇女以珍珠等装饰自己，贝壳和鱼骨也是装饰品之一。

---

① （晋）常璩撰、刘琳校注：《华阳国志校注》，巴蜀书社，1984年，第37页。

② 《太平寰宇记》卷八十一《巴渠风俗篇》，中华书局，2000年，1709页。

③ （晋）常璩撰、刘琳校注：《华阳国志校注》，巴蜀书社，1984年，第35页。

④ （后晋）刘昫等：《旧唐书》卷一百九十七《南蛮、西南蛮》，中华书局，1975年。

涪陵小田溪M12及晚期巴文化研究相关问题

方　刚

（重庆市文化遗产研究院）

摘　要：涪陵小田溪墓群是重庆地区目前发现的墓葬规模最大、随葬品最丰富的巴文化墓葬之一。对于了解晚期巴文化具有极高的研究价值。从M12出土青铜器、玉器的分析来看小田溪M12属于秦朝至西汉早期的巴人首领、巴族名义上的统治者。小田溪墓地是秦人统治区的巴人高级贵族墓地，附近没有同时期巴人活动的遗存，墓地废弃于西汉中期。根据巴人的相关文献记载和晚期巴文化考古发现，可以将这一时期分为楚文化的西渐、秦楚争巴、秦人羁縻、汉文化的统一四个阶段，小田溪墓地属于第三阶段墓葬材料。

关键词：小田溪墓地　巴族统治者　晚期巴文化的四个阶段

涪陵小田溪墓群位于重庆市涪陵区以南约20千米的白涛镇。该墓群先后于1972[①]、1980[②]、1983[③]、1993[④]、2002[⑤]、2007[⑥]年进行了六次发掘，共清理墓葬25座，其中战国晚期到西汉前期的巴文化墓葬20座（图一）。这20座墓葬大中小型墓葬均有，随葬品较为丰富。重庆地区的巴文化墓葬发现数量很多，但是大型墓葬数量很少，长度接近汉制三丈的墓葬目前仅有涪陵小田溪M1和M12，这两座墓葬是重庆地区历年来发现的巴文化墓葬中出土器物较为丰富的墓葬，在巴文化墓葬中较为少见。由于M1属于抢救性清理，墓葬范围和随葬品摆放位置都与实际情况有所偏差，资料也并不完整，而M12墓葬规模大，葬具保存完整，出土器物类型丰富，仅铜器就有容器、乐器、兵器、车马器、杂器等类别，且未经盗掘扰乱，对于了解晚期巴文化具有极高的研究价值。

本文以M12的材料为主进行分析研究，进而对涪陵小田溪墓群的时代、性质及其他相关问题做出推论。

---

① 四川省博物馆、重庆市博物馆、涪陵县文化馆：《四川涪陵地区小田溪战国土坑墓清理简报》，《文物》1974年第5期。

② 四川省文物管理委员会、涪陵地区文化局：《四川涪陵小田溪四座战国墓》，《考古》1985年第1期。

③ 资料未发表，出土文物收藏在重庆市涪陵区博物馆。

④ 四川省文物考古研究所等：《涪陵市小田溪9号墓发掘简报》，《四川考古报告集》，文物出版社，1998年，第186～196页。

⑤ 重庆市文物考古所等：《涪陵小田溪墓群发掘简报》，《重庆库区考古报告集》（2002卷·下），科学出版社，2010年，第1339～1375页；重庆市文化遗产研究院、重庆市涪陵区博物馆、重庆市文物局：《重庆涪陵小田溪墓群M12发掘简报》，《文物》2016年第9期。

⑥ 资料整理中。

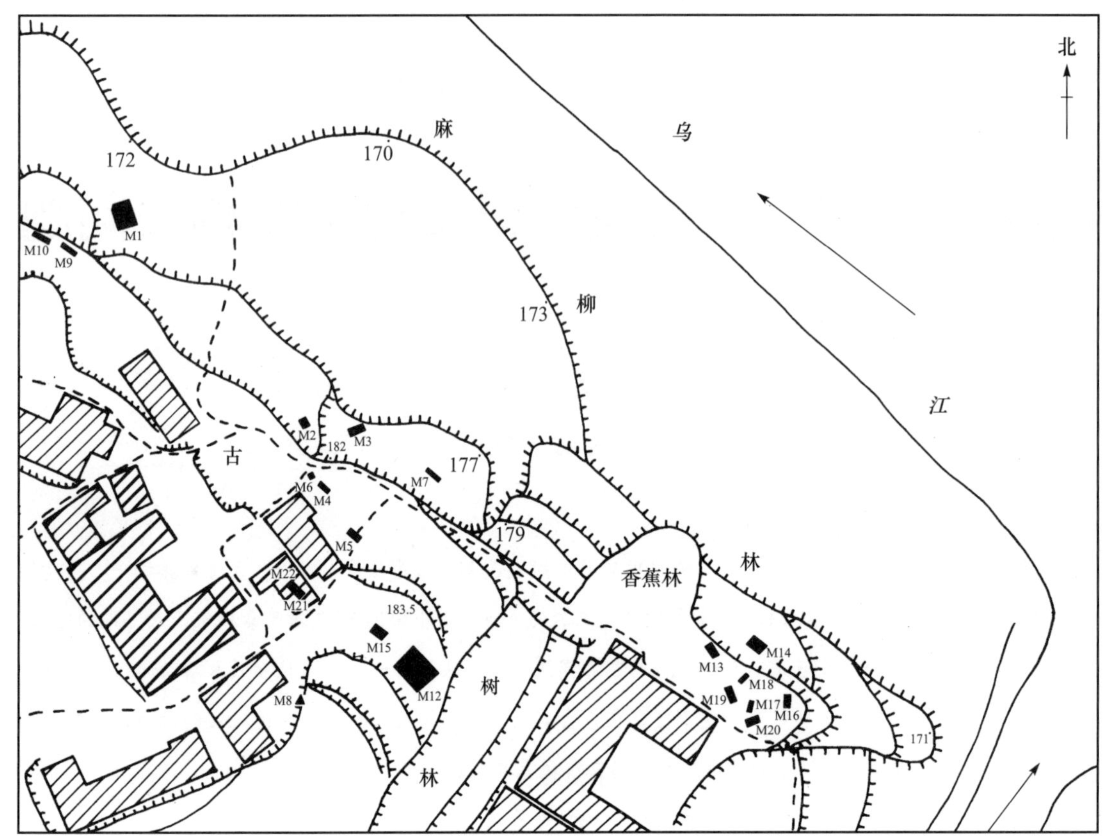

图一　涪陵小田溪墓群巴文化墓葬墓葬分布图

一、M12 随葬青铜器的分析

M12 中随葬青铜器共计 48 件（套），分为容器、乐器、兵器、车马器及杂器五类。容器主要放置于椁室北壁、西壁及棺上，乐器位于椁室东南角，兵器放置于墓室东、西两壁附近及椁室内，车马器出土于椁室头端。这些铜器最为明显的特征当属外来文化器物比例较高，诸如铜盖弓帽、铜杠箍等车马器和铜玉具剑、铜戟、铜胄、铜弩等兵器的发现。此前车马器部件在奉节等地的战国时期楚文化墓葬中有出土，而巴文化墓葬中较为少见，基本上都是秦汉之际到西汉中期的墓葬中出土。铜戟、铜胄、铜弩等更是与巴文化墓葬常见的随葬兵器器类不同，出现在巴文化墓葬中的时代也较晚。高规格的铜玉具剑则是仅见于该墓，这对于判断墓主身份和墓葬时代具有重要的意义（图二）。

川渝地区的玉具剑出土材料较少，四川盆地仅有成都东北郊西汉墓[①]、成都羊子山 172 号战国墓[②]、广汉二龙岗[③]三处考古材料公开。重庆地区目前也仅有涪陵小田溪、云阳平扎营[④]、涪陵蔺

① 四川省文物管理委员会：《成都东北郊西汉墓葬发掘简报》，《考古通讯》1958 年第 2 期。

② 四川省文物管理委员会：《成都羊子山 172 号墓发掘报告》，《考古学报》1956 年第 4 期。

③ 采集青玉珌 1 件（M01 : 018），墓葬形制时代不详。见四川省文物考古研究院、广汉市文物保护管理所：《广汉二龙岗》，文物出版社，2014 年。

④ 重庆市文物考古研究院 2005 年发掘，材料未发表。

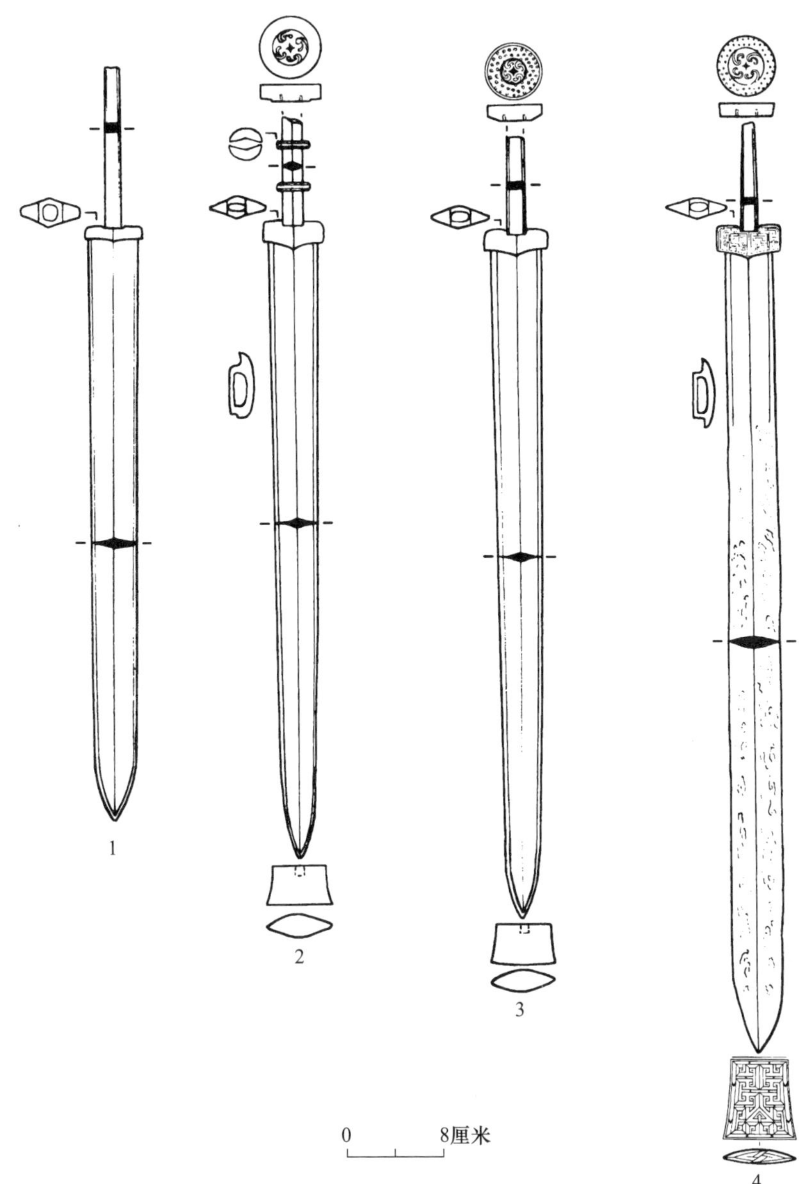

图二 涪陵小田溪墓群出土铜玉具剑（饰）

1. 田 M15：31 2. 田 M12：108 3. 田 M12：106 4. 田 M22：10

市[①]、巴县冬笋坝[②]等地发现，墓葬时代从战国晚期到西汉早中期，值得注意的是中原地区的铜玉具剑上的玉饰种类一般多达四种，即剑首（剑柄顶端饰）、剑珥（柄身相连饰）、剑璏（剑鞘扣带饰）、剑珌（剑鞘末端饰），上述几处出土铜玉具剑大都只有剑珥或剑璏，只有成都羊子山 172 号战国墓和涪陵小田溪 M12 出土的玉具剑上有四种玉具剑饰。值得注意的是，M12 还发现第五种玉具剑饰件——玉剑后（玉质剑箍），这一发现，在中原地区也属罕见[③]。

① 重庆市文物考古研究院 2005 年发掘，材料未发表。

② 前西南博物院、四川省文物管理委员会：《四川巴县冬笋坝战国和汉墓清理简报》，《考古通讯》1958 年第 1 期。

③ 2005 年陕西西安长安区黄良镇古城村秦墓也发现一套有五种剑饰的铜玉具剑，转引自刘文辉：《陕西出土汉代玉器》，文物出版社、众志美术出版社，2009 年，第 27 页。

从造型分析，小田溪M12、M22的三把铜玉具剑均为斜宽从狭前锷方茎剑，并非巴文化的传统样式，反而与北方地区战国至汉代常见铜剑一致，身、茎比为5∶1，有四、五种剑饰，属于上士之剑，小田溪M15的铜玉柄剑的身、茎长比为4∶1，仅有玉剑珥，属于中士之剑①。这一明显具有等级意义的礼制器物的发现，与巴文化游离于中原礼制社会之外的观点存在矛盾，表明其并非本地所习用器物，应该是外来的馈赠品，和墓主的社会地位有关。文献中明确记载有西汉皇帝以铜玉具剑作为贵重礼物赏赐匈奴的例子，既然可赐匈奴单于，也有可能赏赐给巴族首领②。

二、M12随葬玉器的分析

巴文化墓葬中很少随葬玉器，目前发掘的数百座墓葬不乏高级墓葬，但出土玉器总数不过百件，出土地点也集中在涪陵小田溪的几座大墓中，其他地点只有零星出土。其中小田溪M12出土3件（套）葬玉（玉璧2、玉组佩1），在巴文化传统墓葬独一无二。涪陵小田溪M12发现1套组佩，由33个不同质地（玉18、玛瑙5、料器4、铜6）和33种不同器形（瑗1、珩1、璜4、环1、双龙形佩1、珠9、管11、长方形饰2、鸟形牙饰1、桃形饰1、翅形饰1）的部件组成（图三），属于四仰璜玉佩或者五仰璜玉佩。孙华根据北赵晋侯墓地出土的玉佩研究认为西周至春秋时期的组佩在使用上已经有了明确的等级制度③，四仰璜玉佩或者五仰璜玉佩为诸侯国君或国君夫人所有，本文从其说将组佩归入礼器类，属于礼器中的葬玉。

学术界普遍认为玉器的最初使用应该是和原始宗教的出现与发展有关，早期文明中使用玉器作为“沟通天地”的祭祀用品现象十分普遍。从龙山文化晚期开始，中原各考古学文化中不约而同地出现用于祭祀的琮、璧等玉器减少，象征政治和军事权力的戈、钺、刀、璋等玉器增多的现象。这是“绝地天通”的宗教改革的后果体现，反映出了古国时代部落之间征伐频繁的时代背景下王权成为凌驾于全社会之上的公共权力的社会结构演变。礼制的核心是划定不同等级，明确上下级之间的权利义务。在中原文化体系中，玉器、青铜器作为“礼”的载体，形成具有比较严格的等级使用制度。

从文献看，巴文化很早就有“巫觋”的记载，但是从新石器时代晚期到战国时期并没有发现大量用玉的现象，表明巴文化的玉器在最开始就和其他文明走了不同的道路。目前的考古发现表明，巴人并没有使用玉器的传统，墓葬中出土的玉器也没有呈现出等级化的特征，表明巴人的玉器仅仅作为装饰品、奢侈品使用，换句话说，从玉器使用方面反映出晚期巴文化不同于中原文化体系，属于非礼制化社会。在这种情况下，M12出土玉组佩的来源就很明显，这并非是巴文化因素的器物，而是来自于中原地区，很可能同铜玉具剑一样，同样是中央王朝对西南“羁縻”酋长的封赏之物。

---

① 《考工记》卷下：“陶氏为剑。……身长五其茎长，重九锊，谓之上制，上士服之。身长四其茎长，重七锊，谓之中制，中士服之。身长三其茎长，重五锊，谓之下制，下士服之。”孙诒让：《周礼正义》，中华书局，1987年，第3253～3258页。

② 见《汉书》卷九十四下《匈奴列传下》：“单于正月朝天子于甘泉宫，汉宠以殊礼，位在诸侯王上，赞谒称臣而不名。赐以冠带衣裳，黄金玺盭绶，玉具剑，佩刀，弓一张，矢四发，□戟十，安车一乘，鞍勒一具……”

③ 孙华：《试论周人的玉佩》，《玉魂国魄：中国古代玉器与传统文化学术讨论会文集》（一），北京燕山出版社，2002年，第73～108页。

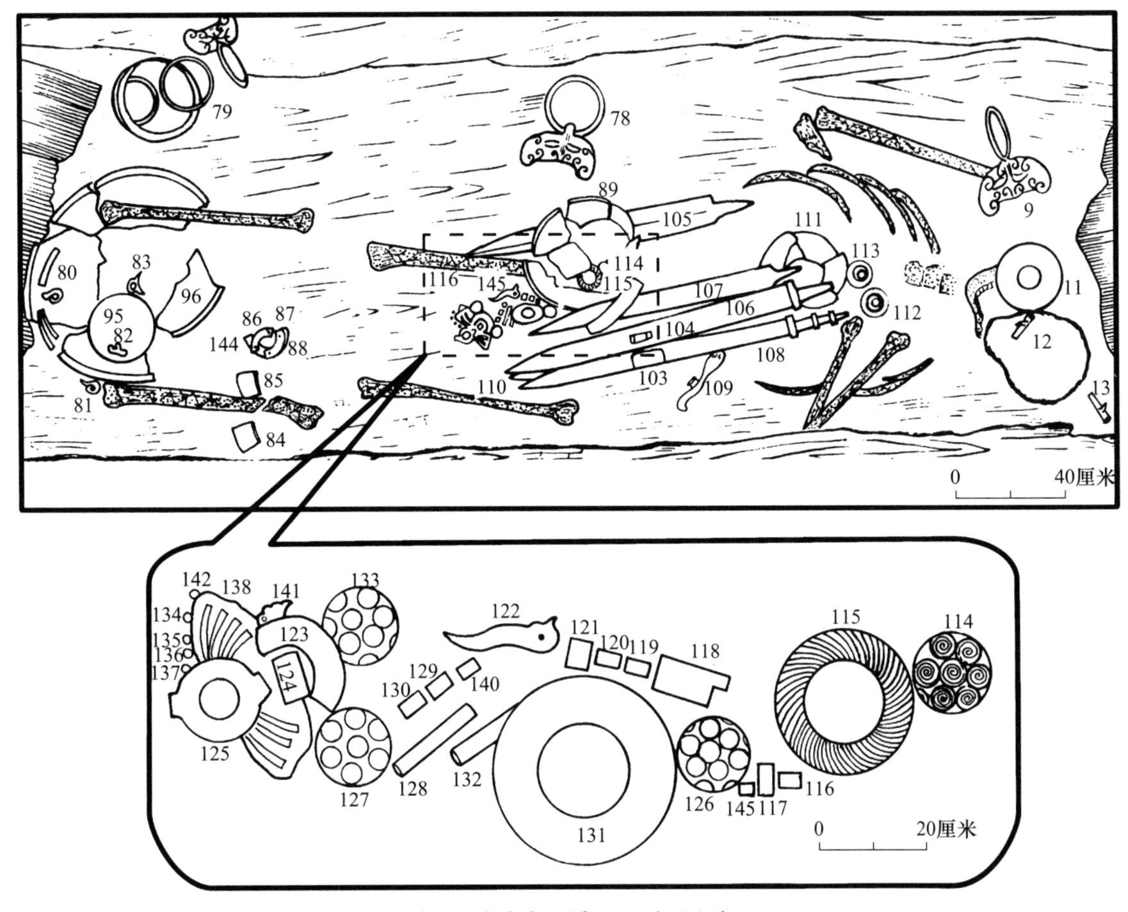

图三　涪陵小田溪 M12 出土组佩

三、涪陵小田溪 M12 的时代及墓主身份判断

由于《华阳国志》中“巴子时……其先王陵墓多在枳”的记载，过去一度认为巴“先王陵”就是涪陵小田溪墓群，M1、M2 等几座大型墓葬是战国时期的巴国王陵[①]。关于“先王陵”之说，可能是时间基点的问题，也就是“先”是指常璩所处的东晋巴人之“先王”，而非战国时期巴国之“先王”。学者经过对考古资料的整理研究，多数认为涪陵小田溪墓地时代在战国晚期，其中 M1～M3 可以晚到秦朝至西汉初年[②]。

M12 与 M1、M2 具有极强的相似性，随葬器物的器类、组合基本一致。M12 出土的铜俎豆组合也见于 M1，而且造型相同，彭学斌认为这种礼器组合造型未见于中原，体现出“巴人上层社会遵循周礼、楚礼中单数俎、偶数豆的祭祀传统”[③]。笔者并不完全赞同巴人存在礼制传统的观点，但认为这组铜礼器是借鉴和吸收了楚文化的因素又保留了自身风格而创造出来的新器形，这组器物并

---

① 徐中舒：《四川涪陵小田溪出土的虎纽錞于》，《文物》1974 年第 5 期。

② 宋治民：《略论四川战国秦墓葬的分期》，《巴蜀考古论文集》，文物出版社，1987 年，第 46～79 页；蒋晓春：《试论涪陵小田溪墓地的分期与时代》，《江汉考古》2002 年第 3 期。

③ 彭学斌、方刚：《试论重庆涪陵小田溪 M12 出土的青铜俎与豆》，《文物》2016 年第 9 期。

未发现于重庆地区西汉前期的墓葬中，表明其并未延续到汉文化逐渐流行的西汉前期。此外，M12出土铜弩机的悬山上没有刻度，但都有铜质护臂部件，这种铜弩机应该在战国时期流行于中原各国，并未在战国时期的巴文化墓葬中发现，而在重庆地区的西汉初年墓葬中屡有发现。M12 与 M3都随葬有铜弩机、铜分体戟、铜框漆卮（奁）等铜器，都并非是巴文化流行器类，而是中原地区战国至西汉时期的常见器物。综合上述因素，M12 的时代与 M1～M3 应该比较接近，相对来说略晚于 M1、M2，而与 M3 较为一致，为秦朝至西汉初年。

M12 是目前发现的规模较大的巴文化墓葬之一，随葬器物的种类、数量均超过大多数墓葬，表明 M12 的墓主和 M1、M2 一样，应该是涪陵小田溪墓群中身份地位较高的几位墓主之一。前文已述，当时巴国已亡、巴人尚存，因此，M1、M2、M12 等几座大型墓葬的墓主应为当时巴人的上层统治人物。M12 出土的玉组佩在春秋战国时期就已经是中原地区国君与高级贵族的等级标志之一；M12 出土的铜玉具剑的身、茎比为 5∶1，属于上士之剑，仅见于汉代诸侯王等级的墓葬。总体来看，M12 墓葬规模大，随葬品表现出与中央王朝关系紧密，等级也普遍高于宣汉罗家坝、云阳李家坝等地巴文化墓葬。因此，M12 的墓主应该是秦朝至西汉时期的巴人首领、巴族名义上的统治者。

四、涪陵小田溪墓群的墓地性质和延续时间

涪陵小田溪墓群勘探面积达 2 万平方米，发掘面积超过 7000 平方米，战国时期的地层堆积基本没有发现，没有当时巴人居住活动的遗存，遗迹类型单一，大型墓葬比例很高，随葬品十分丰富，外来文化因素器物比例较高。这表明墓主身份尊贵，并非一般部族成员的就近埋葬，而是在其活动范围较远的区域专门选择墓地，综合墓地时代和所处位置来看，应该是在秦人统治区域内设立的巴人贵族墓地，虽然几座大型墓葬形制和随葬品中还保存着较多的楚文化风格，但是可以理解为朱萍所说的“遗风阶段”。

需要特别指出的是在 2002 年涪陵小田溪墓群发掘报告中将涪陵小田溪墓葬分为 A、B 组，A组墓规模小，集中分布于墓群东部的小田溪畔，A 组墓的时代、规模、随葬品都与 B 组墓存在整体差异，现在根据陈家嘴的发掘材料来看，这组墓葬虽然地处小田溪墓群范围内，但是整体风格和时代却与小田溪仅一溪之隔陈家嘴墓地十分接近，不属于本文讨论的战国晚期晚段到西汉初年的巴人贵族墓地——涪陵小田溪墓地。涪陵小田溪墓地内紧邻 M2、M22 的地方发现有西汉中晚期墓葬，属于西汉中晚期的 M21 打破 M22，这表明这处贵族墓地在西汉早中期就已经废弃。

五、晚期巴文化历史背景和考古学材料的综合观察与思考

关于巴的文献记载，一直以来存在着缺少系统性、完整性的问题，信史、野史混为一谈，而唯一专章讲述巴史的《华阳国志》又存在内容不严谨多神话色彩、述事年代表述不准确的问题，给巴文化研究带来一定的干扰。笔者认为，研究巴文化一个很重要的工作是建立巴人历史的时空坐标，

以考古学材料和文献记载互为对参，才能真正实现考古材料与历史研究的无缝对接，推动巴文化研究的进步。

综合历史文献材料和考古材料，笔者认为晚期巴文化的文化特征应该存在以下四个阶段的发展演变。

第一阶段（楚文化的西渐阶段）。一些学者根据文献对战国时期的巴、秦、楚之争做了深入研究①，周显王七年（前362年）"楚自汉中，南有巴、黔中"，导致了《华阳国志》所记述的巴人四次迁都，事实上分裂为两部分：一部分巴人北迁阆中，建立阆中之巴；楚国据有长江、乌江一带的巴地，另立巴王作为傀儡，"昔楚襄王灭巴子，封庶子于濮江之南，号铜梁侯"②。朱萍对2010年以前发表峡西地区的这一时期考古学材料进行了收集，放在历史背景下进行了综合分析③，她将楚文化的消长分为四个阶段，其中第三个阶段也就是战国中期到战国晚期早段，峡西地区发现了成片的楚人墓地，在这一时期的巴人部落也受到楚文化强烈影响，墓葬中的楚文化因素达到高峰。

第二阶段（秦楚争巴阶段）。秦惠文王后元九年（前316年）灭巴（阆中之巴），阆中巴人成为中央"羁縻"政策下的地方部落。此后秦攻占了楚的商於之地，从公元前299年的扣留楚怀王事件到公元前276年，秦、楚两国在黔中之地展开争夺。直到楚襄王时，秦国彻底占据优势，楚国退出巴、黔中之地。依附于楚的巴人废王号以后，随同楚撤退到楚地五溪一带，成为"板楯蛮"，秦国从政治上完成了对巴人的征服。在这一阶段，巴人墓葬中秦、楚、巴三种文化因素器物在不同地区的巴文化墓葬中均有发现，出现了不同地区之间、同一地区的早晚墓葬之间的数量比例不一的复杂现象，随葬品中兵器比例高，而且十分普遍。忠县半边街墓地（崖脚墓地），作为迄今为止分布于最西端的典型楚墓群，还发现了战国晚期多处巴墓直接打破楚墓的现象，证实了楚人西撤，秦人以及秦人控制下的巴人重新占据了峡西地区的历史事实④。但遗憾的是目前乌江流域的考古学材料不多，虽然在涪陵陈家嘴⑤、武隆土坎⑥都发现有具有楚文化因素的巴人墓葬，但是典型楚文化墓葬和楚文化遗存并未发现，目前还无法提供充足的考古学材料证实楚国统治乌江流域的历史。近年来，又有许多新的考古材料发现，对巴文化和巴、秦、楚之间的文化因素交织演变关系将会提供新的证据材料。

第三阶段（秦人羁縻阶段）。这一阶段是秦人统治的历史，以羁縻制管理上层巴人，以郡县制管理下层巴人。西南地区的少数民族已经从制度上接受中原王朝的册封，逐渐被纳入中原王朝的礼制社会体系。高等级墓葬出现较多外来文化因素器物，中原礼制器物、铜戈、铜戟、铜弩机成套出土，中小墓葬中随葬巴文化铜兵器的传统被随葬容器的习俗取代，出现随葬钱币的习俗，典型的楚文化因素已经消失，而秦文化因素较为常见。

---

① 孙华：《楚国灭巴考》，《四川盆地的青铜时代》，科学出版社，2000年。

② （宋）王象之：《舆地纪胜》卷一五九引《益部耆旧传》，中华书局，1992年，第4321页。

③ 朱萍：《楚文化的西渐——楚国经营西部的考古学观察》，巴蜀书社，2010年。

④ 北京大学考古文博学院三峡考古队、重庆市忠县文物管理所：《忠县崖脚墓地发掘报告》，《重庆库区考古报告集》（1998卷），科学出版社，2003年，第679～734页；北京大学考古文博学院三峡考古队等：《忠县㽏井沟遗址群崖脚（半边街）墓地发掘报告》，《重庆库区考古报告集》（2000卷·下），科学出版社，2007年，第905～963页。

⑤ 资料整理中。

⑥ 资料整理中。

第四阶段（汉文化统一阶段）。西汉前期开发西南夷，在政治上失去独立地位后，地域传统文化也就难以抵御外来先进文化的冲击，巴文化也未能例外。汉文化开始向西南扩张，技术领先、工艺精致、装饰华丽的中原文化因素器物大量输入西南地区，从文化上完成了汉文化的统一。墓葬中随葬品普遍出现铁农具和铁兵器，这种现象标志着巴族已经在经济和文化上接受这些外来文化，巴文化离消失亦已不远。

四川阆中灵山遗址的考古发现和初步研究

孙智彬

（四川省文物考古研究院）

摘　要：本文择要介绍了四川阆中灵山遗址的发现、调查、勘探和发掘、整理情况，并对该遗址的新石器时代晚期遗存考古学文化内涵进行了梳理、归纳和总结，并进行了分期和年代方面的初步研究。在此基础上，与嘉陵江干流及其流域和周边地区时代大致相同的新石器时代遗址进行了比较、分析，认为可能是一种新的考古学文化或类型，填补了四川嘉陵江干流中游考古学文化遗存的空白，为我们研究该地区新石器时代晚期考古学文化面貌与时空框架以及与周边同时期考古学文化的交流、融合等提供了重要的实物资料。

关键词：四川阆中　灵山　遗址　新石器时代晚期　嘉陵江　周边地区

一、遗 址 概 况

（一）自 然 环 境

灵山遗址位于阆中市古城东北约 5 千米盘龙山支脉灵山山顶和山腰平地上，地处嘉陵江北岸与东河（古称宋江）交汇处，属阆中市文成镇梁山村 3 社。地理坐标为东经 106° 00′ 28.4″、北纬 31° 37′ 09.8″，山顶海拔约 537 米，山腰海拔约 500 米（图一）。

（二）发现和发掘、整理简况

2016 年 6 月，梁山村村民在灵山山腰平地修建蓄水塘发现灵山遗址，并使遗址遭到局部破坏。经逐级申报，四川省文物考古研究院、南充市文物管理所、阆中市文物局组成联合考古队于 2016 年 9 月至 2017 年 5 月对该遗址展开调查、勘探和抢救性考古发掘、筛选、浮选和室内资料整理工作。

在考察遗址破坏现场和观察出土遗物的基础上，我们对灵山遗址进行了考古调查。

遗址主要分布在灵山东南山腰平地上，距山顶约 40 米。遗址西中部较平，向北、东、南三面倾斜。东及东南面临东河、南及西南面临嘉陵江。地表散见柱础及条石，可采集到瓦片及瓷片；挖水塘处断面可见厚约 2.3 米的文化层。

山顶中部为一近圆形土台，其余部分较平。在土台中部大地测量水泥柱基点北边有一盗洞，深约 50 厘米，洞底土色灰白。当地传说为鳌灵坟或八角亭或红军碉堡。

在此基础上我们邀请河南省洛阳市瀍河华都钻探工程处派员于 2016 年 9 月下旬对灵山遗址山腰平地南北长约 100、东西宽约 60 米的台地进行了考古勘探。

根据考古调查所获灵山遗址的地形地貌特征，我们将平地西南角设为勘探基点，由南向北，由西向东，孔距 5 米错位布孔，勘探面积 6000 平方米（图二）。

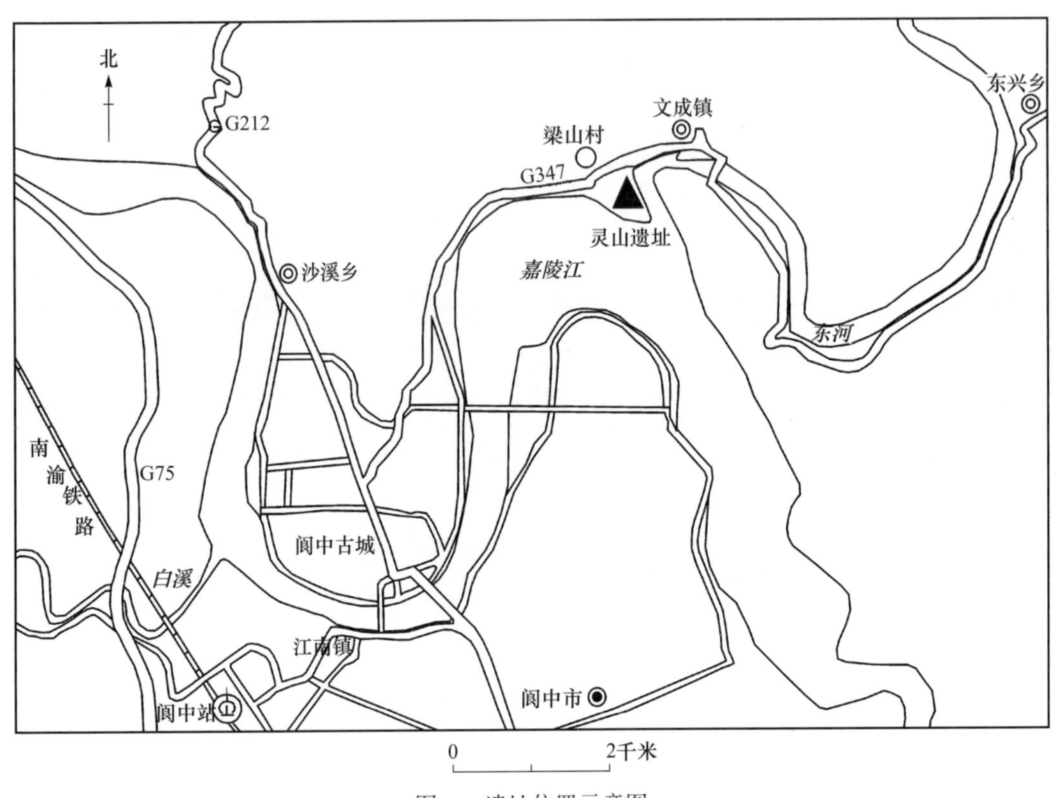

图一　遗址位置示意图

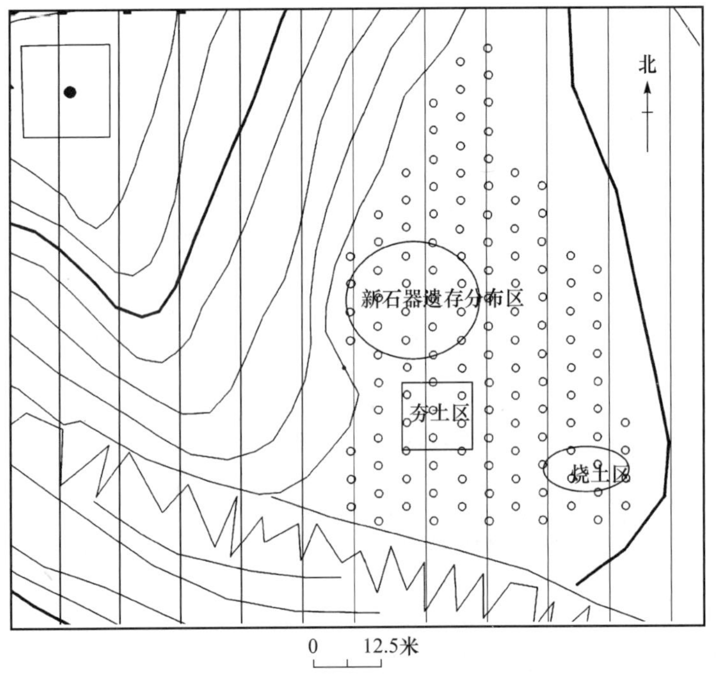

图二　遗址探孔分布示意图

根据调查和勘探情况，我们于 2016 年 9 月底至 2017 年 1 月初，对该遗址进行了抢救性考古发掘，发掘区分为山腰平地和山顶中部。

山腰平地处我们将发掘区规划在遗址的西中部，基点定在新石器时代文化层的西南端，以第一象限覆盖其分布区域；第四象限覆盖南及东部晚期地层分布区。在第一象限共发掘 5 米×5 米探方 11 个，编号 2016LWLT0103（以下省略“2016LWL”）、T0202、T0203、T0204、T0205、T0302、T0303、T0304、T0305、T0402、T0502；在第四象限布 4 米×14 米探沟 1 条，编号为 TG1（图三），发掘面积 331 平方米。

山顶中部处对近圆形土台进行了解剖发掘，圆形土台直径约 6 米×6 米，面积约 36 平方米。发掘总面积 367 平方米。

发掘工作结束后，我们于 2017 年 1～5 月开展了该遗址的室内资料整理，现发掘报告正在编写。

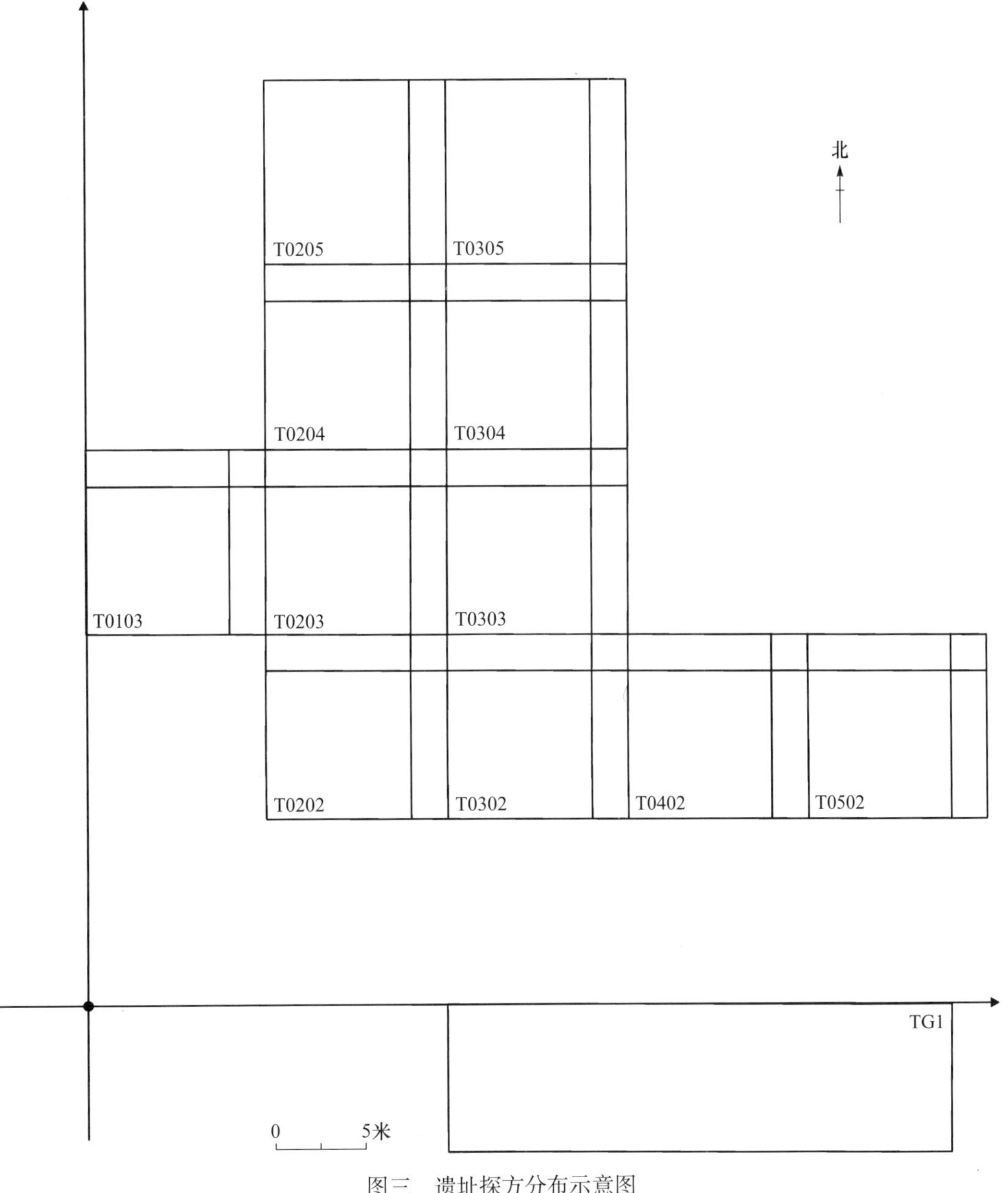

图三　遗址探方分布示意图

（三）主要收获

灵山遗址文化层堆积厚0.8～2.9米，根据土质、土色和包含物划分的文化层有6～13层；发现灰坑23、房址4、墙3、灶2、柱洞5、燎祭1等遗迹38个，出土小件108件及大量陶、瓷片，采集骨样8袋、浮选土样36袋等大量标本。

从文化层和遗迹间叠压打破关系以及出土遗物观察，灵山遗址的时代可划分为新石器时代晚期、唐宋、明清及近现代几个阶段，以新石器时代晚期遗存最为丰富。

二、新石器时代晚期遗存的考古学文化内涵

（一）遗存情况

遗址山腰台地各探方都有第1～8层不等的新石器时代晚期遗存，主要为文化层以及开口其下的灰坑、柱洞、灶等（图四）；山顶发现燎祭遗迹1处。在遗迹或文化层中都发现多少不等的陶器、石器遗物。

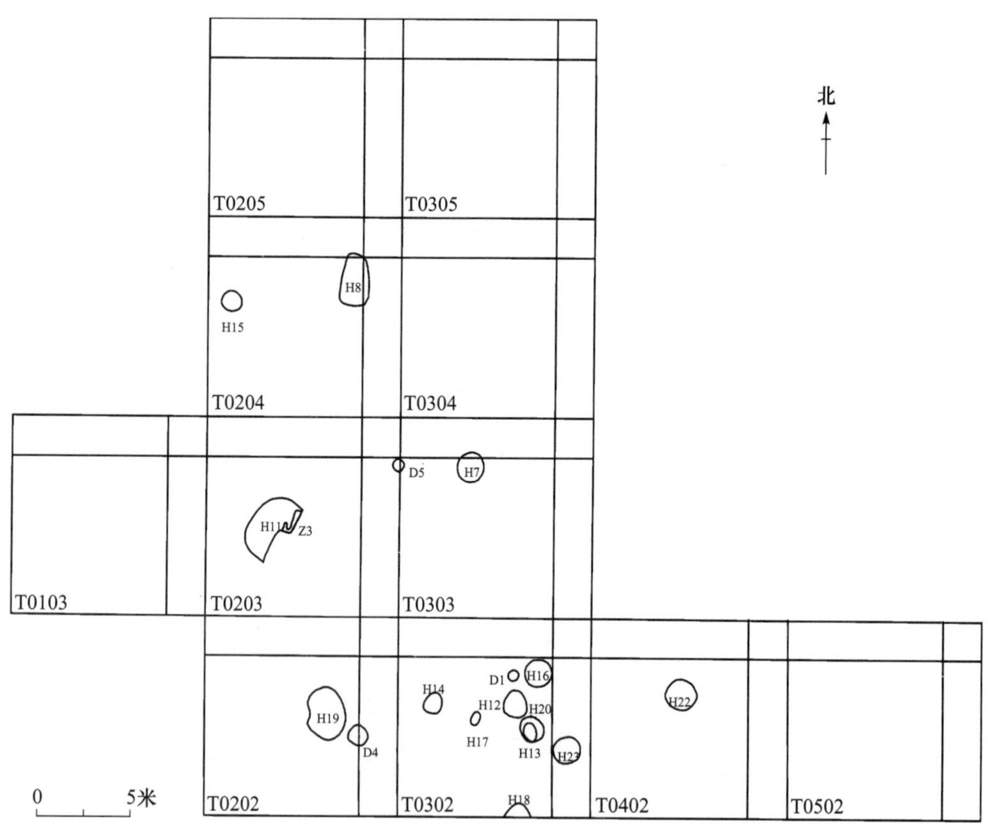

图四 灵山遗址山腰台地新石器时代晚期遗存总平面图

1. 遗迹

灰坑：H7、H8、H11～H20、H22、H23共14个。

柱洞：D1、D4、D5共3个。

灶：Z3 一个。

燎祭遗迹：1 处。

2. 遗物

陶器：出土陶器 650 余件，陶质有夹砂和泥质两类，陶质大致经历了从早到晚，夹砂陶数量从多到少、再由少到多，泥质陶数量从无到有、从少到多又由多到少的变化过程。夹砂陶多羼和石英颗粒，根据羼和石英颗粒的大小，可分为夹粗砂与夹细砂两种。陶色主要有红、黑、灰、褐、灰褐、黄褐等，大多陶色不匀。纹饰多绳纹、附加堆纹、戳印纹、划纹、弦纹、乳钉、镂孔、贴塑等，以及前述两种以上组成的复合纹。绳纹由细向粗变化，多交错拍印成方格形或菱形，在附加堆纹上也多按压绳纹，戳印纹有线、点、圈三种形态，划纹可分线形与波浪形，弦纹可分为凹、凸两种（图五）。

图五　新石器时代陶器纹饰

1～4. 绳纹（T0202 ⑦：20、T0203 ⑨：45、T0202 ⑦：22、T0203 ⑥：48）　5～12. 复合纹（T0303 ⑦：20、T0203 ⑧：39、T0203 ⑪：26、T0204 ⑦：37、T0402 ⑧：6、T0203 ⑪：36、T0303 ⑦：7、T0103 ⑪：33）　13. 戳印纹（TT0303 ⑥：63）　14. 划纹（T0203 ⑦：11）　15. 附加堆纹（T0203 ⑩：13）

陶器火候一般，早期火候较低。制法多轮制或手制轮修，部分手制，高领陶瓮多口领、腹、底分制后套接。器类以陶瓮、陶罐为主，陶盆、陶钵、陶器盖次之，陶缸、陶纺轮、陶豆、陶盘较少。

石器：出土石料和打制、磨制石器130余件。石料全为江边砾石。打制石器种类主要为砍砸石器、刮削石器、条形石器及碎石片；磨制石器主要有斧、锛、凿、杵、刀、矛、球及砺石等。

（二）分　　期

根据地层对应关系和地层、遗迹间的叠压打破关系，将各组各地层单位陶系中的陶质、陶色、器表素面和纹面的比例、纹饰列表，再取其均值列入附表一，从表中我们将本遗址的陶系变化分为以下5段：

第1段，仅有第1组。陶质全为夹砂，以夹细砂为主，约占近60%，夹粗砂稍少，约占40%。陶色以褐、黑陶为主，次为红陶，灰褐陶较少，灰陶极少。器表素面略多，约占53%，纹面略少，约占47%。纹饰以绳纹为主，次为复合纹，戳印纹较少，弦纹更少，划纹极少。

第2段，仅有第2组。陶质中泥质陶明显增加，但仍以夹砂略多，约占53%，泥质约占47%。陶色以灰陶为主，次为红、黑陶，黄褐陶较多，灰褐和褐陶较少。器表素面和纹面的比例略同于第1段。纹饰仍以绳纹为主，次为复合纹，附加堆纹和弦纹较少，划纹和戳印纹很少。

第3段，包括第3、4、5组。从陶质总体看，夹砂略多与泥质，陶色以红、黑色为主，最大特点是器表纹面多于素面，纹面占55%～60%，素面占45%～40%。纹饰比例与第2段略同。

第4段，仅有第6组。陶质中夹砂和泥质所占比例几乎相等，夹砂约占51%，泥质占49%。陶色以灰、红、黑色为主，各约占22%。器表素面略多于纹面，素面约占54%，纹面约占46%。纹饰比例与第3段略同。

第5段，包括7、8、9、10组。陶质夹砂明显多与泥质，夹砂占60%～80%，泥质占20%～40%，陶色以红、灰色为主，次为黑、灰褐，黄褐和褐色较少。器表素面明显多与纹面，素面占65%～70%，纹面占30%～35%。纹饰所占比例与前段略同。

根据地层、遗迹间的叠压打破关系和对其陶器的分类排队，我们将新石器时代晚期遗存的主要单位出土的典型陶器种类和型式按分组合并后列附表二，从表中我们可以看出，陶器种类有缸、高领瓮、罐、小罐、盘、盆、钵、杯、器盖、纺轮10类20种器物，其中，Bb型高领瓮、缸、宽折沿罐、宽卷沿罐、窄卷沿罐、Ba和Bb型高领罐、A和B型小侈口罐、敛口钵和器盖这11种陶器和器形基本上从早到晚都有，而且形制没有变化。其余陶器种类和型式存在出现、使用和消失的阶段性变化。

根据陶系变化和陶器组合与形制特征的阶段性变化情况，两者的变化基本同步，据此，我们可以将本遗址新石器时代晚期遗存归纳为三期5段10组。

（三）年　　代

我们根据地层、遗迹间打破关系和出土陶器陶系和器物组合与形制特征的变化将遗址分为三期5段10组，T0203第9层和T0204第8层经过打隔梁后的地层对照，是同一层位的，属第二期3段4组，其^{14}C数据的重合度也非常高。H19是T0203南面相邻探方的，从地层对应关系看早于另外两个数据，属第二期2段2组，年代略早于前两个数据，其树轮校正后的绝对年代应该介于距今4890～4670年，也就是说第二期的年代上限不超过距今4900年，第二期最晚的第4段第6组年代约在距今4700年；早于第二期的第一期年代在距今5000～4900年，晚于第二期的第三期年代在距今4700～4500年。

三、与周边遗址的关系

（一）与嘉陵江干流遗址的比较

嘉陵江上游的新石器时代考古工作开始的比较早，20世纪80年代后期，中国社会科学院考古研究所在四川广元张家坡遗址进行了调查和试掘。2008年，重庆市文化遗产研究院为配合嘉陵江草街航电枢纽工程，在其下游开展了文物保护的抢救性发掘工作，在合川牛黄坝遗址、合川老菜园遗址、合川猴清庙遗址、合川何嘴屋基遗址、北碚大土遗址发现有新石器时代晚期遗存，其中，何嘴屋基遗址新石器时代晚期没有发现原生地层。

1. 广元张家坡遗址

位于四川广元市中区西河办事处八一村6组嘉陵江右岸西山东南坡地上，1989年调查、试掘，面积50平方米[①]。新石器时代文化层仅一层，厚25～70厘米。出土石器保存完整和器形明确的有70余件，以石斧、石锛为主。陶器可分夹砂和泥质两类，夹砂陶以夹细砂为主，夹粗砂较少。陶色多灰褐色，泥质陶多为灰黑、灰和红褐色。纹饰以绳纹最多，另有附加堆纹、划纹、凸弦纹等，陶器火候较低，制法为手制和轮制，可辨器形多为罐、钵、盘、盆等。从陶器特征看，其陶质、陶色和纹饰与阆中灵山遗址相同因素较多，但采集陶片较碎，器形特征不是特别明显，口沿唇部装饰很少，且纹痕浅。

2. 合川牛黄坝遗址

位于合川区钱塘镇湖塘村嘉陵江左岸一级阶地上，发掘面积250平方米，发现新石器时代窑址一座和一批陶器[②]。新石器时代文化层仅有一层，如T4第4层，距地表深115～120、厚10～60厘米。出土陶器陶质以夹砂陶为主，有细砂、粗砂之分，以后者为主。陶色以红褐色最多，灰色、灰褐色次之。泥质陶数量较少，主要为灰陶和磨光灰陶、灰褐陶。器表普遍施以纹饰，素面较少，以斜向交错细绳纹构成的菱形纹多见，一般由附加堆纹和菱形绳纹构成复合纹，另有戳印纹、划纹、弦纹、瓦棱纹等。器类有陶罐、陶缸、陶壶、陶盆、陶钵、陶纺轮等，流行平底器、少量圈足器。陶器唇部施纹较少，纹痕较浅。其Bc型素口陶罐（Y1∶2）（图六，1），与灵山遗址宽沿盘口陶罐（T0204⑦∶14）（图六，2）口部特征较为相似。

---

① 中国社会科学院考古研究所四川工作队、四川省广元市文物管理所：《四川广元市张家坡新石器时代遗址的调查与试掘》，《考古》1991年第9期。

② 重庆市文化遗产研究院、重庆文化遗产保护中心：《嘉陵江下游考古报告集》，科学出版社，2015年，第167～174页。

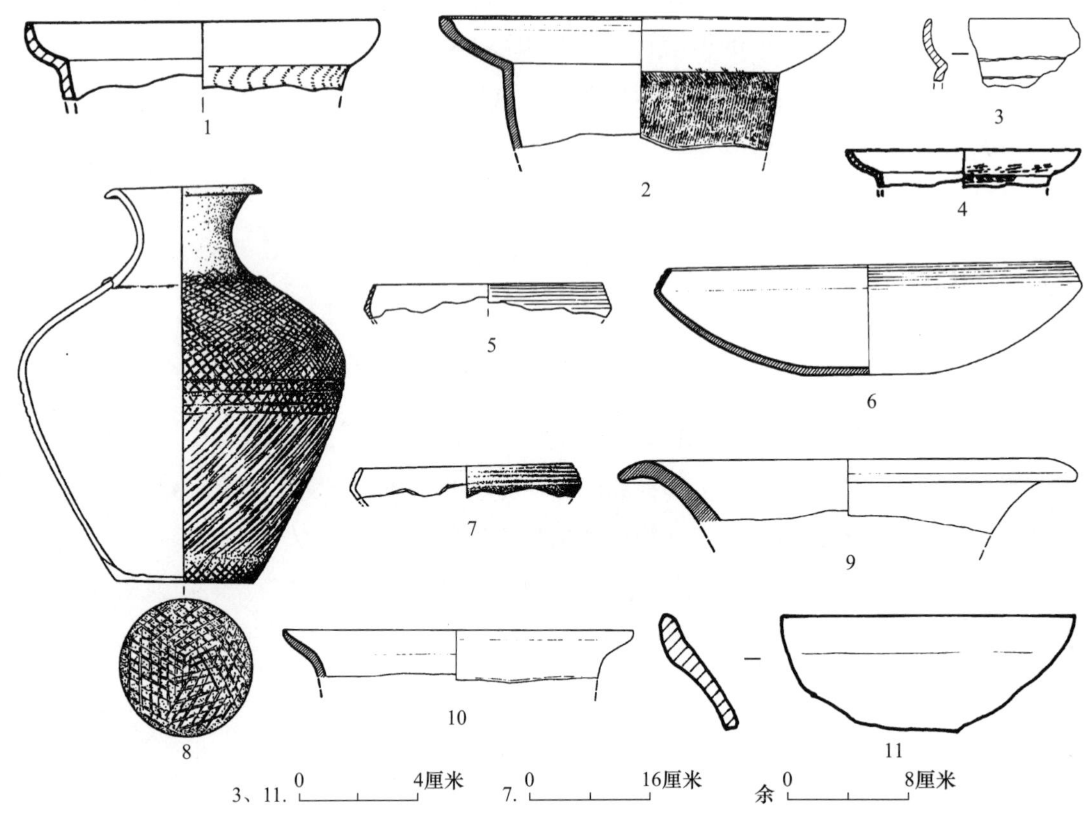

图六 灵山遗址与其他遗址新石器时代部分陶器对比

1. 合川牛黄坝 Bc 型素口陶罐（Y1：2） 2. 阆中灵山宽沿盘口陶罐（T0204⑦：14） 3. 合川老菜园 C 型素口陶罐（ⅠT1⑥：8） 4. 新津宝墩Ⅰ式盘口陶尊（ⅢT1929⑦：52） 5. 北碚大土内折沿陶钵（AT4②：7） 6. 阆中灵山陶盘（T0203⑨：1） 7. 忠县哨棚嘴 B 型内折沿陶钵（99ZGST302⑨：2） 8. 忠县哨棚嘴小口高领陶瓮（99ZGST312⑯B：1） 9. 阆中灵山 Ba 型Ⅰ式高领陶瓮（T0203⑪：4） 10. 阆中灵山盘口陶罐（T0203⑦：27） 11. 忠县中坝 C 型盘口陶罐（2002DT0102⑫：4）

3. 合川老菜园遗址

地处合川区大石镇沙沱村嘉陵江右岸一级阶地上，发掘面积 300 平方米，发现新石器时代文化层和出土部分陶器和少量石器[①]。新石器时代文化层主要分布在Ⅰ区，仅有 1 层，如Ⅰ T1 第 6 层，距地表深 245～250、厚 20～25 厘米。陶器陶质以夹砂居多，泥质次之。夹砂陶以红褐、灰褐色为主。纹饰主要有附加堆纹、菱形纹、戳印纹，另有少量弦纹，器物口部流行花边装饰。器类以深腹平底陶罐为主，另有一定数量的陶缸、陶钵、陶盘、陶纺轮等。唇部纹痕加深者数量增多，其 C 型素口陶罐（ⅠT1⑥：8）（图六，3）与牛黄坝 Bc 型素口陶罐相同。综合观察，其年代应该比牛黄坝遗址稍晚。

4. 北碚大土遗址

地处北碚区澄江镇吴粟溪村嘉陵江右岸坡地上，发掘面积 1050 平方米，发现的新石器时代文

① 重庆市文化遗产研究院、重庆文化遗产保护中心：《嘉陵江下游考古报告集》，科学出版社，2015 年，第 175～188 页。

化层分布在A区T4的第2层、第3层和C区T1第4层①。A区T4第2层厚40～60厘米，第3层厚35～55厘米，C区T1第4层厚45～100厘米。遗物主要出土A区T4第2层，其他仅见少许夹砂碎陶片和石器。陶器陶质夹砂陶占绝大多数，泥质陶稀少，夹砂陶多夹细砂。陶色以褐色为主，多为灰褐色、次为红褐色、黄褐色，少量青灰色；泥质陶有红褐色、黄褐色和青灰色三种。器表纹饰占绝大多数，多为菱形绳纹，盛行复合纹，多为菱形纹、弦纹、附加堆纹、戳印纹、划纹、方格纹等组成。素面陶极少。器形均为平底器，多为陶罐，少量陶壶、陶钵。其内折沿陶钵（AT4②：7）（图六，5）与灵山遗址陶盘（T0203⑨：1）（图六，6）极为相似。

（二）与嘉陵江流域遗址的比较

1. 广元中子铺细石器遗存

位于广元市中子乡嘉陵江支流浅溪河北岸，1990年春调查、1990年秋发掘，遗址面积3万平方米，采集和出土标本1万余件②。石器以石片、石叶、石屑最多，其次为石核，成形的细石器和二次加工的石器标本较少。石核以楔形、锥形、漏斗形为主。与细石器共存的是夹砂绳纹红褐陶片，皆残碎，可辨器物有三足器。处于“原生堆积”中的一组遗物被确定为新石器时代较早的文化遗存。在上层被扰乱的地层中，发现有少量磨制石器和陶片。磨制石器有斧、锛、凿、刀、磨盘和磨棒等。陶器以平底居多，口沿多饰绳纹或齿状、绞索状花边，器身纹饰以绳纹为主，个别饰戳印纹，夹砂红褐陶多饰附加堆纹，可辨器形有罐、碗、圈足器。上层的这组遗物被确定为新石器时代晚期的文化遗存。由于“较早的文化遗存”陶器残碎，无法进行比较；“新石器时代晚期的遗存”陶器口沿纹饰比较发达，年代应该较灵山遗址一期稍晚。中子铺下层的绝对年代经过^{14}C测定的有3个，分别是距今6730～6640年（T6H1，木炭）、6390～5900年（T2H2，木炭）、5939～5731年（H4，木炭）。这些年代数据均是经过校正的，范围在距今6700～5700年，而遗址的发掘者估计中子铺下层的年代应在距今7000～6000年。

2. 广元鲁家坟遗址

位于广元市东坝新城区鲁家坟村嘉陵江上游支流南河北岸，1989年调查，遗址遭砖厂取土破坏，残存局部地层堆积观察，新石器石器文化层为第3、第4两层，分别厚10～60、30～70厘米。采集遗物100余件③。石器有砍砸器、尖状器、刮削器和锛各1件。陶器采集100余片，陶质分夹砂与泥质两类。夹砂陶有粗细之别，为石英颗粒。陶色主要有褐、灰褐、黑褐色等，泥质陶主要为灰、黑色。纹饰主要有绳纹、划纹、附加堆纹、戳印纹和弦纹。器形主要有罐、盆、钵、碗、豆等。该遗址特征大多与张家坡遗址相同，但器物口沿唇部装饰增多，纹痕加深，年代应当比张家坡遗址稍晚。

---

① 重庆市文化遗产研究院、重庆文化遗产保护中心：《嘉陵江下游考古报告集》，科学出版社，2015年，第35～50页。

② 中国社会科学院考古研究所四川工作队：《四川广元市中子铺细石器遗存》，《考古》1991年第4期；王仁湘、叶茂林：《四川盆地北缘新石器时代考古新收获》，《三星堆与巴蜀文化》，巴蜀书社，1993年，第257～265页。

③ 郑若葵、唐志工：《广元市鲁家坟新石器时代遗址调查记》，《四川文物》1992年第3期。

3. 广元邓家坪遗址

位于广元市东郊南河北岸[①]。文化堆积集中分布于遗址西北角。出土遗物以夹砂灰褐陶为主，泥质灰陶的数量较少，还有少量的黑皮陶和个别泥质红陶。纹饰以绳纹和附加堆纹最为普遍，另有划纹、锥刺纹等，流行在口沿和唇部施绳纹或花边波纹。可辨器形有深腹罐、鼓腹罐、钵、碗、器盖等。石器多趋小型化，并有不少小石片，器形有斧、锛、凿、铲、刀以及个别细石器标本。邓家坪遗址可分为两期：遗址下层（T2 第 5 层和 T8 第 6 层）以泥质灰陶等细泥陶居多，夹砂陶较少。上层的泥质灰陶比例则大大减少，夹砂陶则占了绝大多数。上下层堆积出土遗物在器形、纹饰等方面也都有差异。邓家坪遗址下层测得的一个 ^{14}C 年代为距今 5225±180 年（T8 ⑥层，木炭，经树轮校正）。

4. 南江阳八台遗址

位于南江县南江镇白鹤村四组来龙山东段南坡上，1977 年当地村民修蓄水池时发现，四川省文物工作队调查和试掘[②]。遗址在东西长 130、南北宽 55 米的山顶平地上。文化层距地表深 100～130 厘米，在石坡上发现 7 组 21 处磨制石器的砺痕。出土磨制石器 36 件和部分刻划纹、绳纹等灰陶和红陶片。

5. 通江擂鼓寨遗址

位于通江县春载乡擂鼓寨村[③]。四川省文物考古研究所于 1989 年、1999 年分别对该遗址进行了调查、发掘。遗址面积约 1100 平方米，发掘面积 75 平方米。地层堆积厚 105～320 厘米，第 6～9 层为新石器时代文化层。遗址出土石器可分为细石器、打制石器、磨制石器三大类，即细石器均为燧石，器形均为刮削器；打制石器包括有肩石斧、有肩石锄、刮削器、砍砸器、尖状器等；磨制石器有斧、锛、凿、圭、镞、矛、球、盘状器等。此外，还有磨石。陶器以夹砂陶为主，陶色以灰黑陶为主，次为橙黄陶、褐陶，红陶、黑陶、灰陶较少。从纹饰方面看，第 1 段纹饰较发达，有纹饰的器物占一半以上，多为复合纹饰，主要种类有划纹、方格纹、绳纹、波浪纹、附加堆纹、凹凸弦纹、戳印纹、篦点纹和镂孔等，流行将陶器口沿做成锯齿状或波浪状花边。陶器器形主要有斜折沿鼓腹陶罐、陶鼓肩陶罐、喇叭口陶壶、折沿陶盆、陶盘、陶碗、陶器盖、直腹陶杯、敛口陶瓮等，多为平底器，有少量的圈足器。该遗址第 9 层 ^{14}C 标本的检测数据为距今 4480±120 年，树轮校正为距今 4995±159 年。原报告将遗存分为二期 3 段，早期 1 段第 9 层，晚期 2、3 段第 8 层、第 7 层。第 1 段的年代从陶器特征和 ^{14}C 测年看，与灵山遗址第一期相当。

6. 江油大水洞遗址

位于江油市大康镇旱丰村 9 组，2004 年调查，2005 年发掘，面积 200 平方米[④]。新石器时代的

---

① 白九江、蒋晓春、赵炳清：《川东北地区先秦时期考古发现与考古学文化》，《四川文物》2013 年第 2 期。

② 资料未发表，实物现存南江县博物馆。

③ 四川省文物考古研究所、通江县文物管理所：《通江县擂鼓寨遗址试掘报告》，《四川考古报告集》，文物出版社，1998 年，第 41～48 页。

④ 四川省文物考古研究院、绵阳市博物馆、江油市文物管理所：《四川江油市大水洞新石器时代遗址发掘简报》，《四川文物》2006 年第 6 期。

文化层仅第3层，距地表深4～26、厚0～22厘米。清理出2处用火遗迹。发现陶片、石器、石坯、砺石、骨器、蚌饰等遗物。陶器611片。陶质有夹细砂、夹粗砂、泥质三种。夹细砂陶片数量最多，共计322片，占总数的52.7%。其次为泥质陶片，共计219片，占总数的35.8%。夹粗砂陶片最少，共70片，占总数的11.5%。陶色有灰陶、黄褐陶、磨光黑皮陶、红褐陶四种。其中以灰陶为主，共计489片，占总数的80%。其次为黄褐陶，共计94片，占总数的15.4%。再次为磨光黑皮陶，共计26片，占总数的4.3%。红褐陶最少，仅2片，占总数的0.3%。素面陶片共计359片，占总数的58.8%。有纹饰的陶片共计252片，纹饰有拍打绳纹、擦抹凹棱纹、压印纹、戳印纹四种，占总数的41.2%。纹饰以各种绳纹组合而成的图案为主，占总数的70.6%。擦抹凹棱纹占总数的21.5%。压印纹占总数的8%。戳印纹占总数的0.01%。陶片火候较高，陶器为轮制，采用泥条盘筑法。可辨器形有陶壶、陶罐两种。

7. 绵阳边堆山遗址

位于绵阳市中区新皂镇姜家湾村涪江支流安昌河右岸边堆山南坡上，1988年调查，遗址面积约1万平方米，采集遗物为陶器、石器两类[①]。陶器400余片，陶质可分为夹砂与泥质两类。夹砂陶有粗、细之分，夹粗砂者多为石英颗粒。夹砂陶多为灰、灰褐、红褐、黑褐、黄褐等色，泥质陶有灰、黄褐、红色等。器表纹饰十分繁见，在总数的50%以上，有绳纹、划纹、凹弦纹、戳印纹、附加堆纹、圆圈纹等。器形多见陶盘、陶罐、陶盆等。石器约30余件，器形有斧形器、砍砸器、刮削器、尖状器、楔形器、凿、镞形器、刀等。从石器和陶器的总体特征看，特别是陶器，口沿上的纹痕较深，其年代距今4300～4000年。

8. 宣汉罗家坝遗址

位于宣汉县城北46千米普光镇中河与后河交汇处，四川省文物考古研究院多次对该遗址进行调查、发掘[②]。综合其新石器时代遗存的特征看，遗物主要为陶器，少量石器。陶器以夹砂红褐陶为主，次为灰褐陶，夹砂灰黑陶、泥质红陶、泥质灰陶、泥质黑衣陶较少。纹饰以细绳纹为主，有部分附加堆纹、戳印纹、绳纹、指甲纹、网格纹、弦纹、太阳纹等，多复合纹。器形主要为折沿罐、喇叭口罐、直口罐、卷沿罐、钵等，多平底器，少量圈足器。其陶器口沿纹痕都较浅，年代应该相对较早。

9. 合川猴清庙遗址

地处嘉陵江支流涪江和临渡河交汇处涪江右岸的二级阶地上，发掘面积2445平方米，发现的新石器时代文化层仅在中部极个别探方有分布，如T1408、T1409第7层，距地表深150、厚25～28厘米[③]。出土遗物全为陶器，陶质以夹砂为主，多为夹粗砂，泥质陶次之。陶色以黑褐陶为

---

① 中国社会科学院考古研究所四川工作队：《四川绵阳市边堆山新石器时代遗址调查简报》，《考古》1990年第4期。

② 四川省文物考古研究院、达州市文物管理所、宣汉县文物管理所：《四川宣汉罗家坝遗址1999年度发掘简报》，《四川文物》2009年第4期；四川省文物考古研究院、达州地区文物管理所、宣汉县文物管理所：《四川宣汉罗家坝遗址2003年发掘简报》，《文物》2004年第9期。

③ 重庆市文化遗产研究院、重庆文化遗产保护中心：《嘉陵江下游考古报告集》，科学出版社，2015年，第51～166页。

主，次为灰褐、红褐、黄褐、灰陶。器表以纹饰为主，素面较低。纹饰种类较多，有绳纹、菱形纹、附加堆纹、刻划纹、戳印纹、网格纹、瓦纹等，多上述纹饰组成的复合纹。器形均为平底器，多为罐、少量壶、盆等。器物唇部多素沿，纹痕多较浅，较深者很少。

（三）与成都平原遗址的比较

成都平原的新石器时代晚期遗存除什邡桂圆桥遗址外，其文化面貌和内涵基本相同，其争议主要表现在是叫宝墩文化还是称为三星堆一期文化。

什邡桂圆桥遗址[①]位于什邡市东郊回澜镇玉皇村，分布面积近3万平方米，2009年发掘2953平方米。新石器时代晚期遗存主要为第5、6层和开口于第4层下的部分遗迹单位。笔者去工地参观，看完发掘现场和出土的早期陶片后与领队交流时指出这是目前四川平原地区发现最早的新石器时代遗存。发掘者将其分为三期，第一期以H20为代表，陶质多夹粗砂，陶色多红陶，纹饰有绳纹、附加堆纹等，器形多罐、盆、钵等，罐大多器形较大，器壁厚度多超过1厘米。年代为距今5100～4600年。第二期以F1和T11第5层、T12第5层为代表，F1为早段，T11第5层、T12第5层为晚段。陶器早段以桶形罐、喇叭口罐为代表，晚段以花边口沿罐、豆为代表。年代为距今4600～4300年。第三期以H29为代表，陶器以夹砂褐陶折沿罐为代表，豆的数量显著增多。年代为距今4300～4100年。从陶器组合与形制特征看，第一、二期之间似有缺环。

以新津宝墩遗址[②]和广汉三星堆遗址[③]第一期为代表的本区新石器时代晚期遗存陶器陶质可分为夹砂和泥质两类，夹砂陶中灰陶占绝大多数，另有少量外褐内灰陶和褐陶。泥质陶以灰白陶和灰黄陶为主，另有少量褐陶。夹砂陶基本都装饰有纹饰，以绳纹占绝大多数，另有少量划纹、戳印纹、凹凸弦纹、附加堆纹等，多数种纹饰复合于一件陶器上。器形多绳纹花边罐、缸、喇叭口高领罐、壶、宽沿平底尊、宽沿盆、宽沿罐和敞口圈足尊、盘口圈足尊、圈足罐、浅盘豆等。年代为距今4500～3700年。宝墩遗址出土的Ⅰ式盘口尊（Ⅲ T1929⑦：52）（图六，4）与灵山遗址出土宽沿盘口罐（T0204⑦：14）相似度较高。

（四）与重庆峡江地区遗址的比较

忠县哨棚嘴遗址[④]1997年后经过多次发掘，以1999年度的发掘收获最大。发掘者将该年度新石器时代遗存分为哨棚嘴一、二、三期新石器文化遗存。其一期晚段的小口高领瓮（99ZGST312⑯B：1）（图六，8）与灵山遗址第2组的Ba型Ⅰ式高领瓮（T0203⑪：4）（图六，9）口部特征相同。其二期晚段的B型内折沿钵（99ZGST302⑨：2）（图六，7）与灵山遗址第4组出土的盘（T0203⑨：1）口部特征相同。其对应的年代应该大体相当。

---

① 四川省文物考古研究院、德阳市博物馆、什邡市博物馆：《四川什邡桂圆桥新石器时代遗址发掘简报》，《文物》2013年第9期。

② 中日联合考古调查队：《四川新津县宝墩遗址1996年发掘简报》，《考古》1998年第1期。

③ 四川省文物管理委员会、四川省博物馆、广汉县文化馆：《广汉三星堆遗址》，《考古学报》1987年第2期。

④ 北京大学考古学研究中心、北京大学考古文博学院三峡考古队、重庆市忠县文物管理所：《忠县哨棚嘴遗址发掘报告》，《重庆库区考古报告集》（1999卷），科学出版社，2006年，第530～643页。

忠县中坝遗址[①]1997年开始进行了连续6个年度的抢救性发掘，发掘面积近7000平方米。发现了目前为止中国地层堆积最厚12.5米，根据土质土色和包含物划分的文化层多达79层，延续时间最长——历经新石器时代晚期、夏、商、西周、春秋、战国、汉、南朝、唐、宋、元、明、清和近现代的通史式遗址。

发掘者根据遗址新石器时代遗存的各项特征，将其命名为中坝文化，并划分为三期8段11组，绝对年代第一期距今4800～4600年，第二期距今4600～4300年，第三期距今4300～3800年。

灵山遗址出土的盘口罐（T0203⑦：27）（图六，10）与重庆忠县中坝遗址第二期第6组的C型盘口罐（2002DT0102㉜：4）（图六，11）以及川西平原地区宝墩遗址第一、二期同类器特征相似。

四、结　　语

（1）灵山遗址是四川嘉陵江干流中游首次发现和发掘的新石器时代晚期遗存，填补了该地区新石器时代考古学文化研究的空白，为我们了解和研究该地区新石器时代晚期的考古学文化面貌和时空框架提供了确切的实物资料。

（2）首次在四川发现了位于山顶的燎祭遗迹，丰富了新石器时代考古学文化研究的内涵；观察出土的陶、石器，具有比较明显的地域特色，可能是新的考古学文化或类型。

（3）初步建立起了嘉陵江干流中游新石器时代晚期距今5000～4500年前后的年代框架和考古学文化发展序列。

（4）为研究四川盆地以及盆地周边如陕甘、峡江地区等新石器时代晚期考古学文化的东、西交流与南北融合提供了新的实物资料。

（5）通过与周边遗址的比较，我们可以看出：虽然与其他遗址有或多或少的相同因素，但从陶器组合与形制特征看仍然存在不少的差异，需要开展进一步深入研究来加以甄别。

（6）将阆中有据可考的人类活动历史从距今约3000年提到距今5000～4500年。

---

① 四川省文物考古研究所、重庆市文物局三峡办、重庆市忠县文物管理所：《忠县中坝遗址Ⅱ区发掘简报》，《重庆库区考古报告集》（1998卷），科学出版社，2003年，第607～648页；四川省文物考古研究所、北京大学考古文博学院、美国加州大学洛杉矶分校、重庆市文物局三峡办、重庆市忠县文物管理所：《忠县中坝遗址1999年度发掘简报》，《重庆库区考古报告集》（2000卷），科学出版社，2007年，第964～1042页。

附表一　新石器时代晚期遗存陶系统计表

分期			陶质				陶色						器表		纹饰							
期	段	组	粗砂陶	细砂陶	合计	泥质陶	红陶	黑陶	灰陶	褐陶	灰褐陶	黄褐陶	素面	纹面	绳纹	复合纹	附加堆纹	弦纹	戳印纹	划纹	镂孔	贴塑
三	5	10	8.37	52.41	60.78	39.22	24.37	18.94	23.5	4.56	21.29	7.34	66.38	33.62	10.71	6.76	6.45	3.53	2.79	1.76	16.20	
		9	21.51	57.15	78.66	21.34	31.3	19.68	19.24	6.64	20.17	2.97	65.99	34.01	11.23	3.90	8.52	1.95	0.66	7.08	0.67	
		8	20.69	59.18	79.87	20.13	25.20	17.20	31.02	7.64	10.92	8.18	68.09	31.91	18.75	6.28	0.86	2.64	1.54	1.83		
		7	25.47	35.97	61.44	38.56	26.90	20.20	23.66	8.28	6.06	14.90	70.91	29.09	16.56	3.65	4.84	0.80	1.62	1.63		
二	4	6	23.40	27.52	50.92	49.08	22.15	21.85	22.25	7.28	11.14	15.33	54.13	45.87	27.81	7.94	4.84	3.62	1.17	0.49		
	3	5	28.48	25.53	54.02	45.98	31.65	24.38	9.74	12.63	10.22	11.38	45.32	54.68	36.99	8.62	2.91	3.27	1.96	0.93		
		4	29.26	16.02	45.28	54.92	34.47	22.62	16.46	6.12		20.34	40.61	59.39	36.54	13.70	2.25	5.40	0.58		0.37	0.58
		3	25.00	28.26	53.26	46.74	21.75	34.79	20.65		22.83		42.39	57.61	33.70	12.00	2.17	7.61		2.17		
	2	2	28.62	24.52	53.15	46.85	20.69	19.98	29.65	2.99	8.53	14.16	53.09	46.91	29.26	8.29	4.92	2.14	0.99	1.31		
一	1	1	42.39	57.61	100		23.48	27.08	1.92	28.93	18.59		53.05	46.95	21.00	10.30		5.05	9.37	1.28		

附表二 新石器时代晚期遗存出土典型陶器分类统计表

器类	高领瓮						缸	罐															小罐				盆						盘	钵		杯	器盖	纺轮			
器种								宽折沿	折沿	窄折沿		宽卷沿	窄卷沿	高领罐				有肩罐			盘口罐		侈口		直口		卷沿		折沿					敛口	敞口						
型	A			B										A		B		A	B	C	宽沿	折沿	A	B	A	B			A		B							A	B	C	D
亚型				a		b										a	b																								
式	Ⅰ	Ⅱ	Ⅲ	Ⅰ	Ⅱ					Ⅰ	Ⅱ			Ⅰ	Ⅱ												Ⅰ	Ⅱ	Ⅰ	Ⅱ	Ⅰ	Ⅱ									
期段 组																																									
10						*	*				Ⅱ	*	*			*	*															Ⅱ				*					
9								*		Ⅰ	Ⅱ	*				*	*					*		*	*			Ⅱ						*			*				*
8						*	*	*			Ⅱ	*	*									*	*											*		*	*				
7										Ⅰ		*				*							*																		*
6		Ⅱ	Ⅲ	Ⅰ	Ⅱ	*	*	*		Ⅰ	Ⅱ	*	*		Ⅱ	*	*	*	*	*			*	*	*	*		Ⅱ	Ⅰ	Ⅱ	Ⅰ	Ⅱ		*	*				*		
5				Ⅰ			*				Ⅱ	*	*		Ⅱ		*				*		*	*					Ⅰ								*		*	*	
4		Ⅱ	Ⅲ	Ⅰ		*	*		*	Ⅰ	Ⅱ		*	Ⅰ									*	*								Ⅱ	*	*		*		*			
3		Ⅱ								Ⅰ							*							*	*																
2	Ⅰ			Ⅰ	Ⅱ	*			*	Ⅰ	Ⅱ	*	*	Ⅰ		*	*		*				*	*			Ⅰ		Ⅰ		Ⅰ			*							
1	Ⅰ						*	*				*				*							*	*			Ⅰ							*		*	*				

贵州赤水河流域新石器时代遗存的探索

张改课
（陕西省考古研究院）
左云杰
（贵州省文物考古研究所）
许国军
（贵州省文物考古研究所）
李二超
（贵州省文物考古研究所）

摘　要：赤水河流域是贵州省新石器时代遗存的重要分布区之一。该地区文化面貌比较清晰的新石器时代遗存以习水黄金湾遗址新石器时代晚期遗存为代表，其与重庆峡江地区的玉溪坪文化晚期遗存具有较多共性，应是玉溪坪文化扩张的结果。玉溪坪文化扩张进入贵州赤水河流域，是玉溪坪文化自身具备扩张的基础和动力、赤水河流域具有良好的自然环境和相对宽松的社会环境、“长江—赤水河通道”便利的交通条件等多种因素共同作用的结果。玉溪坪文化的扩张，深刻影响了贵州赤水河流域新石器时代的文化发展进程。

关键词：贵州　黔北地区　赤水河流域　新石器时代　玉溪坪文化

近年来，贵州省赤水河流域发现并发掘了一大批新石器时代至汉晋时期古遗址，辨识出大量新石器时代、商周时期、汉晋时期等不同阶段的文化遗存，是近年来贵州考古的重大收获之一。这些不同时期文化遗存的发现，为相关问题的研究提供了重要的基础资料。本文拟对贵州赤水河流域的新石器时代遗存的面貌、时代及其与周边地区的文化交流的问题进行探索和分析，抛砖引玉，求教学界同仁，以期推动赤水河流域及周边地区新石器时代考古学研究的深入开展。

一、赤水河概况

赤水河，为长江上游南岸较大的一级支流，古称鳛部水、大涉水、安乐水、赤虺河等，明初始称赤水河。发源于云南省镇雄县，流经滇东北、黔北、川南交界地区，于四川省合江县注入长江，干流全长445.5千米。

赤水河干流主要流经云南省镇雄、威信，贵州省毕节（七星关区）、金沙、仁怀、习水、赤水，四川省叙永、古蔺、合江等市县，主要支流有二道河、桐梓河、古蔺河、大同河、习水河等。总流域面积 20440 平方千米，其中贵州境内面积 11357 平方千米。一般以贵州省仁怀市茅台镇以上为上游，贵州省赤水市丙安镇为中、下游分界。上游主要流经云贵高原斜坡地带，地势陡峻、河谷深切、水流湍急，傍河台地少；中游主要流经四川盆地南部边缘区，地势渐缓、河谷较宽、水流趋缓，傍河间有台地发育；下游主要流经四川盆地丘陵地区，地势平坦、河谷宽阔、水势平缓，傍河台地发育广泛[①]。赤水河干流及其支流两岸分布的缓坡台地地带，自然资源丰富，地理环境优越，为早期人类的生存提供了便利条件。

二、贵州赤水河流域新石器时代遗存的发现概况

现有的考古资料表明，贵州省的新石器时代至商周时期遗址主要分布在黔东北的乌江中游、黔北的赤水河流域、黔西北的牛栏江流域、黔西南的南北盘江流域、黔东南的沅水上游地区（包括清水江、锦江、㵲阳河等）以及黔中地区，但可以辨识的遗存整体上以商周时期的遗存居多，能够确认含有新石器时代遗存的遗址数量较少[②]。赤水河流域曾经是贵州考古的薄弱地区，研究工作比较滞后。近年来，该流域的考古工作取得了一系列的新收获，确认了一批新石器时代的遗存，积累了一定的基础材料，使得我们能够对这一区域的新石器时代遗存做一些初步的探索和研究。

早在 20 世纪 40 年代，习水县土城镇附近的赤水河沿岸就陆续有磨制石器出土，至 1981 年已在土城附近的 10 余处地点发现磨制石器近 20 件，以石斧、石锛为主，多呈梯形，圆弧形刃，均无段、无肩[③]。尽管相关的调查未曾发现新石器时代的遗址和墓葬，但这批磨制石器的陆续发现，仍为在赤水河沿岸探寻新石器时代遗址提供了重要线索。

1988 年，贵州省博物馆王新金研究员等调查发现金沙县石场乡大宝洞遗址并试掘。遗址堆积厚约 1.3 米，分 3 层。上层为灰黑、灰褐、灰白色粉砂质黏土层，含少量石制品；中层为灰褐色黏土层，夹灰岩角砾，含石制品、动物碎骨；下层为灰黄色黏土层，夹灰岩角砾和磨圆度不好的小砾石。出土和采集到有疤砾石、石核、石片、砍砸器、刮削器等石制品 80 余件，其中 1 件石片带有磨制痕迹。发现的动物遗骨全为现生种，包括螺、猪、牛、羊等 6 种。根据遗址堆积情况和出土遗物判定其时代为新石器时代[④]。

2003 年，根据地质学家提供的线索，遵义市文化局、习水县文体广电新闻出版局等单位在赤水河流域石灰岩地区的习水县双龙乡确认打游洞遗址，采集少量局部磨制的石钻、石斧、石锛等磨制石器，以后的调查中又发现较多打制的燧石石制品和 1 件磨制石斧。遗址中应包含新石器时代的

① 贵州省地方志编纂委员会：《贵州省志·地理志》，贵州人民出版社，1985 年，第 896～898 页。

② 张合荣：《贵州史前时期陶器概论》，《四川文物》2008 年第 6 期；吴小华：《近年贵州高原新石器至商周时期文化遗存的发现与分区》，《四川文物》2011 年第 1 期。

③ 禹明先：《土城发现新石器线索》，《贵州文物》1983 年第 3、4 合期。

④ 王新金：《金沙县石场大宝洞新石器地点》，《中国考古学年鉴》（1989），文物出版社，1990 年，第 241～242 页。

遗存，下部堆积中可能包含旧石器时代遗存[①]。

2009年，为配合仁怀至赤水高速公路建设，贵州省文物考古研究所、习水县文体广电新闻出版局等单位在赤水河流域石灰岩地区的习水县东皇镇发现渔溪洞遗址，采集石制品、动物化石、陶器残片等遗物百余件。该遗址是一处含有旧石器时代晚期及新石器时代遗存的洞穴遗址[②]。

2009年，为配合仁怀至赤水高速公路建设，贵州省文物考古研究所、习水县文体广电新闻出版局、赤水市文体广电新闻出版局等单位在土城至元厚段的赤水河沿岸开展了系统调查，发现了习水县土城镇黄金湾、官仓坝和赤水市元厚镇板桥3处新石器时代至汉代古遗址，采集到少量新石器时代的石制品和陶器残片[③]。

2011年，为配合仁怀至赤水高速公路建设，贵州省文物考古研究所、习水县文体广电新闻出版局等单位发掘了赤水河西岸的习水县土城镇官仓坝遗址，发现一批新石器时代、商周时期及汉代的文化遗存。其中新石器时代的遗迹主要为灰坑，遗物主要为陶器残片[④]。

2014年12月至2017年7月，为配合习水土城红色文化旅游创新区建设，贵州省文物考古研究所、遵义市文物局、习水县文体广电新闻出版局等单位对习水县土城镇黄金湾遗址进行了试掘和发掘，发现大量新石器时代、商周、汉晋等不同时期的遗迹和遗物，发掘成果入选国家文物局编的《2015中国重要考古发现》[⑤]。其中，新石器时代遗迹有灰坑、陶窑、房址等，遗物以陶器为主，兼有少量石制品[⑥]。

2015年3～4月，为配合赤水河谷旅游公路建设，贵州省文物考古研究所联合遵义市文物局，以及仁怀、习水、赤水等县市文物管理部门，在赤水河沿岸（赤水市至仁怀市茅台镇段）开展了系统考古调查，新发现了赤水市大同镇坝中间，复兴镇打鱼坝；习水县土城镇渔溪、宝寨、新田湾，醒民镇河坝、新滩、千江寺，隆兴镇大沙坝、瓢儿滩、瓦厂头、庙子坝、福禄台、庙坝、黄果岩；仁怀市合马镇平坝、下沙坪、蔡家湾，二合镇金台坝、罗锅扁、杨家岩、关寨，茅台镇德庄、鲤鱼滩、大园子、太平场等新石器时代至汉晋时期古遗址26处，使得赤水河干流沿岸的阶地遗址达到31处。此次调查比较全面地厘清了赤水河干流沿岸的新石器时代至汉晋时期遗址分布情况，是贵州省近年来流域考古调查的重大收获。其中，在习水县醒民镇新滩遗址、仁怀市二合镇关寨遗址、仁怀市茅台镇大园子遗址中发现有比较明确的新石器时代的陶器残片[⑦]。

此外，1981年中国科学院古脊椎动物与古人类研究所、贵州省博物馆等单位在试掘桐梓马鞍山遗址时，在遗址表土层中发现有陶片[⑧]。1990年贵州省遵义地区文化局、中国科学院古脊椎动物

---

① 2003年7月地质专家考察溶洞时于洞内发现磨制石器，2003年10月遵义市文化局周必素等同志调查，确认为一处新石器时代遗址；2009年贵州省文物考古研究所张改课等复查，发现较多打制石器和1件磨制石斧，资料现存贵州省文物考古研究所。

② 张改课、王新金、陈聪：《贵州省习水县渔溪洞遗址发现的石制品》，《西部考古》（第12辑），科学出版社，2017年，第71～83页。

③ 张改课：《习水土城地区的考古调查新发现及其意义》，《文博与发展——贵州文化遗产保护论文集》（一），贵州科技出版社，2010年，第102～110页。

④ 贵州省文物考古研究所张改课主持发掘，资料现存贵州省文物考古研究所。

⑤ 张改课、李飞、陈聪等：《贵州习水黄金湾遗址》，《2015中国重要考古发现》，文物出版社，2016年，第100～105页。

⑥ 张改课、许国军、李二超等：《贵州习水黄金湾遗址发掘取得重要成果》，《中国文物报》2017年11月3日第8版。

⑦ 贵州省文物考古研究所张改课等调查发现，调查资料现存贵州省文物考古研究所。

⑧ 张森水：《马鞍山旧石器遗址试掘报告》，《人类学学报》1988年第1期。

与古人类研究所、中国历史博物馆等单位在试掘桐梓马鞍山南洞遗址时，于早期被清理至洞外的洞内堆积中筛选出2件局部磨光的磨制石斧[①]。但这些遗物或非原生地层出土，或报道不尽详细，其时代和性质尚不明确。

总体而言，尽管贵州省赤水河流域新石器时代遗存的发现仍然显得总量略少，但相对贵州其他区域而言，其遗存数量相对较多，文化内涵比较清晰，区域特点比较鲜明，是贵州省新石器时代遗存的重要分布区之一。上述赤水河流域的考古发现中，习水黄金湾遗址、习水官仓坝遗址两处赤水河干流沿岸阶地遗址经过正式的考古发掘，获得了一批地层关系明确、文化面貌清晰的新石器时代遗存，具有一定的代表性，为相关的研究工作提供了良好的基础材料。习水新滩遗址、仁怀关寨遗址、仁怀大园子遗址等位于赤水河干流沿岸阶地遗址虽仅进行过调查工作，但发现了数量不等的陶器残片，可以与习水黄金湾遗址、习水官仓坝遗址的发现进行对比。而习水渔溪洞遗址、金沙大宝洞遗址、习水打游洞遗址等石灰岩地区的洞穴遗址中虽可确认存在新石器时代的遗存，但由于地理环境不同，所做工作亦较少，试掘或调查发现遗物有限，文化面貌不甚清晰，年代判定困难比较大，难以进行更多的分析。因此，我们将以习水黄金湾遗址、习水官仓坝遗址为重点进行分析，并以此为基础对其他经过调查的遗址材料进行初步探讨。

三、贵州赤水河流域新石器时代遗存的面貌与时代

（一）习水黄金湾遗址新石器时代遗存的面貌与时代

黄金湾遗址位于贵州省遵义市习水县土城镇黄金湾村，处在黄金河与赤水河交汇处的赤水河东岸一级阶地上，文化遗存分布面积约10万平方米。

黄金湾遗址新石器时代的遗迹主要有陶窑、房址、灰坑等20余处，其中陶窑是贵州省境内已发现的时代最早、结构最完整的陶窑，陶窑顶部虽被汉代和明清时期人类活动破坏，但底部保存较好，从残存部分判断其为横穴式蓖孔窑，主体由火塘、火道、窑室等部分组成，外部还可能存在操作坑一类的遗迹。房址仅发现一座，为平面呈椭圆形的小型房屋，地面不平整，未见明显的活动面，可能为干栏式建筑。灰坑形状不规则，多近似椭圆形，以锅底和直筒状为主。

该遗址新石器时代的遗物主要为陶器，兼有少量石制品，主要出自遗址第9层及各遗迹单位中。陶器的陶质以夹砂陶为主，泥质陶较少；夹砂陶陶色以红褐、灰褐、灰等色为主，泥质陶陶色以灰、灰褐、黑皮等为主；纹饰常见于夹砂陶，以细绳纹、细线纹，以及细绳纹、细线纹交错构成的菱格纹为主，还见有少量附加堆纹、箍带纹等与菱格纹的组合，以及器物口沿部位的花边口装饰等。主要器形有折沿深腹罐（图一，1）、折沿鼓腹罐、卷沿鼓腹罐（图一，2）、喇叭口高领壶（图一，3、4）、花边卷沿侈口罐、折肩大口盆、敛口小平底钵（图一，6）、杯（图一，5）等，均为平底器。石制品分打制与磨制两大类。打制的石制品多以燧石为原料，少量为砂岩和石英岩砾石，有石核、石片、刮削器、断块、断片等类型；磨制的石制品，多系在打制的基础上局部磨制

① 黄泗亭、龙凤骧、安家瑗：《马鞍山南洞旧石器文化遗址试掘报告》，《人类学学报》1992年第1期。

而成，类型主要为斧、锛等，平面一般呈梯形，弧形凸刃，皆无段、无肩。

尽管尚缺乏相应的测年数据，但通过与周边地区考古发现的对比，可以大略判断出黄金湾遗址新石器时代遗存的时代。与黄金湾遗址新石器时代陶器特征接近的陶器，以往多发现于重庆地区新石器时代晚期的玉溪坪文化晚期阶段，近年来在川北、鄂西、黔东北等地也有所发现。玉溪坪文化晚期阶段的陶器，陶质以夹砂陶为主，泥质陶较少；陶色方面，夹砂陶常见黑灰、红褐、灰褐、黄褐、红、青灰等色，泥质陶多见青灰、黄褐、红、黑皮等色；纹饰常见于夹砂陶，主要是细绳纹和由此交错形成的小菱格纹，同时盛行箍带纹和划纹等组成的复合纹饰；器形多呈微鼓或者直腹，显得较高，各类折沿器较盛行。主要器形有夹砂折沿鼓腹罐、夹砂折沿深腹罐、夹砂上翻折沿深腹罐、夹砂卷沿罐、夹砂折沿罐、小罐、泥质卷沿鼓腹罐、泥质折沿罐、泥质卷沿罐、泥质鼓肩罐、

图一　习水土城黄金湾遗址新石器时代典型陶器

1. 折沿深腹罐（XHH12：1） 2. 卷沿鼓腹罐（XHH12：3） 3、4. 喇叭口高领壶（XHH12：6、XHH12：2）
5. 陶杯（XHH14：2） 6. 敛口小平底钵（XHH14：1）

敛口瓮、高领壶、喇叭口高领壶、小口高领壶、大口高领壶、卷沿平底盆、折沿大口盆、翻沿浅腹盆、敛口钵、折腹钵、内折沿钵、圈足器、器盖、盘、碗、豆、杯，一般认为其绝对年代为距今5000～4600年①。显而易见的是，黄金湾遗址新石器时代的陶器和玉溪坪文化晚期陶器有着较多的共性，它们的时代应是基本一致的，同属新石器时代晚期。

（二）习水官仓坝遗址新石器时代遗存的面貌与时代

官仓坝遗址位于贵州省遵义市习水县土城镇团结社区官仓坝，处在赤水河西岸一级阶地上，是一处地势平坦的椭圆形凸出台地，与黄金湾遗址隔赤水河相望，文化遗存分布面积为2万余平方米。

该遗址新石器时代的遗迹主要包括3座灰坑，灰坑平面形状不规则，近椭圆形，锅底或直筒状。遗物主要为陶器，陶质以夹砂陶为主，泥质陶少见，烧制火候均较低。夹砂陶陶色以红褐色为主，灰褐色次之；纹饰常见于夹砂陶，以细绳纹、细线纹及细绳纹、细线纹交错构成的菱格纹为主，还见有少量的附加堆纹、戳印纹、弦纹以及器物口沿部位的花边口装饰等，可辨器形主要为罐类，多侈口，卷沿或折沿，以平底器为主。可以看出，其主要特征基本是与黄金湾遗址新石器时代晚期陶器一致的，其时代也大体相当（图二，1）。

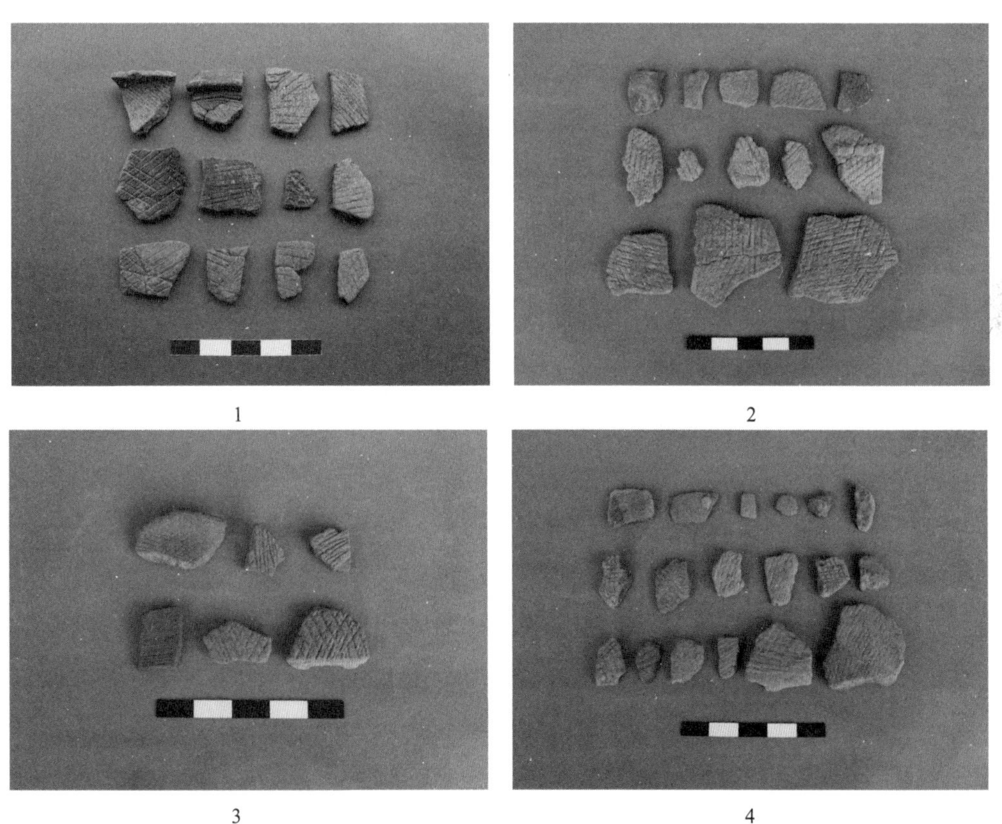

图二　贵州赤水河流域其他遗址新石器时代典型陶器

1. 习水土城官仓坝遗址（采集）　2. 习水醒民新滩遗址（采集）
3. 仁怀二合关寨遗址（采集）　4. 仁怀茅台大园子遗址（采集）

① 白九江：《重庆地区的新石器文化——以三峡地区为中心》，巴蜀书社，2010年，第138～142页。

（三）其他阶地遗址新石器时代遗存的面貌与时代

新滩遗址位于习水县醒民镇文光村新滩组，处在玉溪河与赤水河交汇处的赤水河西岸一级阶地之上，文化遗存分布面积1万余平方米。遗址地层堆积中见有较多陶片，陶质以夹砂陶为主，泥质陶较少；陶色以灰、灰褐、黄褐、红褐等色为主；纹饰常见于夹砂陶，多见细绳纹、细绳纹交错而形成的菱格纹、附加堆纹等，陶器烧制火候一般较低（图二，2）。

关寨遗址位于仁怀市二合镇双龙村关寨组，处在关寨小河与赤水河交汇处的赤水河西岸一级阶地之上，文化遗存分布面积约0.3万平方米。遗址中除一些典型的商周时期陶器外，亦见有少量红褐、灰褐等色的夹砂细绳纹、菱格纹陶片，陶器烧制火候较低，可辨器形有夹砂菱格纹卷沿罐（图二，3）。

大园子遗址位于仁怀市茅台镇太平村大园子组，处在赤水河支流与干流交汇处的赤水河东岸一级阶地之上，文化遗存分布面积1万余平方米。遗址中除典型的商周时期和汉代遗物外，还可见较多红褐、灰褐等色的夹砂细绳纹、菱格纹陶片，陶器烧制火候较低（图二，4）。

上述几处遗址中采集的以夹砂陶为主要陶质，红褐、灰、灰褐、黄褐等色为主要陶色，细绳纹、菱格纹、附加堆纹为主要纹饰的陶器残片，与黄金湾遗址中新石器时代晚期的陶器面貌基本一致，时代也应大体相当。

（四）洞穴遗址新石器时代遗存的面貌与时代

渔溪洞遗址位于贵州省遵义市习水县东皇镇白坭村太平山上，是一处洞穴遗址。该遗址采集陶器残片5片，包括红褐色夹砂细绳纹陶片2片，红色夹砂附加堆纹陶片1片，红褐色夹砂素面陶片2片，尽管采集陶器较少，但从陶质、陶色、纹饰方面来看，细绳纹、附加堆纹陶片的时代应为新石器时代，面貌和年代大致可能与黄金湾遗址新石器时代晚期遗存相当，但仍需进一步确认。

而同样处在石灰岩地区，远离赤水河干流的金沙大宝洞地点、习水打游洞遗址，由于其所处地理环境不同于前述阶地遗址，且目前未发现陶器，难以与其他阶地遗址进行更多的对比。但其存在较多类似旧石器时代晚期打制的石制品，以及局部磨制的石器，整体上显示出比较原始的特点。尽管这种原始性可能与遗址本身所处的环境和人类生活方式有关，但总体而言，它们的时代似乎应早于黄金湾遗址新石器时代晚期遗存的时代，具体年代有待进一步探讨。

通过以上的分析可知，以黄金湾遗址为代表的新石器时代遗存，在赤水河流域已有一定数量的发现，分布地域相对广泛。限于赤水河流域考古工作开展得还不十分充分，调查工作远远多于发掘工作，因调查固有的局限性和偶然性，以及我们自身认识水平还很有限，应该还有不少遗址中存在同类的新石器时代遗存，有待以后更加深入的工作。可以初步认为，这类遗存是在贵州赤水河流域，特别是在赤水河沿岸的阶地地区广泛分布的，其与玉溪坪文化晚期遗存具有较多的共性，明显受到了玉溪坪文化的强烈影响，应是玉溪坪文化向赤水河流域扩散的结果，它们的时代均应属于新石器时代晚期。而一些石灰岩地区洞穴遗址的遗存，尚难以深入了解其面貌和时代，初步的线索反映出其时代可能较早。

四、玉溪坪文化向黔北地区扩散的动因与路径

研究表明，玉溪坪文化是重庆地区新石器时代文化的高峰和繁盛期，重庆三峡地区、渝西的长江流域和嘉陵江流域、渝东南乌江、酉水流域均有较多的分布，比较重要的遗址有丰都玉溪坪、秦家院，忠县哨棚嘴、瓦渣地，涪陵陈家嘴，万州涪溪口、苏和坪、黄柏溪，云阳大地坪，巫山魏家梁子，江津王爷庙、燕坝、瓦厂沙坝，合川沙梁子、牛黄坝、老菜园、河嘴屋脊、猴清庙，北碚大土，武隆盐店嘴，酉阳邹家坝、清源、笔山坝等[①]。同时，该文化对外影响亦空前扩大，川北（可能还包括川南）、鄂西、黔东北地区亦可见与其相同或相似的文化因素，比较重要的遗址有川北地区的通江擂鼓寨，广元张家坡、邓家坪，巴中月亮岩，宣汉罗家坝等遗址；鄂西地区的巴东楠木园、茅寨子湾、李家湾，秭归黄土嘴，宜昌中堡岛等遗址，黔东北乌江中游的沿河黑獭遗址群、中锥堡遗址等[②]。

整体来看，玉溪坪文化以重庆峡江地区为中心，影响东至鄂西地区，北达嘉陵江流域，西抵川南和川西岷江上游，南至黔东北地区，几乎包括了整个重庆、四川地区，并影响了周边鄂西、黔东北地区的文化发展，呈现出大规模扩张的态势，深刻地影响到了西南地区新石器时代晚期文化的格局[③]。毋庸置疑的是，赤水河流域新石器时代晚期遗存的发现，充分表明玉溪坪文化也扩张到了黔北的赤水河流域地区，这为研究玉溪坪文化扩张的动因和路径提供了新的资料。

玉溪坪文化扩张的动因是多方面的，已有不少学者进行过研究。如代玉彪就对玉溪坪文化扩张的动因进行了很好的阐释。他认为玉溪坪文化之前的哨棚嘴文化的大发展，为其继承者玉溪坪文化奠定了坚实的基础，而哨棚嘴文化较晚阶段人口增加、聚落增多所带来的压力，为玉溪坪文化的扩张提供了原动力；玉溪坪文化时期优越的自然环境，为其扩张提供了客观条件；周边地区相对宽松的社会环境为玉溪坪文化的扩张提供了便利，使得其在扩张过程中，并未遇到较强的阻力和抵抗；同时便利的交通条件也成了玉溪坪文化快速扩张的催化剂。长江及其支流为处在以峡江地区为中心玉溪坪文化的快速扩张提供了便利的交通条件，长江干流沟通东西的作用，使得玉溪坪文化能够向东和向西快速发展；长江支流嘉陵江使得玉溪坪文化可以向北直达川北地区，并进而通过嘉陵江支流白龙江将其影响带到了川西地区；长江支流乌江使得玉溪坪文化可以快速地向南抵达渝东南及黔东北地区[④]。

具体到贵州赤水河流域，在玉溪坪文化是如何得以扩张至此呢？我们初步认为，首先在于玉溪坪文化自身具备对外扩张的基础和动力，玉溪坪文化自身的发展和兴盛提供了其扩张的基础，人口增加、聚落增多所带来的人口、资源、环境、社会压力为其对外扩张提供了动力。其次，贵州赤水河流域自然资源丰富，为玉溪坪文化向本地区的扩张提供了足够的吸引力，这里的地势相对平缓、

---

① 白九江：《重庆地区的新石器文化——以三峡地区为中心》，巴蜀书社，2010年，第112～164页。

② 白九江：《重庆地区的新石器文化——以三峡地区为中心》，巴蜀书社，2010年，第164～181页。

③ 邹后曦、袁东山：《重庆峡江地区的新石器文化》，《重庆·2001三峡文物保护学术研讨会论文集》，科学出版社，2003年，第35页。

④ 代玉彪：《玉溪坪文化扩张的动因考察》，《四川文物》2013年第5期。

河谷台地分布较多、水源丰沛、生物资源丰富，与玉溪坪文化核心分布区有着相似自然环境，适宜开展玉溪坪文化的核心分布区的生计模式。再次，贵州赤水河流域的原始文化并不发达，社会环境相对宽松，减小了玉溪坪文化向本地区扩张的阻力，尽管贵州赤水河流域新石器时代遗存的发现还比较少，仍处于探索的阶段，但还是可以让我们明显得感觉到这一地区与玉溪坪文化同时或稍早的原始文化遗存数量可能较少，文化并不发达，玉溪坪文化扩散到本地区后，与其之前的遗址数量、陶器烧制水平之间的飞跃发展，也从侧面反映了这一现象。最后，贵州赤水河流域邻近玉溪坪文化核心分布区，赤水河—长江水陆交通便利，为玉溪坪文化向本地区的扩张提供了便利的交通条件，从赤水河入长江口至今重庆市江津区不足100千米，至玉溪坪文化的核心分布区不足300千米，水陆交通顺畅，适宜玉溪坪文化扩张。在多种因素的综合作用下，玉溪坪文化能够比较顺畅的沿长江西进，并通过赤水河向南进入黔北地区，实现其在贵州赤水河流域地区的扩张，深刻影响了赤水河流域的文化发展进程。现有资料表明，玉溪坪文化的因素不但在黔东北的乌江中游地区、黔北的赤水河流域有较多发现，其影响还可能深入黔中腹地，黔中地区的贵安新区牛坡洞遗址中可见具有玉溪坪文化因素的陶器，即是佐证①。

五、结　　语

综上所述，贵州省赤水河流域已发现有一定数量的新石器时代遗存，是贵州新石器时代遗存的重要分布区之一。除少部分因遗存较少、面貌不清晰、时代不明外，其余可以确认的新石器时代遗存，主要以习水黄金湾遗址新石器时代晚期遗存为代表，它们与重庆峡江地区玉溪坪文化晚期遗存具有较多的共性，应是玉溪坪文化扩张的结果。玉溪坪文化扩张进入贵州赤水河流域，是以玉溪坪文化自身发展兴盛为基础，以人口、资源、社会压力为动力，在赤水河流域良好的自然环境的吸引下，在赤水河流域相对宽松的社会环境背景下，通过长江—赤水河通道这一便利的交通条件而快速实现的，深刻影响了赤水河流域新石器时代的文化发展进程。

---

① 中国社会科学院考古研究所华南一队、贵州省文物考古研究所、贵安新区社会事务管理局：《贵州贵安新区牛坡洞遗址》，《考古》2017年第7期。

沱江上游中部晚期巴蜀文化遗存的新发现
——以广汉为例

雷　雨

（四川省文物考古研究院）

摘　要：2013～2016年，四川省文物考古研究院在对广汉三星堆遗址的青关山土台进行年度例行发掘时，分别发现并清理了6座战国时期的船棺墓和狭长方形土坑墓，出土一批铜器和陶器，为沱江上游中部晚期巴蜀文化遗存和战国时期蜀地船棺葬的研究增添了新的资料。

关键词：沱江上游中部　三星堆遗址　晚期巴蜀文化遗存　船棺葬　战国时期

沱江上游支流众多，从南至北主要有毗河、青白江、湔江、石亭江和绵远河，长期以来，春秋战国时期的船棺葬和狭长方形土坑墓遗存广泛出现在毗河、青白江、石亭江和绵远河流域的古河道上，唯独中游地带的湔江（鸭子河）流域除1986年在广汉南兴镇石林村和兴隆镇毗卢寺采集到一批巴蜀青铜兵器和工具外，经科学发掘的船棺葬和战国土坑墓还是空白。

2013～2016年，四川省文物考古研究院在对广汉三星堆遗址的青关山土台进行年度例行发掘时，分别发现并清理了6座战国时期的船棺葬和狭长方形土坑墓填补了这个空白，为沱江上游中部晚期巴蜀文化的研究增添了新的资料。

现将这6座墓葬的基本情况介绍如下。

一、发 现 经 过

2013～2016年，四川省文物考古研究院为实施国家文物局“三星堆遗址2011～2015年度考古工作规划”，在三星堆遗址的青关山土台进行了年度发掘，在扩方追寻商代大型红烧土建筑基址F1和F2分布范围的过程中，于F1和F2周围发现了6座狭长方形土坑墓，编号M31、M32、M33、M34、M46和M47，随即进行了清理。

二、地理环境、位置

青关山土台位于三星堆遗址（图一）的西北部，北濒湔江（鸭子河），南临马牧河古河道，整个青关山土台系人工夯筑而成，现存面积约 16000 平方米，其中第二级土台现存面积约 4000 平方米，土台顶部高出周围地面 3 米以上，是三星堆遗址的最高处（图二），6 座狭长方形土坑墓位于青关山二级土台的东部（图三）。

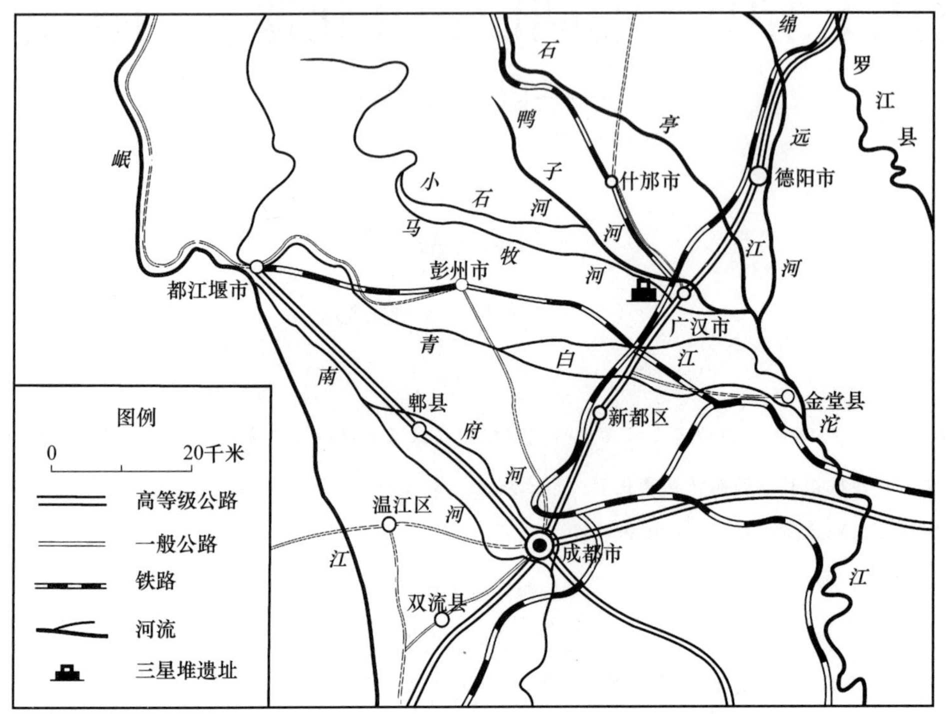

图一　三星堆遗址位置示意图

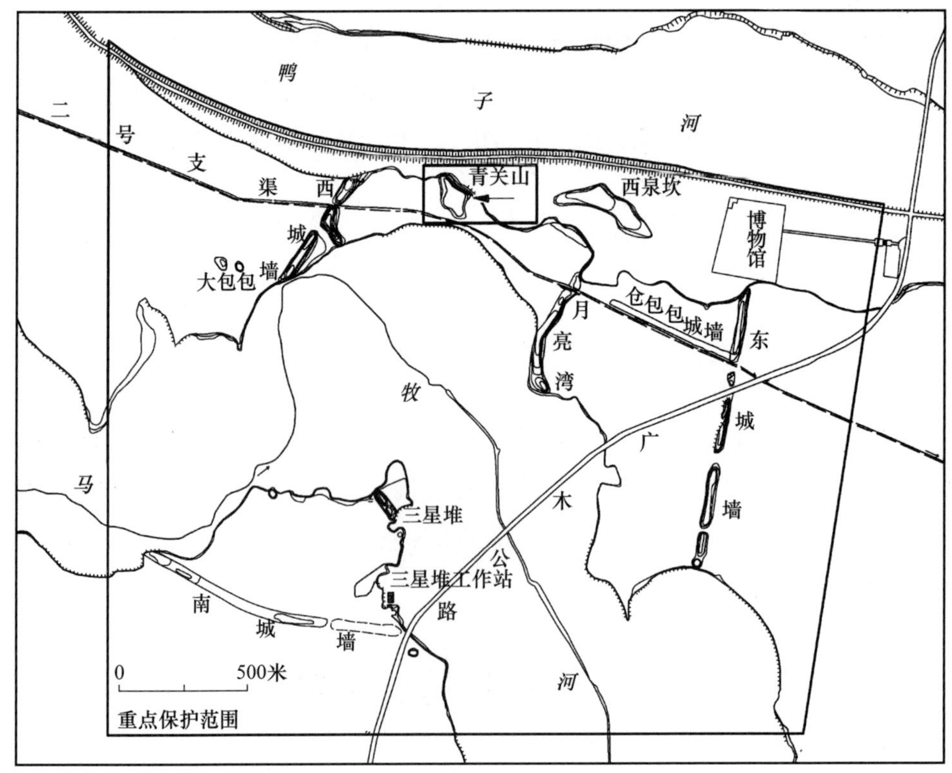

图二　青关山土台位置示意图

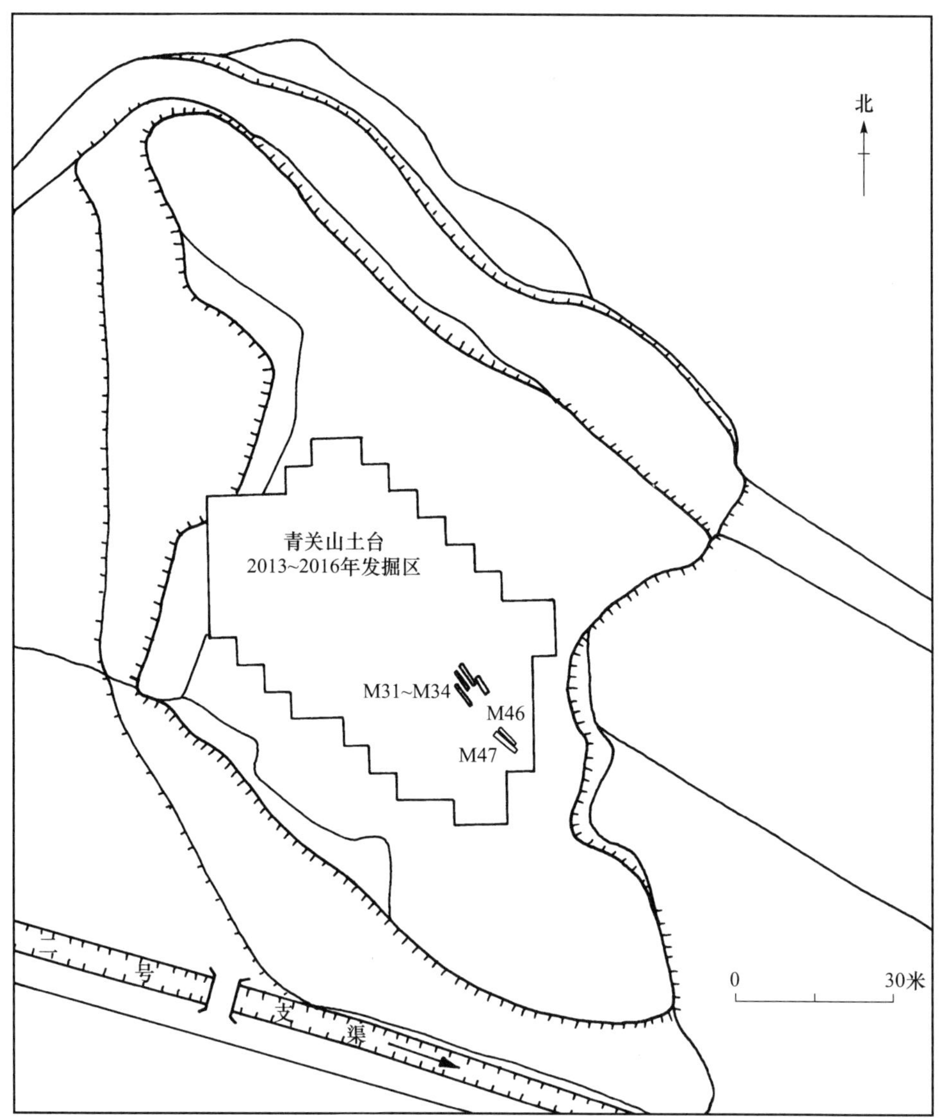

图三　墓葬在发掘区位置图

三、地层堆积

截至2016年春，青关山土台F1和F2所在探方已揭露出来的地层堆积共有5层，6座墓葬均开口于第4层下，打破第5层。

现以T6277南壁和东壁剖面为例介绍如下。

（一）T6277南壁

第1层：耕土层。黄褐色沙黏土，土质疏松。厚10～15厘米。含少量现代瓷片、瓦块以及大量植物根茎。

第2层：现代层。灰黄色黏土，土质较致密。厚5～10厘米。含少量现代及明清时期瓷片。

第4层：汉代层。灰黑色黏土，红烧土颗粒较多。厚0～30厘米。分布于探方中部和南部，出土零星汉代瓦片、砖块和较多三星堆文化陶片。M33 和 M34 均开口于此层下，打破第 5 层。

第 5 层：西周层（未发掘完毕）。青灰色黏土，含较多红烧土块及颗粒。出土较多三星堆遗址四期晚段陶片（图四）。

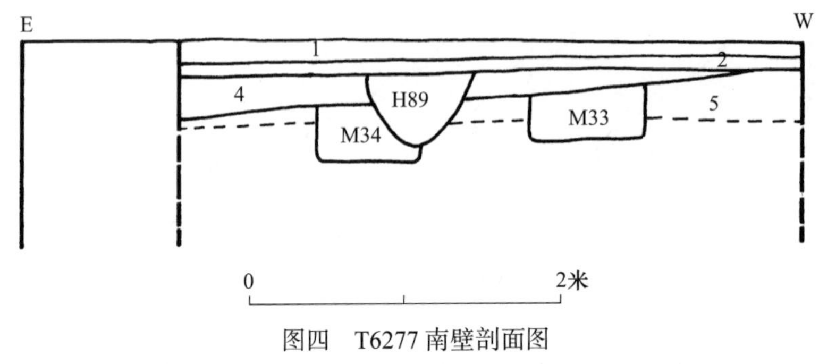

图四 T6277 南壁剖面图

（二）T6277 东壁

第 1 层：耕土层。黄褐色沙黏土，土质疏松。厚 15 厘米。含少量现代瓷片、瓦块以及大量植物根茎。

第 2 层：现代层。灰黄色黏土，土质较致密。厚 5～10 厘米。含少量现代及明、清时期瓷片。

第 3 层：清代层。灰白色沙黏土，土质较松软，厚约 50 厘米。仅分布于探方北部，出土零星清代瓷片。

第 4 层：汉代层。灰黑色黏土，红烧土颗粒较多。厚 18～30 厘米。分布于探方中部和南部，出土零星汉代瓦片、砖块和较多三星堆文化陶片。M32 开口于此层下，打破第 5 层。

第 5 层：西周层（未发掘完毕）。青灰色黏土，含较多红烧土块及颗粒，出土较多三星堆遗址四期晚段陶片（图五）。

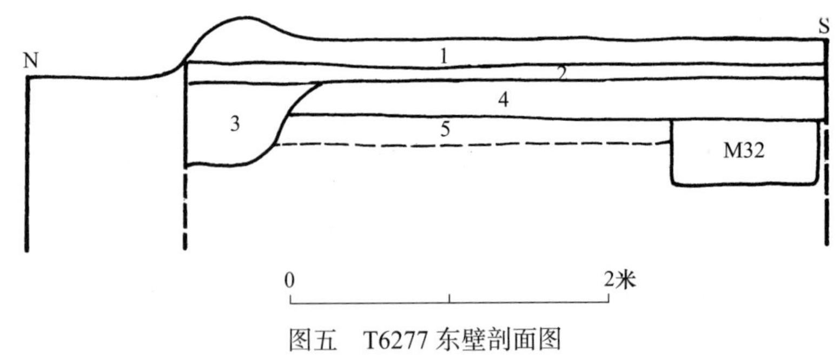

图五 T6277 东壁剖面图

四、墓 葬 形 制

6 座墓葬皆为狭长方形土坑墓，墓圹长 372～520 厘米，宽 52～94 厘米，深 20～62 厘米，其中 M32、M33、M34 以及 M46 与 M47 墓向基本一致，约为 140°，间距 20～25 厘米，M31 墓向与它们稍有偏离，方向为 160°（图六）。

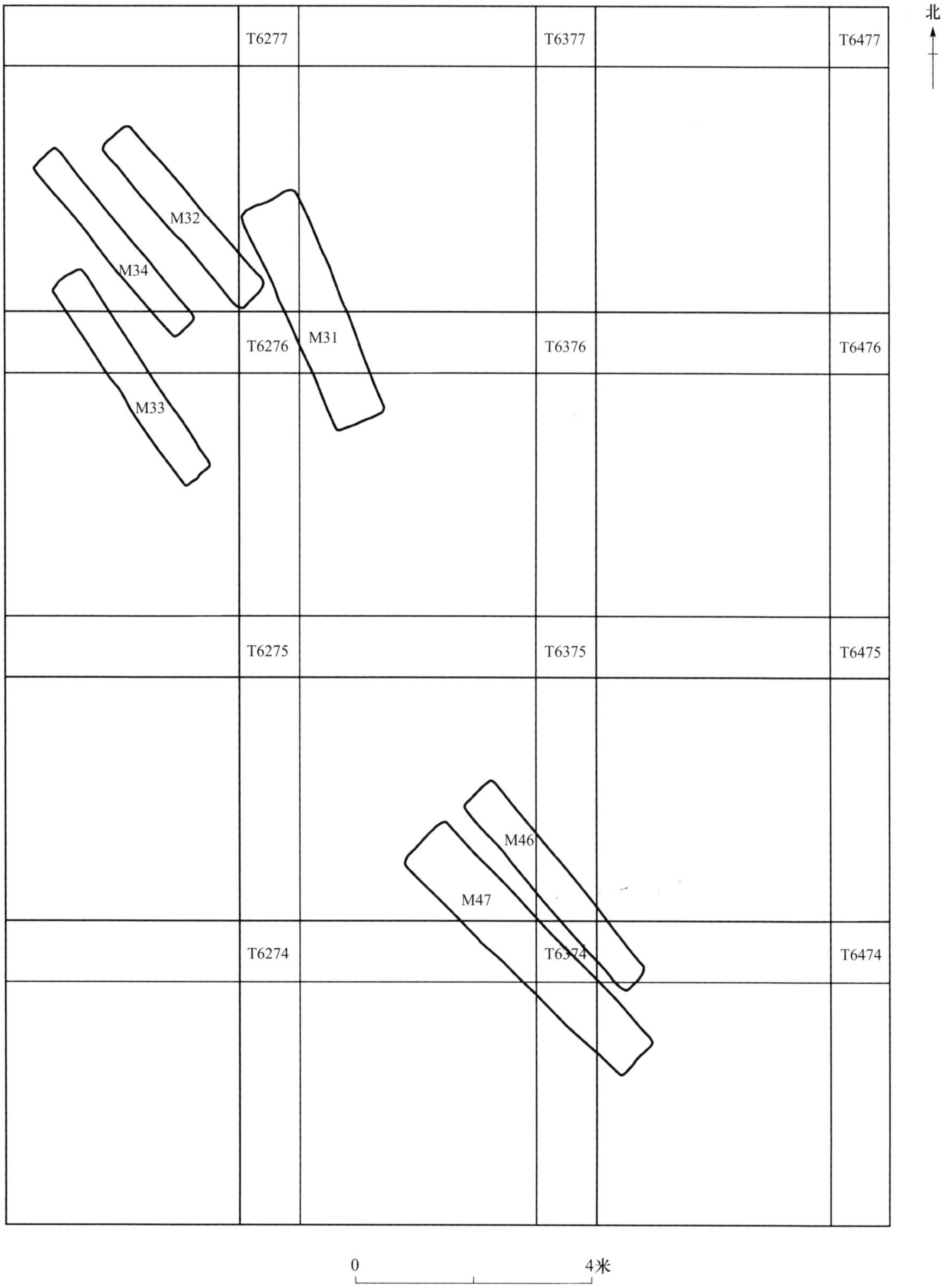

图六　墓葬分布图

（一）M32

方向140°。长条形竖穴土坑，直壁，平底，长384厘米，宽60厘米，深35～40厘米。墓口距地表深55厘米。填土呈灰黑色，夹杂零星陶片。墓底发现人骨架1具，腐朽严重，仅见头骨，头向东南（图七）。

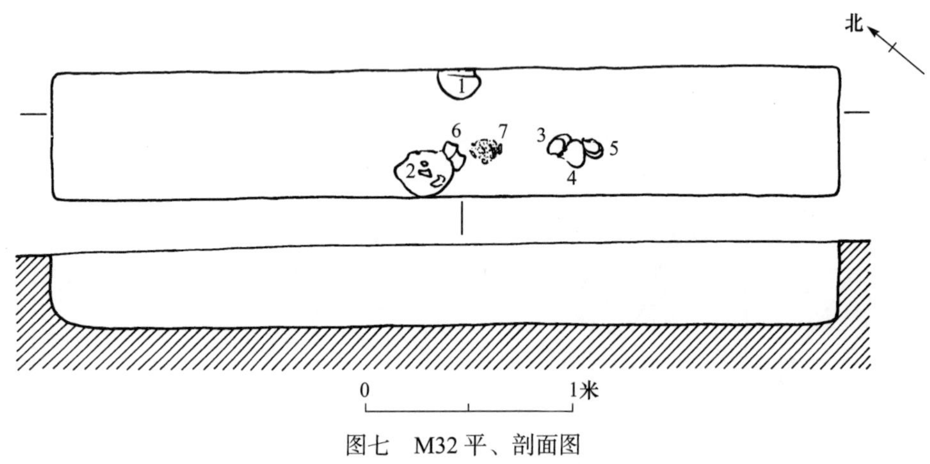

图七 M32平、剖面图

1、3、4. 陶釜 2. 陶矮领平底罐 5. 陶高领平底罐 6. 陶罍盖 7. 人头骨

（二）M33

方向145°。长条形竖穴土坑，近直壁，墓底北端上翘，南端有熟土二层台，长490厘米，宽60～70厘米，深20～64厘米。墓口距地表深30厘米。填土呈灰黑色，夹杂零星陶片。墓底发现棺木朽毁痕迹，中部尤为明显。墓底发现人骨架1具，腐朽严重，仅见头骨及部分肢骨，头向东南，依稀可辨为仰身直肢葬（图八）。

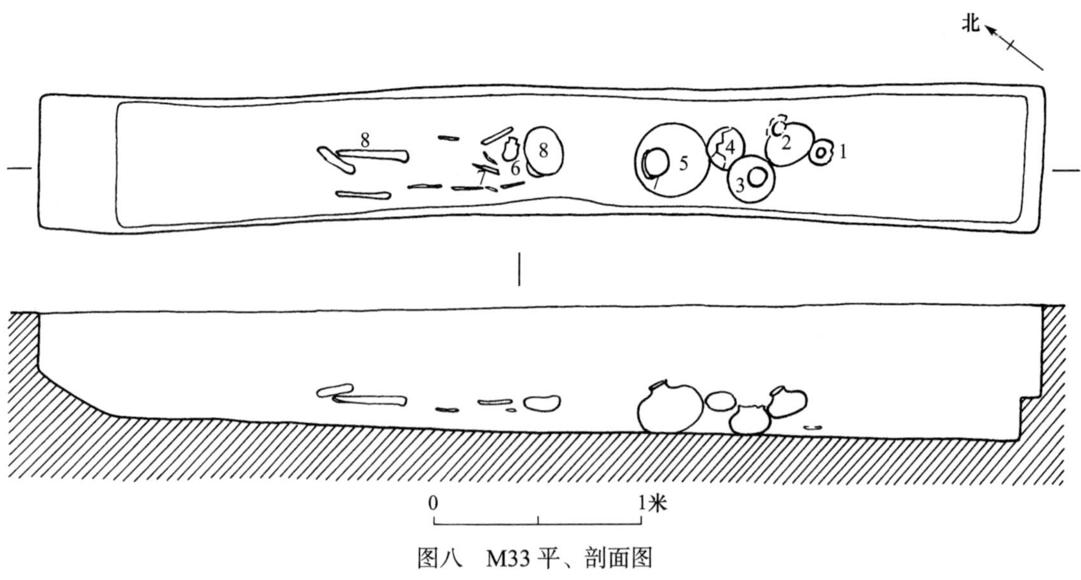

图八 M33平、剖面图

1. 陶器盖 2～4. 陶釜 5. 陶圜底罐 6. 铜钺 7. 铜削 8. 尸骨

（三）M34

方向 140°。长条形竖穴土坑，直壁，平底，坑壁及底部均无加工痕迹，长 372 厘米，宽 60 厘米，深 30～40 厘米。墓口距地表深 40 厘米。填土呈灰黑色，夹杂零星陶片。未见葬具、人骨及随葬品（图九）。

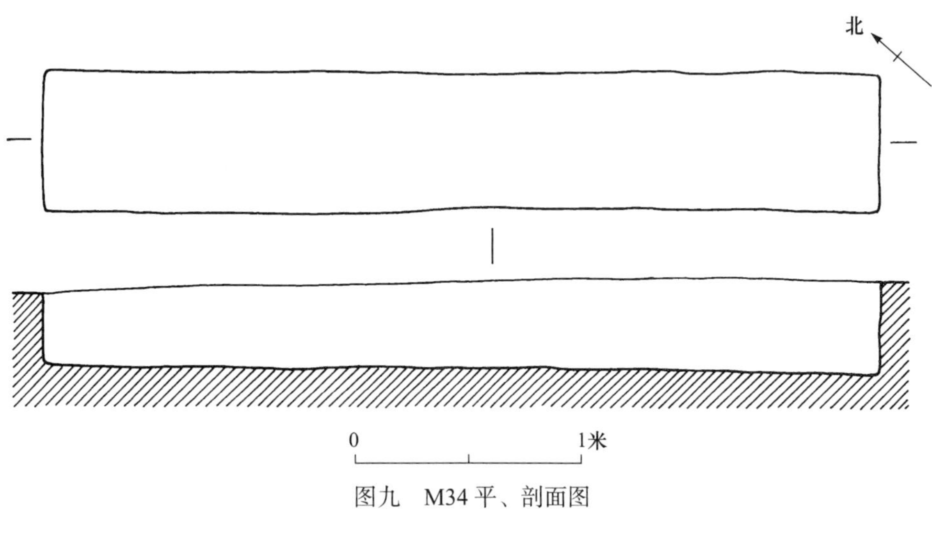

图九　M34 平、剖面图

（四）M31

方向 160°。长条形竖穴土坑，墓壁较平整，未见加工痕迹，墓底北高南低且南段下凹，长 391 厘米，宽 76～94 厘米，深 30～46 厘米。墓口距地表深 40～50 厘米。填土为灰、黑、褐色花黏土，夹少量红烧土，较致密。尸骨腐朽较严重，头向东南，似为单人直肢葬（图一〇）。

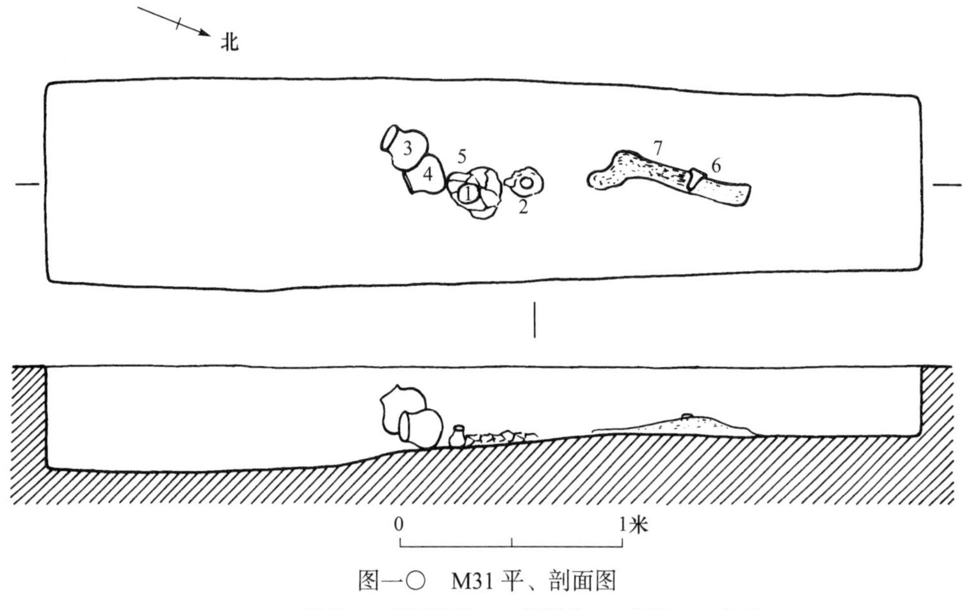

图一〇　M31 平、剖面图

1、2、4. 陶釜　3. 陶圜底罐　5. 陶器盖　6. 铜斤　7. 尸骨

（五）M46

方向147°。长条形竖穴土坑，近直壁，墓底略有起伏，长400厘米，宽52～68厘米，深20～30厘米。墓口距地表深18～40厘米。填土呈灰黑色，夹杂红烧土块和零星陶片①。墓底发现人骨架1具，腐朽严重，仅见头骨及部分肢骨，头向东南，面向不详，依稀可辨为仰身直肢葬。

（六）M47

方向143°。长条形竖穴土坑，近直壁，墓底略有起伏，足端陶器摆放位置（西北段）略下凹，长520厘米，宽76～94厘米，深44～62厘米。墓口距地表深24～42厘米。填土呈灰黑色，夹杂红烧土块和零星陶片②。墓底发现人骨架1具，头向东南，面向不详，仰身直肢葬。

以上6座墓葬的墓坑均为狭长方形，大小接近，方向相同，分布有序，应属有严格管理的公共墓地的一部分。M33墓底北端上翘，又见明显的棺木朽毁痕迹，应为战国时期蜀地常见的船棺葬形制，M31、M32、M34与M33自成一组且等距排列，估计为葬制相同的家族墓群；同理，M46和M47，应是另一组家族墓群，或为葬具已完全朽毁的船棺葬，或是与船棺葬同时期流行的无葬具狭长方形土坑墓。

五、随葬器物

6座墓葬中有5座发现有随葬品，共出土随葬品65件，种类计有铜器、陶器、漆器、琉璃器等，其中陶器41件，器类计有釜、圜底罐、平底罐、罍、壶、豆、釜甑、器盖等；铜器器类计有剑、戈、矛、钺、凿、斤、削、刻刀、带钩、饰件等；漆器有彩绘，器类不辨；琉璃器为串珠。按单个墓葬计，M31与M32分别出土6件，M33出土7件，M47出土22件，M46出土24件，M34未发现任何随葬品。现按墓葬分述如下。

（一）M32

随葬陶器6件，均置于墓葬中部，墓主头骨四周。

陶釜　3件。可分二型。

A型　1件。小口，深腹，长颈，卷沿，圜底。腹部遍饰竖向绳纹。M32∶4，夹砂黑褐陶。口径10.4、腹径19.3、高16.2厘米（图一一，1）。

---

① M46与M47两座墓葬的材料尚在整理中，尚未形成线图。

② M46与M47两座墓葬的材料尚在整理中，尚未形成线图。

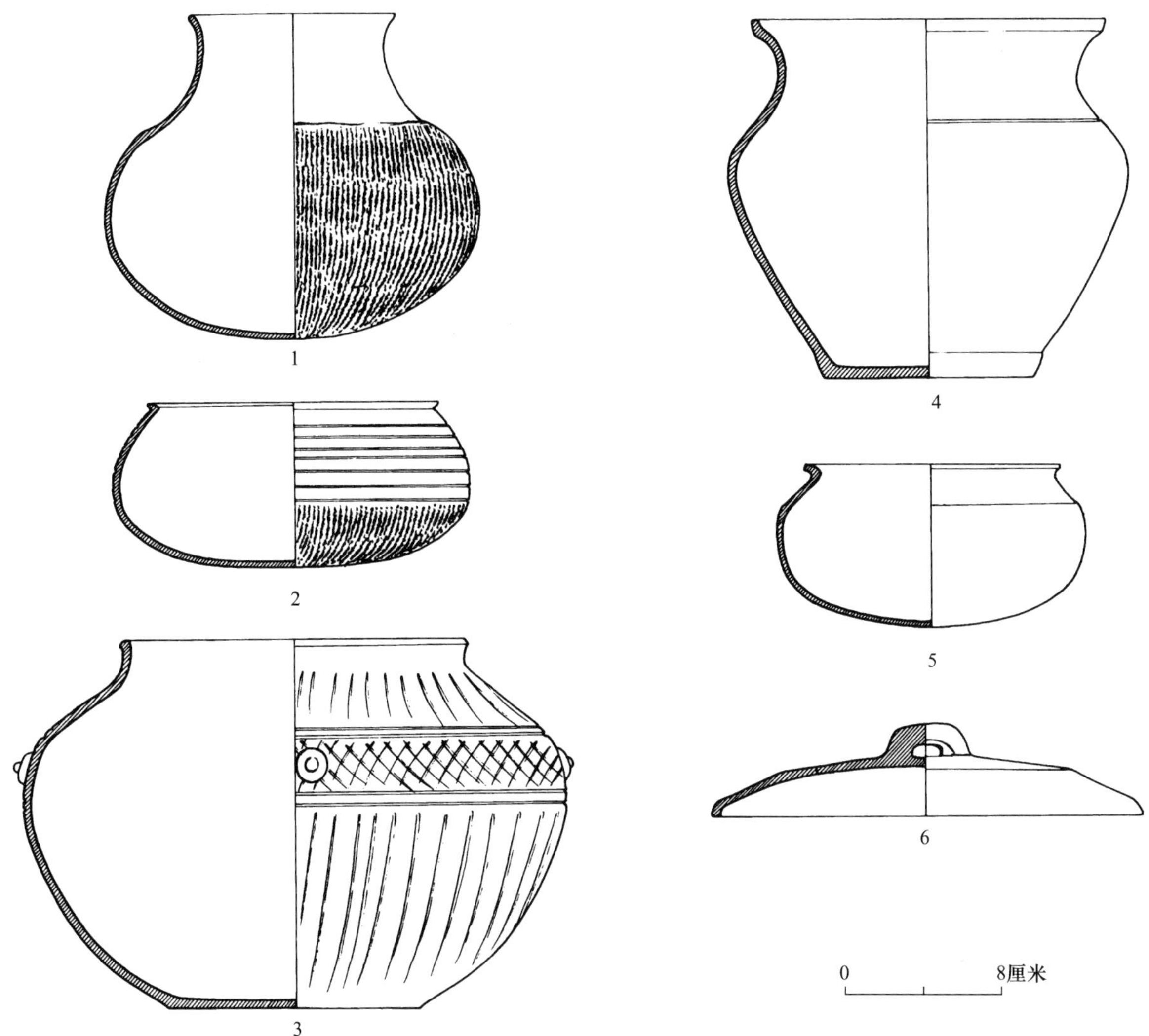

图一一　M32 出土陶器

1. A 型釜（M32∶4） 2、5. B 型釜（M32∶1、M32∶3） 3. 矮领平底罐（M32∶2）
4. 高领平底罐（M32∶5） 6. 罍盖（M32∶6）

B 型　2 件。大口，浅腹，折沿。可分二亚型。

Ba 型　1 件。无颈，底近平。M32∶1，夹砂灰褐陶。上腹部施带状凸棱纹数周，下腹施竖向绳纹。口径 13.9、腹径 16.8、高 8.2 厘米（图一一，2）。

Bb 型　1 件。短颈，圜底。M32∶3，夹砂灰褐陶。侈口，方唇，下腹近直。素面。口径 12.8、腹径 14.7、高 8 厘米（图一一，5）。

陶高领平底罐　1 件。M32∶5，夹砂灰褐陶，火候较低，薄胎。敞口，溜肩，斜直腹，肩部施凹弦纹一周。口径 18、腹径 20.4、底径 11.5、高 18.1 厘米（图一一，4）。

陶矮领平底罐　1 件。M32∶2，夹砂黑褐陶。直口，厚唇，圆肩，圆腹。颈部和腹部遍饰竖向暗纹，肩部施带状方格形刻划纹一周，上下各有凹弦纹两道，方格形刻划纹带中间贴有乳钉四枚。口径 17.5、腹径 29、底径 13、高 18.6 厘米（图一一，3）。

陶罍盖　1 件。M32∶6，夹砂黑褐陶。半环状纽，盖顶近平。素面。纽径 4.4、盖径 21.8、高 5.3 厘米（图一一，6）。

（二）M33

共出土 7 件随葬品，其中陶器 5 件、铜器 2 件，陶器均放置于墓主头端，铜钺及铜削则置于墓主胸部。

1. 陶器

陶釜 3 件。均与 M32 的 A 型陶釜相同。M33∶2，夹砂黑褐陶。口径 12.3、腹径 18.2、高 15.8 厘米（图一二，2）。M33∶3，夹砂黑褐陶。口径 12、腹径 19.2、高 15.7 厘米（图一二，1）。M33∶4，夹砂黑褐陶。口径 13.2、腹径 19.1、高 15.8 厘米（图一二，3）。

陶圜底罐 1 件。M33∶5，夹砂黑褐陶。侈口，厚唇，束颈，鼓腹。颈部施凹弦纹两周，颈肩交界处施指甲状戳印纹一周。口径 16.5、腹径 26.7、高 19.9 厘米（图一二，6）。

陶器盖 1 件。M33∶1，平顶，握部上凸较甚，斜直腹。素面。顶径 4.2、盖径 15.6、高 4.2 厘米（图一二，4）。

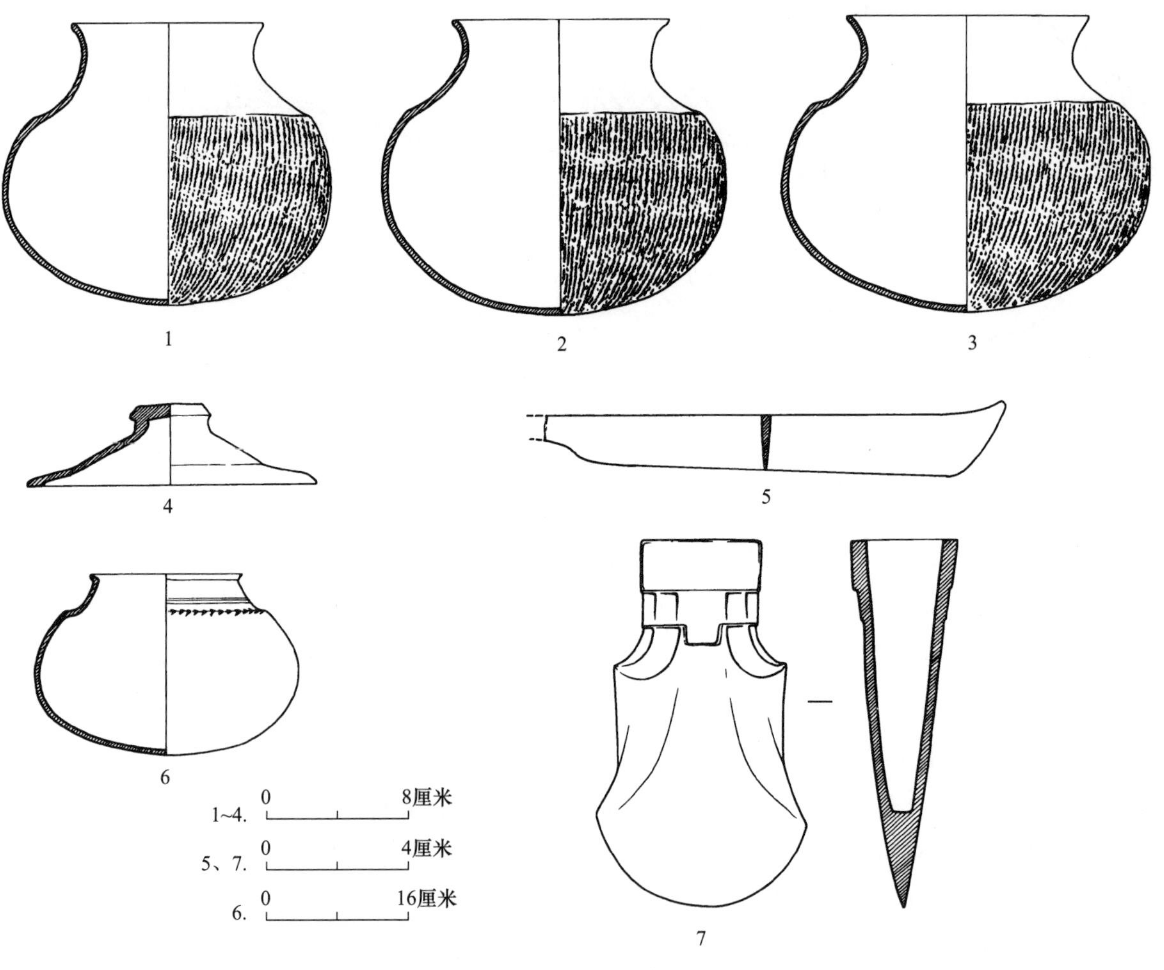

图一二 M33 出土器物

1～3. A 型陶釜（M33∶3、M33∶2、M33∶4） 4. 陶器盖（M33∶1） 5. 铜削（M33∶7） 6. 陶圜底罐（M33∶5） 7. 铜钺（M33∶6）

2. 铜器

铜钺　1件。M33：6，椭圆形銎口，平折肩，亚腰，圆弧刃。素面。通长9.9、刃宽5.8、肩宽4.7、銎口长径3.4厘米，重144.5克（图一二，7）。

铜削　1件。M33：7，短直柄，柄端残断，直背，直刃，端刃斜弧近直，上端外翘。素面。长12.5、身宽1.9厘米，重13.4克（图一二，5）。

（三）M31

随葬品6件，其中陶器5件、铜斤1件。陶器均置于墓主头端，铜斤放置于腿部。

1. 陶器

陶釜　3件。均与M32和M33的A型陶釜相同，其中1件残甚。M31：4，口径15.2、腹径18.4、高15.3厘米（图一三，1）。M31：1，口残。腹径17.8、残高11.2厘米（图一三，2）。

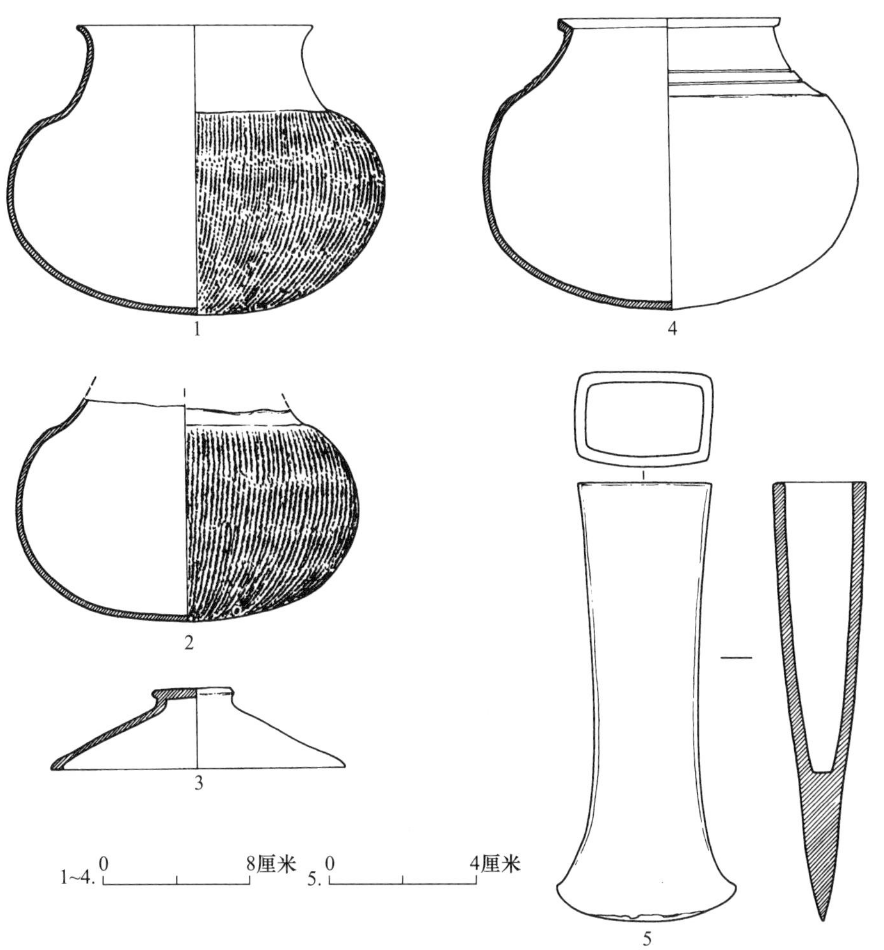

图一三　M31出土器物

1、2. 陶釜（M31：4、M31：1）3. 陶器盖（M31：5）4. 陶圜底罐（M31：3）5. 铜斤（M31：6）

陶圜底罐　1件。M31：3，夹砂黑褐陶。侈口，厚唇，束颈，鼓腹。颈部施凹弦纹三周。口径12.4、腹径19、高15.6厘米（图一三，4）。

陶器盖　1件。M31：5，平顶，握部上凸较甚，斜直腹。素面。顶径4.6、盖径16.1、高4.2厘米（图一三，3）。

2. 铜器

铜斤　1件。M31：6，长方形銎口，銎口无沿，腰微内弧，弧刃。素面。通长11.4、刃宽4.85、銎宽3.7、厚2.8厘米，重152克（图一三，5）。

（四）M46

共出土24件随葬品，其中铜器4件，器类计有剑1件、矛1件、带钩1件、瓶形饰1件；陶器19件，器类计有釜3件、豆13件、带盖圈足罍1件、釜1件、釜甑1件；琉璃串饰1件。陶器和铜矛均放置于墓主头端，铜剑与铜带钩位于墓主胸部，玉串珠分成三部分，散落分布在墓主头骨两侧和颈部①。

（五）M47

共出土22件随葬品，其中铜器13件，器类计有剑4件、戈2件、矛2件、钺1件、凿3件和刻刀1件；陶器6件，分别为陶带盖平底壶1件、带盖高领平底罐5件；彩绘漆器1件（器形不辨）；兽骨2件。陶器与兽骨均位于墓主足端，铜器与漆器均围绕墓主躯干和头部放置，铜剑均位于胸部和腹部②。

六、结　　语

青关山这批土坑墓的墓坑均呈狭长方形，长宽比例多为5：1～8：1，是战国时期四川地区常见的墓坑形制，与邻近的什邡城关墓地的M11（战国早期）、M89（战国中期）和M2（战国中期）的墓坑形制非常相近，同时，以陶釜、圜底罐、平底罐、豆、罍、壶、器盖和青铜兵器或工具为基本组合的随葬品也常见于四川地区的战国墓葬。

随葬品的具体器类中，M32的Ba型陶釜、M47的陶带盖平底壶与什邡城关墓地战国早期墓葬M25所出C型陶釜和Ⅰ式陶壶，M46的陶带盖圈足罍、陶豆与什邡城关墓地战国中期墓葬M51所出Ⅱ式陶壶、M22所出A型Ⅰ式陶豆，M31与M33所出陶圜底罐与什邡城关墓地战国中期所出的Aa型陶圜底罐形制非常相近，M31、M33和M34的A型陶釜与什邡城关墓地主要流行于战国中期的A型Ⅱ式陶釜，M31与M33握部上凸的陶平顶器盖和M32、M47的陶带盖高领平底罐在什邡城

① M46与M47两座墓葬的材料尚在整理中，尚未形成线图。

② M46与M47两座墓葬的材料尚在整理中，尚未形成线图。

关墓地[①]也流行于战国早中期，因此我们推断青关山这批墓葬的年代应在战国中期左右。

湔江（鸭子河）流域战国时期的巴蜀文化遗存，以前仅在广汉兴隆镇的毗卢寺遗址和南兴镇三星堆遗址范围内的石林村发现过铜兵器和铜工具[②]，但都属采集品，具体出土情况不详，青关山这批战国墓葬的发现，填补了这方面的空白，狭长方形土坑船棺葬，在广汉更属首次发现和发掘，为沱江上游尤其是湔江（鸭子河）流域的船棺葬和晚期巴蜀文化的研究增加了宝贵的实物资料。

---

① 四川省文物考古研究院、德阳市文物考古研究所、什邡市博物馆：《什邡城关战国秦汉墓地》，文物出版社，2006年，第56、76、182、206、213、257、261页；雷雨：《试论什邡城关墓地的分期与年代》，《四川文物》2006年第3期；四川省文物考古研究所、什邡市文物保护管理所：《什邡城关战国秦汉墓葬发掘报告》，《四川考古报告集》，文物出版社，1998年，第112～185页。

② 四川省文物考古研究所、四川省广汉市文管所、什邡县文管所：《四川广汉、什邡商周遗址调查报告》，《南方民族考古》（第五辑），四川科学技术出版社，1993年，第295～309页。

编 后 记

罗家坝遗址位于四川省宣汉县普光镇进化村，1999 年、2003 年、2007 年和 2016 年，四川省文物考古研究院、达州市文物管理所和宣汉县文物管理所先后对罗家坝遗址进行了四次联合考古发掘，取得了丰硕的学术成果，并于 2015 年出版了大型考古发掘报告《宣汉罗家坝》。为了深化对罗家坝遗址及巴文化的研究，做好罗家坝遗址保护、遗址博物馆和考古公园建设，传承巴文化精神。2017 年 8 月，四川省文物考古研究院院长高大伦研究员，中共宣汉县委书记唐廷教，中共宣汉县委常委、宣传部长张升国和时任宣汉县人民政府副县长张家芳先后到北京拜访中国社会科学院考古研究所所长陈星灿研究员。经过协商决定，由中国社会科学院考古研究所和四川省文物考古研究院联合主办，由达州市文体广电新闻出版局、中共宣汉县委和宣汉县人民政府共同承办，于 2017 年 11 月召开“罗家坝遗址与巴文化学术研讨会”。

经过三个多月的精心筹备，2017 年 11 月 25、26 日，“罗家坝遗址与巴文化学术研讨会”在四川省宣汉县如期举办。来自中国社会科学院考古研究所、北京大学考古文博学院、中国人民大学历史学院、西北大学文化遗产学院、四川大学历史学院、四川省文物考古研究院、重庆市文化遗产研究院等全国 20 多家学术单位的近 70 位专家学者应邀出席会议，来自中央电视台、人民政协报、中国社会科学报、中国文物报、中国考古网等多家媒体对本次会议进行了报道。与会专家学者对罗家坝遗址和巴文化相关问题进行了深入探讨和广泛交流，并最终形成了《宣汉共识》。鉴于本次会议研讨成果具有较高的学术价值，对宣汉县经济社会文化建设具有较强的指导意义，故选取其中具有代表性的文章集结成本文集，由中共宣汉县委、县人民政府资助出版。

地处川东大地的宣汉县是国家级贫困县，却拥有着丰厚的文化资源和旅游资源。巴文化、土家文化和红色文化是宣汉县的三大特色文化，该县境内的巴山大峡谷山景区山势险峻，河水清澈，溶洞成群，动植物资源丰富，景色宜人，广泛流传着关于古代巴人、巴族、巴国的神秘传说。中共宣汉县委、县人民政府近年来大力倡导文化扶贫、旅游扶贫，取得了显著的成绩。值此《宣汉罗家坝遗址与巴文化研究》出版和巴山大峡谷景区开园之际，希望本文集的出版不仅有助于将宣汉县打造成全国巴文化研究高地，同时亦能为丰富巴山大峡谷景区的文化内涵提供学术支撑。

在本文集编辑和出版过程中，陈星灿所长和高大伦院长对文集的编辑思路和文章遴选标准做了精心指导。中国社会科学院考古研究所科研处处长刘国祥研究员对本文集的编辑、审校、排版等方面做了大量的工作。四川省文物考古研究院王鲁茂、马幸辛、陈祖军、陈卫东、郑万泉等多年来参与罗家坝遗址的发掘和保护工作，为学术研究提供了珍贵的一手考古资料，其中，陈卫东副研究员为本文集提供了彩版照片并做了相关文章的审校工作。宣汉县文化广电新闻出版局党组书记、局长姚启进，宣汉县文物管理所所长冯周和中国社会科学院考古研究所秦超超研究实习员为本文集的编辑出版做了大量沟通和协调工作。另外，本文集英文前言由中国社会科学院考古研究所研究实习员王珏翻译，经中国社会科学院考古研究所史前考古研究室主任李新伟研究员审校。

“罗家坝遗址与巴文化学术研讨会”的圆满举办和本文集的顺利出版，感谢中国社会科学院考古研究所、四川省文物考古研究院和中共宣汉县委、县人民政府诸位领导的大力支持；感谢与会专家学者在会议上的真知灼见和百忙之中能够完成并惠赐佳作；感谢各位新闻媒体朋友的报道；感谢会务组及文集工作组诸位同仁的辛勤工作。此外，科学出版社副总经理兼文物考古分社社长闫向东先生对本文集编辑出版工作给予了高度重视，文物考古分社副社长孙莉女士和责任编辑柴丽丽女士对待工作尽职尽责，一丝不苟，精益求精，为本文集的编辑出版付出了辛勤的汗水，特此致谢！

编者

2018年7月1日